CMBS

国际经验和中国实践

周以升　张志军　万华伟◎主编

中信出版集团 · 北京

图书在版编目（CIP）数据

CMBS：国际经验和中国实践 / 周以升，张志军，万华伟主编．-- 北京：中信出版社，2017.9 (2019.1重印)
ISBN 978-7-5086-7936-5

I. ① C… II. ①周… ②张… ③万… III. ①房地产－贷款管理－研究－美国②房地产－贷款管理－研究－中国 IV. ① F837.124 ② F832.45

中国版本图书馆 CIP 数据核字（2017）第 188576 号

CMBS：国际经验和中国实践

主　　编：周以升　张志军　万华伟
出版发行：中信出版集团股份有限公司
（北京市朝阳区惠新东街甲 4 号富盛大厦 2 座　邮编　100029）
承 印 者：三河市西华印务有限公司

开　　本：787mm×1092mm　1/16　　印　　张：29.25　　字　　数：350 千字
版　　次：2017 年 9 月第 1 版　　印　　次：2019 年 1 月第 2 次印刷
广告经营许可证：京朝工商广字第 8087 号
书　　号：ISBN 978-7-5086-7936-5
定　　价：99.00 元

CMBS：国际经验和中国实践

主　　编　周以升　张志军　万华伟

参与作者　艾仁智　许余洁　曹　枞　邓博文

高鑫磊　石志平　毛跃晖　李慧忠

刘　蔚　贺锐骁　宁春玲　徐承志

杨广水　朴文一　许　苇

序言一

20 世纪 70 年代，资产证券化起源于美国，后作为一项重要的金融创新风靡全球。近几年，在国务院以及监管部门不断出台文件和政策的推动下，我国资产证券化市场发展也迈上了快车道。2016 年我国资产支持证券发行规模约 9 000 亿元，存量规模接近 12 000 亿元，存量规模已经是亚洲第一。国家支持、鼓励和发展资产证券化，是因为它能盘活存量资产、提高资金配置效率、服务实体经济，并且对我国经济结构调整和国际化发展能够发挥特殊作用。

本书的主要内容是 CMBS（商业物业抵押支持证券）。CMBS 是商业物业的一种证券化融资工具，主要以商业物业产生的租金等运营收入和不动产价值为基础，向投资者发行资产支持证券进行融资，并配有物业抵押、租金质押等风控措施以保障资产支持证券的本息兑付。所谓商业物业，是指作为商业用途运营的地产，以区别于个人占有用途的地产。同时，商业物业是用于投资而非消费的地产业态，其核心特点是可以产生持续收入和现金流。大家都知道，本书中关注的商业物业行业，面临着迫切的转型需求与政策方向问题，而资产证券化可以重塑物业管理的商业模式。在我看来，合理利用资产证券化将开发商和资产持有人的资产重新周转起来，才可能突破商业物业自身资产负债表的限制。商业物业资产证券化具体有两种可行模式：其一是 CMBS，这是债权证券化的一个重要方向；其二是权益型证券化，包括 REITs（房地产投资信托基金）等。资产证券化可以帮助盘活存量，形成资本循环，从而真正让资产周转起来。根据中国资产证券化分析网数据显示，自 2014 年 4 月境内首单私募 REIT 产品“中信启航专项资产管理计划”发行以来，截至 2017 年 4 月 20 日，已有 27 单 CMBS 及私募 REITs 产品在证券交易所及机构间报价系统上市，累计发行规模 761.98 亿元。其中：CMBS 产品 5 单，合计规模 222.62 亿元；私募 REITs 产品 22 单，合计规模 539.36 亿元。2016 年以来，房地产市场火爆，多地纷纷出台房地产调控新规，监管层全面收紧房企融资渠道，传统的银行贷款、债券和影子银行模式，由于房企负债率攀升、销售周转趋缓、高杠杆等因素，对应的金融风险非常大，未来难以为继，资金压力逼迫房企进行多元化融资，商业物业项目证券化渐热。个人认为，包括 CMBS 在内的资产证券化具体而言有如下几点重要意义：

首先，资产证券化对供给侧改革和“去产能、去库存、去杠杆、降成本、补短板”五大任务有较明显的金融支持作用。供给侧改革是未来一段时期改革的重点，通过资产证券化，可以推动信贷资源和金融服务向符合经济结构转型方向的行业和企业倾斜，可以促进我国经济发展方式转变和结构调整，从而提高供给体系的质量和效率，增强经济持续增长的动力。“去产能、去库存、去杠杆、降成本、补短板”是我国经济社会发展的五大任务。通过资产证券化，可以有效帮助企业盘活存量资产，提升资产和资源配置效率，从而为淘汰低端产能、增加高端供给提供资金支持，实现制造业转型升级。从国际经验来看，美国进行资产证券化，通过各种方式流转资产，重新定价，去杠杆的速度较快。

其次，CMBS 等债权型固定收益金融产品是股权型 REITs 市场的重要基础，两者未来的发展可能会相得益彰。我国境内对 REITs 的探讨历时已久，无论是政策制定者，还是地产、金融相关从业者，都看到了 REITs 对于境内金融市场、房地产市场的深远意义，但一直以来我国境内 REITs 面临很多发展障碍，除了税收和法律方面的掣肘外，其实 REITs 也没有构建相应的市场基础，难以有效估值和定价，而作为固定收益类产品的 CMBS，有望突破这一困境。一方面，美国市场经验表明，CMBS 是 REITs 重要的融资工具，即 REITs 将自己持有的房地产抵押贷款发行 CMBS 产品或者直接投资市场上已发行的 CMBS 产品。2009 年 11 月 16 日，美国著名的 REITs DDR 就发行了面额 4 亿美元的 CMBS 产品，这是金融危机后美国发行的第一单 CMBS 产品。另一方面，目前我国境内商业物业租金净收益率和负债成本出现明显倒挂，除非加杠杆，否则难以继续维持，这使得行业金融环境和定价体系无法建立，权益型投资人无法进入。我国境内的商业物业收益率一直低于杠杆成本率，权益型投资人必须额外补足才能一直持有物业，因此大大阻碍了权益型资本的形成。以一线城市为例，商业物业的实际收益率为 4% 左右，而杠杆率为 50% 左右的银行等传统融资渠道的成本率往往超过 5%，这还有进一步上升的可能。如果发展 CMBS，将会推动境内商业物业融资成本的下降，从而化解 REITs 的估值压力。同时，REITs 能够发行或者投资 CMBS 产品，因此可以提升 CMBS 市场的流动性，进一步降低 CMBS 的融资利率，这样两者能够互相促进。

最后，资产支持证券实现了境外发行的突破，未来市场面向境外投资者开放，境内 CMBS 产品将迎来非常好的国际发展机遇，同时能促进人民币的国际化。2016 年年末，中国银行在境外发行了首批以境内地方政府债为主要基础资产的资产支持证券，实现了多项市场创新，它是我国首单境内资产境外发行的资产证券化产品、首单以中国地方政府债为基础资产发行的证券化产品，成功开拓了境外投资机构进入我国境内银行间债券市场的新通道，为进一步吸引境外资金投资境内银行间市场债券做出了有益尝试。境外投资者持有大量人民币资产证券化产品，既有助于巩固人民币作为国际储备货币的基础，也有助于人民币的国际化。同时，若将境内的基础资产和离岸人民币进行对接，也能引导离岸人民币“回流”，打通人民币双向流动渠道，真正推进人民币的国际化进程。对于商业物业而言，境内资产相关主体及资产的经营管理模式、交易文件和评级方法，与国际差距不是很大，很多外资机构在中国境内也有自己的物业，国际投资者对这类中国资产有基本的了解，这样就有利于 CMBS 市场的发展和国际投资人的引入。所以，以 CMBS 产品来推动跨境金融市场的发展，可能是一种较好的选择，未来还能为跨境人民币资产证券化业务的发展与风险监管提供经验借鉴。

当然，跨境资产证券化业务试点，还需要解决资金汇兑及向境外汇划、产品登记托管、会计和税收、监管协调等问题。

因此，我很高兴看到本书的面世。本书深入剖析了美国 CMBS 市场的发行承销标准、信息披露标准、法律体系、投资交易、资产服务机构、评级方法等，并对我国 CMBS 市场的标准体系建设提出了多项建议。特别难得的是，本书作者基于自身丰富的理论和实践经验，为了获得一线的数据和信息，还实地调研了美国主要的 CMBS 参与机构，包括投行、投资人、行业协会和监管层等，并与国内外专家进行了多轮研讨，获得了宝贵的第一手材料。我相信，对于中国 CMBS 及整个资产证券化市场未来朝正确的方向创新与发展，本书将会大有裨益。

高　坚

2017 年 4 月（北京）

序言二

近年来，中国经济发展进入提质增效转型的新常态，深化供给侧结构性改革、优化资源配置、化解产能过剩和推进经济转型升级是当前经济工作的重要任务。为顺应国家经济发展需求，在金融领域需要继续深化改革，增强服务实体经济的能力。为实体经济发展创造良好的金融环境，疏通资金进入实体经济渠道，促进资源优化配置到实体经济最需要的领域是当前金融工作的重中之重，资产证券化是实现这一目标的重要工具与手段之一。

得益于其独特的功能和价值，资产证券化越来越受到各方重视。2013 年以来，党中央、国务院相关政策文件中多次明确提出要发展资产证券化，并且在 2017 年政府工作报告中首次明确提出了“促进企业盘活存量资产，推进资产证券化”。当前，理论界普遍认为，我国非金融企业杠杆率偏高，这与储蓄率高、以信贷为主的融资结构有关。而资产支持证券作为一项资本市场的直接融资工具，其健康发展将有助于盘活企业存量资产、降低企业杠杆率和提升融资效率。通过2005年以来的发行试点，尤其是近年来的市场发展和监管实践，各市场主体乃至政府部门越来越认识到，资产证券化有助于推动金融脱虚向实、盘活企业存量资产、将资金精准投向重点行业和深入推进“三去一降一补”，可在服务实体经济和供给侧结构性改革中发挥重要作用。

供给侧结构性改革的核心和关键是“改革”，金融在服务供给侧改革的同时，金融行业自身同样需要进行供给侧改革，要做权力的减法，对金融体系中限制资源优化配置的环节进行厘清与调整，充分发挥市场机制的作用，矫正配置扭曲，扩大有效供给，提高供给结构对需求变化的适应性和灵活性，而资产证券化就是这一“金融行业供给侧改革”的重要抓手之一。2014年年底，证监会落实“放管服”要求，取消资产证券化业务行政审批，实行发行备案制和基础资产负面清单管理，交易所企业资产证券化市场实现了初步发展，创新不断涌现，交易结构趋于稳健，参与机构逐步成熟，投资者认可度不断提升，同时市场各方、学界、各级政府对企业资产证券化的关注度也大幅提升，相关讨论日趋热烈。

“放”要全面彻底，“管”要及时有效。交易所企业资产证券化最大的优势与特点是标准化、透明化和规范化，证监会也以此为基本工作要求与底线，与此同时，加强规则体系建设、强化市场监管、夯实法律基础。资产证券化业务取消行政许可，改为发行备案制和基础资产负面清单管理后，证监会持续强化了对证券公司等中介机构的业务监管，控制业务质量，提升业务标准，通过现场检查与日常监管，促进机构强化内控、完善合规管理，以及时发现风险点，做到及早应对、及早处置。2015年以来，证监会牵头制定、颁布了一系列规范资产证券化的业务规则，引导业务发展方向，强化信息披露和投资者保护。同时，证监会按照大类基础资产类型，逐一厘清其特点与风险，分类制定挂牌标准与信息披露要求，拟适时对市场公布，以不断健全监管规则体系，推动业务持续健康发展。

金融活，经济活；金融稳，经济稳。在推动资产证券化市场发展的同时，必须充分认识到维护金融市场健康发展和稳定的重要性，以及金融在经济发展和社会生活中的重要地位和作用，切实把维护金融安全作为工作中的一件大事，扎扎实实将资产证券化的相关工作做好。同时，发展金融业既需要学习借鉴国外有益经验，也需要立足国情，从我国实际出发，准确把握我国金融发展的特点和规律，不能照抄照搬，要充分研究国外次贷危机引发金融危机的经验教训。

2016 年，我国共发行资产证券化产品超过 9 000 亿元。截至 2017 年 5 月底，与商业物业相关的资产证券化产品存量约 800 亿元。其中，标准化的 CMBS 作为成熟市场非常重要的资产证券化品种，2016 年 8 月在上海证券交易所首先落地，开启了境内商业物业直接融资的新纪元。以美国为例，其 CMBS 存量超过 6 000亿美元，占商业物业融资市场规模的 15% 以上。从国际来看，CMBS 与 REITs 作为商业物业证券化的主要工具，合力推动了商业物业行业的存量盘活。因此，市场对中国 CMBS 和 REITs 的发展充满期待。

常有些人将商业物业与住宅地产混为一谈。然而，商业物业与住宅地产是不同的产业类型，具有完全不同的商业逻辑和商业模式。就其性质而言，商业物业是承接消费、服务、旅游等实业的载体，高度依赖于经营和匠人精神，是典型的实业。就其定价而言，商业物业是大宗交易市场，历来是机构占主导，定价相对理性，定价逻辑是以租金预期为基础的风险与收益的平衡，并体现在资本化率这个核心指标上，所以具有很强的金融属性。一直以来，由于缺乏与资本市场的有效对接，商业物业严重缺乏流动性，通过资产证券化的创新则能实现存量的有效盘活。鉴于上述商业物业不同于住宅地产的特点，如何将两者的发展进行区别对待，值得业界和学界深入讨论和思考。中国境内实体经济高杠杆的一个重要原因是权益型资本的形成迟缓。传统观点认为，权益型资本的形成主要受制于经济增速放缓、投资信心不足和股市成熟度不高等因素。而实际上，我们不能忽视另一个重要原因，即债务资本市场的落后和债务融资效率的低下。以 CMBS 为代表的债项直接融资工具可以根据资产的质量和风险有效地进行市场化定价，其发展将优化商业物业的融资成本，并有很大可能提高股本收益率，从而吸引权益型投资人的进入，促进权益型资本的形成。

在商业物业领域形成良性金融生态，将吸引大量有运营能力的人才和团队进入商业物业运营领域，从而依靠市场自身的活力而非一味加杠杆来实现商业物业去库存。良性金融生态也将会形成以 CMBS 和 REITs 为代表的理性投资市场，分流投资者的资本，抑制杠杆水平，如此在商业物业领域可以构造一个理性、低杠杆、内生型、依赖匠人精神和主动管理能力的良性商业循环。地产业从以住宅开发为主导到以商业物业经营为主导的切换正是中国经济转型的一面镜子，在这个领域的实践探索也许可以成为中国经济结构转型的试验场。

他山之石，可以攻玉。本书充分借鉴国际经验和教训，特别是对美国金融危机中商业物业资产证券化的风险成因进行了分析：除不动产市场自身的动荡之外，中介机构的道德风险、监管层的放任自流等也是危机产生的核心原因。因此，在中国推进资产证券化的持续健康发展，必须从产品的治理规则、中介机构的准入约束、第三方服务商的风险控制、信息披露、投资者教育和权益保护等方面着眼，充分发挥投资者驱动，揭示风险，形成客观的风险定价，确保市场在控制风险的前提下稳健有序地发展和演进，对我们未来的工作有很好的借鉴与警醒意义。

总之，本书以商业物业和 CMBS 为着眼点，深入分析了 CMBS

的国际经验，为其在中国境内的发展提供了借鉴和建议。我们期待更多类似的系统性研究和实践，相信只要监管层和市场参与者不忘初心，众志成城，中国的资产证券化一定能够乘风破浪，为中国经济结构转型升级提供助力！

是以为序。

蔡建春

2017 年 7 月（北京）

序言三

逝者如斯夫，不舍昼夜。转眼间，教训惨痛的次债危机已过去十年。直到最近，伴随着美联储的加息，美国才逐步走入新的经济周期，完成次债危机后的一个历史大循环。

而在地球的另一端，中国经济也悄然抵达急待转型与调整的十字路口——住宅价格虚高，传统的经济增长模式遇到挑战，金融系统杠杆高企，加之国际政治经济环境的变动不居，中国金融和经济面临着前所未有的挑战。如何在控制金融风险的同时推动经济转型和持续增长，成为摆在中国政策制定者、金融从业者、企业界面前的重大课题。

从结构性动因看，如果说美国加息及美元走强与中国经济增速放缓和资产价格虚高是一大外部矛盾的话，住宅过度繁荣和商业物业的不景气则是中国经济重要的内部矛盾。因此，房地产无疑是中国经济转型的重要一环。

正如本书作者所关注与探讨的那样，解决上述矛盾的路径之一在于有序推动商业物业资产证券化市场发展，通过激发实体和人才的活力，以细腻的金融创新破除刚性兑付，避免“一刀切”的风险失控，逐步完成结构调整。

本书作者尝试以 CMBS 这个金融产品为切入点，为中国商业物业存量盘活制定可行的模拟路线图：通过 CMBS 等债项融资工具，优化商业物业融资成本与效率，为公募 REITs 铺路，以期形成债权到股权的资本闭环；以这个闭环为载体，吸引人才和资本，盘活存量，形成经济自新的内生力量。我认为，这是一个相当具有可操作性的设想！

CMBS 这项金融创新对中国商业物业存量盘活意义重大，也有望塑造一个中国经济转型的微观样本。那么如何用好 CMBS 这个金融产品呢？他山之石，可以攻玉，正如本书所述，借鉴美国等成熟市场的经验和教训，将有助于建立 CMBS 在中国健康发展的信心。

（1）以 CMBS 为代表的资产证券化产品并非洪水猛兽，反而有助于中国实体经济的发展。

美国次债危机的惨痛教训，在世界各大经济体，包括中国在内，一度引起了对资产证券化一边倒的质疑甚至排斥。但实际上，CMBS 等资产证券化产品只是一种创新的直接融资工具，它通过将资产与负债直接对应，控制杠杆水平，提高融资效率并降低成本，从而分散金融体系风险，支持实体经济的发展。

次债危机之后，美国的监管层和从业人员并没有放弃 CMBS，而是深刻反思教训，重塑承销标准，重构金融监管和风控边界，以发挥其应有的作用。目前 CMBS 依然是美国商业物业重要的融资工具，其发行额在 2016 年重新达到 1 250 亿美元以上，存量超过 6 000 亿美元，占全美商业物业融资规模的 15% 以上，并成为美国商业物业贷款的定价基准。

（2）次贷危机的动因不是 CMBS 等金融工具的使用，而是实际应用中的管制缺失和标准下滑。

在次贷危机前最疯狂的时期，CMBS 的抵押率畸高，甚至超过了 90%。美国 2007～2008 年发行的 CMBS 产品，次年的违约率超过 5%，累计违约率超过 24%。其直接的后果是 2009 年 CMBS 产品的新发行量从高峰时的超过 2 500 亿美元跌至 2009 年的不足 100 亿美元，AAA 级 CMBS 债券的信用利差一度超过 1 200个基点。承销标准一再放松，令低等级贷款流入市场，层层结构化后，形成风险未被识别和未被合理定价的债券品种和金融衍生品。

这背后更深层的原因可追溯为道德风险导致的逆向选择在评估、评级和投行等中介机构中的蔓延泛滥。鉴于此，中国 CMBS 的应用与发展在顶层监管层面即应严控承销标准，自上而下引导评估标准、评级标准和承销标准的形成和健康演化，避免市场无序发展。此外，还要在流程中明确各中介的风控责任，既要着眼于投资人驱动，又要充分发挥资产服务商等机构的专业能力，形成良好的治理机制，以此来控制贷款标准，加强风险管理。

（3）建立并充分发挥行业自律性协会的作用。

中国整个金融市场仍处于相对稚嫩的发展初期，参与各方基本都处于摸着石头过河，且学且走的阶段，却也往往有着自下而上的蓬勃创造力。因此，在监管得当的前提下，不妨通过建立行业自律性协会或者类似组织，鼓励及规范自下而上的创新，激发各方的积极性及整个市场的活力。本书中，笔者就美国行业协会 CREFC（商业物业金融委员会）在美国 CMBS 发展过程中，在最佳实践、信息披露、投资者教育和二级市场流动性等方面发挥的巨大推动作用有详尽阐述，可资借鉴。

相信在中国日益壮大，成为世界重要经济体的大背景下，中国资产证券化的未来势不可当，资产证券化也必将成为助力实体经济转型与发展的重要力量。本书基于对 CMBS 国际经验的借鉴，来促进中国市场的实践，充分发挥后发优势，为中国的金融创新提供了一个好的思路。期待这样有价值的探讨蔚然成风，更期待中国的资产证券化博采众长，扎实落地！

徐幼于[①] Eugene Xu

2017 年 5 月（纽约）

① 徐幼于，曾就读于复旦大学数学系，并在加州大学洛杉矶分校获得博士学位。徐博士在华尔街工作多年后，凭借其扎实的定量分析功底、广阔的宏观经济视野以及敏锐的投资直觉在 2005 年就预测出次贷危机即将爆发，系用定量模型预测出次债危机的第一人。同时，在其任职的德意志银行，徐博士与其同事研发出针对房地产市场的信用违约掉期（Credit Default Swap，简称 CDS）来做空次级贷款，为德意志银行在次贷危机中，冲销了大量亏损。他由此一举成名，被塑造成为电影《大空头》（*The Big Short*）中的华人天才。——编者注

前 言

“10%的融资成本，背不动了，你们整体接手吧，本金我都不要了，只要能把贷款清掉就行。”“我们考虑后回复您。”放下与L先生的电话，我跟合伙人苏鑫先生，不约而同地抬头对视，注意到了彼此的迟疑。这已经是最近两个月以来第三个陷入类似窘境的商业物业项目了，而我们仍在犹豫是否出手——并购后的银行融资成本率高达6%～7%，远高于物业自身4%～5.5%的净收益率，且退出机制尚不明朗。我们该何去何从？这些物业又该何去何从？

其实，横亘在商业物业投资人面前的核心问题是显而易见的：债务融资成本过高及整体退出机制不畅，从而导致存量市场无法盘活。回望中国地产波澜壮阔而波动的十余年，这一点从未改变，然而必须改变！

多年狂飙猛进的住宅开发始终在风口浪

尖，而从某种意义上被忽略了的商业物业正悄然挣扎，待住宅销售持续趋缓，压力便扑面而来。2015 年年中到 2016 年年底的加杠杆、去库存在住宅领域效果明显，然而办公楼存量却不降反升了 25% 以上，大量二线及以下城市的商业物业面临严重的空置和出租压力。

更加牵动我心的是另一层隐忧。国内主要城市住宅的租金收益率仅为 1.5% 上下，然而，被升值预期和唯恐错过心态挟持的买房人依然蜂拥而至，房价应声而起，似乎没有尽头，开启了罗伯特·席勒（Robert Shiller）所说的“非理性繁荣”。在非理性的增值预期下，开发商乐意支付高额融资成本，金融机构靠刚性兑付吸引大量社会资金，这些资金涌向开发商，借着地价竞标的上涨，进一步推升房价上涨预期，地方政府作为利益相关方一同卷入。整个社会处在地产狂欢之中，周而复始，自我强化。从金融上讲，就体现为：加杠杆，刚性兑付，高融资成本。买房人的资金被恐慌和贪欲裹挟在两股洪流中：单边上涨预期的房产与刚性兑付的金融产品。整个社会的资产优化配置无从谈起，也别无选择。这反映在金融产品上，就是“中档收益—中档风险金融产品极度稀缺”。而从成熟国家的经验来看，这一部分空缺完全可以通过资产证券化和 REITs 等现代金融创新来填补。

从近年的宏观调控着力点来看，中央政府和监管部门已经充分意识到，经济脱实向虚的严重程度和潜在风险。那么，何为实？何为虚？就地产而言，我们是不是可以先简单做如下刻画：高频炒作为虚，出租经营为实；住宅地产投机为虚，商业物业的匠心打造为实；过度杠杆的非标住宅融资为虚，优化的商业物业融资为实；外延粗放增长为虚，内涵增长为实。从某种意义上来说，从以住宅开发为主导到以商业物业的耐心经营为主导的切换正是中国经济扎实转型的一个缩影。

一边是危墙之下的社会资金，一边是高企的融资成本，唯有坚持金融创新，重塑金融血脉，才能破除迷局，顺利转型。而资产证券化作为当代最重要的金融创新，恰逢其时，得以走上国内资本市场的舞台。针对当前的现实环境，我们认为 CMBS 和 REITs 是可行之道。

CMBS 和 REITs 显见的价值是通过优化融资成本，重建资本循环和金融生态，以此来激发经营创新，从而推进商业物业存量盘活。这正是本书作者共同的愿景。

在监管层和证券交易所的鼓励和指导下，本书的主要作者们多年来对 REITs 和 CMBS 的坚持与探索，随着境内第一单交易所标准化 CMBS 的成功发行而留下印记。

然而，欣喜之余，我们也时刻警醒并深怀不安：

（1）如何避免次贷危机对我国 CMBS 的不利影响？

（2）如何令我国 CMBS 避免美国次贷危机式的挫折，并营造适合其发展的环境？

幸运的是，就上述问题我们与时任联合信用评级有限公司总经理的张志军先生深有共鸣，并随后得到了时任上海证券交易所债券业务中心总监的廖志刚先生和副总监刘蔚女士等的热烈响应。我们商议，联合成立课题组对美国等成熟 CMBS 市场进行研究和实地考察，以期在 CMBS 发行承销标准、信息披露、评级方法、监管边界等方面汲取经验教训，进而为中国 CMBS 的标准制定和市场建设提供借鉴与指导。

因此本书是《CMBS：国际经验和中国实践》这一研究课题的最终成果，是一项跨行业、跨部门的集体创作。除了基于团队成员国内外一线实操经验和案头研究成果外，课题组更专程赴美调研了境外权威专家和机构，以期搜集第一手数据与案例，生成和验证核心观点。

解答前文提出的问题正是本书写作的初衷，我们期待通过本书与您一起探索上述问题的答案。

我们也希望：

如果您是开发商或者商业物业持有人，可以从本书中获得优化融资的新思路，以及商业物业发展的新战略。

如果您是投行、评级机构、律师事务所、服务商、评估机构或者其他服务机构的相关人员，可以通过本书了解国际成熟的监管经验和国内的前沿实践，和我们一起推进国内承销标准、监管框架和市场基础设施的形成。

如果您是投资人，可以借助本书发现一个新的投资品类，并就如何进行风险判断有所了解。

如果您关心房地产宏观调控，也许可以通过本书获得一些房地产长效机制形成模式的启发。

本书课题组除了三位主要作者外，还有幸吸引了国内 CMBS 和资产证券化领域颇具远见和创新精神的一线专业人士，包括：上海证券交易所的刘蔚、贺锐骁、宁春玲和徐承志等；联合信用评级有限公司的许余洁博士、艾仁智博士、曹枞博士、邓博文博士、高鑫磊等；高和资本的石志平、毛跃晖、李慧忠博士等；奋迅律师事务所的杨广水律师、朴文一律师；中伦律师事务所的许苇律师等。其中，周以升、毛跃晖等完成第 1 章、第 4 章；张志军、万华伟、许余洁等完成第 2 章、第 3 章和第 5 章；周以升、许余洁、刘蔚、贺锐骁等完成第 6 章和第 8 章；杨广水、许苇等完成第 7 章。周以升、许余洁等负责本书统稿和最后修订工作。

特别感谢前国家开发银行副行长高坚先生、证监会债券监管部主任蔡建春先生、住建部政策研究中心主任秦虹女士、住建部住房政策专家委员会副主任顾云昌先生、前上海证券交易所债券业务中心总监廖志刚先生、前华远集团总裁任志强先生、复星集团创始人梁信军先生、万科集团执行副总裁孙嘉先生等，他们的鼓励和宝贵意见给了课题组莫大的助力。特别感谢我的合伙人苏鑫先生，他的远见和智慧坚定了我以及高和资本在证券化领域的研究和投入，并在很大程度上促成了本书的诞生。

感谢金茂集团的执行董事和首席财务官江南先生，红星美凯龙家居的首席财务官席世昌先生、执行总裁郭丙合先生，以及复星集团执行董事/高级副总裁、复星地产首席执行官龚平先生等，他们在与我的多个证券化合作创新中的真知灼见对本书的主要观点形成至关重要。感谢众多境外专家、朋友和机构，包括 Libremax Capital 的创始人徐幼于先生，德意志银行的证券化研究主管沈寅先生和 Simon Hui 先生，美国国际集团（AIG）的高级董事总经理黄静女士，美亚博律师事务所（Mayer Brown）的合伙人理查德·梅特（Richard Mertl）先生，富国银行（Well Fargo）的研究总监 Gary Zhu 先生，CW Capital 的高级副总裁 Vincent Zhu 先生，TIG 的合伙人 David Liu 先生，收入研究与管理协会（Income Research and Management）的高级研究专家 Caroline Chen 女士，骑士集团（Knight Group）的合伙人 Jason Chen 先生，美国 CREFC 的总裁莉萨·彭德尔加斯特（Lisa Pendergast）女士，美银美林（Merrill Lynch）全球银行和市场部董事总经理克里斯托弗·哈斯（Christopher J. Haas）先生，以及彭博社（Bloomberg）、房地美（Freddie Mac）、房利美（Fannie Mae）、克罗尔债券评级公司（KBRA）等机构证券化相关高管，他们的鼎力相助使本书最终能形成有数据支持的观点。同时，也要感谢刘柏荣律师、王剑钊律师对课题组法律问题的贡献，以及郭杰群博士、陈雷先生、汪兆军先生、闫云松先生、卞超先生、庞阳先生等对课题组的支持和提出的建议。感谢联合评级研发部吴优女士、李天娇女士、王晋之博士，奋迅律师事务所的齐乐律师、王子谦律师，中国社科院研究生院研究生、深圳市投资控股有限公司的金佩韦，中国人民大学财政金融学院研究生穆蓉、尹星等人在资料收集等方面提供的帮助。

需要特别说明，本书仅作为学术研究的著作，不做任何投资推荐之目的。由于作者自身水平所限，文中难免错误和疏漏之处，与序作者、推荐人、书中提及的机构以及提供支持的专家学者无关。

周以升　代课题组

2017 年 7 月（北京）

目　录

第一章

中国商业物业发展概况

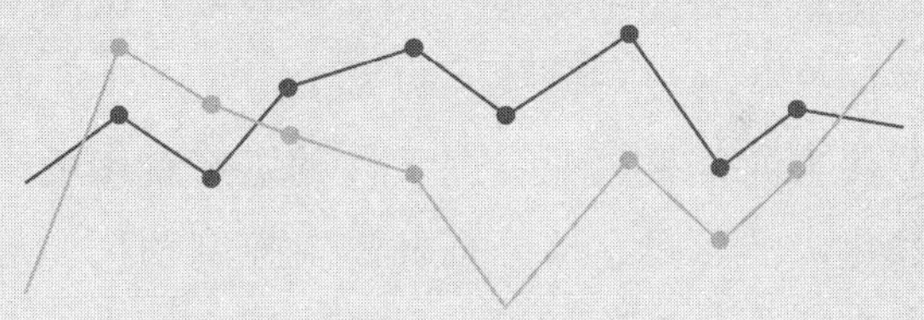

本章主要介绍了我国商业物业发展的现状，提出了引入证券化工具对于当前发展商业物业行业的迫切性。本章共分为六节，第一节客观地综述了我国商业物业行业的现状与面临的问题和困境，指出了地产开发商原有商业模式已经走向终点；第二节介绍了商业物业行业转型的迫切性与政策方向，经营能力、资产支持信用工具、社会化/机构化权益类资金的进入，是未来行业破局缺一不可的三大支撑力量；第三节主要介绍了国内商业物业融资工具的情况，指出了以银行信贷为主的间接融资成本较高、效率有待提升的现状，而债券和资产证券化融资市场拥有较大的发展空间；第四节介绍了中国商业物业资产证券化的发展脉络，以及 CMBS 对于商业物业的重大意义；第五节从当前金融行业备受关注的资产荒困境、刚性兑付亟须打破、证券化盘活存量、债务杠杆需要控制和优化等方面，介绍了商业物业资产证券化的迫切性；最后一节介绍了 CMBS 形成产品标准的意义与着眼点，指出市场的建设和发展需要形成最佳实践和产品标准。

第一节　迫切需要对商业物业形成客观公允的认识

一、什么是商业物业

商业物业，英文为 Commercial Real Estate（简称 CRE），也称为 Investment Property 或者 Income Property，是指作为商业用途运营

的地产，以区别于个人占有用途的地产。同时，商业物业是用于投资而非消费的地产业态，其核心特点是可以产生持续收入和现金流。

美国权威的商业物业行业协会 CREFC 不仅将常见的各种零售物业、办公楼、酒店、专业市场、车库等归于商业物业，也将工业厂房、医疗中心、仓储物流中心、数据中心、农场等列入商业物业的大类别之下。尤其值得注意的是，出租型公寓区别于自住型住宅，在成熟市场是非常重要的商业物业业态。

在中国，由于住宅的价格较高，出租净收益率仅为 1% ~2% 。基于利益最大化的驱动，开发商或者投资者往往选择将大部分住宅散卖为个人持有，整体持有用作出租经营的住宅物业占比很小。虽然酒店式公寓或者服务式公寓在核心城市迎合商业人群的中长租需求有了一定的发展，但由于出租收益率低，近年来相当一部分被转化为公寓散售。

最近，在以白领公寓为代表的住宅存量盘活大潮之下，公寓作为一个商业物业的业态，才逐步回归其出租属性。然而，由于国内的住宅产权物业较少，白领公寓要么依附于已经散卖的物业，要么依附于非住宅产权或者产权有瑕疵的物业。

如果简单加以区分，我们认为下述两种物业可归入住宅地产的类别：其一，销售给个人作为居住用途的住宅物业；其二，虽然以投资为目的，但没有专业运营，且最终以出售给自住用户以获得资产价格上涨作为主要收益实现形式的物业。以投资为导向，有专业的出租运营，不仅获得资产价格上涨，而且将租金现金流作为主要收益来源的公寓，应视作商业物业。

二、迫切需要破除对商业物业的偏见

商业物业由于其占比相对较小，在生活和个人投资领域都不被熟知，所以我们惯常将其置于对住宅的认知阴影之下。然而，商业物业与住宅地产是否是一回事？是否能将住宅调控和监管的策略“一刀切”加之于商业物业呢？该问题涉及对中国地产行业的判断，以及随之而来的整体政策导向，必须进行认真严肃的研究。

（一）对商业物业行业质疑的原因

关于地产行业的地位和作用，争议由来已久，有房地产绑架经济的说法，有地产商是否流着道德血液的质疑，有地产开发和投资加剧贫富分化的论调。然而，地产行业在争议中不断发展。截至2016年，中国商品房销售达到历史高峰，并创造世界历史高点，全年商品房销售面积达157 349万平方米，比上年增长22.5%。商品房销售额达到11.7万亿元，其中住宅销售额达到9.9万亿元。地产行业的集中度进一步增加，2016年12月31日，克而瑞信息集团发布的“2016年中国房地产企业销售排行榜”数据显示，有3家企业的销售额超过3 000亿元，12家企业的销售额超过1 000亿元，占整体市场份额的10%。

按照中国指数研究院最新发布的《2016年中国主要城市房地产市场交易情报》，34个城市中有26个城市成交面积同比增长，其中三亚增幅高达96.48%；泉州次之，增幅达85.29%；汕头增幅也超80%。同时，住宅房价上涨的速度也令人心惊，成交价格上涨的城市有20个，深圳、东莞、苏州、南京等城市的价格上涨接近甚至超过40%；京沪由于新增供应有限，二手房的成交量和成交价格都有明显跳涨。根据国际货币基金组织（IMF）发布的《全球房价观察报告》（*Global Housing Watch Report*），2016年1~6月全球各大城市的房价收入比排名前十的城市中有5个在中国，深圳以38.36位居第一，香港以34.95位居第四，北京以33.32位居第五，上海以30.91位居第六，广州以25.85位居第十。根据方正证券的研究数据，2016年中国主要城市的住宅静态租赁回报率为2.6%，一线城市仅为2%左右，低于国际平均水平3%~6%的值。

同时，根据全球最大城市数据库网站 Numbeo 与华泰证券的研究数据，中国一线城市的房价租金比已位于全球前列，深圳位居第一，为 66.62，上海、广州与北京分列第四位、第五位与第八位，房价租金比为 40～50。

由此引发了各界人士对中国房地产“泡沫化”的关注，对房地产市场和实体经济高杠杆的疑虑，以及对房地产市场震荡的普遍担忧。而商业物业作为地产行业的一个类别，裹挟其中，风雨飘摇。

（二）商业物业是重要的实业类别

简单来说，房地产市场可以分为住宅市场和商业物业市场，二者存在非常大的区别，见表 1－1。

表 1－1　住宅与商业物业市场对比

	住宅	商业物业
价值创造模式	租金收益率 2% 左右，靠资本升值驱动价值提升	租金收益率 5% 以上，靠经营现金流增长驱动价值提升
投资者	散户	大宗交易以机构为主，包括外资专业投资机构 没有 REITs 的情况下，散售在国内也很常见
价值创造方式	投机下注	靠专业的经营能力
杠杆程度	极高（开发商、个人）	适中
政府税收方式	一次性税收	持续性税收
经济增长方式	投资驱动型	产业驱动型

资料来源：高和资本

第一，价值创造模式不同。住宅的使用功能本质上是消费品，然而现实情况是由于投资渠道的稀缺，住宅的所有权被动地演化成为一种被资本追逐的投机品。住宅投资主要靠资产价格的上涨来实现收益。而商业物业通过持续的经营，依靠现金流的提升来驱动商业物业价值的上涨，从而分享物业升值收益。商业物业是一个理性的投资工具，在北京、上海等核心城市，核心物业的实际收益率（净经营现金流/售价）可达4%，而住宅实际收益率仅为1%～2%。

第二，投资者不同。住宅的投资者以散户为主力，大量个人散户（甚至包括一些中低收入人群）通过加杠杆的方式进入住宅投资领域，极易形成投机风潮。对个人投资者来讲，其资金的机会成本为存款利率，且对当期收益不敏感，易追捧资本升值，因此更容易推升价格。而商业物业，特别是大宗交易，以专业机构投资者为主，在北京、上海等城市，甚至有大量外资专业机构站在全球配置的角度进行专业判断和投资。机构投资者资金的机会成本为贷款利率，因此相对更加理性，兼顾当期收益与资本升值。

第三，价值创造方式不同。住宅本质上存在投机下注的逻辑。而商业物业需要专业的运营，发挥匠人精神。

第四，杠杆程度不同。住宅行业从开发商到个人再到金融机构，都有加杠杆的冲动，从而推升整体经济的杠杆率，积累风险。然而，商业物业以现金流为估值基础，杠杆率相对平和。住宅抵押贷款率约占70%，而商业物业抵押贷款率在50%左右。

第五，政府税收方式不同。在住宅房产税没有大范围正式推出之前，住宅只能一次性征税，不会沉淀本地产业和持续性的税收基础。而商业物业则不同，它是连接贸易物流、消费升级、第三产业转型的重要纽带。购物中心可以促进商贸流通的发展，满足居民的消费升级需求，也可以改善城市面貌；办公楼本质上是商业交易的物业空间，不仅可以提高商业沟通效率、鼓励双创，还可以促进第三产业发展；酒店更是满足了旅游、出差等需求，可促进旅游业发展；物流地产直接支持了商贸流通，可间接降低全社会的流通成本。以商业物业为代表的城市更新，将会拉动投资、改善城市面貌、促进区域经济良性增长。

第六，经济增长方式不同。住宅的经济增长方式是投资驱动型，而商业物业的经济增长方式是产业驱动型，其中以第三产业驱动为主。

总之，商业物业是最大的实业类别之一，凝聚实业精神和匠人精神，应当从住宅的调控逻辑中分离出来。

（三）商业物业仍然是较理性的投资市场

商业物业是否像住宅一样非理性繁荣？以办公楼大宗交易为例，从国际门户城市来讲，上海的实际收益率（净经营现金流/市场售价）处在全球较高的水平，北京与上海类似。而在二线城市办公楼大宗交易的实际收益率可达6%以上。考虑到上海、北京等城市的经济增长率为7%左右，比纽约这样的国际门户城市3%左右的经济增长率高出许多，商业物业在中国仍然是比较理性的投资市场。2015年12月，世界城市中央商务区甲级办公楼实际收益率、实际风险溢价分别见图1－1、图1－2。

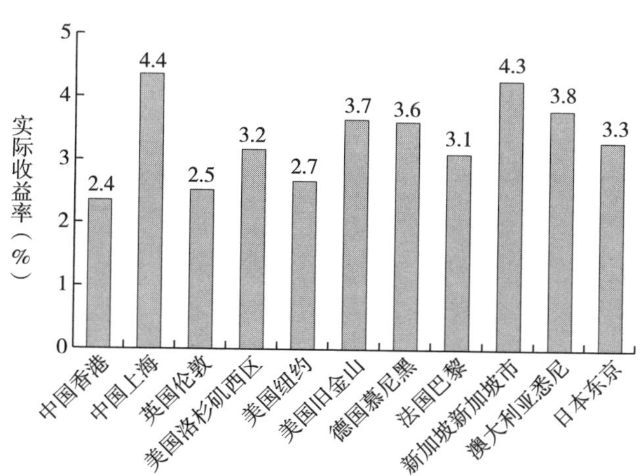

图1－1　世界城市中央商务区甲级办公楼实际收益率

资料来源：第一太平戴维斯（**Savills**），高和资本

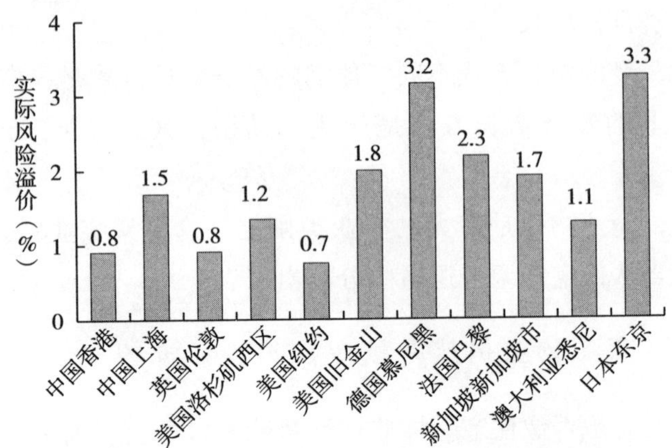

图1－2　世界城市中央商务区甲级办公楼实际风险溢价

资料来源：第一太平戴维斯，高和资本

在中国，大宗交易投资者概况见图1－3。

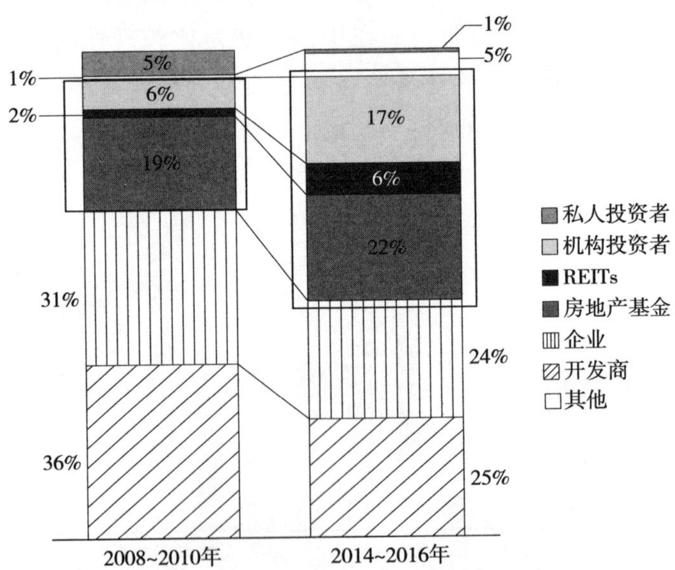

图1－3　中国大宗交易投资者概况

注：机构投资者包括保险公司、养老基金、主权财富基金和其他机构基金。

资料来源：世邦魏理仕（CBRE）

三、中国商业物业的发展现状

（一）商业物业销售占比较小

从商品房销售数据来看，商业物业占比并不高，办公楼和商业营业用房每年占商品房销售额的比例仅约15%。2011～2015年商品房各个业态的销售额及占比见表1－2。

表1－2　2011～2015年商品房各个业态的销售额及占比　　金额单位：亿元

	2015年		2014年		2013年		2012年		2011年	
	销售额	占比（%）	销售额	占比（%）	销售额	占比（%）	销售额	占比（%）	销售额	占比（%）
住宅	72 770	83	62 411	82	67 695	83	53 467	83	48 198	82
办公楼	3 761	4	2 963	4	3 747	5	2 773	4	2 472	4
商业营业用房	8 853	10	8 911	12	8 280	10	7 000	11	6 679	11
其他商品房	1 897	2	2 008	3	1 706	2	1 216	2	1 240	2
商品房总计	87 281	100	76 292	100	81 428	100	64 456	100	58 589	100

注：表中数据为四舍五入后取整数的值。

资料来源：国家统计局

然而，中国地产行业快速进入存量时代。根据链家研究院的统计数据，中国存量地产市值预计为245万亿元，其中住宅、商业物业、其他待开发土地和已建成库存市值见图1－4。

2016年，二手房成交额超过6万亿元，占住宅交易总量的

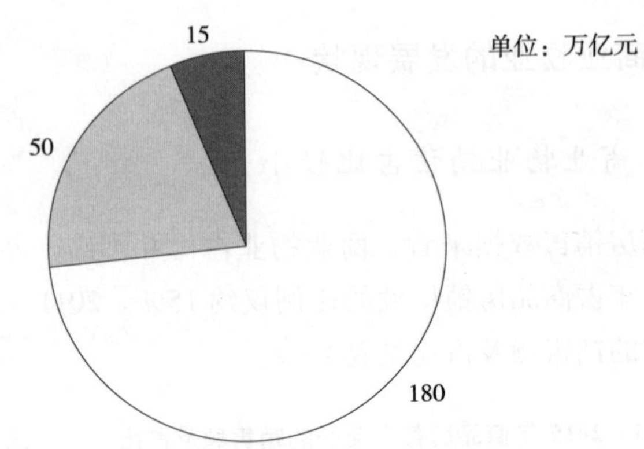

图1－4　中国存量地产市值

41%。其中，北京、上海二手房交易已经占住宅交易总量的74%和72%。因此，制定政策导向时，应注意商业物业在整个地产调控中的位置。

（二）中国商业物业的发展获得了巨大的成就

截至2016年第三季度，按照国际知名地产机构戴德梁行（DTZ）的统计数据，北京甲级办公楼的存量约为905万平方米，空置率仅为5.8%，平均租金为383.7元/平方米/月。北京五大核心商圈甲级办公楼总体存量约为738万平方米，空置率为4.5%，平均租金为403.2元/平方米/月。上海核心商圈甲级办公楼总体存量约为587万平方米，空置率为7.3%，平均租金为319.4元/平方米/月。广州甲级办公楼的存量约为437万平方米，空置率为15.4%，平均租金为167.9元/平方米/月。深圳甲级办公楼的存量约为303万平方米，空置率为8.4%，平均租金为252.43元/平方米/月。上述四地甲级办公楼市场情况分别见表1－3、表1－4、表1－5和表1－6。

表 1-3 北京甲级办公楼市场情况（截至 2016 年第三季度）

区域	存量（平方米）	空置率（%）	本年已竣工项目（平方米）	施工面积（平方米）	平均租金		
					元/平方米/月	美元/平方英尺/月	欧元/平方英尺/月
中央商务区	2 865 926	3.6	22 949	2 725 429	371.6	5.2	4.6
金融街	1 382 533	0.2	45 000	658 405	643.6	9.0	8.0
燕莎	1 008 293	13.1	170 000	48 957	333.3	4.6	4.1
东二环	1 130 655	6.0	48 000	457 000	350.8	4.9	4.4
中关村	992 972	2.5	90 632	650 748	330.2	4.6	4.1
五大核心商圈总体	7 380 379	4.5	376 581	4 540 539	403.2	5.6	5.0
望京—酒仙桥	443 440	12.0	91 780	634 529	288.3	4.0	3.6
亚奥	557 039	17.6	136 854	379 651	354.3	4.9	4.4
亦庄开发区	493 648	16.0	30 000	—	170.9	2.4	2.1
北京丽泽金融商务区	—	—	—	1 439 717	—	—	—
其他	179 353	—	109 995	677 493	—	—	—
全市总体	9 053 859	5.8	745 210	7 671 929	383.7	5.3	4.8

注：1. “其他”为所列商圈之外的区域。

2. 汇率为 1 美元 =6.663 元人民币 =0.892 4 欧元。

3. 1 平方英尺 =0.092 9 平方米。

资料来源：戴德梁行

表 1－4　上海甲级办公楼市场情况（截至 2016 年第三季度）

区域	存量（平方米）	空置率（%）	本年度新增供应（平方米）	未来供应（平方米）	平均租金		
					元/平方米/月	美元/平方英尺/月	欧元/平方英尺/月
静安核心	841 220	4.2	12 869	419 652	341.3	4.76	4.25
黄浦	1 296 434	9.1	59 775	905 125	306.9	4.28	3.82
陆家嘴	1 538 402	5.0	28 000	565 987	407.6	5.69	5.08
竹园	730 847	13.0	64 836	154 836	291.4	4.06	3.62
长宁	786 144	9.3	36 000	306 029	236.6	3.30	2.94
徐汇	677 044	4.6	—	377 700	292.3	4.08	3.64
核心商圈总体	5 870 091	7.3	201 480	2 729 329	319.4	4.46	3.98
新兴商圈总体	2 246 409	20.6	347 954	5 144 938	202.6	2.83	2.53

注：1. 租金是指成交价。

2. 汇率为 1 美元 =6.663 元人民币 =0.892 4 欧元。

3. 1 平方英尺 =0.092 9 平方米。

资料来源：戴德梁行

表 1-5 广州甲级办公楼市场情况（截至 2016 年第三季度）

区域	存量（平方米）	空置率（%）	本年已竣工项目（平方米）	施工面积（平方米）	平均租金		
					元/平方米/月	美元/平方英尺/月	欧元/平方英尺/月
天河体育中心	826 963	4.9	0	30 238	170.7	2.4	2.1
珠江新城	2 913 549	15.7	394 560	622 592	177.4	2.5	2.2
越秀	269 988	8.6	57 000	0	127.7	1.8	1.6
琶洲	361 785	41.6	178 830	932 928	114.6	1.6	1.4
全市总体	4 372 285	15.4	630 390	1 585 758	167.9	2.3	2.1

注：1. 平均租金是指甲级办公楼市场主要物业中层中等面积的租金成交价（元/平方米/月），该租金报价是基于使用面积计算的，不包含物业管理费和推广费等其他费用。

2. 汇率为 1 美元 = 6.663 元人民币 = 0.892 4 欧元。

3. 1 平方英尺 = 0.092 9 平方米。

资料来源：戴德梁行

表 1－6　深圳甲级办公楼市场情况（截至 2016 年第三季度）

区域	存量（平方米）	空置率（%）	本年入市项目（平方米）	未来供应（平方米）	平均租金		
					元/平方米/月	美元/平方英尺/月	欧元/平方英尺/月
罗湖	541 813	4. 8	0	40 170	224. 38	3. 13	2. 79
福田	1 961 977	8. 6	172 000	2 154 914	273. 47	3. 81	3. 40
南山	528 863	11. 2	73 260	4 558 124	203. 13	2. 83	2. 53
全市总体	3 032 653	8. 4	245 260	6 753 208	252. 43	3. 52	3. 14

注：1. 甲级办公楼租金基于建筑面积，不包含管理费用及其他支出。
2. 汇率为 1 美元 =6. 663 元人民币 =0. 892 4 欧元。
3. 1 平方英尺 =0. 092 9 平方米。

资料来源：戴德梁行

截至2016年第三季度，北京优质商铺存量上升至1 154万平方米。其中，购物中心约942万平方米，占82%左右；全市百货存量减少至212万平方米左右，仅占约18%。

在商业物业行业快速发展的同时，专业的市场团队也如雨后春笋般出现，成立了大量优秀的运营及资产管理公司。比如家居购物中心红星美凯龙，旗下运营200多家家居商场，是行业龙头企业；万达商业持有物业面积3 233万平方米，已开业的万达广场达187座。资产管理公司也在迅速发展，出现了高和资本、光大安石等专业的本土房地产资产管理公司。在资产运营和内容服务领域，也同样涌现出具有品牌影响力的优秀企业，如联合办公领域的优客工场、纳什空间等，公寓领域的魔方公寓、新起点公寓、新派公寓、自如等，商办空间租赁领域的空间家、优办等，酒店会议服务领域的会唐等。

（三）商业物业所面临的难题

1. 投资增速明显放缓

2005年以来，伴随着宏观经济的高速增长，商业物业投资经历了快速增长的十年，2015年商业营业用房投资额为14 607亿元，年度投资金额较2014年同期增长1.8%。

在住宅调控政策频繁出台的背景下，商业物业调控相对宽松，办公楼投资一度高涨，2010年、2011年投资额同比增速达到峰值。但随着库存压力的不断累积，2014年以来办公楼开工已明显放缓，2015年商业营业用房完成投资额增速仅为1.82%，办公楼的完成投资额增速为10.08%，不足2011年增速的1/4。2005~2015年商业营业用房与办公楼完成投资情况见图1-5。

2004~2016年全国住宅、办公楼和商业营业用房新开工面积同比见图1-6。

2007~2016年，各地区办公楼和商业营业用房新开工增速存在

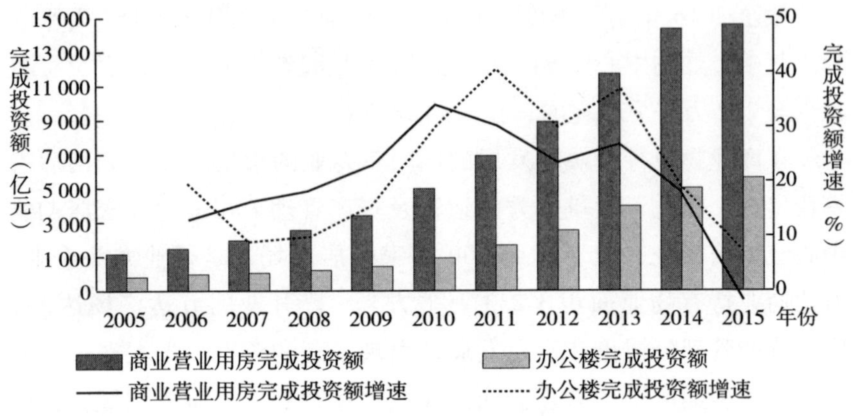

图1－5　2005～2015年商业营业用房与办公楼完成投资情况

资料来源：国家统计局

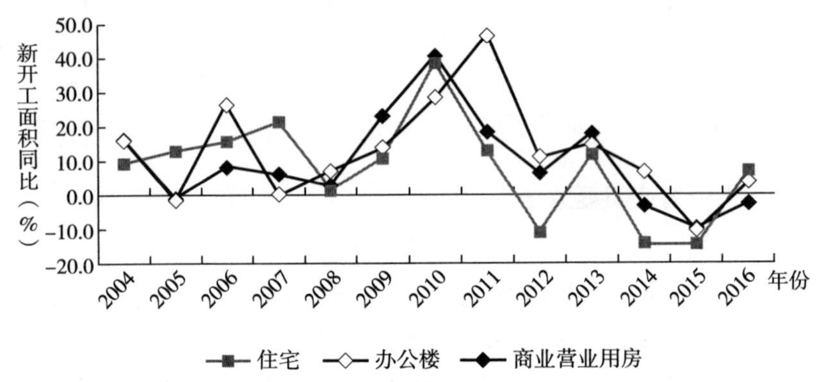

图1－6　2004～2016年全国住宅、办公楼和商业营业用房新开工面积同比

注：2016年数据截至9月。

资料来源：万得资讯（Wind）

明显差异。在办公楼方面，海南、河北、湖北2015年以来平均新开工增速超100%，未来会有大批量新建办公楼入市；黑龙江、浙江、西藏、新疆、内蒙古新开工面积大幅下跌，其中黑龙江、内蒙古已面临较大的库存压力。一线城市北京、上海、广州的办公楼和商业营业用房新开工增速相对较缓，各地区办公楼、商业营业用房新开工增速同比分别见图1－7、图1－8。

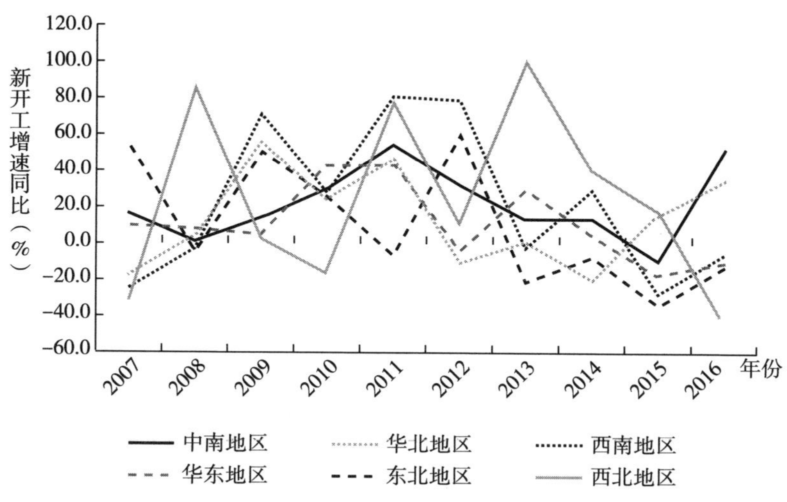

图1-7　各地区办公楼新开工增速同比

注：2016年数据截至9月。

资料来源：万得资讯

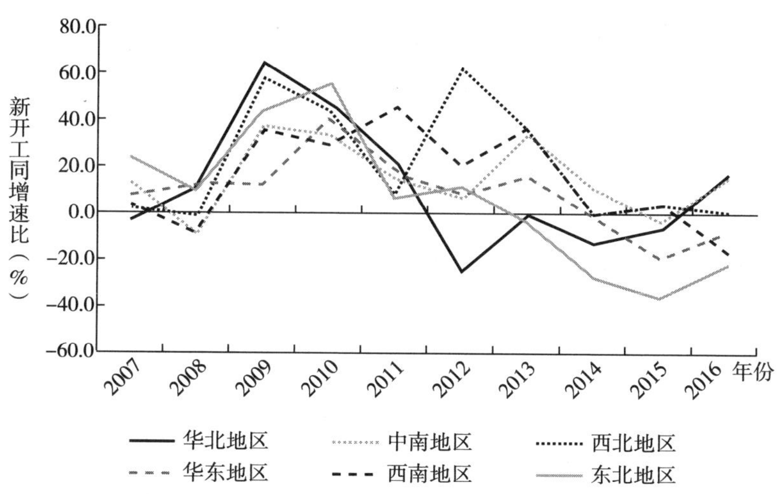

图1-8　各地区商业营业用房新开工增速同比

注：2016年数据截至9月。

资料来源：万得资讯

2. 库存压力极大，加杠杆的方式对去库存几乎完全无效

总体而言，商业物业销售去化不乐观，具体表现为去化放缓、

库存规模持续上升。随着中国房地产市场逐步进入成熟期，住宅及商业物业的整体供应均呈现供过于求的格局。从全国来看，我国房企开发业态仍以住宅为主，住宅库存规模远高于商业物业。受益于2015年以来政策环境回暖，商品房销售持续向好，住宅库存持续降低，但办公楼库存依旧上行，去化压力加大。全国住宅、办公楼和商业营业用房库存对比见图1－9。

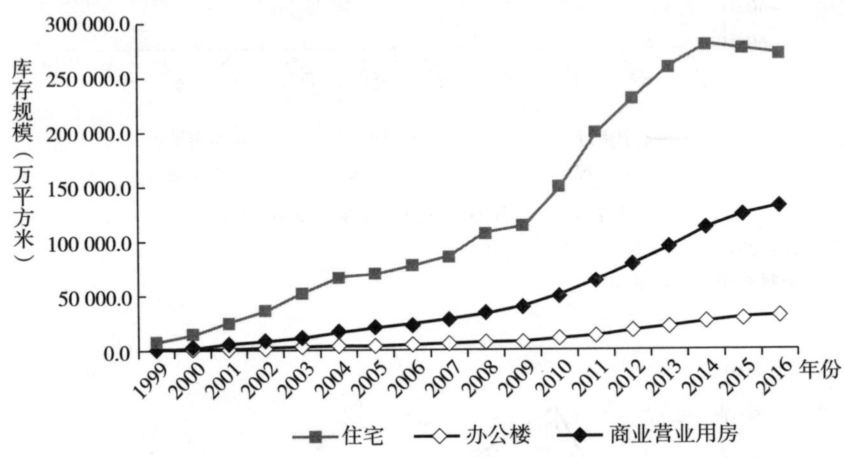

图1－9　全国住宅、办公楼和商业营业用房库存对比

注：2016年数据截至9月。

资料来源：万得资讯

截至2016年7月末，全国办公楼库存3 383万平方米，商业营业用房库存1.54亿平方米。而这两个数字在2015年12月为3 276万平方米和1.46亿平方米，在2015年6月为2 963万平方米和1.24亿平方米，可以看出商业物业库存直线上升。分区域来看，受经济发展较好、商业物业规模建设的影响，华东地区库存规模最大；而受市场景气度较低影响，东北、西北地区库存较小。在办公楼方面，华东地区近5年库存规模占比持续达35%左右，华东、华北二者合计占比超50%；在商业营业用房方面，华东地区近五年库存规模占比持续达32%左右。办公楼、商业营业用房库存区域分布分别见图1－10、图1－11。

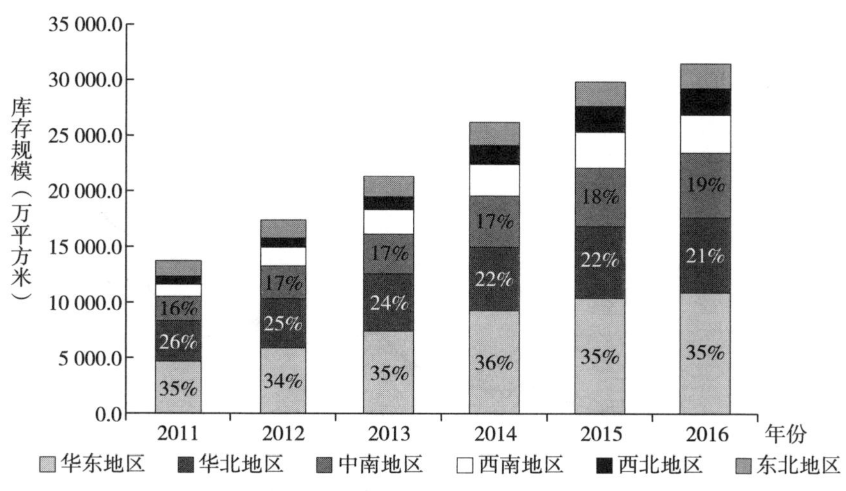

图 1-10　办公楼库存区域分布

注：2016 年数据截至 9 月。

资料来源：国家统计局、万得资讯

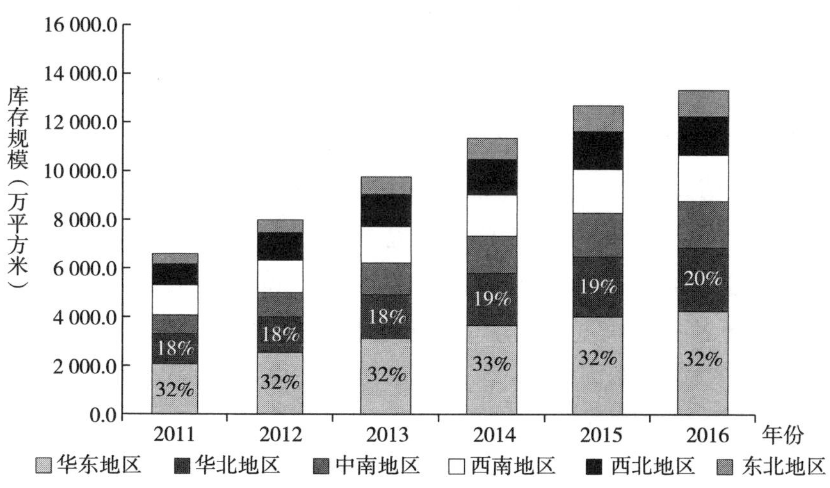

图 1-11　商业营业用房库存区域分布

注：2016 年数据截至 9 月。

资料来源：国家统计局、万得资讯

从全国情况来看，商业物业去化速度大幅低于住宅。截至 2015 年年底，住宅、办公楼、商业营业用房存销比分别为 2.45、10.25 和 13.50，其中住宅、办公楼存销比 2014 年有所下滑，而商业营业用房则持续上升，去化持续放缓。住宅、办公楼和商业营业用房存销比见图 1－12。

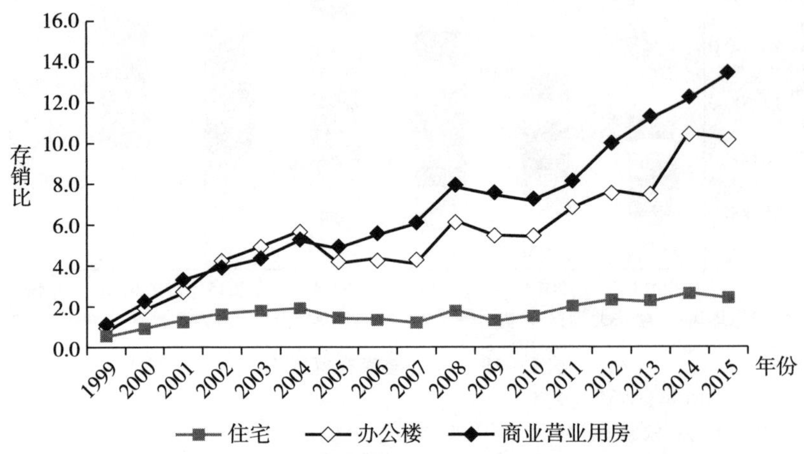

图 1－12　住宅、办公楼和商业营业用房存销比

资料来源：国家统计局、万得资讯

3. **商办空置率偏高，租金下跌风险大**

睿意德（RET）近期公布的中国商业物业研究数据显示，截至 2015 年 12 月，全国办公楼平均空置率为 18%，而商业营业用房空置率高达 30%，一线城市的情况相对好些。戴德梁行的数据显示，截至 2016 年第三季度，北京甲级办公楼空置率为 5.8%，上海核心商圈办公楼空置率为 7.3%，广州甲级办公楼空置率为 15.4%，深圳甲级办公楼空置率为 8.4%。

部分城市办公楼空置率大幅偏高、租金明显走低。从空置率来看，重庆、成都、沈阳、天津和武汉办公楼市场明显供大于求，优质办公楼空置率持续超 20%。从租金来看，受供给过剩影响，重庆、天津和成都办公楼租金下跌明显，2013 年以来租金累计分别同比下跌 8.62%、10.84% 和 35.32%。

零售物业空置率不高，但市场对租金极为敏感。从空置率来看，优质零售物业空置率总体低于办公楼，其中天津、沈阳和重庆零售物业空置率相对偏高，达10%～15%，而北京零售物业空置率仅为5%。从租金来看，零售物业一旦市场景气度下滑，租金便会面临大幅调低的风险。受经济下行、电商冲击及2010～2011年新建商业物业大批量投入市场等影响，2013～2014年，多数一、二线城市优质零售物业首层租金大幅调低，武汉、成都、重庆2016年上半年零售物业租金跌幅高于其他城市，自2013年以来累计下滑45%；北京则除2014年以外，租金水平稳定增长。北京、上海、广州零售物业首层租金指数分别见图1－13、图1－14和图1－15。

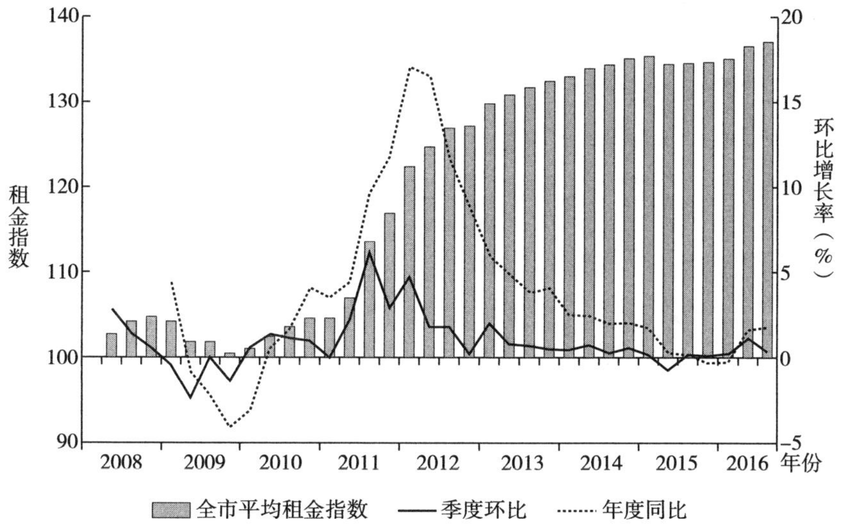

图1－13　北京零售物业首层租金指数

资料来源：第一太平戴维斯

4. 电商冲击实体零售，减少商业营业用房市场需求

随着互联网与科技的发展，电商快速扩张，网购量持续提高。2015年实物商品网上零售额占社会消费品零售总额的比例达到10.8%，较年初提高2.5个百分点，增长显著。快递业务量的增长也直接印证了这一点。2010年以来，快递业务量保持年均50%左右

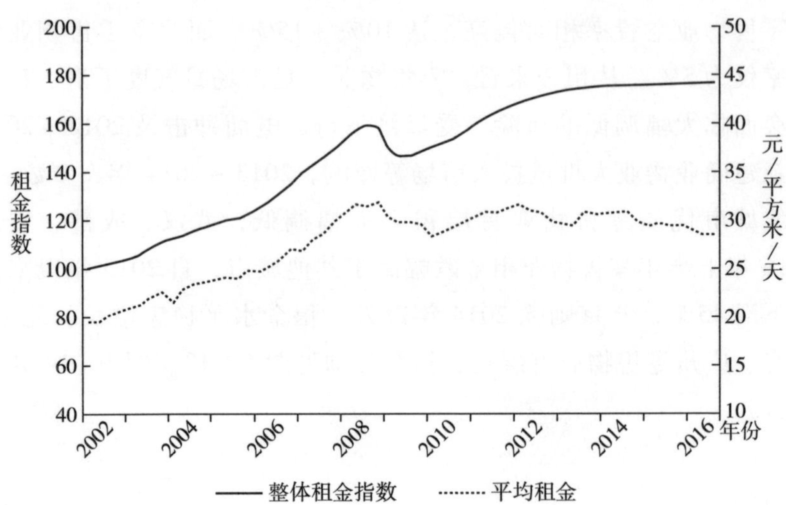

图1－14　上海零售物业首层租金指数

资料来源：第一太平戴维斯

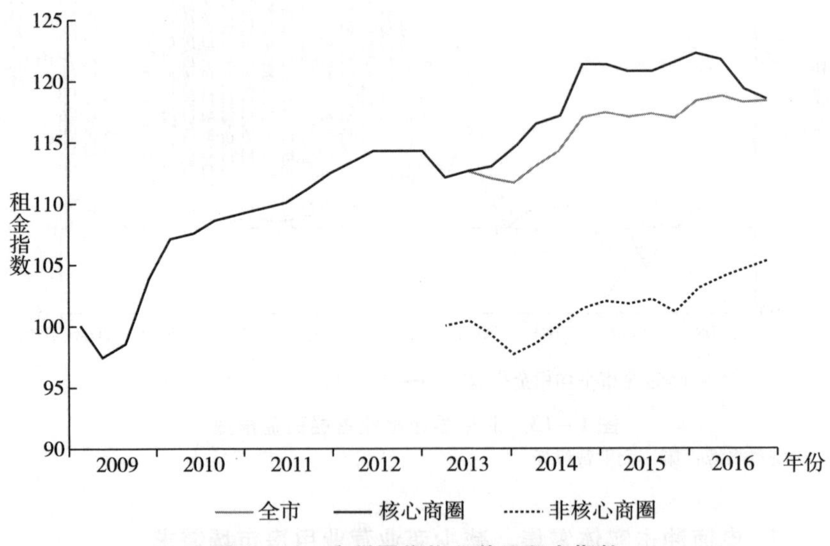

图1－15　广州零售物业首层租金指数

资料来源：第一太平戴维斯

的增长，2015 年快递业务量达到 206 亿件，为 2010 年全年的 8.8 倍。网上零售正逐步侵蚀实体零售市场。根据商务部对实体百货店、实体超市、实体专业店销售额的统计数据，2010 年上述三类实体店的销售额增速分别为 19.5%、14.1% 和 21.8%，2014 年增速分别降至 4%、5.4% 和 3.5%。具体来看，2015 年上半年万达百货在全国调整收缩门店，物美、高鑫零售、京客隆等大型连锁超市净利润下滑幅度超过 10%，其中中百集团净利润同比下降 77.9%。预计未来网上零售对实体零售的冲击仍将持续，影响商业营业用房的销售和运营。截至 2016 年上半年，主要零售企业关店统计见表 1－7。

表 1－7　主要零售企业关店统计

业态	企业	城市	门店
百货、购物中心	百盛	西安	东大街店
		重庆	大坪店
	摩尔百货	成都	天府店
	NOVO 百货	重庆	大融城店
	来雅百货	泉州	中俊世界城店
	友谊商店	广州	南宁店
	华联商厦	成都	成都店
	天虹商场	深圳	深南君尚百货
	哈韩百货	长春	桂林路店
	喜乐地购物中心	长沙	万家丽路
	西单商场	北京	十里堡店
	南京八佰伴	南京	南京店
	世纪金花	银川	银川店
	金鹰商贸	合肥	宿州路店
	新华百货	银川	东方红店

（续表）

业态	企业	城市	门店
超市	沃尔玛	合肥	长江东路店
超市	沃尔玛	无锡	青石路店
超市	沃尔玛	巢湖	健康东路店
超市	沃尔玛	淮北	人民路店
超市	沃尔玛	滁州	明光路店
超市	沃尔玛	合肥	合作化南路店
超市	沃尔玛	芜湖	花津中路店
超市	沃尔玛	济南	阳光新路店
超市	沃尔玛	烟台	海港路店
超市	沃尔玛	烟台	天府街店
超市	百佳超市	广州	中旅店
超市	百佳超市	东莞	聚福豪苑店
超市	百佳超市	广州	康王路店
超市	百佳超市	广州	珠江俊园店
超市	百佳超市	成都	新城市广场店
超市	百佳超市	成都	来福士 Treat（特色汇）店
超市	百佳超市	成都	国际金融中心店
超市	百佳超市	广州	金沙店
超市	家乐福	新乡	平原路店
超市	家乐福	温州	汤家桥店
超市	家乐福	青岛	延吉路店
超市	永旺	苏州	美思伯乐东环店
超市	华润万家	郑州	嵩山路店
超市	华润苏果	武汉	后湖大道店
超市	大商集团	抚顺	将军店
超市	亿佰家	成都	成都店

资料来源：各公司年报、互联网公开信息、联商网、高和研究

总之，商业物业面临重大挑战，这与住宅地产的过度繁荣是截然不同的。从某种程度上来说，住宅地产的过度繁荣掩盖了商业物业的严峻挑战：

（1）住宅地产的过度繁荣，使开发商更容易获取利润，因此不重视商业物业的经营，以及对经营能力的培育。

（2）处于困境的商业物业不良率预计会快速上升。虽然经历调控，然而住宅市场的周期性繁荣，为开发商提供了流动性，从而延缓了商业物业问题的暴露。而商业物业本身，在某些区域的供过于求，以及经营能力不足问题并没有得到实质性解决，即经营现金流没有实质提升。随着宏观调控的去杠杆以及利率市场的震荡，商业物业不良率预计会快速上升。

四、中国房地产开发商传统商业模式走向终点

（一）传统商业模式

房地产开发商的传统商业模式是高周转、高毛利和高杠杆，以此来支撑极高的净资产收益率，从而实现行业爆发性增长。早年房地产开发商的净资产收益率水平很高，但随着最近几年销售的毛利率、周转率下降，杠杆到达顶峰之后，房地产开发商陷入困境，净资产收益率跌到10%以下。国内主流房地产开发企业2005～2015年财务分析见图1-16。

房地产开发商的传统商业模式为通过传统的融资方式获取扩张或建设资金，同时通过销售的高周转率实现现金回流，两者结合形成收益创造机制。在房价快速上涨、销售活跃的情况下，房地产开发商依靠高杠杆可以快速积累利润，扩张资产负债表。房地产开发商的传统商业模式见图1-17。

而目前，这个商业模式遇到了很大挑战：

（1）销售周转趋缓。随着城镇化发展到一定阶段，整体经济流动性收紧，以及中央对地产的调控政策，住宅销售不可能维持此前

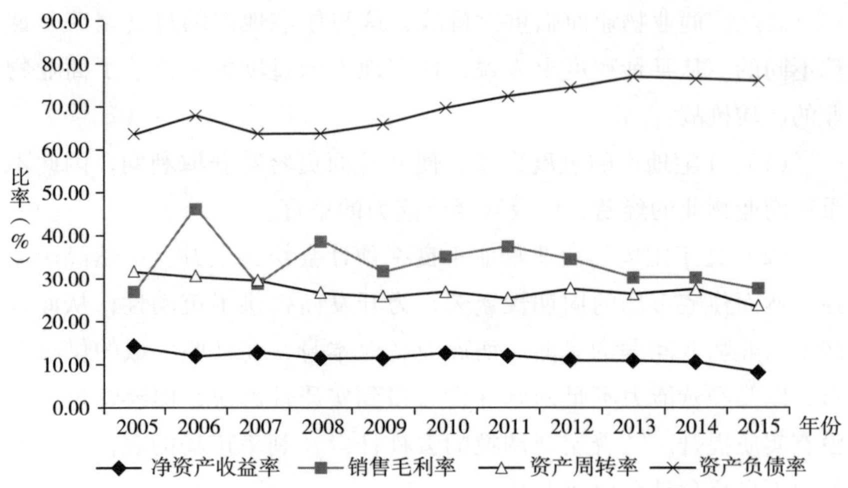

图1-16 国内主流房地产开发企业2005~2015年财务分析

注：数据来自中指数据（CREIS），取26家主流房地产开发企业中位数。

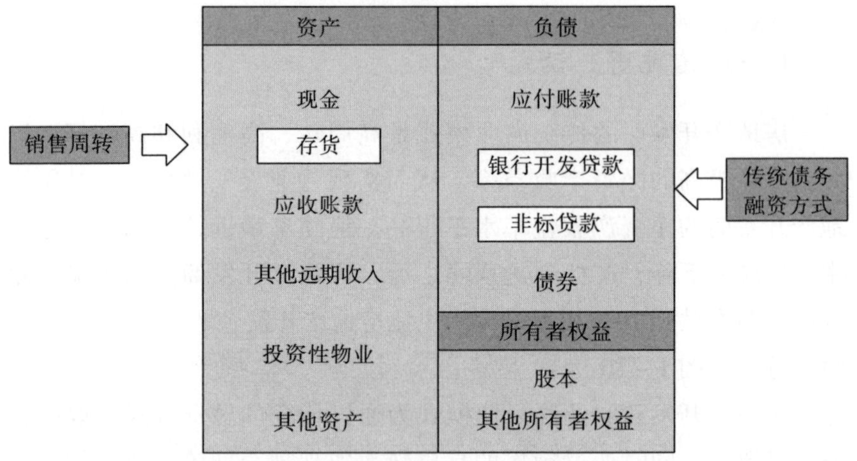

图1-17 房地产开发商的传统商业模式

的快速销售周转。

（2）粗放地提高杠杆模式已经走到尽头，需要细化融资工具来优化资本结构。

（3）持有型存量物业越来越多，亟待盘活。

（二）过渡模式：传统模式+经营性抵押贷款

房地产开发商的过渡模式一方面运用传统融资方式配合传统的高周转模式，另一方面靠经营性抵押贷款或者其他高息非标贷款来错配其持有商业物业的融资和流动性。房地产开发商的过渡模式见图1－18。

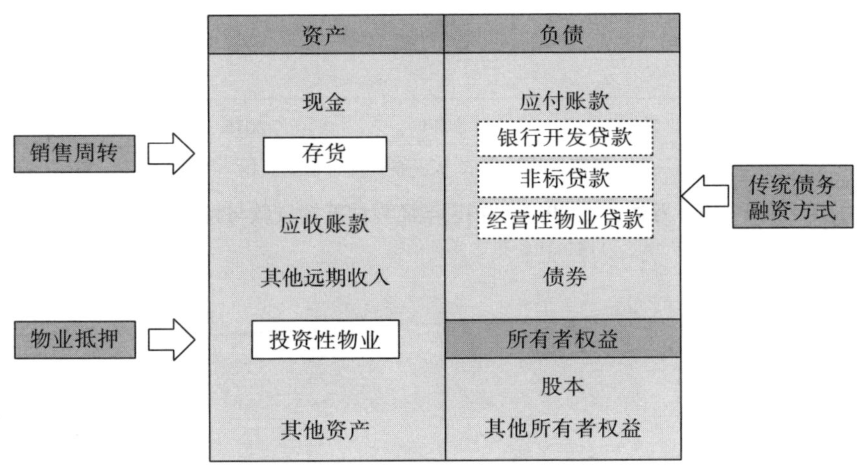

图1－18　房地产开发商的过渡模式

过渡模式的典型代表为万达商业，从图1－19可以看出：万达商业的经营性抵押贷款和持有物业面积几乎完全吻合，其持有型物业依靠经营性抵押贷款来激活。但万达商业同时也有很大压力，2011年万达商业的净资产收益率为30%，这得益于其商业模式、拿地能力和高溢价，但随着持有型物业越来越多，其净资产收益率快速下跌。万达商业2011～2015年财务分析见图1－20。

以万达商业为代表的商业物业开发和运营商原来依靠经营性抵押贷款来支撑资产负债表扩张的模式也遇到了非常大的挑战：

（1）经营性抵押贷款的融资效率低。

（2）持有型存量物业收益率低，无法实现资本循环，拉低了整体净资产收益率。

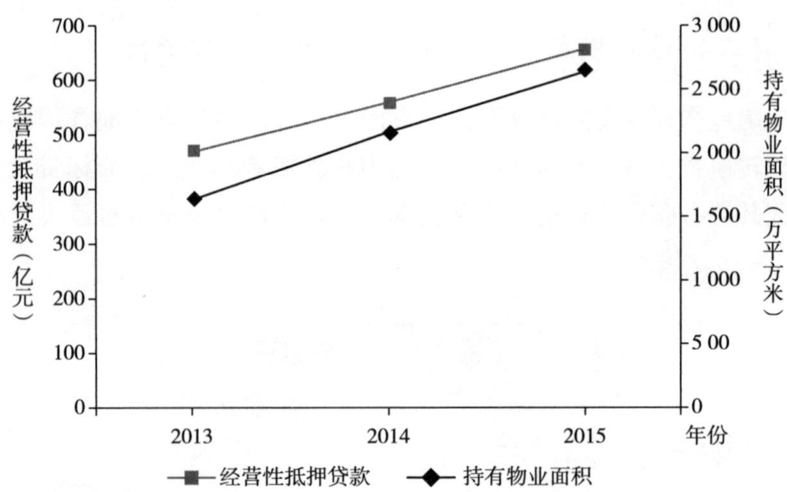

图1－19　万达商业2013～2015年经营性抵押贷款与持有物业面积

资料来源：万得资讯、万达公司年报、高和研究

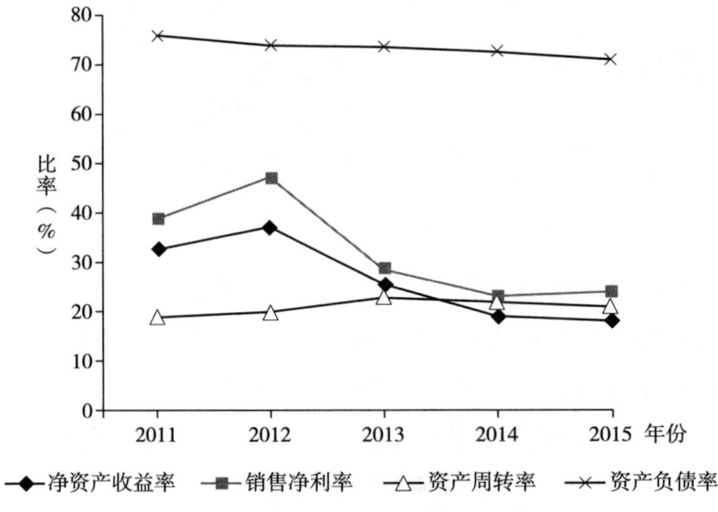

图1－20　万达商业2011～2015年财务分析

资料来源：万得资讯、万达公司年报、高和研究

（三）资产证券化塑造新的商业模式

随着开发商沉淀越来越多的持有型商业，其商业模式必须进行两个方面的优化：

(1) 使用资产支持融资工具，在成本、额度和效率等方面获得比传统融资模式更好的条件。

(2) 使用权益性工具，包括公募 REITs、私募 REITs 等，帮助盘活存量，形成资本循环。

传统的方式是资产负债表右侧的融资方式，基于公司住宅高周转率形成的库存利润和自身信用。但是实际上，随着资产负债表的日渐沉重，其他一些资产是有条件也有必要盘活的，包括应收账款、远期收入，以及投资物业本身。

对于商业物业来说，这可能有两个最为重要的方向，其一是 CMBS，这是债券证券化的一个重要方向；其二是权益型证券化，可以真正让资产周转起来。房地产业传统商业模式的突破必须依赖资产证券化的发展，合理利用上述金融工具将开发商和资产持有人的资产重新周转起来，才可能突破自身资产负债表的限制。资产证券化塑造的新商业模式见图 1－21。

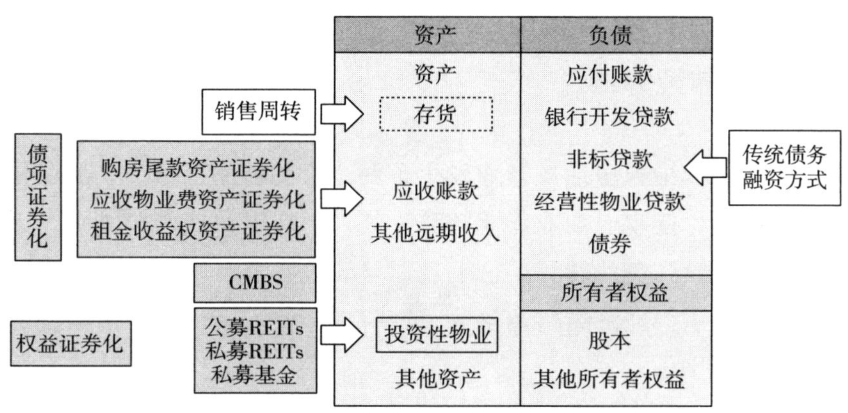

图 1－21　资产证券化塑造的新商业模式

(四) 传统开发商运营商业物业需要进一步突破激励不相容的难题

商业物业的特点是依据现金流进行定价，需要通过若干年细致且有耐心的经营才能形成稳定的现金流，期间现金流较弱，只有通过物业的变现来实现现金流的倍乘效应。

这与住宅当期的快速销售截然不同。传统的开发商通过当期销售和当期激励聚集和培养了大量住宅行业的专才，并形成了以当期激励为主的激励机制。然而，在商业物业领域，由于期间较弱的现金流，这种激励机制无法复制。

传统开发商迫切需要革新其激励机制，来匹配商业物业现金流的特点。从成熟市场的经验来看，私募基金和资产管理机构的激励机制与商业物业具有天然的趋同性。私募基金往往期间收取2%左右的基金管理费，最后实现退出时分配20%左右的超额分红。这也是成熟市场资产管理机构在商业物业领域扮演重要角色的原因之一。该种机制吸引了大量的专才加入，从而能够最大化地挖掘商业物业的价值。

同时，私募基金或者资产管理机构几乎可以无限制地管理外部资产，不受自身资产负债表限制，从而成为商业物业最重要的投资力量之一。

五、中国房地产行业从住宅开发到商业物业的转型是中国经济转型的缩影

近年来，中国房地产行业发生了两个大的转型：其一，从以住宅开发为主，逐步向商业物业转移；其二，从以快速销售为主，逐步向存量经营和盘活转移。这个过程与商业物业自身的供过于求同时发生，是中国经济结构调整的关键一环，实际上也是中国经济转型的一个缩影。

住宅代表着过去“粗放”的增长方式，而商业物业则代表着内涵式发展，简单归纳如下：

住宅：制造业＋非理性投资＋投机心理。

商业物业：消费服务业＋理性投资＋匠人精神/实业精神。

传统住宅开发的模式本质上是投资驱动模式。开发商高价拿地，快速开发并快速销售给个人。个人使用自有资金支付首付，其余通过

银行抵押贷款。而银行一方面以低成本吸纳储户存款或者发行理财产品，另一方面再以高成本的非标产品为开发商拿地进行融资。整个业务模式有几点值得警惕：第一，杠杆被连续放大，开发商拿地时仅需支付15%～30%的自有资金，其余全部为银行配资。销售住宅时通过预售的方式，又可以快速回笼资金。个人购房时也会使用银行抵押贷款。第二，此模式是外延式的粗放增长。住宅售完即结束，后续并没有太多的运营，仅仅是简单地提供物业服务。第三，住宅与民生密切相关，住宅价格太高不利于经济的长足发展以及社会的稳定。

商业物业则不同，它本质上是消费、服务、产业驱动型模式。资产持有方或者运营方通过对物业的精耕细作，不断优化业态、筛选优质的品牌来满足消费者需求。对于个人而言，商业物业不仅能满足消费升级之后的个性化需求，而且使个人有望直接或者间接投资于金融创新工具，分享商业物业增值的收益。对于机构而言，尤其是银行、保险、基金等专业投资机构，通过CMBS、REITs等产品可以深度参与到这些优质资产中。一个理性的金融生态就此形成，一个良性的消费社会就此形成，一个鼓励实业、鼓励匠人精神的社会风气有望就此塑造。

住宅与商业物业商业模式对比见图1－22。

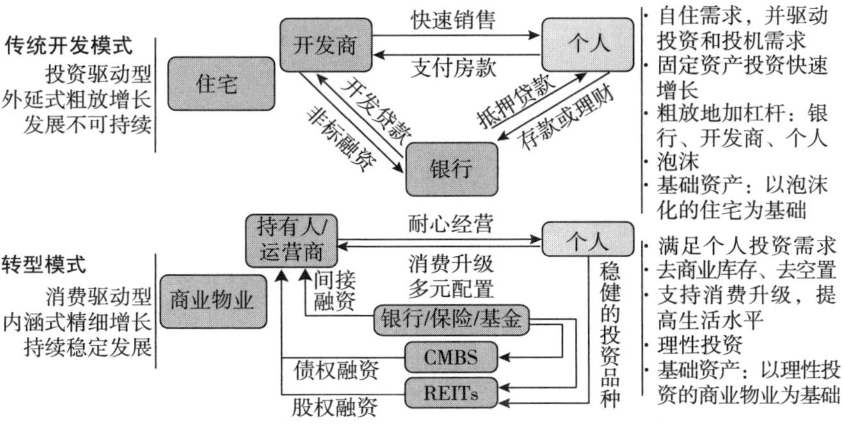

图1－22　住宅与商业物业商业模式对比

资料来源：高和资本

因此，商业物业是中国经济转型的一个缩影，商业物业问题的解决是中国经济转型的一个样本，中国经济转型的成功离不开商业物业自身的良性发展。

第二节　中国商业物业破局的三大支撑力量和政策方向

如上所述，商业物业面临巨大的库存压力和空置压力，而传统地产开发商的资产负债表也不堪重负。如何突破市场现状呢？

一、三大支撑力量

商业物业，特别是大宗交易的商业物业，我们必须用理性的方法来推演其内在逻辑和可能的发展方向。商业物业去库存或者去空置需要有三个必要且充分条件：

（1）经营能力的培育，让有能力、有匠人精神、有实业精神的人参与进来，作为经营和资产管理的主要推动力量，产生服务社区和经济的能力，并获取稳定的现金流。

（2）资产支持融资工具的发展，可不依赖主体刚性兑付而获得低成本的高效融资支持，即进行资产证券化。

（3）社会化/机构化权益类资金的进入。

没有经营能力，无论进行股性或者债性金融创新都无济于事；没有资产支持的融资工具，就不能吸引有经营能力的人加入该行业，同时也无法形成有吸引力的股权投资机会；没有长期股本的进入，所谓的去库存，就无法解决“去给谁”的问题，只会依赖债务杠杆继续加杠杆。因此，三者缺一不可。其中，低成本的资产支持融资工具是至关重要的一环。

（一）经营能力的培育

商业物业最终必须依赖良好的运营才可以盘活，良好的运营只有靠人、靠专业团队才能实现。传统开发商重开发而不重运营，且激励机制也不鼓励体系内的企业家精神，因此许多专业人士纷纷独自下海，凭借自身的专业能力创业。可喜的是，经历过去若干年的发展，在各个业态已经开始出现专业的运营公司。例如，购物中心知名品牌大悦城、万象城、万达商业等都已开始对外输出管理；家居商场运营商红星美凯龙也早已将委托管理作为核心策略。同样，汉博、同昌盛业、盈石等商业顾问起家的团队都逐渐建立了自己的运营管理业务。愈演愈烈的开发商离职潮也使大量人才走向市场，一旦有机会借助有效的商业模式他们将凝聚为稳定的团队，成为价值的创造者。在城市更新领域，以高和资本、基汇资本等为代表的中外机构也取得了令投资者满意的业绩。

如此，存量物业必须转移到有能力的人、有能力的团队手中，方能真正实现盘活。

然而，有能力的人不一定有雄厚的资金，不一定有巨大的资产负债表。即使金融机构作为存量商业物业投资的主力，由于自身报表的原因，也并不一定利用自身表内资金和信用来投资。这种资金与能力分离的现象，必然会催生出专业的房地产资产管理机构，同时也必然需要不依赖主体信用的融资工具，以鼓励有能力的人或者机构参与进来。

（二）资产支持融资工具的发展

资产证券化是将缺乏流动性并具有稳定现金流或可预见的未来收入的资产，出售给特定的发行人，或者将该资产委托给特定受托人，构造和转变成为资本市场可销售和流通的证券产品的过程。资产证券化打破了依赖传统金融中介或者企业整体信用对融资的垄断，完成了从资产持有者的整体信用基础向资产自身信用基础的转化。资产证券化实现了基础资产与发起机构、受托人之间的破产隔离，投资者仅能以基础资产为限进行有限追索，追索不会波及发起机构、受托人的其他资产。

资产证券化方式有如下优势：第一，基础资产与发行人资质相互独立，满足了中小企业主体的需求；第二，通过基础资产与发行人资质的隔离，可获得更高的信用等级，从而节约融资成本，甚至在很多情况下，资产支持证券的信用条件会优于一些较低评级的开发商表内融资；第三，资金期限和用途灵活；第四，通过合理设计可以实现出表。资产证券化可以为商业物业开发商提供更灵活、更有效、期限更长的融资方式，拓展商业物业直接融资渠道。

通过资产证券化，可以提高商业物业企业的融资效率、实现融资结构的多元化、优化资产负债结构。因此，市场呼吁以 CMBS 和 REITs 为代表的商业物业证券化创新。

（三）社会化/机构化权益类资金的进入

如果不能有社会化/机构化的权益类资金进入，开发商或者原有持有人，在自有权益类资金有限的情况下，就变成了开发商隐含兜底的加杠杆游戏，无法真正解决问题。

然而权益类资金如何才能进入，或者说商业物业的长期股本如何形成呢？有如下三个条件：

（1）拥有优秀的资产管理者和经营管理者，用业绩说服投资者进行权益类投资。

（2）退出通道清晰，这将取决于 REITs 市场的进一步发展。

（3）杠杆为正杠杆，依赖于低成本融资工具的出现，即资产证券化。

二、政策方向

（一）近期的主要政策

鉴于住宅市场的泡沫化日趋严重、美元加息的大环境，以及复杂的国际局势，政府急速推动整体经济去杠杆，特别是针对房地产行业，2016 年下半年出台了一系列房地产调控措施。同时，就房地产金融也推出了一系列限制措施，包括抵押贷款政策、公司债的暂停，以及理财和保险资管的收紧。

住宅租赁市场由于关乎民生，是中央重点关注的领域。2016 年 5 月 4 日国务院总理李克强主持召开国务院常务会议，确定了培育和发展住房租赁市场的措施，推进新型城镇化满足群众住房需求。会议认为，实行购租并举，发展住房租赁市场，是深化住房制度改革的重要内容，有利于加快改善居民尤其是新市民住房条件，推动新型城镇化进程。具体措施如下：发展住房租赁企业，支持利用已建成住房或新建住房开展租赁业务；鼓励个人依法出租自有住房；推进公租房货币化，政府对保障对象通过市场租房给予补贴；完善税收优惠政策，鼓励金融机构加大支持，增加租赁住房用地供应；强化监管，推行统一的租房合同示范文本，规范中介服务，稳定租赁关系，保护承租人合法权益等。

2016 年 11 月 11 日，国务院办公厅发布《关于推动实体零售创新转型的意见》，文中提出：实体零售是商品流通的重要基础，是引导生产、扩大消费的重要载体，是繁荣市场、保障就业的重要渠道。近年来，我国实体零售规模持续扩大，业态不断创新，对国民经济的贡献不断增强，但也暴露出发展方式粗放、有效供给不足、运行效率不高等突出问题。当前，受经营成本不断上涨、消费需求结构调整、网络零售快速发展等诸多因素影响，实体零售发展面临前所未有的挑战。

政府为适应经济发展新常态，推动实体零售创新转型，释放发展活力，增强发展动力，专门发布该意见。其中第 17 条已经注意到了金融创新对商业物业问题的重要性，“加强财政金融支持。有条件的地方可结合实际情况，发挥财政资金引导带动作用，对实体零售创新转型予以支持。用好国家新兴产业创业投资引导基金、中小企业发展基金，鼓励有条件的地方按市场化原则设立投资基金，引导社会资本加大对新技术、新业态、新模式的投入。创新发展供应链融资等融资方式，拓宽企业融资渠道。支持商业银行在风险可控、商业可持续的前提下发放中长期贷款，促进企业固定资产投资和兼并重组。积极研究通过应收账款、存货、仓单等动产质押融资模式改进和完善小微企业金融服务，通过创业担保贷款积极扶持符合条件的小微企业”。

（二）政策需要更加明确和坚定

1. 宏观调控应当将商业物业与住宅分开来看

商业物业是重要的实业类别，应充分意识到商业物业周期与住宅周期的脱钩，分别调控。

2. 商业物业最大的挑战是运营问题，金融创新必须注重发挥专业人才的积极性

在对金融创新进行政策引导的同时，除了各种硬性的补贴和金融政策外，应注重发挥专业人才的优势，将优秀人才引导进入商业物业的投资和经营，想方设法发挥出专业人才的经营管理能力，才是解决库存和空置困境的核心。因此，必须研发和鼓励不依赖于强主体的融资工具，在资产证券化领域，应尽快推动不依赖于主体信用的 CMBS 和 REITs。

3. 注重直接融资市场的创新，提高融资效率，降低融资成本

除了在传统商业银行体系内融资外，应该鼓励商业物业的直接融资金融创新，特别是包括 REITs 和 CMBS 在内的资产证券化，这将有助于形成完整的资本生态，服务商业物业的融资和流动。

4. 合理的资产证券化有助于控制杠杆率

资产支持证券将杠杆对应到商业资产本身，有助于地产行业整体控制杠杆，以及杠杆的透明化。特别是以资产自身作为支持的融资工具（不依赖强于主体信用的融资工具）是其中的关键，不要因为加了主体信用就盲目放杠杆。

第三节　中国商业物业融资状况

一、间接融资状况

中国商业物业以及整个地产行业是以间接融资为主的市场，融资成本偏高，融资效率有待提升。

（一）银行贷款占多数

房地产开发企业的资金来源见图1－23。

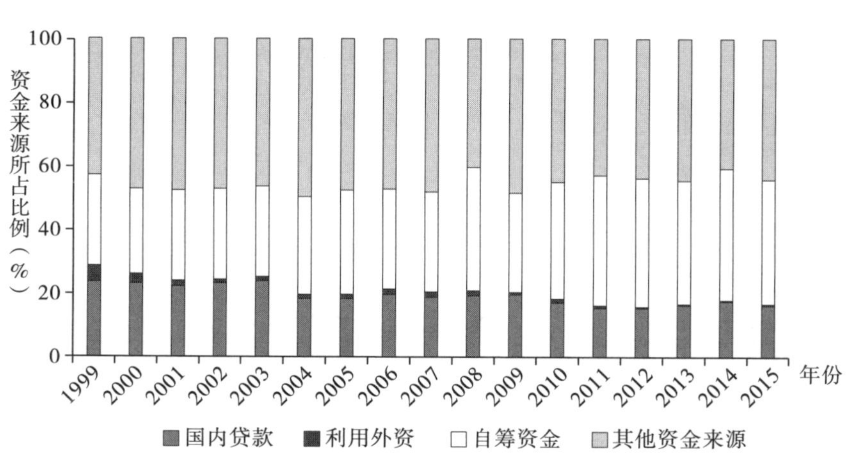

图1－23　房地产开发企业的资金来源

资料来源：国家统计局

（二）影子银行体系占据重要位置

银行理财资金投向房地产的规模见图1－24。

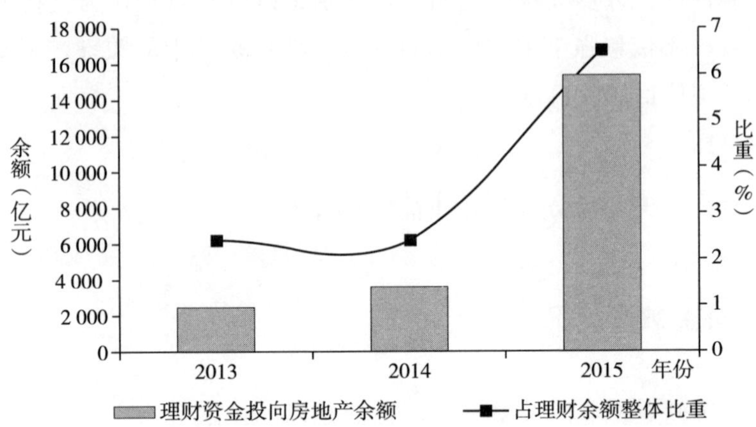

图1－24　银行理财资金投向房地产的规模

资料来源：万得资讯数据库

作为影子银行投入房地产的重要形式，房地产信托的规模逐年上升，2010～2013年是房地产信托发行的高峰，且其融资成本平均在8%以上。由于大量的信托采用财务顾问费的形式收取费用，实际融资成本往往高于8%。房地产资金信托余额、2011～2017年房地产信托发行情况分别见图1－25、图1－26。

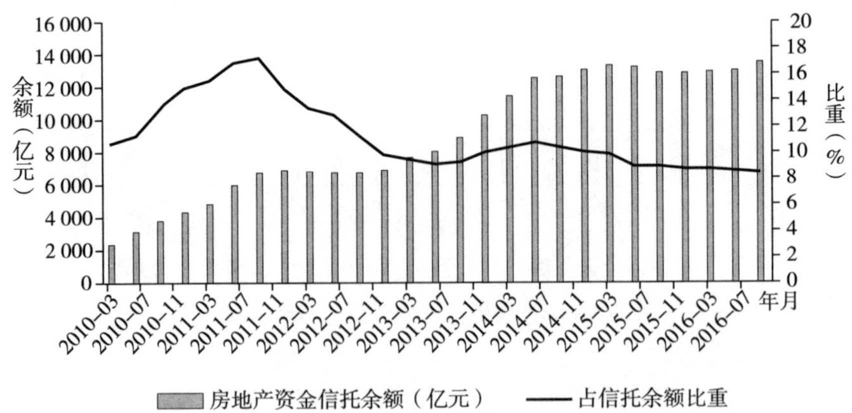

图1－25　房地产资金信托余额

资料来源：中国信托业协会

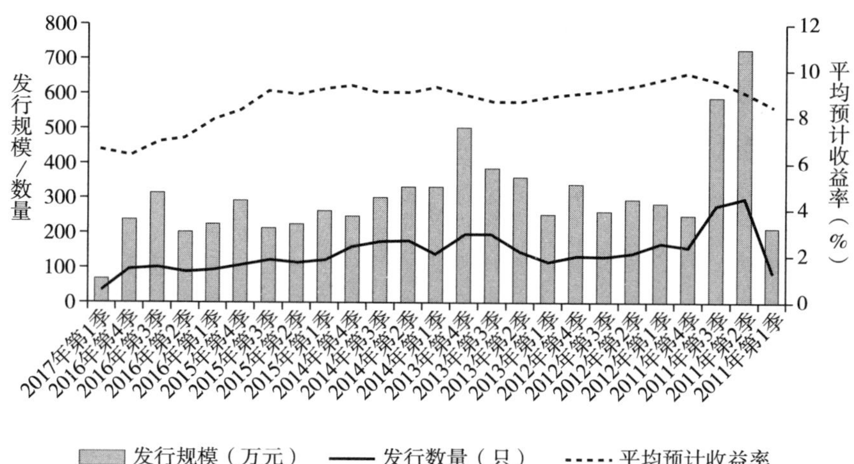

图 1-26　2011～2017 年房地产信托发行情况

资料来源：万得资讯数据库，截至 2017 年 2 月 14 日

二、直接融资状况

（一）股权融资受到严格控制

股权融资主要包括首次公开募股（IPO）、增发以及配股等，是房企有效降低资产负债率的手段。总体来说，我国房企获得上市资格条件严苛，难度较大。监管机构对再融资的数额和时间间隔也有相应要求，为配合国家对房地产调控的需要，在不同阶段均对房地产上市融资进行限制。

具体而言，自 2006 年以来，A 股上市房企股权融资基本以定向增发为主，发行规模受监管层政策影响较大。2005～2014 年的 9 年间，房企在股票市场筹集的资金总额不多。但 2014 年下半年上市房企股权再融资开闸，货币进入宽松周期，借助 2015 年股市牛市，房企定向增发迎来井喷，共发行 1 439 亿元，2016 年截至 8 月底共发行 1 303 亿元。

（二）境外上市和发债

房企积极通过境外上市等途径来拓宽融资渠道，尤其是我国香港特别行政区逐渐成为内地房企青睐的融资地点。

房企境外美元债发行情况见图1－27。

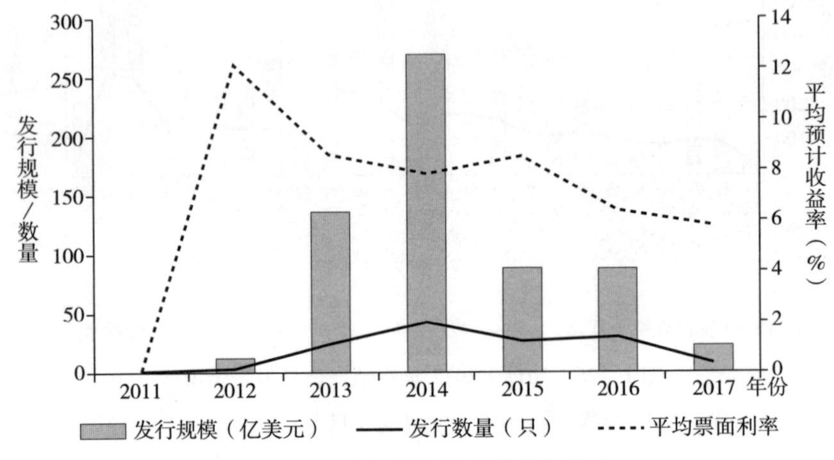

图1－27　房企境外美元债发行情况

资料来源：万得资讯数据库，截至2017年2月14日

（三）债券融资近年迎来大发展

房企的债券融资主要包括公司债、企业债、银行间债务融资工具等。房地产债券融资与股权融资相比成本较低、不会稀释股本、利率固定，对房企而言是一种比较好的选择。

2015年1月证监会正式发布《公司债券发行与交易管理办法》，房企公司债因此取得放量增长，带来了房企融资结构的巨大改变。相较于旧公司债，新公司债的优势主要在于发行方式和期限灵活多样且审核效率高。新公司债的融资成本较低，发行利率持续下移，从2014年年初最高的8%降至目前接近3%的水平。

据统计显示，从2015年年初至2016年9月，国内公司债累计发行数量3 400多期，其中房地产行业发行数量达1 800多期，接近53%；在发行额方面，房地产行业公司债发行规模为15 017.33亿元，占发行债券总额的比例超过50%。但“9·30”调控以来，房企公司债发行政策收紧，债券发行规模出现断崖式下跌，债券融资遭遇寒流。

第四节　中国商业物业资产证券化的发展脉络

我国商业物业资产证券化（ABS）前期发展试点之路颇为漫长，香港资本市场的形成对内地证券化的发展起到了积极的推动作用。2005 年，我国香港特别行政区修订了《房地产投资信托基金守则》，取消了香港市场发行 REITs 投资境外房地产市场的限制。同年我国商务部明确提出“开放 REITs 融资通道”的建议，当年香港首单 REITs“领展房地产投资信托”设立。随后 2006 年证监会和深交所启动了内地 REITs 产品研发工作，并在 2009 年由人民银行联合银监会、证监会等部门成立了“REITs 试点管理协调小组”。但由于 2008 年金融危机的爆发，资产证券化的推进处于停滞状态，直至 2011 年市场重启，香港发行了全球首单以人民币计价的标准化 REITs“汇贤产业信托”。

随着利率市场化进程的加快，我国证券化产品发行量节节攀升。在国务院“优化金融资源配置，用好增量、盘活存量，更好地服务实体经济发展”的精神指导下，内地资产证券化市场快速发展，资产种类扩大和产品结构创新日新月异：2014 年 4 月，发行首单私募 REITs“中信启航专项资产管理计划”；2014 年 8 月，发行首单租金收益权 ABS“海印股份信托受益权专项资产管理计划”；2015 年 7 月，发行首单公募 REITs“鹏华前海万科 REITs 封闭式混合型证券投资基金”；2016 年 8 月，发行首单标准 CMBS“高和招商—金茂凯晨资产支持专项管理计划”。我国资产证券化的主要发展脉络见图 1－28。

2014 年企业资产证券化业务实行备案制，该年成为企业资产证券化的“元年”。我国证券化产品的发行规模和参与范围快速扩大，国内房地产资产证券化 2015 年同比增长 91%。2016 年上半年新增

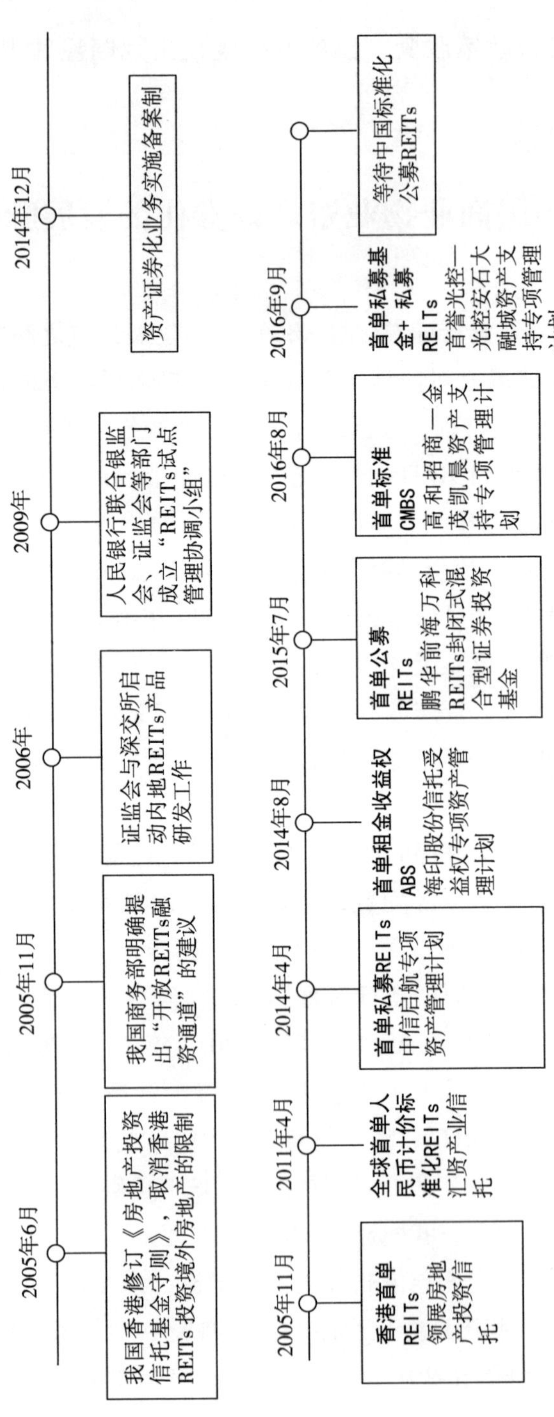

图1-28 我国资产证券化的主要发展脉络

147 亿元，同比增长 342%。CMBS、私募 REITs、类 REITs、抵押型 REITs 等商业物业资产证券化产品不断创新，市场规模快速发展。房地产资产证券化总计 940 亿元，其中商业物业证券化约 500 亿元。截至 2016 年 12 月 15 日，房地产资产证券化各类别占比见图 1－29。

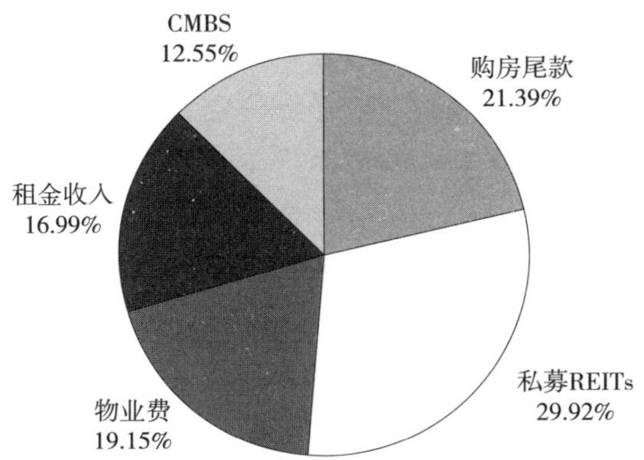

图 1－29　房地产资产证券化各类别占比

资料来源：高和研究

一、国内 CMBS 诞生的大背景和必然性

（一）中国商业物业融资的问题

1. 融资成本畸高

由于目前商业物业的融资工具主要依赖银行贷款和信托等非标融资，成本居高不下。银行的经营性抵押贷款成本普遍在 4.9% 以上，信托等非标融资成本动辄在 8%，甚至 15% 以上。上述融资工具已经成为商业物业不可承受之重。商业物业的管理人为融资疲于奔命，无法专心经营。而传统的融资工具只注重主体不注重资产质量，因此大的住宅开发商往往需要通过强主体来获得低融资成本，才有可能持有商业物业。然而，传统的开发商自身尚无足够的能力、动力和耐心来经营商业物业，从而造成商业物业在开发商表内没有得到好的经营。相反，一些市场化的中小型投资者和管理人有足够的运

营管理能力、耐心和合理的激励机制去经营商业物业，然而没有好的融资工具帮助他们长期持有商业物业，进而造成有能力的人没有办法进入市场，弱主体但优质的物业不能获得低成本融资，形成劣币驱逐良币的市场，金融市场并没有形成鼓励实业和匠人精神的氛围。

2. 银行发放经营性抵押贷款的积极性不高

虽然经营性抵押贷款被证明是收益较好且安全的信贷资产，但随着《巴塞尔协议Ⅲ》和新《商业银行资本管理办法》的执行，由于经营性抵押贷款金额大、期限长、风险资本占用高，商业银行从资本约束角度考虑，对发放经营性抵押贷款的积极性降低。因为信贷资产流动性和商业银行长期资金的有限，经营性抵押贷款对于商业银行而言也存在较大的流动性和利率风险。另外，前期政策并没有把商业物业和住宅进行明显区别，为控制住宅价格快速上涨，为防范资产泡沫和过度杠杆造成金融风险而出台的调控政策也都直接影响了商业物业的正常融资，增加了商业银行的监管压力。

3. 此前的私募 REITs 和租金收入信托受益权资产支持计划仍各有局限

私募 REITs 虽然可以获得较大的融资规模，但因需要进行资产或股权的交易过户，所以交易结构复杂、前期准备周期长、操作成本较高、税务筹划风险大。如果仅为融资之目的，CMBS 比偏债性的私募 REITs 更为理想（当然私募 REITs 有可能实现资产出表，且权益型私募 REITs 有助于物业持有人的资本循环和投资退出）。租金收入信托受益权资产支持计划是未来租金收入债权的折现，摊还期限长，风险过大；摊还期限短，融资规模有限，对于拥有合法产权的商业物业来说，融资效率太低，且该方式过度依赖融资主体，很难做到真正的破产隔离，交易违约后，财产很难变现。

（二）CMBS 是什么

CMBS 是一种商业物业的证券化融资工具，其以商业物业产生的租金等运营收入和不动产价值为基础，向投资者发行资产支持证券进行融资，并配有物业抵押、租金质押等风控措施以保障资产支持证券的本息兑付。CMBS 概念介绍见图 1－30。

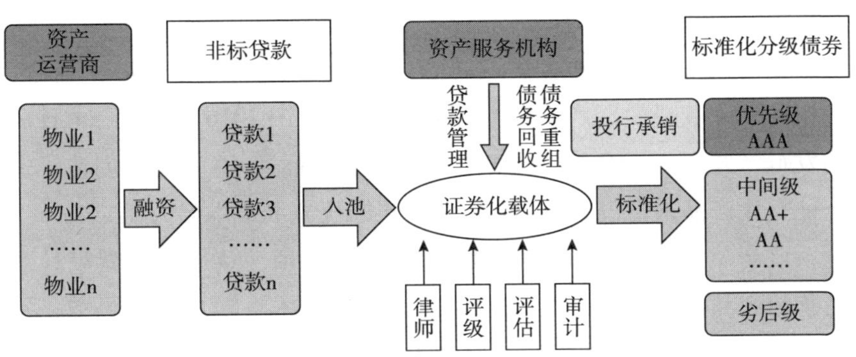

图 1－30　CMBS 概念介绍

资料来源：高和资本

（三）CMBS 可以有效优化融资成本和融资效率

CMBS 可以通过以下几个方面获得融资成本优势：

1. **标准化和潜在的流动性**

CMBS 是标准化产品，且可挂牌转让，具有流动性。相比传统商业银行经营性物业贷款，银行投资该产品可降低资本占用和流动性风险，从而可接受更低收益。

2. **充分竞争**

CMBS 发行通常采用簿记建档竞价模式，比传统银行双边定价更为透明。

3. **差异化定价**

CMBS 可分多个等级的债券，从而实现每个等级债券的极致定价，优化加权平均成本（WAC）。

4. **组合分散风险**

CMBS 可多项目、多主体打包操作，实现更优风险定价。

5. **税收**

CMBS 不要求产权转移，不产生转让税务损耗。同时，项目公司特定的大额债权有助于定向降低持有物业项目公司的所得税，便于公司整体筹划税负。

（四）国内第一单交易所CMBS成功发行

国内第一单交易所挂牌的符合国际标准的CMBS产品——“高和招商—金茂凯晨资产支持专项管理计划”于2016年8月24日成功发行，并在上海交易所挂牌。该产品规模高达40亿元，创造了资产证券化产品最低发行成本纪录，3年期优先级成本仅为3.3%。

该产品充分借鉴国外CMBS的经验和教训，从最开始就设计了完善的产品治理结构，双SPV（特殊目的载体）实现风险隔离，每3年续发，以降低利率风险，有利于投资者退出。最重要的是借鉴成熟市场经验，该产品引入了独立第三方作为资产服务机构进行风险监管和资产管理服务，为资产证券化的整个流程，包括前端资产的组建、筛选以及存续期的信息披露和资产管理提供专业服务，避免CMBS作为交易所挂牌的多个投资者参与的证券化产品，可能存在的债权人虚位问题，进而强化了资产证券化产品破产隔离的效果，能够提高基础资产服务的专业化、提高筛选的效率，同时能够进一步提升投资者对于产品的认知度。资产服务机构实际上是CMBS产品的风险控制枢纽，特别是如果该服务机构能够认购劣后级，将会提升产品的公信力，帮助市场实现自我驱动和健康发展。

该产品的成功发行被业界认为具有里程碑意义，是盘活万亿商业物业存量资产的关键，大大丰富了开发商持有商业物业的融资工具，优化了融资成本和资本结构。由于该项融资工具对应到资产层面来控制杠杆率，实际上是一个稳健的融资工具，与中央去杠杆、去库存的精神是一致的。CMBS的发展也将会进一步推动REITs的落地，得到了市场的高度重视和认可。

二、CMBS与REITs的若干概念梳理

自2014年资产证券化采用备案制后，国内相关从业者对商业物

业的资产证券化进行了非常有益的实践。囿于中国法规的诸多限制，国内的资产证券化实践呈现出与国际成熟市场不同的景象。诸多具有中国特色的新概念涌现，诸如私募 REITs、类 REITs、抵押型 REITs、准 CMBS 等，蔚为壮观，甚至连业内人士都不能清晰辨明其边界。

这种现象一方面显示出我国并没有成熟的 REITs 和 CMBS 体系，另一方面也显示出相关从业者为宣传便利而推动概念发展。然而，随着市场的扩容和逐步演化，迫切需要对相关概念进行梳理，所谓名不正则言不顺，言不顺则事不成。对概念进行剖析并形成共识，有助于：

（1）统一监管规则和口径。

（2）将评级和评价体系标准化。

（3）辨识产品。

（4）投资者进行风险把控。

从成熟市场的经验来看，如果取广义的“证券化”概念，与商业物业相关的无外乎两大类基础产品（从融资人视角来划分）：债权证券化和权益类证券化。商业物业资产证券化在国际上历经超过 50 年的发展，最后形成若干主流品种。其中债权证券化的主流产品就是 CMBS，并由此衍生出部分以 CMBS 为基础资产的抵押型 REITs；权益类证券化的产品主要是权益型 REITs。

（一）成熟市场的 CMBS、抵押型 REITs 和权益型 REITs 简介

CMBS 是商业物业抵押支持证券，是商业银行发放商业物业抵押贷款向资本市场直接融资的成果。相比商业银行贷款，其特色如下：

（1）商业银行出表，突破资本金限制，特别是在《巴塞尔协议Ⅲ》之后。

（2）属于结构化的融资工具，便于进行更精细的风险定价。

（3）具有一定的流动性。

（4）第三方提供风控（控制级）和资产服务。

上述是 CMBS 最基本的特色，其中特别需要关注的是第四个，CMBS 作为一个资本市场产品，历次危机都证明了代理人道德风险是核心因素。从成熟市场经验来看，控制级投资和服务商的风险控制是必备的一环。缺少了这一环，很难说 CMBS 产品是完善的。

随着 CMBS 市场的演化，投资者有了更深层次的需求，最重要的一点就是分散性。以美国市场为例，主流的 CMBS 基础资产仍然是分散的小额贷款或者大额贷款再加上多数小额贷款。单一资产、单一借贷人（Single Asset Single Borrower，简称 SASB）交易的 CMBS 存量占少数，占比约为 10%，最近几年随着美国监管规则的变化，特别是《多德—弗兰克法案》（Dodd-Frank Act）的推动，SASB 交易有所增加。

然而，CMBS 仍然有其局限性：由于单个商业物业贷款额度较大，受制于单只 CMBS 的规模，其分散性有限，以大额机构投资者交易为主，并且流动性较弱。由此催化了抵押型 REITs 对商业物业证券化领域的渗透。实际上抵押型 REITs 在美国是一个比 CMBS 更为历史悠久的品种，借助美国 REITs 出现的大潮，抵押型 REITs 随着权益型 REITs 一起在 20 世纪 60 年代曾经快速发展，一度占据整体 REITs 市场的 30% 以上。其早期投资标的以开发型贷款和夹层融资为主，包括住宅和商业贷款。在 20 世纪 80 年代，随着 RMBS 和 CMBS 的快速发展，抵押型 REITs 的投资标的开始转向 RMBS 和 CMBS，当然同时仍有其他夹层融资、结构型融资产品等。因此，抵押型 REITs 的基础资产类别又分为住宅类抵押型 REITs 和商业类抵押型 REITs。据统计，截至 2015 年 9 月 30 日，美国住宅类抵押型 REITs 共有 28 只，市值为 409 亿美元；商业类抵押型 REITs（包括多户住宅）共有 13 只，市值为 142 亿美元。

抵押型 REITs 具有 REITs 的所有特点：

（1）作为一个永续性的投资主体，而非临时的 SPV，其股票可以灵活交易，吸引包括个人、机构在内的投资者。

（2）可以进行丰富的投资组合管理，具有较好的分散性，可以发行股票和债券。

（3）具有税收优惠的特征。

（4）分配要服从信托基金守则（REITs code），采用积极的分红策略。

因此，可以看到抵押型REITs与CMBS具有本质区别。

权益型REITs相对比较直观，其主要特点如下：

（1）作为一个永续性的投资主体，而非临时的SPV，其股票可以灵活交易，吸引包括个人投资者、机构在内的投资者。

（2）可以进行丰富的投资组合管理，具有较好的分散性，可以发行股票和债券。

（3）具有非常主动的商业物业资产管理，用于提升物业自身的价值，并通过增益性收购，提升REITs整体估值。

（4）具有税收优惠的特征。

（5）分配要服从信托基金守则，采用积极的分红策略。

需要特别提醒的是：权益型REITs是一个主动管理的永续型载体（大多上市公开交易），必须是以主动的物业运营管理和资产组合管理作为基础，必须有能力进行内涵和外延式增长，且其股票可进行公开交易。由于受到杠杆率的限制，其资产的膨胀往往伴随着股票的增发。而且，为了防范管理人的道德风险，美国尝试过多种模式，并为此付出了惨痛的代价，最终以内部管理作为主流模式。

（二）国内的产品梳理

商业物业证券化方面，国内进行了诸多具有中国特色的产品探索，目前已有的产品可分为若干类。

1. **类REITs**

类REITs以“中信启航专项资产管理计划”为代表，实现了非常难得的突破和跨越。我们看到，该类产品与标准 REITs 仍有以下差别：

（1）非永续投资载体。

（2）无法进行增发和资本组合的灵活运用。

（3）税收特性不明。

（4）无强制分配。

该产品实际上非常类似于我国台湾地区的出售型 REATs（不动产资产信托）。在目前国内的法规之下，“中信启航专项资产管理计划”也是国内最接近权益类私募 REITs 的一个产品。

2. **公募** REITs

公募 REITs 以“鹏华前海万科 REITs 封闭式混合型证券投资基金”为代表，第一次实现了商业物业支持证券的公开流通，具有突破意义。其基础资产为商业物业 8 年左右的物业收益权以及另外 50% 的固定收益产品，与标准 REITs 以物业产权作为基础资产存在区别。其设计思路是证券投资基金的路径，体现了资产配置和基金投资的特点。与国际上标准权益类 REITs 依赖资产组合管理和资产运营管理的价值驱动是不同的，更接近国际上的抵押型 REITs，区别在于其含有租金上涨的期权；缺点在于其上市载体的开放性，以及上市载体独立进行资本运作（新物业收购、份额增发、发债等）的限制。

未来如果以公募基金作为中国 REITs 的载体，应该充分考虑“鹏华前海万科 REITs 封闭式混合型证券投资基金”的特点和遗憾之处。

3. **互联网私募** REITs

互联网私募 REITs 以“万达稳赚 I 号”和“高和—阿里巴巴—中投保私募 REITs”为代表。实质上，其利用 2014 年前后互联网金融监管宽松的环境和互联网金融的流动性优势，将商业物业的收益权切分为小的额度，通过互联网金融对接中小型投资者进行发行，是交易所（广义，包括交易所、银行间和挂牌系统等）证券化之外的另类探索。

4. 类CMBS

类CMBS以"民生汇富富华金宝大厦资产支持专项计划"为代表，在中证机构间私募产品报价与服务系统挂牌，由单一投资者认购和推动，业内有人认为其挂牌的主要驱动是非标转标。该产品的特色在于银行驱动型证券化创新，但未实现风险分散，因此其风险管理也未采用第三方服务商机制，也有人倾向于将其列入CMBS。

5. 其他类REITs产品

其他类REITs产品以"恒泰浩睿—海航浦发银行大厦资产支持专项计划"为代表，采用了台湾地区抵押型REATs的结构，引入了主体信用，将杠杆放到极致，是早期实践者迎合企业融资需求的变通方案。实际上，它是一只台湾REAT和信用债的组合。"北京银泰中心资产支持专项计划"被媒体解读为类REITs项目，然而考虑到其未过户、以抵押贷款作为基础资产的特点，其本质上更接近于CMBS。

6. 交易所挂牌的标准CMBS

交易所挂牌的标准CMBS以"高和招商—金茂凯晨资产支持专项管理计划"为代表，在设计产品结构时充分参考了国外标准的CMBS，引入了第三方服务商和特殊服务商进行风险监管，规避了美国常规CMBS需要先入表再出表的问题，创造性地利用了双SPV结构，用信托创设专门用来进行证券化的抵押贷款（弥补商业银行经营性抵押贷款不适合证券化的缺憾），然后进行证券化。该产品成为国内第一个在交易所挂牌的标准CMBS。

三、CMBS对于商业物业的意义

（一）商业物业资产证券化，特别是CMBS的发展，是商业物业去库存和轻资产化的枢纽

CMBS，特别是不依赖主体信用的无追索权的CMBS的发展将会

使商业物业的融资效率大大提高，有望实现业主持有物业的“正杠杆”。通过持有物业的“正杠杆”，再辅以评级体系、交易结构和交易市场体系的完善，才能够吸引权益类资本的进入。同时，由于债权工具的低利率实际上也将大量机构资金从债权投资挤入权益类资本，使 REITs 从估值角度具有了普遍复制的意义和可能性。最终使商业物业真正能够实现从“僵化的孤岛”走向“星辰大海”，获得最终的巨量流动性。

上述“债权—股本”小生态系统的形成，将会整合和培育更多的运营公司和过硬的运营能力，最终形成“债权—股本—运营管理—资产管理”大生态，这个生态的形成，将会使政府关心的去库存、去空置成为可能，也成为必然。

（二）CMBS 是权益类 REITs 市场发展不可或缺的融资工具

上述过程中，我们看到 REITs 与 CMBS 是商业物业融资的两翼，互为支持。CMBS 将是权益类 REITs 市场发展不可或缺的融资工具，同时抵押型 REITs 的发展进一步提高了 CMBS 市场的流动性，并使其纵深发展。理由如下：

首先，REITs 在发起阶段往往没有主体信用，因此必须发展不依赖于主体信用的融资工具，而 CMBS 是必然选择，通过 CMBS 产品可构建基于资产的信用评级体系。

其次，CMBS 将会使商业物业融资成本下降，从而降低 REITs 的估值压力。负杠杆造成了行业金融环境和定价体系无法建立，权益型投资者无法进入。国内的商业物业收益率一直低于杠杆成本率，权益投资者必须额外补足才能一直持有物业，因此大大阻碍了权益资本的形成。对于国内积极探索的 REITs 市场，除了税收和法律载体外，我们认为估值是最为核心的障碍。上述现象使 REITs 投资者（往往注重权益的派息率）和物业持有人之间很难就估值达成共识，其核心原因在于融资工具的落后。假设权益类 REITs 的投资者需要获得6%的派息率，在REITs使用50%杠杆的情况下，融资成本从5%降到4%，可使REITs入池资产的定价从18倍现金流提高到20倍现金流，估值压力减轻10%。即100亿元的基础资产，由于融资成本从5%降低到4%，可以节省1亿元。这将大大推动REITs市场的形成和发展。甚至可以说，如果没有融资成本的降低，REITs在估值方面将遇到极大挑战，从而面临发展瓶颈。

最后，抵押型REITs是以CMBS作为重要的基础资产之一，抵押型REITs的发展将会弥补CMBS流动性差的缺陷，从而有助于提升CMBS的融资效率和降低融资成本。

总之，REITs的发展离不开CMBS，CMBS的发展也离不开REITs。

第五节　中国金融行业迫切需要商业物业资产证券化

一、CMBS和REITs可以完善中国的投资图谱，化解资产荒

近年来，中国经济面临的最大问题就是巨量资金找不到合适的投资品，即面临资产荒的局面。除去低收益的国债和高评级信用债以外，仅有二级市场股票等高风险品种可供选择。

在投资品市场较为完整的美国市场，则有更加丰富的投资品可供选择。如果我们以一个矩阵来展示中美的投资产品，横轴表示产品的收益率，纵轴表示产品的波动率（即风险），我们会发现一个尴尬的现象：美国的投资品分布很连续，从低风险、低收益的国债，到中等风险、中等收益的ABS、MBS和REITs，再到高风险、高收益的纳斯达克股票；而中国的投资品分布是有断层的，一边是低风险、低收益的国债，另一边是高风险、高收益的创业板指数，中间缺乏中等风险、中等收益的金融投资品种，这也是住宅投资属性日益被推涨的重要原因。中美投资图谱见图1-31。

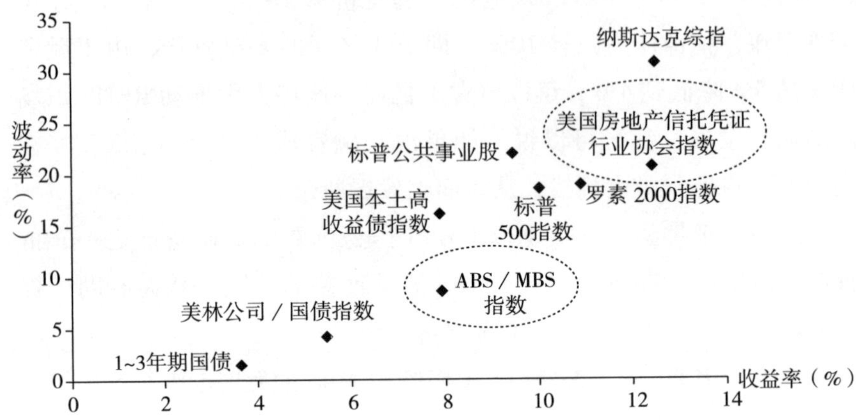

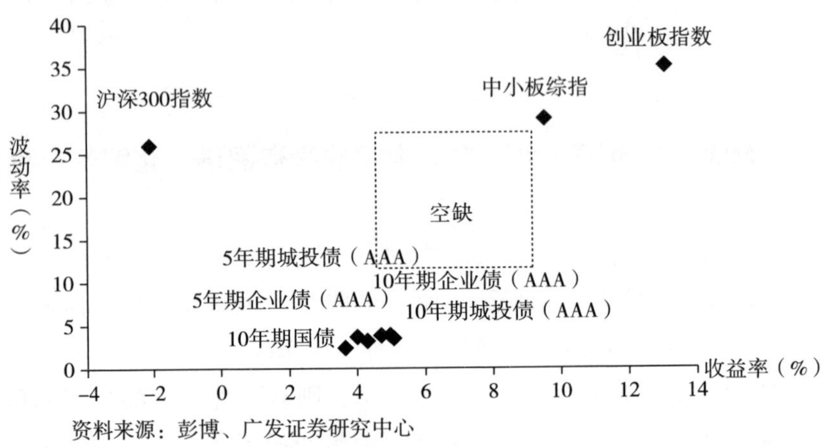

资料来源：彭博、广发证券研究中心

图 1－31　中美投资图谱

从资产属性上讲，商业物业是极其重要的基础资产，且优质的商业物业能够随着经济的发展，有较为稳定的增长。CMBS 和 REITs 类产品正是以上述商业物业作为底层基础资产，通过结构设计形成，既能使投资者分享商业物业持续成长的收益，又能有效填补中间段投资品种的空缺，完善我国的投资市场。

商业物业是一个理性的投资市场，基石投资者以机构（国内一线城市外资机构仍占较大比例）为绝对主力。商业物业定价以现金流为基准，因此在租金稳定的情况下，大宗交易的定价也一直非常稳定。而以商业物业为基础资产的CMBS和REITs，是风险—收益平衡的投资工具，它填补了我国中等收益资产的大裂谷。这个投资品种的出现，也会在一定程度上缓解过量资金冲入住宅市场，缓解住宅的泡沫化，同时有助于缓解P2P（个人对个人）市场的乱象，形成正规的投资市场。

如果把中国经济转型视作当前时代的课题，那么它的突破口在于消费升级，在于中产阶级的崛起，在于跨越中等收入陷阱。而以CMBS和REITs为代表的金融工具有利于推动商业物业的转型升级，激发实业精神，鼓励更多有能力的人投身于商业物业的经营管理，发挥匠人精神，缓解商业物业存量和空置压力，同时创造新的投资品种，让中小型投资者有机会投资中等收益的投资品种。商业物业的金融创新将有利于房地产整体市场的健康发展，有利于实业崛起，有利于权益型资本的培育和金融系统降杠杆。商业物业是重要的实业，而CMBS和REITs的发展则是推动商业物业和中国经济转型的重要一环。

二、CMBS市场潜在规模巨大，是盘活存量的重要工具

以甲级办公楼为例，北京、上海、广州、深圳甲级办公楼近2 000万平方米，市场价值超过1万亿元，再加上低等级的办公楼、商业、酒店等，一线城市可供资产证券化的商业物业应该在3万亿元以上的规模。然而从现状来看，商业物业融资的工具非常有限，绝大多数通过商业银行贷款，少数通过信托、保险、资管进行融资。从美国的经验来看，CMBS可以占到商业物业融资来源的17%。在国内，CMBS完全有可能成为融资的重要力量，服务于存量商业物业的盘活。

三、打破刚性兑付，CMBS 最有希望成为突破口

刚性兑付和依赖主体一直是中国金融环境的痼疾。寄希望于国内数十年的惯性在一夕之间改变是不现实的，然而在资产证券化领域，特别是 CMBS 领域，由于其本质就是一项基于资产支持的融资工具，其基础资产的依托是国内核心商业物业，是中国现金流最为稳定和透明的资产类别之一，且在传统的银行抵押贷款领域已经有大量的实践，可望率先进行反思和扭转，作为相对稳妥的实验场来探索出一条有效的途径，逐步破除对主体信用的依赖。

打破主体信用依赖，推动 CMBS 的发展，具有以下重要意义：

第一，资产支持的 CMBS 是化解商业物业库存和空置压力至关重要的金融手段。商业物业最大的挑战在于库存和空置压力，因此必须有创新的融资工具加以支持，而 CMBS 是重要的一环。库存和空置问题的解决必须依赖专业的经营和管理，因此专业能力和人才的培育是行业最为重要的因素。在依赖主体才能进行有效融资的情况下，专业的人才和团队无法有效参与到市场，商业物业的去库存成为一句空话。

第二，过分强调主体增信将会陷入“过度保护”和“保护不当”的窘境。为了达到探索市场的目的，国内早期发行的 CMBS 产品均为优质物业，且由强主体增信。金融方面的创新摸着石头过河，早期以审慎为主，非常有必要。然而，随着市场的发展，需要注意两个可能的副作用：一方面对融资人要求过于苛刻，过度保护，不利于 CMBS 市场的发展；另一方面，如果容忍让主体裹着资产盲目放杠杆，将会陷入保护不当，置金融体系于风险之中，也与中央去杠杆的精神不符。

第三，体现 CMBS 与信用债的差异，真正推动多元融资市场构建。CMBS 与资产证券化的理念和作用相契合，有利于推动多元化融

资工具体系的完善。资产证券化的核心理念是以基础资产所产生的现金流为资产支持证券的偿付支持，为融资人提供一种以资产信用为基础的融资方式。CMBS 产品与主体信用脱离，可以使其与以主体信用为基础的公司债券、企业债、中期票据等融资工具相区别，突出自身的特点和优势；反之，如果 CMBS 产品无法摆脱对主体信用的依赖，将使得 CMBS 与信用债同质化，不利于多元化融资工具体系的形成。

第四，推动风险定价，有利于打破刚性兑付预期，培育多层次的投资者市场。一个健康的金融市场，必须打破刚性兑付这一金融市场潜规则，让市场秩序来主导。CMBS 产品的质量以底层资产——商业物业的质量优劣而非主体信用的高低进行评价，有利于专业投资者进行判断，推动风险定价和利率差别化；有利于打破刚性兑付预期，助力金融市场的健康发展。

第五，是控制房地产行业杠杆率的极佳手段。脱离主体信用的融资工具通过控制 CMBS 的抵押率，可以成为控制房地产行业杠杆率的有效手段。特别需要避免的是，打着主体增信的招牌，进一步放松杠杆率限制，从而让 CMBS 成为放杠杆的工具。

第六，有助于简化交易结构，降低融资成本。CMBS 产品摆脱对主体信用的依赖，不设置第三方对信托贷款的保证担保或其他增信措施，有助于简化 CMBS 产品的交易结构，并且免去了融资人为提供第三方保证担保可能需要负担的保费或反担保。

第七，推动脱离主体信用的 CMBS 才真正能够填补中等风险、中等收益的资产荒。裹着主体信用的 CMBS 等证券化产品，类似于高等级信用债，属于低风险、低收益产品，并不能有效解决中国市场中的中等风险、中等收益产品资产荒问题。

综上所述，打破主体信用依赖，关注基础资产自身信用，是 CMBS 对初心的重拾和本源的回归，是 CMBS 真正“资产”证券化的必经之路，对 CMBS 和资产证券化健康发展具有重大的积极意义。同时，借助商业物业这个中国最稳定、现金流最清晰的资产类别之一，国内投资者、专业机构和监管机构一起努力，有助于打破刚性兑付和主体幻觉，建立健康的资本市场。

四、CMBS 等证券化工具的发展有助于控制和优化杠杆

CMBS 产品本质上是一个资产支持证券，将商业物业与融资直接连接起来。其最重要的承销指标主要有 3 个：偿债覆盖率（Debt Service Coverage Ratio，简称 DSCR）、贷款价值比（Loan To Value，简称 LTV）和债务收益率（Debt Yield，简称 DY）。

DSCR 是指抵押物的年净现金流（NCF）和每年的贷款支付（本金和利息）之比，用来评判支付贷款的能力。显然，DSCR 必须大于 1，不然现金流不足以支付到期的本息。该指标可以防范现金流不足、过度杠杆。

LTV 是指贷款的未偿还本金和抵押物价值之比，用来约束物业时点上的杠杆水平，便于评估其到期清偿能力。该指标便于防范贷款额度过高。

DY 是指抵押物的年净现金流和贷款余额的比值，同时融合了 LTV 和 DSCR 两个指标，用来评估其再融资能力以及还款能力。该指标可以规避 LTV 对于第三方估值的依赖，也可以避免 DSCR 对于短期利率波动的敏感性以及摊还额度的不同造成的干扰，避免贷款额度过大造成的付息和再融资还款能力降低。相对而言，DY 是一个比较“干净”的评估指标。

上述指标的综合约束反映在评级中，可以约束房地产行业的杠杆水平。而且 CMBS 对应到特定的资产，因此债务透明度更高，使监管层更容易了解和掌控商业物业的整体杠杆水平。同时，CMBS 往往分成不同的等级，由不同风险偏好的专业投资者来认购，因此分散了金融体系的风险。

第六节　迫切需要形成 CMBS 最佳实践和产品标准

一、形成最佳实践和产品标准的意义

形成 CMBS 的最佳实践和产品标准极其迫切。中国 CMBS 市场刚刚起步，然而发展潜力和速度极快，按照美国的渗透率，从长远来看，中国的 CMBS 预计为 10 万亿元的量级，将对商业物业的融资产生深远影响，同时行业从业人员和投资者都需要快速学习。如果任由市场自行发展，将会走很多弯路。我们需尽快借鉴国外经验，形成有中国特色的最佳实践，使市场健康发展，更好地服务实体经济。

但是，目前我国 CMBS 市场仍存在以下问题：

（一）人才储备和学习能力需要加强

CMBS 本质上是抵押债权的证券化，因此第一步是形成债权；第二步是证券化，两者首尾相接。CMBS 需要从业者既有丰富的放贷经验，又有证券化的经验，因此行业人才需要逐步地学习，特别是在实战中的成长。

（二）“重发轻管”、“重客户，轻投资者”的现象存在，不重视第三方服务商的风险管理和资产管理

CMBS 是一个需要高度协作和市场化的产品，需要大量市场中介机构的配合，包括律师、会计师、评估师、券商、资产服务机构等。因此必须重视尽职尽责和道德风险的防范。国内目前仍然存在“重发轻管”、“重客户，轻投资者”的现象，需要形成完善的产品治理标准，以便于控制风险。

从美国的经验来看，CMBS 经过 30 年的发展，积累了大量的经验和教训。国外已经形成的最佳实践和产品标准，可以给中国从业者大量的借鉴和启发，使我们有条件自上而下地形成产品标准和最佳实践。

二、形成最佳实践和产品标准的着眼点

形成最佳实践和产品标准的着眼点需要集中在以下几个方面：

（一）形成产品发展的思路

从国外成熟市场，特别是美国的经验来看，绝大多数 CMBS 是无追索权的：一来更加容易评估风险（特别是美国的 CMBS 以 10 年期左右为主）；二来有利于对物业经营者形成正向激励，使有能力的投资者通过用心经营物业获得便利融资；三来也为投资者提供了更丰富的风险定价产品。国内在 CMBS 产品发展初期，为了稳健推进，前期以附带强主体的追索权产品为主，随着市场的深化，应积极推进无追索权的脱离主体信用的 CMBS。

（二）形成产品的治理规则和分工协作的最佳实践

由于 CMBS 的基础资产是商业物业，其资产管理和运营管理相当复杂；CMBS 的基础债权是抵押债权，其成立需经过大量中介机构协作；CMBS 最终会分成多层债券，由多个投资者认购，所以如何形成产品治理结构非常重要。而其中的核心是防范道德风险，进行风险控制，在融资人与投资者之间取得平衡，并最终形成合理的风险定价。从国际经验来看，其关键是充分发挥第三方服务商，特别是特殊服务商的角色，并将第三方服务商的利益与投资者利益绑定。

（三）形成和完善评级标准

国内的评级公司在主体信用评级方面积累了丰富的经验，在商

业物业资产支持证券化方面需要尽快迭代，形成行业共同认可的标准，可以充分借鉴国外评级公司在 CMBS 方面的经验。

（四）形成合理的承销标准

合理的承销标准具体包括：

（1）在法律方面，要完善法律文本，使实操体系标准化。各方的角色分工和治理要充分考虑抵押债权形成、证券形成、产品持续期、处置期以及争议发生时的权责平衡，保护投资者利益。

（2）在评估方面：评估标准需要形成业内公认的体系，避免在评估公司的业务竞争中出现评估价值失真的情况。

（3）在交易结构方面：对不同区域、不同特点、不同组合的物业形成专业的判断，根据融资人的需求，以及投资者的风险特点，形成均衡的交易结构。

（五）形成合理的监管标准和披露标准

总结美国的经验，放任自流并非最佳选择，应该形成适度的监管标准和披露标准。

（1）监管标准：形成合理的产品准入标准，包括产品发展思路的规划、产品治理最佳实践建议、产品承销标准准入等。该等准入标准随着监管对 CMBS 的理解以及市场进化可以逐步深化、逐步精细、及时调整。

（2）披露标准：从成熟市场的经验来看，CMBS 作为专业投资者的投资标的，通过加强披露，投资者可以自行进行深入判断，从而有助于推动市场生态形成，有助于防范中介机构的道德风险，同时也有助于形成二级市场，增加流动性、降低融资成本。由于融资人往往对披露信息有各种各样的顾虑，靠自发进行披露难度较大，因此需要监管自上而下形成规则。

第二章

境外CMBS市场发展情况

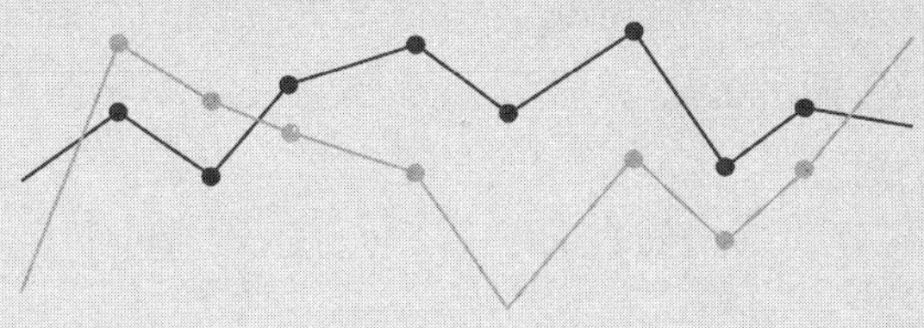

本章主要介绍了北美洲、欧洲、大洋洲、亚洲众多国家和地区CMBS市场的发展经验和教训，并结合金融危机前后的市场改革情况，分析了CMBS在各国和地区发展的大体历程。本章总共分为三节，第一节主要介绍了美国CMBS市场的发展情况与主要特点。第二节分别介绍了欧洲、澳大利亚CMBS市场的整体情况，以及以日本和我国台湾地区为代表的亚洲CMBS市场的情况。其中，欧洲市场概述了德国、意大利和英国市场的主要发展历程和产品特征，日本与我国台湾同属大陆法系，其对包括CMBS在内的证券化产品的法律体系建设与变革，有值得我们借鉴之处。第三节总结了各国和地区CMBS市场发展的经验和教训，及其对我国CMBS市场未来建设可能带来的借鉴。

第一节　美国的CMBS市场

一、美国CMBS市场的发展情况

（一）发展概况

CMBS在欧美等国作为成熟的商业物业融资工具，已经有近40年的历史，经历过多次经济危机的考验。美国的CMBS业务发展最早，也最为成熟和复杂，在市场需求驱动和众多参与方的共同努力下，美国CMBS不断发展和完善，商业物业抵押融资市场完成了从单一的银行借贷向依靠CMBS等结构化证券化产品融资的演变。

通过市场的推动，CMBS 的交易流程和产业链逐步形成，并逐渐成为美国商业物业融资的核心力量。最近几年来，CMBS 占到了商业物业融资来源的 17%，高峰时存量超过 8 500 亿美元，年发行量最高时达到 2 500 亿美元。由于其良好的流动性，以及规范性、透明性特征，近 10 多年来 CMBS 主导了美国商业物业贷款的市场定价和信用评级，实际上成为美国商业物业融资的标杆。2011 ~ 2015 年和 2016 年年底美国商业物业的融资来源情况分别见图 2 – 1、图 2 – 2。

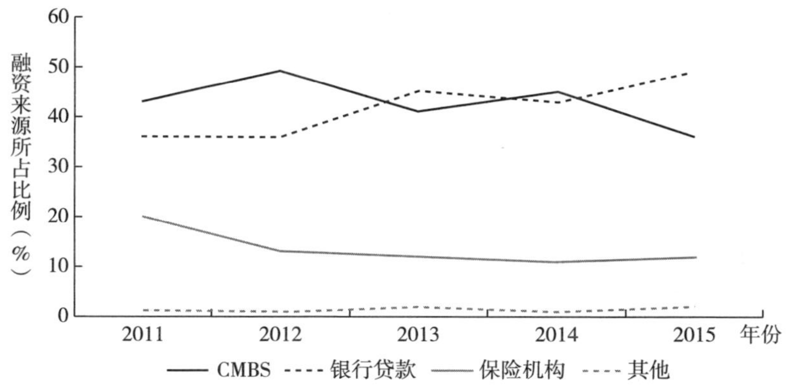

图 2 – 1　2011 ~ 2015 年美国商业物业的融资来源情况

注：CMBS 的计算包括来自“两房”的资金，“两房”是指房利美、房地美。

（二）发展阶段

整体而言，由于美国证券市场非常发达，创新性强、市场化程度高，CMBS 发展效果整体很好。21 世纪后，CMBS 发行量从 2000 年的不到 500 亿美元飙升到 2007 年的 2 300 亿美元。受金融危机影响，2008 ~ 2010 年 CMBS 发行量几乎为零，2010 年后才逐渐复苏。金融危机前美国商业物业抵押贷款的发放标准被一降再降，为金融危机埋下了伏笔。金融危机后，随着监管和风险管理的强化，商业物业抵押贷款的放贷标准受到严格控制，新发行的贷款质量普遍提高，市场逐渐回暖。从历史上看，可以将美国 CMBS 市场发展划分为如下四个阶段：

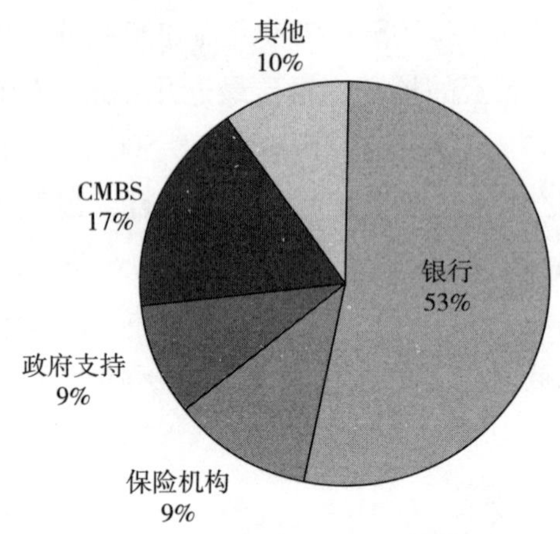

图 2－2　2016 年年底美国商业物业的融资来源情况

资料来源：美国联邦储备系统（FED）

1. 20 世纪 80 年代的起步与证券化尝试阶段

1983 年，美国 Fidelity Mutual 人寿保险公司将价值 6 000 万美元的商业物业抵押贷款以证券形式出售，由此诞生了第一单 CMBS。随后，其他几家美国保险公司也进行了数笔 CMBS 交易，但 CMBS 发行量一直较为低迷。1986 年，美国颁布了《税收改革法案》，REMIC（房地产抵押投资渠道）得以产生，该法案使 CMBS 的证券化可以 REMIC 进行，规避 SPV 层面的所得税，从而向投资者让渡更大的收益，这为之后 CMBS 的发展提供了有利条件。虽说如此，但当时 CMBS 产品尚未成熟、金融机构监管要求较松，商业物业进入证券化市场的意愿并不强烈，因此在储贷危机之前，CMBS 发行量仅约 8 亿美元。

2. 20 世纪 90 年代化解储贷危机的市场创建与稳步发展阶段

20 世纪 80 年代末，美国房地产价格的崩溃引发了房产抵押贷款的严重损失，导致了著名的储蓄银行危机。此次危机使得美国 700 余家储蓄银行倒闭，约为银行总数的 1/4，美国政府的重组信托公司（RTC）负责关闭储蓄银行并清理坏账，商业物业抵押贷款占坏账的大部分，商业物业资金来源急剧萎缩。作为清理不良资产的手段，

RTC 在 1992 年 1 月首次发行了公开评级的 CMBS。为了提高信息披露质量和频率，RTC 创建了《证券表现报告》（Portfolio Performance Report，简称 PPR），逐月向投资者提供信息，并随后成为行业标准。而后投资者逐渐熟悉了 CMBS 这个产品，对其接受度逐步提高。

同时，危机使得人们对商业物业抵押贷款的成本和风险进行重新审视，随着《巴塞尔协议》风险资本要求的推出，商业物业抵押贷款被视为高风险资产，相较 CMBS 等高质量证券所需的资本较高。商业银行及保险公司也基于此原因将资产负债表上的商业物业抵押贷款转换为证券，以提高资本充足率。虽然 RTC 在处理完储贷危机后于 1995 年 12 月解散，但美国 CMBS 仍然持续发展。

华尔街银行看到机构投资者的兴趣和 CMBS 市场的潜力，开始发放专门用于证券化的商业抵押贷款。在此阶段，市场放贷方式、投资者报告和数据信息等内容逐步标准化和系统化，第三方服务和贷款标准化也逐渐规范起来，各大评级机构逐步完善了交易的评级标准。CMBS 成为一种成熟的结构化融资方式，严谨、有效的基本运作程序是其成功运作的根本保证，其基本交易结构由原始权益人、特定目的机构和投资者三类主体构成。原始权益人将自己拥有的商业物业贷款组成资产池以真实出售的方式过户给 SPV，SPV 获得该资产的所有权，发行以该资产的预期现金流收入为基础的资产支持证券，并凭借对该资产的所有权确保未来的现金流收入首先用于偿还证券投资者的本息。

3. 2000 ~ 2007 **年的高速发展阶段**

这一期间 CMBS 发展迅速，商业物业抵押贷款质量开始下降，贷款的发放标准被一降再降，住宅地产开始出现次级贷款。银行确定贷款额度时不参考实际的现金流，而以估计的租金上涨和物业增值为基础。

非代理机构证券（扣除政府支持的 CMBS 证券）发行额从 2000 年的不到 471 亿美元飙升到 2007 年的 2 400 亿美元。平均 LTV 从 2002 年的100%涨至2007年的接近125%，仅付利息（IO）气球贷款的比例也从10%左右升至接近90%，这些贷款大部分以证券化的形式转化成了证券，成为2007年次贷危机的一个要因。

4. 2008年全球金融危机至今的风险化解与市场恢复阶段

全球金融危机发生后，商业物业的市场风险暴露，引发人们恐慌性抛售CMBS。AAA级CMBS在伦敦同业拆借利率（LIBOR）基准上的市场利差从50BP飙升至1 600BP，2008年和2009年CMBS市场发行近乎停滞。但随着美国经济的缓慢复苏，商业物业在危机中蒸发的市值逐步恢复，CMBS的违约率越来越稳定，截至2015年已经基本上恢复了危机前的水平。2002～2015年美国CMBS发行额及存量情况见图2－3。

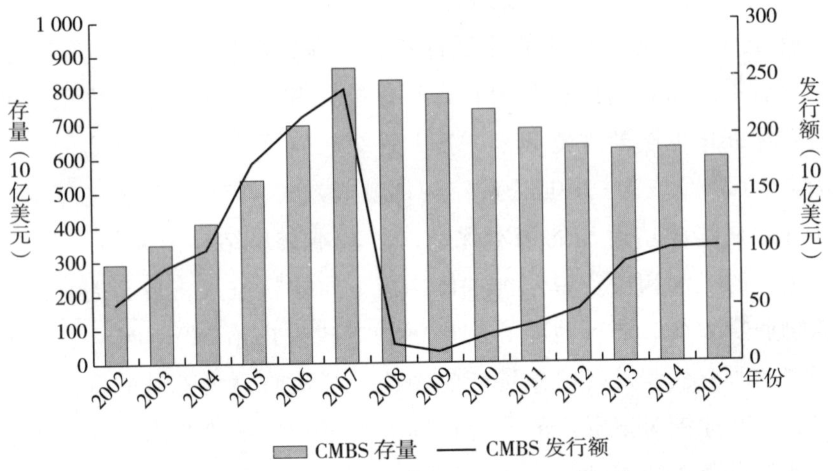

图2－3　2002～2015年美国CMBS发行额及存量情况

资料来源：证券业及金融市场协会（SIFMA）

在金融危机之后，美国推出《多德—弗兰克法案》，提出风险自留规则（Risk Retention Rule）、Regulation AB II等多项监管要求。《多德—弗兰克法案》及《巴塞尔协议Ⅲ》的出台，旨在进一步加强监管。同时，华尔街投行和商业银行等也对自身进行反思，提高了商业抵押贷款的风控标准，加大了对基础资产的审查力度，由此在金融危机之前 CMBS 1.0 的基础上，发展出了 CMBS 2.0/3.0（下文将做具体分析）。新发行的贷款质量普遍提高，从图 2－3 所示的发行额来看，市场回暖的速度很快，其中 2013 年的发行额为 880 亿美元，是 2012 年的 2.2 倍。金融危机暴露了种种问题，但是 CMBS 产品结构经受住了考验，并进一步优化。

二、美国 CMBS 市场的分类与构成、主要特点

（一）美国 CMBS 市场的分类与构成

在美国，CMBS 一般被分为私人机构发行和吉利美、房利美、房地美等房地产抵押贷款机构发行两种。其中，根据抵押贷款的规模、借款人数量及分散化程度等标准，又可将私人机构发行的 CMBS 交易分为三类：SASB 交易、通道交易（Conduit Deal）和融合交易（Fusion Deal）。SASB 交易大多是以一座大型地产为抵押的单笔贷款，贷款数额较大。支持这种类型的 CMBS 贷款一般发放给单体价值较高的商业物业，SASB 交易风险较为集中，且对物业品质要求较高，故发行量相对较低。相对 SASB 交易，通道交易则是基于多笔（通常为数十笔）相对小额的贷款来形成资产池。通道交易大多是由投行与抵押贷款机构为了证券化而建立管道协议，专门发放适合 CMBS 入池资产的贷款来形成资产池。相对通道交易，融合交易通常包括 30 笔以上贷款，入池资产由不同信用水平的借款人构成，主要包括几笔信用水平较高、投资级别以上的大额贷款以及充分分散化的信用水平较低、金额较小的导管贷款，其目的在于依托优质贷款提升债券总体级别。

从 CMBS 市场构成来看，截至 2007 年，美国私人机构 CMBS 产品主要以通道交易为主，占总体的 70% 左右，其次为 SASB 交易。金融危机之后，CMBS 交易量大跌，直到近年得到恢复。从市场构成来看，以两房为代表的机构 CMBS 交易量增幅较大，其次为 SASB 交易，2015 年发行量约为 202 亿美元，占比约 10.38%。SASB 交易占 CMBS 总体

份额显著增加是美国后金融危机时代的市场特征之一，是发行人对《多德—弗兰克法案》中风险计提提高的反应，也有利于资产服务商对基础资产加强风险控制和管理。美国 CMBS 市场分类发展情况见图 2－4。

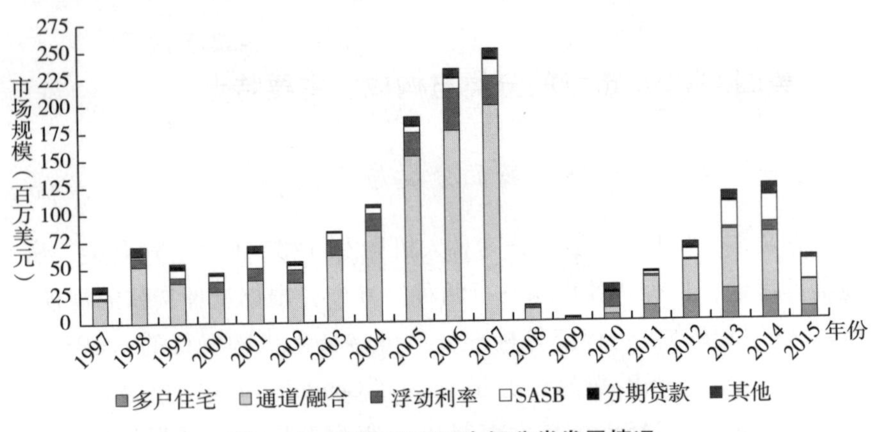

图 2－4　美国 CMBS 市场分类发展情况

注：2015 年数据截至 5 月。

资料来源：阿默斯特证券集团（Amherst Securities Group）

（二）美国 CMBS 市场的主要特点

1. 美国 CMBS 业态组合

美国 CMBS 业态组合非常丰富。主流的五大商业物业业态——零售物业、办公楼、多户住宅、酒店和工业厂房悉数进入 CMBS 市场，其中尤以零售物业和办公楼占比最重。五大商业物业业态在通道交易中的发行量见图 2－5。

然而，美国 CMBS 市场渗透的广度和深度远不止于此，除了五大主流商业物业业态外，其他次级业态也进入了 CMBS 市场，包括自助仓库、医疗中心等。图 2－5 体现了在不同阶段五大商业物业业态发行量的占比情况。从整体来看，由于受到电商的冲击，零售物业占比整体呈下降趋势。以办公楼为基础资产的 CMBS 在金融危机之前达到高峰，此后逐步稳定。多户住宅和酒店业态占比较为稳定。从市场整体来看，CMBS 业态组合逐步多元化。五大商业物业业态在通道交易中的占比见图 2 -6。

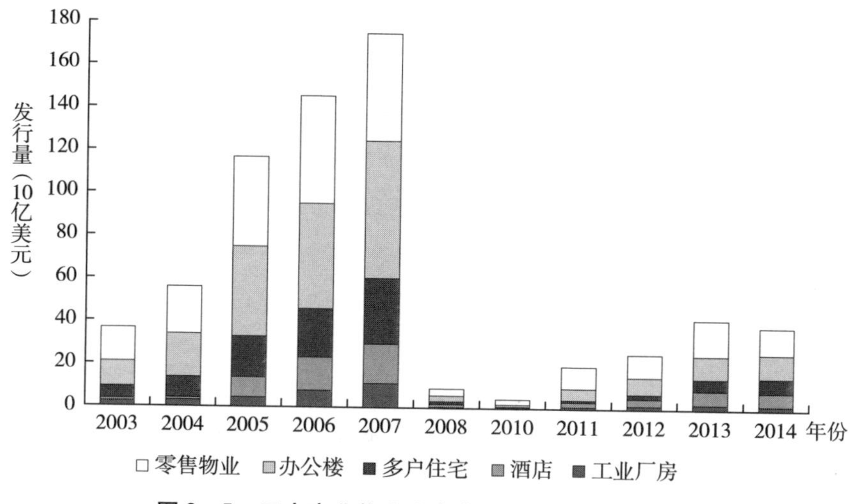

图 2 -5　五大商业物业业态在通道交易中的发行量

资料来源：特雷普数据服务商（Trepp，LLC.）

2. 美国 CMBS 产品投资机构构成

从投资者结构来看，投资美国 CMBS 产品的私募基金、资管机构占比最多，约为 45%；保险机构、养老基金占比约为 40%；银行及对冲基金占比分别约为 8% 和 7%。美国 CMBS 市场的发展与美国形成了多层次的投资者体系有很大的关系，2015 年，外国或国际组织持有美国债券市场 27% 的份额；家庭及非营利组织持有美国债券市场 12% 的份额；美联储持有美国债券市场 11% 的份额；保险公司持有美国债券市场 10% 的份额；银行机构持有美国债券市场 10% 的份额；共同基金持有美国债券市场 10% 的债券。美国保险公司的资产配置中，债券的配置比例维持在 50% 以上。在债券的配置品种上，以高信用等级的公司债为主，在寿险一般账户中，投资级债券的配置比例长期维持在 90% 以上。美国 CMBS 市场投资者结构见图 2 -7。

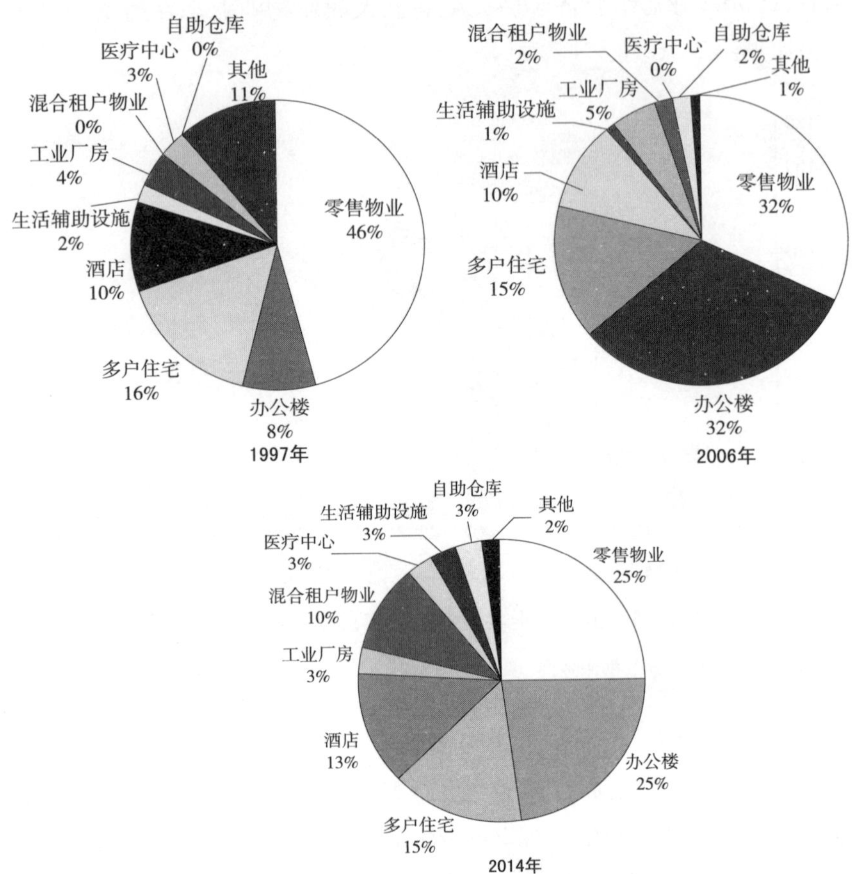

图 2－6　五大商业物业业态在通道交易中的占比

资料来源：花旗银行

3. 美国 CMBS 贷款提供方

从 CMBS 贷款提供方来看，美国用于 CMBS 的商业抵押贷款主要由商业银行、投行、基金等机构提供。其中摩根大通（JPMorgan）和德意志银行（Deutsche Bank）是两大资金提供方，2015 年二者的市场份额分别为 11.55% 和 9.43%，贷款体量较 2014 年均有减少，但区域及地方银行贷款体量逐步增加。根据全美住宅建设商协会（National Association of Home Builders，简称 NAHB）《2016 年美国商业物业趋势报告》显示，近年政府贷款机构控制了住宅板块的贷款

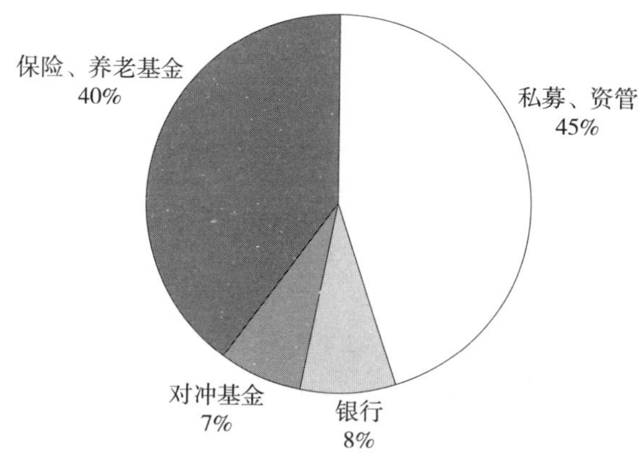

图 2－7 美国 CMBS 市场投资者结构

资料来源：证券业及金融市场协会、美国银行

来源，而银行贷款在工业地产板块一马当先，CMBS 则是酒店与零售板块资金的主要来源。美国 CMBS 贷款人数据统计见表 2－1。

表 2－1 美国 CMBS 贷款人数据统计

贷款人	类型	2014 年		2015 年	
		贷款规模（百万美元）	市场份额（%）	贷款规模（百万美元）	市场份额（%）
1 JPMorgan	投资银行	11 440.63	13.03	10 858.98	11.55
2 Deutsche Bank	商业银行	14 005.13	15.95	8 867.97	9.43
3 Morgan Stanley	投资银行	5 339.71	6.08	8 264.67	8.79
4 Bank of America	商业银行	5 565.68	6.34	6 533.69	6.95
5 Citigroup	商业银行	5 604.13	6.38	6 274.94	6.67
6 Goldman Sachs	投资银行	5 098.86	5.81	6 258.96	6.66
7 Wells Fargo Bank	商业银行	5 849.16	6.66	6 117.35	6.51
8 Credit Suisse	商业银行	2 141.28	2.44	5 982.51	6.36
9 Barclays Bank	商业银行	3 111.20	3.54	5 178.16	5.51
10 Cantor Commercial Real Estate	基金	5 750.69	6.55	4 325.86	4.6

（续表）

	贷款人	类型	2014 年		2015 年	
			贷款规模（百万美元）	市场份额（%）	贷款规模（百万美元）	市场份额（%）
11	UBS Real Estate Securities	基金	2 959.06	3.37	2 699.80	2.87
12	Ladder Capital Finance	基金	3 493.47	3.98	2 584.94	2.75
13	Natixis	商业银行	1 371.94	1.56	2 548.32	2.71
14	Rialto Mortgage Finance	基金	1 490.24	1.7	2 412.71	2.57
15	Starwood Mortgage Capital	基金	1 618.57	1.84	2 067.73	2.2
16	MC-Five Mile	基金	1 174.28	1.34	1 484.06	1.58
17	CIBC World Markets	商业银行	1 240.71	1.41	1 237.01	1.32
18	Jefferies LoanCore	基金	828.9	0.094	1 215.69	1.29
19	Silverpeak Real Estate Finance	基金	282.55	0.32	980.3	1.04
20	KeyBank	银行	864.37	0.98	855.62	0.91
21	Principal Commercial Capital	基金	0	0	819.12	0.87
22	Redwood Commercial	基金	845.24	0.96	740.49	0.79
23	BNY Mellon	商业银行	0	0	658.98	0.7
24	Benefit Street Partners	基金	0	0	637.28	0.68
25	C-III Commercial Mortgage	基金	508.9	0.58	629.35	0.67
26	Liberty Island Group	基金	846.39	0.96	562.83	0.6
27	Societe Generale	商业银行	0	0	534.19	0.57
28	Bancorp Bank	商业银行	362.98	0.41	524.21	0.56
29	Basis Real Estate Capital	基金	415.9	0.47	397.1	0.42
30	RAIT Financial Trust	基金	606.45	0.69	367.12	0.39

（续表）

贷款人	类型	2014 年		2015 年	
		贷款规模（百万美元）	市场份额（%）	贷款规模（百万美元）	市场份额（%）
31 Walker & Dunlop	律师事务所	117.57	0.13	279.24	0.3
32 NCB FSB	储蓄银行	314.81	0.36	274.47	0.29
33 Scotia Capital	基金	0	0	125	0.13
34 KGS-Alpha Real Estate Capital	基金	0	0	102.3	0.11
35 Freedom Commercial Real Estate	基金	0	0	93.52	0.1
36 GE Capital		584.17	0.67	92.43	0.1
37 Ares	基金	378.8	0.43	0	0
38 Bank of China	商业银行	450.33	0.51	0	0
39 RBS	商业银行	2 234.86	2.54	0	0

4. 美国 CMBS 期限

从期限来看，美国 CMBS 普遍为 10 年左右，期限较长。这主要是由于贷款方多为银行机构，长期资金较为充足；另外业主也已经经过行业周期的洗礼，在物业稳定的情况下倾向于长期限贷款。

5. 美国 CMBS 违约率

从 CMBS 的历史违约情况来看，自 1995 年至次贷危机发生前，美国 CMBS（1 ~ 10 年期）的违约率一直停留在 1.00% ~ 4.00%，在美国资产支持证券产品中处于较低水平。但自 2006 年开始，CMBS 的违约率较之前普遍出现 3% ~ 4% 的增长，随着金融危机的影响逐步减轻，近年 CMBS 的违约率也在逐步降低，2015 年已回到金融危机前水准。1995 ~ 2016 年 CMBS 年度违约率情况见图 2 – 8，美国 CMBS 违约损失率情况见表 2 – 2。

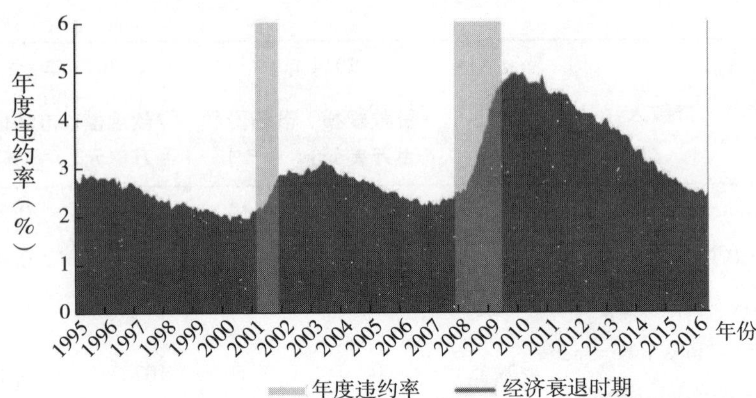

图 2-8　1995~2016 年 CMBS 年度违约率情况

表 2-2　美国 CMBS 违约损失率情况　　单位：%

持续年份	1 年	2 年	3 年	4 年	5 年	6 年	7 年	8 年	9 年	10 年	11 年以上
1995 年	0.00	0.58	1.99	0.53	1.90	0.67	4.44	4.08	0.41	0.54	0.43
1996 年	0.08	1.06	1.48	0.82	1.64	3.09	1.52	1.61	0.67	0.52	1.16
1997 年	0.16	0.45	1.03	0.93	2.39	2.07	2.67	1.01	1.34	0.64	1.56
1998 年	0.34	0.53	0.83	1.20	1.44	1.45	1.03	0.88	0.39	2.18	2.79
1999 年	0.08	0.52	0.91	1.29	1.86	1.31	0.89	0.35	0.39	2.45	4.06
2000 年	0.24	1.10	1.62	1.89	1.68	0.87	0.46	0.72	2.36	5.95	2.73
2001 年	0.34	0.69	1.08	1.54	0.95	0.43	0.77	1.53	3.02	4.60	2.36
2002 年	0.28	0.38	0.78	0.39	0.68	0.55	1.76	2.29	2.12	3.02	1.25
2003 年	0.08	0.33	0.31	0.19	0.52	1.93	2.32	1.50	0.84	2.24	0.73
2004 年	0.10	0.26	0.21	0.57	2.57	4.07	2.41	1.52	0.51	2.48	0.99
2005 年	0.15	0.27	0.37	2.75	5.96	4.21	2.20	1.69	1.14	2.48	1.09
2006 年	0.15	0.44	3.34	6.12	4.64	4.05	2.13	1.47	1.38	1.25	
2007 年	0.27	3.06	5.99	7.46	5.25	5.12	1.84	1.55	0.65		
2008 年	3.15	6.90	5.77	1.88	5.47	2.13	1.82	1.51			
2010 年	0.00	0.00	0.00	0.00	0.07	0.43					
2011 年	0.00	0.06	0.20	0.25	0.18						
2012 年	0.00	0.19	0.27	0.06							
2013 年	0.13	0.01	0.24								
2014 年	0.07	0.31									
总计	0.20	0.96	2.19	3.47	3.61	3.36	1.85	1.44	1.08	2.04	1.20

注："总计"通过证券化余额进行加权。

资料来源：Intex 方案公司、富国证券有限责任公司

美国 CMBS 的违约率在早期次贷危机中的急剧上升，与其信用支持水平的下降和承销标准的放松密切相关。美国不同信用级别 CMBS 的信用支持水平变化见图 2 - 9。

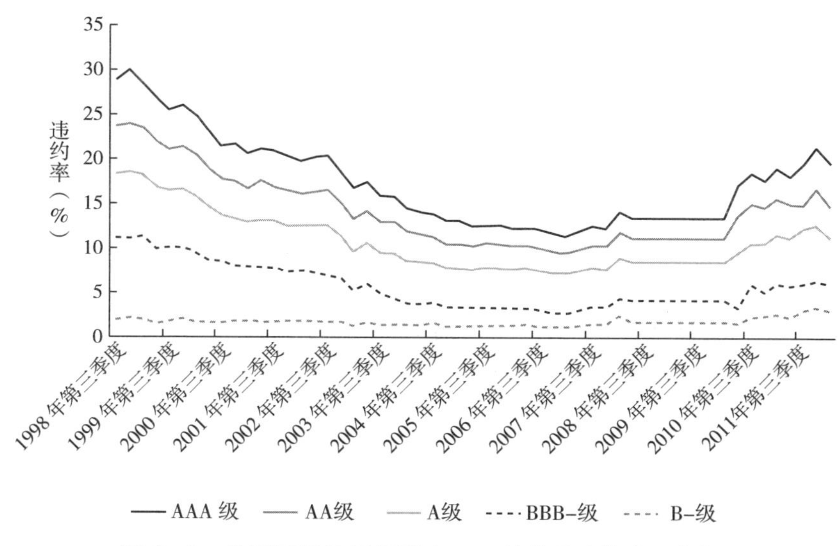

图 2 - 9　美国不同信用级别 CMBS 的信用支持水平变化

图 2 - 10 显示，违约率与 LTV 存在明显的关系，CMBS 的平均违约率会随着 LTV 的上升而显著上升。证券化中有两个数据涉及 LTV：一个是承销商给出的承销 LTV，该 LTV 基于承销商和评估公司的数据；另一个是评级公司根据自身的判断进行加压后给出的评级 LTV，根据物业类型和所处的周期，评级公司加压后的 LTV 会比承销商给出的 LTV 高 20% ~40% 。

以承销 LTV 为例，当 LTV 值为 60% ~65% 时，平均违约率为 11. 3% ；当 LTV 值为 70% ~75% 时，平均违约率为 16. 2% ；当 LTV 值大于 75% 时，平均违约率则显著上升至 23. 8% 。

如图 2 - 11 所示，从评级 LTV 也可以看出承销标准在金融危机前后的变化。2007 年金融危机前，美国部分地产投资级对应的评级 LTV 达到了 125% ，这在某种程度上加大了危机带来的损失。具体而

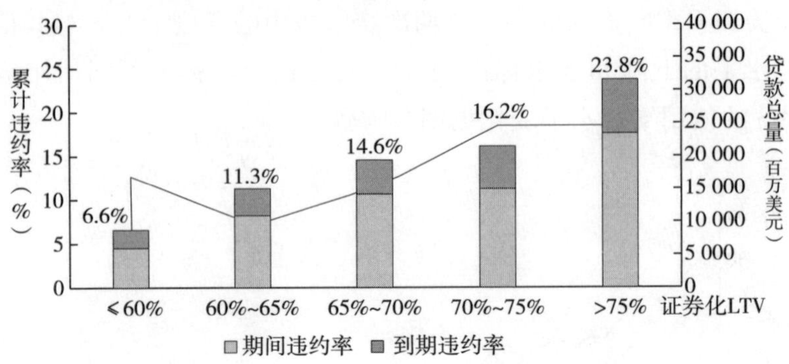

图 2-10　证券化 LTV 与违约率之间的关系

言，2000 年以后美国的 CMBS 市场进入了高速发展的阶段。非代理机构证券发行量从 2000 年的不到 471 亿美元飙升到 2007 年的 2 400 亿美元。这一期间商业物业抵押贷款的发放标准也被一降再降，LTV 从 2002 年的 100% 涨至 2007 年的接近 125%，仅付利息贷款的比例也从 10% 左右升至接近 90%。而这些贷款大部分以证券化的形式转化成了证券，成为 2007 年次贷危机的一个要因。次贷危机后，LTV 逐步下降到 100% 以下，可以推测违约率和抵押率存在较大的因果关系。

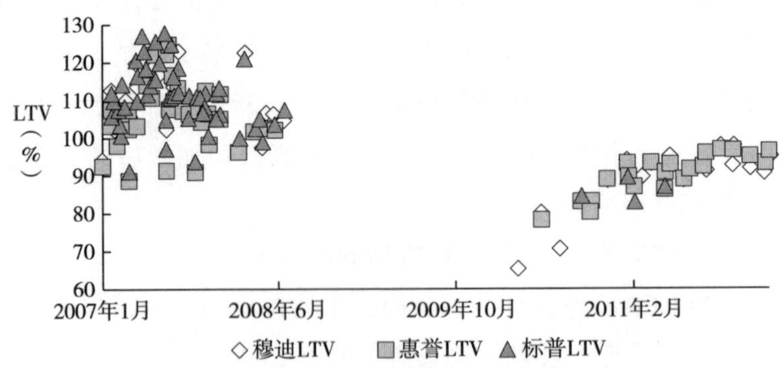

图 2-11　进行调整后评级公司的 LTV 水平

资料来源：阿默斯特证券集团

三、金融危机后美国 CMBS 市场的主要动向

在金融危机之后，随着监管和风险管理的强化，商业物业抵押贷款的放贷标准受到严格控制，新发行的贷款质量普遍得到提高。资产证券化新规的公布，使市场对证券化产品的信心逐步恢复，这一点我们将会在第六章中做更为详细的论述。同时，随着美国经济的缓慢复苏，商业物业在危机中蒸发的市值逐渐回升，截至 2015 年已经基本恢复到危机前的水平。

根据美国房地产评估公司 IRR（Integra Realty Resources）发布的 2016 年美国商业物业趋势报告，2015 年美国商业物业贷款渠道逐渐增加，CMBS 的体量减少、区域与本地各银行贷款体量增加。银行贷款在工业地产板块较为强劲，而 CMBS 是酒店与零售板块的主要贷款来源。从物业类型来看，酒店及办公楼所占比率逐年上升，多户住宅所占比率逐年下降。从信用级别分析来看，CMBS 的级别普遍较高，截至 2015 年年底 AAA 级债券占 CMBS 总数的 48.40%，在结构化金融产品中占比最大。从产品结构来看，2013 ~ 2016 年美国 CMBS 产品承销 DSCR、DY 水准都逐渐提高、LTV 逐年降低，这体现了美国 CMBS 市场风险偏好逐渐收紧的趋势。从偿还方式来看，仅付利息证券的比率逐年增加。2013 ~ 2016 年美国 CMBS 通道交易统计数据见表 2 – 3。

表 2 – 3　2013 ~ 2016 年美国 CMBS 通道交易统计数据

	2013 年	2014 年	2015 年	2016 年
承销数据				
承销 DSCR	1.89	1.76	1.8	1.99
承销加权平均 LTV（%）	63.10	65.80	64.50	60.00
承销加权平均 DY（%）	10.50	10.10	9.90	10.90

（续表）

	2013 年	2014 年	2015 年	2016 年
比率统计				
当 DY <9% 时	27.40	40.90	45.30	36.10
当 DY <8% 时	4.00	11.80	15.20	8.60
当承销 LTV >74% 时	10.90	18.10	16.30	7.40
抵押贷款				
IO/部分 IO/摊销（%）	17/33/50	19/44/37	23/43/33	33/35/33
最大规模贷款（%）	10.70	10.00	9.30	8.90
前 10 位贷款（%）	54.10	50.90	48.00	54.30
次级债贷款（%）	13.50	16.20	11.10	14.70

资料来源：联合评级根据公开资料统计

金融危机之后，在产品设计上，美国的发行机构针对以往的 CMBS 做出了相应的改进，改进后的形式被称为 CMBS 2.0/3.0，金融危机之前的则被称为 CMBS 1.0。两者的比较如表 2－4 所示。

表 2－4　CMBS 1.0 和 CMBS 2.0/3.0 的比较

	CMBS 1.0	CMBS 2.0/3.0
信贷结构		
摊销比例	>80% 的利息	>50% 的利息
储备金（税费/保险/资本支出等）	极少；可借款人担保	现金储备（前期和存续期）
欺诈追索事项	仅追索到借贷主体，往往无法追索发起人的其他资产	会追索发起人的其他资产
抵押物		
资产类型	与 CMBS 2.0/3.0 相同，此外还包括土地、建筑、过渡性贷款、次级债务等	办公楼、零售物业、公寓、酒店、自助仓库、工业厂房、医疗中心，租赁租金

（续表）

	CMBS 1.0	CMBS 2.0/3.0
空置率假设	往往按照市场预期计算（偏乐观）	当前或者市场水平两者孰低
租赁假设	按照预测	当前或者市场水平两者孰低，较低的增长率
信用指标		
最大抵押率	80%～85%	75%～80%
平均/最小 DSCR	1.30/1.10	1.65/1.25
平均 DY	8%	9%～10.0%（以净现金流为计算基础）；10%～11.0%（以净运营收益为计算基础）
评级机构		
尽职调查程序	开放式讨论	以报表为基础，就事实讨论
HERF 得分（赫氏集中度）	>40	25
评级压力 LTV	110%～120%	100%～116%
信用支持水平		
AAA	12%～14%（其中30%为超优先级）	20.5%～26%（其中30%为超优先级）
AA	10%	13%～18.5%
A	8%	10%～14%
BBB+	6%	7%～10%
BBB	5%	7%～10%

资料来源：标普

除了分层和承销标准的变化，CMBS 2.0/3.0 与 CMBS 1.0 的区别在于新增了运营顾问（Operating Advisor）这个机构，对特殊服务商进行监督和评估。在次级（B-Piece）投资额的损失超过75%之后，会将控制权交由更高一级的投资者，以便在极端情况下平衡B-Piece投资者和高等级投资者之间的利益。

近年来，随着市场的深化和监管规则的调整，CMBS又出现了一些新的演化。主要是超AAA优先级的回归，在CMBS 2.0中，AAA级别的信用支持水平一般在20%左右（其中包括具有30%信用支持的超AAA级债券以及具有20%信用支持的初级AAA债券），而在CMBS 3.0中，AAA级别的信用支持水平要达到30%，以迎合投资者对于更安全级别的投资需求。

表2－5为危机前后几款美国CMBS产品的核心指标对比表。以2007年发行的CSCMT 2007－C3产品为例，LTV为78.9%，DSCR及DY的平均值分别为1.34和7.5%，当时典型的CMBS产品基准普遍较松，次贷危机后这些指标一度趋严，但在2012年之后随着房地产市场的回暖又有逐步放松的趋势。

表2－5　CMBS 1.0～3.0产品设计标准变化

	CMBS 1.0（CSCMT 2007－C3）	CMBS 2.0（GSMS 2010－C2）	CMBS 3.0（JPMCC 2012－C6）
LTV（%）	78.9	58.9	65.5
加权平均DSCR	1.34	1.83	1.62
加权平均DY（%）	7.5	11.2	9.9

资料来源：FirstService公司

第二节　其他国家和地区的CMBS市场

一、欧洲的CMBS市场

1987年，自全英住房贷款公司（NHLC）发行了英国历史上第一只RMBS（住房抵押贷款支持债券）以来，欧洲资产证券化的基础资产逐渐从居民住房抵押贷款拓展至商业物业抵押贷款、企业贷款、信用卡贷款、汽车贷款、消费者信贷、设备租赁款、应收账款和彩票收入等各种类型，并逐渐发展成为仅次于美国的全球第二大市场，特别是欧元诞生、欧洲金融圈形成以后，资产证券化获得了较大的发展。

2007 年，欧洲的 CMBS 发行达到了最高峰，当年共发行 679.18 亿美元，存量达到 2 083.78 亿美元。2007 年以后，欧洲 CMBS 的发行量逐年减少，2007 年 CMBS 的发行量约为证券化总量的 10%，2008 年锐减到 0.7%，2009 年回升至 3.7%，2011 年前三季度为 1.1%，而 RMBS 的占比自 2007 年以来一直保持在 55% 以上，2008 ~2011 年前三季度约为 70%。从债券发行国来看，英国、德国、意大利占比较大，但由于欧洲证券化市场融合度较高，债券的发行国与基础资产所在国往往不同，根据英国埃斯特统计服务公司（Extel）报告，基础资产所在国中英国、法国、德国占比较大。

与美国不同的是，金融危机后欧洲市场的经济形势和房地产行业都未得到显著恢复。根据戴德梁行德国团队 2016 年的行业分析报告，2014 年、2015 年欧洲商业物业企业的融资需求逐渐加大，2015 年年底融资额与需求的缺口达到 1 240 亿欧元。该报告呼吁，使用 CMBS 来填补这一缺口较为现实。2002 ~2015 年欧洲 CMBS 发行量及存量情况见图 2 -12。

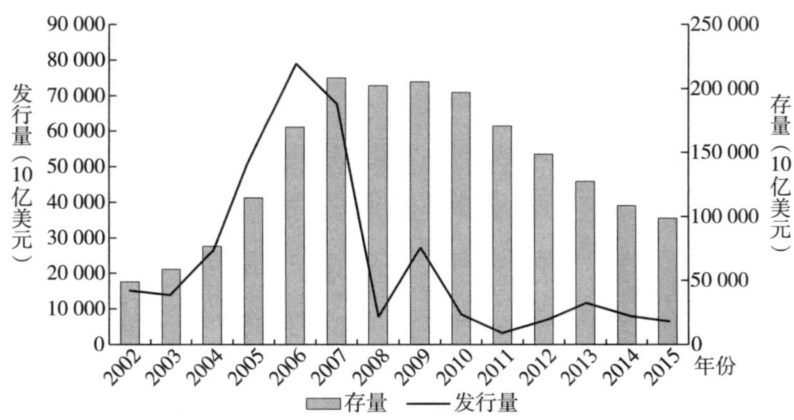

图 2 -12　2002 ~2015 年欧洲 CMBS 发行量及存量情况

资料来源：证券业及金融市场协会数据

（一）德国

德国金融市场主要以银行为主导，德国从事 CMBS、RMBS 业务的金融机构主要有储蓄银行、抵押银行等。德意志银行作为发行人在金融危机后发行了欧洲市场一半以上的 CMBS。包括 CMBS 在内，德国证券化产品的主要特征是以表内证券化为主。在表内证券化模式下，基础资产仍然留在发起人的资产负债表内，投资者不仅对基础资产具有优先追索权，对发起人也具有追索权，这大大提高了 CMBS 的保障程度。在表外证券化模式下，发起人将基础资产真实出售给 SPV，实现资产出表，基础资产与发起人实现破产隔离，即投资者对发起人的其余资产没有追索权。当发起人破产时，发起人的债权人对已出售的资产没有追索权。

在法律方面，德国证券化产品主要受德国《银行法》及《抵押银行法》的监管。德国也是在大陆法体系下唯一没有为资产证券化新设法律的国家。值得注意的是，《抵押银行法》公布后的大约 100 年里，由于抵押银行未发生一例破产清算案例，所以以抵押银行作为发起人的 CMBS 产品大多能获得 AAA 级信用评级。

（二）意大利

作为大陆法系国家，与德国不同，意大利制定了专门的证券化法，即《第 130/99 号法令》。该法令适用于以下证券：将债权等基础资产真实出售给购买机构（发行机构），发行机构是按照《第 130/99 号法令》第三条之规定而设立的，该法令承认任何类别的资产作为本金。

在产品结构上，意大利的 MBS 产品几乎都被设定为浮动利率、在时间上连续的过手型债券。另外，意大利 MBS 产品另一个独有的特征是，将前 18 个月设置为宽限期，在此期间不支付任何利息和本金。综上，意大利针对资产证券化产品的监管及立法极为宽松，其目的在于扩大证券化市场规模，以尽可能地吸引广泛的投资者。

（三）英国

1985 年 2 月，英国的 MBS 产品首次发行并在卢森堡证券交易所上市；1987 年 3 月再次发行，在伦敦证券交易所上市。在这之后，英国 MBS 市场迅速发展，到了 1990 年 10 月，合计发行 50 亿英镑，在伦敦和卢森堡证券交易所上市。英国 MBS 一般采取记名登记制度并以公开募集方式发行上市，期限长短随担保抵押款期限而定，多以 5～10 年为限。当时的背景是，欧洲经济一体化正在加速进行中，银行在寻求新的资本以进一步发展，投资者也希望能有金融工具使他们可以在国家间分散投资。

英国 MBS 发行时，原始债权人购入抵押贷款组合，再以此为担保发行 MBS，由证券公司负责承销，出售给投资者、服务公司或受托人。其中，服务公司负责 MBS 的本息回收及 MBS 在到期日前有关回收资金的营运管理，并负责对投资者支付本息等，其发行及管理形式与美国基本相同。由政府支持机构对 MBS 和原抵押贷款予以信用保证，如贷款组合保险、公积金提存、资本保证、优先权以及超额担保等，投资者的风险一般比较低。但其缺陷在于，MBS 的流动性较差，并且投资者要承担原抵押贷款提前还款的风险，因为投资者的收益来源是原抵押贷款的利息。

二、澳大利亚的 CMBS 市场

澳大利亚的资产证券化市场发展始于 20 世纪 90 年代中期。最初是由澳洲住房贷款公司（Aussie Home Loans）等非银行的住房信贷机构发起的住房抵押贷款证券化，后来逐步扩展到了商业物业抵押贷款、购车贷款、应收账款、设备租赁费、企业贷款、资产支持票据、基础设施项目等各类资产。目前，澳大利亚的资产证券化业务已在亚太地区居于前列。

与日本较为相同，澳大利亚的 CMBS 公开市场并不发达，包括

CMBS 的资产证券化市场从最初的境内市场逐步向离岸市场发展。自 2000 年起，证券化产品的离岸发行量份额越来越大，以美元、欧元和英镑等货币计价发行。目前，随着澳元的走强，在境外以澳元发行的证券化产品日益增多。澳大利亚证券化市场的开放是一个非常谨慎的过程，在经过周密的论证后，以 RMBS、CMBS、ABS 的顺序依次放开市场。根据澳大利亚审慎管理局（APRA）的报告，2004 年澳大利亚证券化资产发行 539 亿澳元，存量约为 1 800 亿澳元，其中 RMBS 占全部证券化产品发行量的 93%，海外发行额为 344 亿澳元，占 RMBS 总发行量的 69%；CMBS 发行了 17 亿澳元，占 CMBS 总发行量的 3.3%，ABS 发行了 20 亿澳元，占 ABS 总发行量的 3.7%。金融危机后澳大利亚证券化产品的发行额大幅下跌，2013 年恢复至 300 亿澳元规模，但 CMBS 的发行量始终低迷，2015 年共发行了两笔，发行额仅为 23 亿澳元。2004 ~2015 年澳大利亚资产证券化产品发行额见图 2 –13。

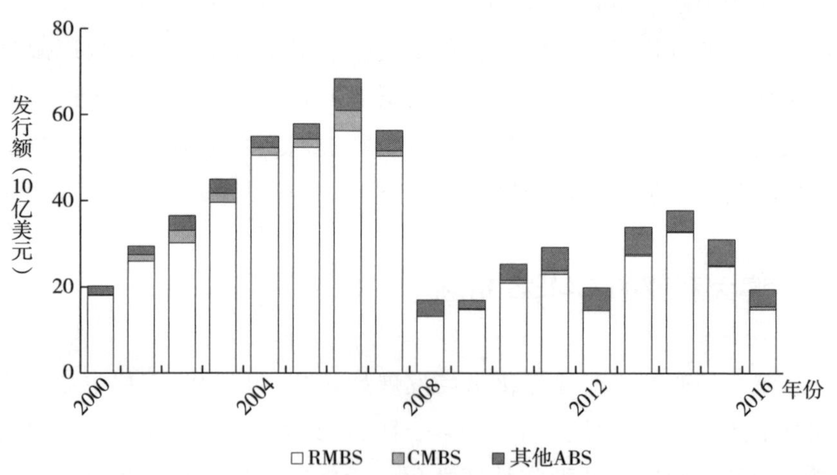

图 2 –13　2004 ~2015 年澳大利亚资产证券化产品发行额

澳大利亚审慎管理局对证券化产品的监管主要基于其发布的一个框架性指导规则 APS 120（基金管理与证券化），包括如下五个方面：AGN 120.1（披露和隔离）、AGN 120.2（信用增级）、AGN

120. 3（资产的购买与供给）、AGN 120. 4（流动性、承销与融资）、AGN 120（服务、管理与资金交易）。具体而言：

AGN 120. 1 规定，必须清晰地向投资者揭示发起人义务的性质和范围。

AGN 120. 2 规定，发起人计提风险资本的要求以及超额抵押、备用信用证、次级证券、损失准备账户等信用增级手段的定义、范围、数量和时间要素。

AGN 120. 3 规定，发起人向 SPV 回购资产必须符合的条件：如发起人不能承诺回购、回购不能超过总资产的 10%、回购不良资产必须按照市场价格等。

AGN 120. 4 规定，发起人提供流动性便利必须有书面协议，并有数量和时间限制；流动性便利不能用于提供信用支持，不能用于购买额外的资产；如果有独立的第三方提供实质性的信用增级，发起人提供的流动性便利被视为一项融资承诺；如果没有独立的第三方提供实质性的信用增级，发起人提供的流动性便利不得超过 80%，否则就被视为信用增级。

AGN 120. 5 规定，发起人可以担任服务商；发起人需要有完备的操作系统；发起人或其下属机构在收到标的资产的现金流之前，不得垫付资金；发起人作为服务商按市场条件获得基本服务费用以及与表现挂钩的报酬（不得因此而承担额外的义务）；发起人本身不能担任 SPV 的管理人，但可以担任顾问的角色；顾问不得承担管理职能；必须按照既定的条款进行管理。

按照 APS 120 的要求，澳大利亚储备银行（RBA）又针对 ABS、RMBS、CMBS 三种产品制定了详细的报告要求，并在 2015 年 7 月进行了更新。根据报告的要求，CMBS 数据必须在交易发行日后的 7 个自然日提供给 RBA，所有数据（包括贷款水平、级别、交易水平、资产池水平、现金流模型和相关数据）需要提交 XML 格式的文件。

就 CMBS 信息披露模板来看，澳大利亚的模式基本与欧美相同，主要可分为证券基础信息、各参与人信息（发行人、债权人、债务人、资产服务机构、信用增级机构等）、资产池信息、评级信息、资产信息等。资产信息是2015年修订信息披露模板的一个要点，对此处的修订可被认为是对应了次贷危机后所提出的资产层级披露的理念，其中包括：贷款人信息、贷款信息、信用评分、LTV、DSCR、贷款目的、加权平均租赁到期概况、物业等级或条件、建筑节能认证（BEEC）等共计130余项内容。

澳大利亚对证券化产品的监管，基本符合国际上对资产证券化产品信息披露的简便化、透明化和可比化趋势，并逐步加强了市场对资产证券化信息披露的要求，从而增加了市场的透明度，对我国市场的未来发展有一定的启发。

三、亚洲的CMBS市场

在亚洲，日本、中国台湾、新加坡等国家和地区的资产证券化业务自20世纪90年代发端以来经历了快速发展。特别是日本与中国同属大陆法系，其针对包括CMBS在内的证券化产品的法律改革值得我国借鉴。

（一）日本

截至2015年，日本证券化市场公开发行额度约为360亿美元，为亚洲最大的证券化产品市场。其中MBS产品的发行额最大，约为272亿美元，基本为RMBS，2015年公开市场发行的CMBS产品仅为0.1亿美元，2004~2015年日本证券化产品发行额见图2-14。

但就日本国土交通省2015年公布的数据来看，2015年转让给证券化载体（房地产信托或SPC）的商业物业资产共1 069项，额度约为540亿美元。其中，以SPC形式转让的额度约为330亿美元，以信托形式转让的额度约为210亿美元。从基础资产类型来看，办公楼占比为35.6%、商业设施和仓库各占15.2%，酒店占比为

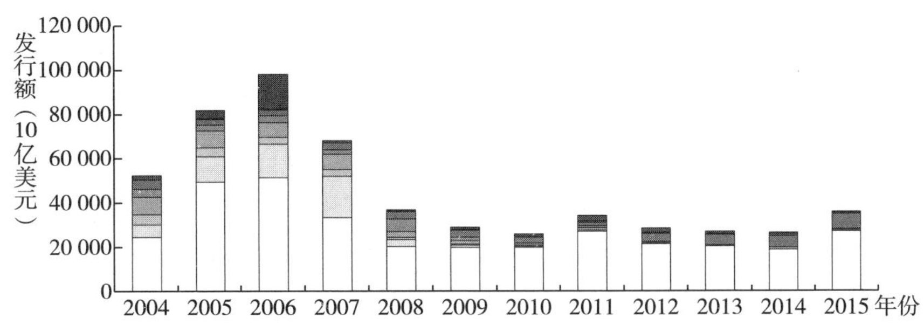

图 2－14　2004～2015 年日本证券化产品发行额

资料来源：日本银行统计数据

13.1%。以上述资产为基础资产的 CMBS 及 REITs 类产品基本上以私募形式发行，CMBS 在公开市场的发行额 2007 年达到 186 亿美元，自金融危机后逐渐转为私募发行，CMBS 的私募化成为日本证券化市场的一个特征。

第二次世界大战后日本金融市场一直由大银行主导，比较稳定，起初没有通过证券化来提高资产流动性、降低风险的需求，但在金融国际化、自由化、证券化的浪潮下，以及国际清算银行引入《巴塞尔协议》中所确定的银行自有资本比率等一系列变化，证券化逐渐被日本相关机构关注。

长期以来，日本政府对于银行的监管是“重限制竞争”而“轻谨慎”，尤其是对资本充足度的管制非常宽松。这样，日本的大部分银行自有资本比率长期以来一直处于很低水平，为使银行满足国际清算银行的要求，日本在 20 世纪 80 年代末开始推行证券化。

日本于 1993 年施行的《特定债权法》承认了资产证券化产品的合法性，并在 1996 年发行了第一单 ABS 及 CMBS 产品。当初的 CMBS 产品主要是由抵押证券公司和融资公司发放贷款后，将取得的抵押权到登记所登记，取得抵押证券后售给投资者。此时期的不动产证券化活动，由于并无法律支持及无次级交易市场存在，信托银行所发行的受益凭证无法在公开市场上自由转让，而是通过信托制度促使不动产流动，从而达到房地产利润分享给投资者的目的。1998 年 9 月，日本通过《特定目的公司法》，并修改税制会计制度，不动产证券化制度日趋完备。此后为了发展不动产证券化市场，日本对法律框架进行了一系列修改，1998 年日本修改《特定目的公司法》，2000 年将《证券投资法人及证券投资信托法》修正为《投资法人法及投资信托法》，将《特定目的公司法》修正为《资产流动化法》，引入特定目的信托制度，与原来的特定目的公司制度并行。从日本不动产证券化的发展过程来看，是抵押证券、土地信托、不动产证券产品、特定目的信托与特定目的公司制度并行，循序发展。

目前，日本的商业物业证券化主要是以组合型模式或信托型模式发行。组合型模式是指不动产公司将占有的土地、建筑物以共有持股的方式出售给投资者以取得价款，而投资者将其共有持股以现物出资的方式组成组合，并将其租赁给不动产公司，以收取租金用于分配该组合的各投资者。若得到投资者的同意，也可将该不动产任意组合出售，并以其出售所得分配各投资者。信托型模式是指不动产公司将土地、建筑物售于投资者，以取得价款从而达到融通资金的目的。而投资者将其持有的不动产以共有持股的方式信托给信托银行并领取受益凭证。信托银行或出售或出租，并将其价款或租金分配给受益凭证持有人。此种模式与美国房地产投资信托模式极为相似。

（二）中国台湾

中国台湾地区房地产证券化最早可追溯到 1974 年，当时，国泰信托投资股份有限公司为了进行台南地区的开发，发行受益凭证，组成了“指定用途特别基金”共同投资于特定标的物，但由于当时岛内欠缺房地产证券化的规定而无法开发此投资产品。尽管如此，这种模式的出现孕育了房地产证券化的萌芽，是对传统融资方式的一种创新。20 世纪 80 年代，中国台湾地区物价上升、房地产需求高涨、土地开发成本增加，为分散房地产投资风险，降低融资成本，达到经营专业化、投资证券化、资本大众化的目标，为台湾地区房地产业乃至整个经济营造新的投资环境，证券化成为房地产金融创新的重要手段之一。

台湾地区房地产业在历经20世纪70年代和80年代三次大飞涨后，由于受到1997年亚洲金融风暴以及全球经济衰退的冲击，导致金融业逾放比率急剧攀升，法院拍卖与银行拍卖物件与日俱增，尤其是其拍卖过程所造成的价格破坏效果更是不容忽视。2000年以后，台湾地区为积极恢复不动产市场，除陆续推出低利优惠贷款，土地增值税两年减半，开放内资、外资投资不动产等措施外，还积极鼓励外商成立资产管理公司（AMC），以协助金融业处理不良债权。为落实不动产证券化制度，2003年台湾地区制定“不动产证券化条例”。根据“不动产证券化条例”的规定，不动产证券化包括两种类型：一是不动产投资信托（先发行证券募集资金，再投资不动产），即向不特定人募集发行或向特定人私募交付不动产投资信托受益证券，以投资不动产、不动产相关有价证券及其他经主管机关核准投资标的而成立的信托；二是不动产资产信托（先将不动产信托，再据以发行证券募集资金），即委托人转移其不动产或不动产相关权利到受托机构，并由受托机构向不特定人募集发行或向特定人私募交付不动产投资信托受益证券，以表示受益人对该信托的不动产、不动产相关权利。此模式与日本较为相似。

整体而言，在“不动产证券化条例”之前，台湾地区不动产证券化并无完整法源，仅在1998年制定的“都市更新条例”第50条和第51条规定了有关都市更新投资信托公司的设立、受益凭证的发行及基金的募集等事项，首次引进了不动产证券化制度，明确都市更新的资金从证券市场筹措，为发展不动产证券化迈出了第一步。在该“条例”的基础上，台湾地区又制定了“不动产证券化条例施行细则”，指导资产证券化业务的具体实施。在资产证券化SPV的规定上，台湾地区除规定可采取特殊日期票券外，还为其他有价证券制定了“受托机构发行受益证券特殊目的公司发行资产基础证券处理准则”。在资产证券化产品的发行上，台湾地区主要采取公募和私募两种方式，并分别制定了“受益证券资产基础证券私募特定人范围投资说明书内容及转让限制准则”、“受托机构公开招募受益证券特殊目的公司公开招募资产基础证券处理准则”以及“受托机构募集或私募不动产投资信托或资产信托受益证券处理办法”等进行指导。

在证券化产品的发行问题上，根据法律法规的相异，分别采用了信托与特殊目的公司两种模式也是台湾地区证券化的特征之一。信托模式是指创始机构将资产信托与受托机构，由受托机构以该资产为基础，发行受益证券获取资金的行为。“不动产证券化条例”规定：“证券化是受托机构成立不动产投资信托或不动产资产信托，向不特定人募集发行或向特定人私募交付受益证券，以获取资金之行为。”不动产证券化主要采取不动产投资信托和不动产资产信托两种方式，证券化产品均为信托受益证券。信托模式是资产证券化业务中较普遍的模式，台湾地区因有现成的“信托法”、“信托业法”、“信托投资公司管理办法”，信托方面的法规较为齐备，较易实施。另外，根据资产证券化的需要，台湾地区“金融资产证券化条例”规定了特殊目的公司的设立、运作以及发行基础资产证券的相关要求。自“金融资产证券化条例”与“不动产证券化条例”实施以来，台湾地区证券化类型多样，包括企业贷款、现金卡、住房抵押贷款、商业物业抵押贷款、应收账款等，产品较为丰富和齐备。

第三节 经验总结与主要启示

一、欧美在金融危机后改革的主要启示

全球金融危机爆发后，信息不对称以及交易对手方风险上升等因素导致银行间市场流动性降低。为了缓解银行间市场流动性枯

竭的问题，欧洲中央银行积极运用包括主要再融资操作、长期再融资操作、微调操作和结构性操作等在内的公开市场工具，向商业银行和金融市场提供流动性。欧洲中央银行公开市场操作主要通过逆向交易、直接交易货币掉期、发行债券和定期存款工具等五种方法来实现。其中，逆向交易是指通过回购协议购买合格金融证券或以抵押贷款方式开展信贷的过程。同时，欧洲中央银行扩大了合格担保品的范围，将 MBS、ABS 等证券化产品纳入合格担保品范围。据统计，2004 年，结构性融资产品占欧洲中央银行再融资担保品的比例仅为 4%，2007 年该比例上升至 18%，2008 年进一步上升至 28%。但由于金融危机后欧洲金融市场及房地产市场复苏较慢，包括 CMBS 在内的欧洲证券化产品的发行量始终没有恢复。

在金融危机前，欧盟并未针对资产证券化制定专门的信息披露规则，仍将信用评级视为保障市场透明、降低市场风险的核心。公开市场发行的资产支持债券的信息披露，主要是依据欧盟委员会 2003 年发布的 2003/71/EC 指令和 2004 年发布的 2004/109/EC 指令。此后监管机构根据上述指令制定了债券发起人的信息披露等规则。以 MBS 产品为例，发起人需披露：交易结构、发起人及参与人、资产池现金流状况、资产池加权贷款价值比率、抵押顺位情况、基础抵押资产历史表现等，但对底层资产的披露要求较少。

次债危机暴露了资产证券化交易透明度不足，投资者对信用评级过度依赖等问题。金融危机后，美国 SEC 公布了资产证券化新规（Regulation AB II），加大了对信息披露的监管力度，将危机前的资产池层级披露向前推进为资产层级披露，以提高投资者对风险的自我评估能力。欧盟也追随了这一脚步，2011 年 11 月欧盟生效的新《资本要求指令》（CRD Article 122a）及欧盟委员会 2013 年 5 月颁布的修订版《信用评级机构监管法案》（CRA 3），对资产层级披露首次提出了原则性要求。随后，欧洲证券市场监管局（ESMA）在 2014 年向委员会提交了符合监管技术要求的实施细则。

CRD Article 122a 表明了重视资产层级披露对增加市场透明度的重要性，其认为“发起人应当提供所有与单笔证券化资产风险敞口信用质量和表现相关的实质数据”，并对“单笔证券化资产风险敞口”做了进一步解释，“这些数据的提供应当以单笔资产（或称为资产层级）为基础，而非资产池的共性数据”。欧盟理事会于 2013 年 6 月公布的 Regulation（EC）No. 462/2013，专门增加了信用评级机构对于结构化融资工具的信息披露标准，要求发起人在欧洲证券市场监管局的网络平台公开结构化融资工具基础资产的信用质量和表现信息。

欧盟金融市场的资产层级披露进程早于监管部门的强制性资产层级披露，从 2011 年下半年开始，欧洲中央银行先后公布了各类资产支持债券的资产层级信息披露模板，对信息披露的内容、方式做了具体规定。2012 年 6 月，欧盟资产支持债券信息披露平台欧元体系（Euro System）的欧洲数据库（European Data Warehouse GmbH）建成并投入使用。到目前为止，RMBS、CMBS、ABS 产品均需通过欧洲数据库满足资产层级披露要求。

以美国、欧洲、澳大利亚为例，在资产支持证券的发展过程中，欧美监管部门逐步探索并建立了一整套资产支持证券信息披露规则体系。根据上位法制定并修订的条例对于资产证券化信息披露做出了具体规定。美国、欧洲、澳大利亚对资产支持证券设立了一套注册表格体系，并持续完善信息披露载体，以标准化的数据附件形式提供相关信息，随着资产支持证券信息披露内容的不断增加，尤其是基础资产实现逐笔披露，可达到提高基础资产透明度的目的。

欧洲的表内资产证券化模式也有值得我国借鉴之处。金融危机过后，以美国式“发起并分销”为主要特征的表外证券化受到了诸多批评。很多研究认为，资产证券化增加了发起人的道德风险，即在美国式“发起并分销”交易中商业银行成为贷款的中转站，不断将其生产的贷款通过证券化转移至表外，削弱了商业银行严格执行贷款审核标准的激励，导致银行对 MBS 基础资产风险的关注度下降，从而转为更加注重信贷数量而非质量。

二、亚洲市场经验的主要启示

以日本、中国台湾为例，当前的金融环境、政策环境、法律环境与中国大陆较为相似，日本、中国台湾推行资产证券化的历程及经验对中国大陆推广证券化业务具有很强的借鉴作用。我们认为，在日本、中国台湾的证券化市场建设中，最值得中国大陆借鉴的应当是力求建立完善的相关法律法规体系。

就中国台湾而言，之前已有的法律法规体系及配套环境均不适用资产证券化这一金融产品，因此，台湾地区相继公布或修改了相关法律法规，基本构建了资产证券化的法律框架，为资产证券化产品的出台打开了通道。即便如此，在资产证券化的实施过程中，台湾地区仍然遇到了许多实务操作障碍和法律问题，需要通过特别规定进行修改和完善。因此，在大陆进行证券化条例设计时，应充分考虑实务操作方便的要求。

以台湾地区为例，在资产证券化产品推出之后，并未受到投资者的广泛追捧，主要有以下两个原因：其一，资产证券化产品属新的金融品种，投资者较为陌生，对相关的法律制度、交易规则、信息披露等不了解；其二，相关的法律法规限制使众多的机构投资者不能购买，这是资产证券化市场不活跃的重要原因。资产证券化产品属固定收益产品，按其产品特点，应较企业债券信用级别高，机构投资者应是投资主体。但台湾地区法令规定信托基金不能投资私募产品，基金难以成为证券市场的参与主体。一般认为，私募比较松散，信息不开放，无须审批或审批不严格，不能有效保护投资者。因此，以私募方式进行募集的产品会受到较大的制约。证券化产品虽是私募，但结构严谨，违约率比一般企业债券低许多。而受制于法律法规的限制，大型机构无法参与其中。台湾各界纷纷提出修改相关的法律法规，活跃证券化市场。台湾地区的投资环境同大陆较为相似，大陆在推行资产证券化时，相关的投资环境必须改善，应制定和修改法规鼓励险资与养老金作为资产证券化产品的机构投资者，这对大陆未来资产证券化市场的发展，将起到积极的推动作用。

第三章

CMBS的产品特征与交易结构

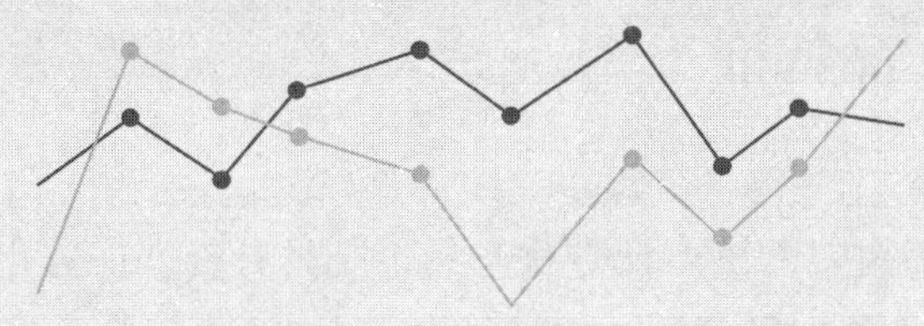

本章在前两章的基础上，重点对 CMBS 的产品特征与交易结构做深入探讨，第一节分析 CMBS 的产品特征，第二节介绍 CMBS 的交易结构设计，第三节介绍 CMBS 的投资交易与后续管理，第四节则分别对美国和我国的 CMBS 典型案例做了分析，除总结了我国 CMBS 的交易结构设计与分层方法和美国存在的差距以外，还总结了美国次贷危机中，大量的 CMBS 违约都与对商业物业的净现金流估计出现严重偏差相关的经验教训。

第一节　产品特征

CMBS 作为重要的资产证券化产品，既具有资产证券化的一般特征，又具有一些独有特征，本节重点对 CMBS 的一般特征、独有特征和风险特征进行分析。

一、一般特征

资产证券化是指以缺乏流动性，但具有未来稳定现金流的财产或财产权作为基础资产，通过结构化金融技术，将其转变为可以在资本市场上流通和转让的证券。资产证券化与传统融资工具和技术有很大不同，最显著的区别在于其基于资产信用实现融资，而传统的融资工具，如公司债券、市政债券和金融机构债券等，均基于主体信用实现融资。而且，资产证券化还涉及现金流的组合和分割、破产隔离、信用增级等技术安排，因此表现出很强的结构性特征，资产支持证券也被纳入结构性金融产品范畴。具体来看，资产证券化具有以下一般特征：

（一）破产隔离

为实现基于资产信用进行融资，资产证券化通常采用一定的技术手段，实现发起人与基础资产的破产隔离。破产隔离的一般方法是：设立一个 SPV，发起人向 SPV 真实出售基础资产的所有权或收益权，基础资产从发起人转移给 SPV。破产隔离有两层意义，一是基础资产真实出售给 SPV 后，SPV 拥有基础资产的所有权或收益权，与基础资产相关的风险和报酬归属于资产支持证券的投资者，不再由发起人承担或享有；二是如果发起人破产，由于基础资产的所有权或收益权已真实转让给 SPV，发起人的债权人无权对基础资产进行追索，基础资产也不属于发起人的破产财产范围，从而有效保护了资产支持证券投资者的权益，避免了可能发生的财产权利纠纷。

（二）优先/次级分层

资产证券化的核心是对基础资产产生的现金流进行组合、分割和管理，从而使一个基础资产的证券化能够产生多个具有不同收益和风险特征的证券产品，最简单的情况就是分为优先级证券和次级证券，复杂的情况是在优先级和次级中又分为若干层次，例如优先级分为超优级、中超优级、次超优级等，次级分为有评级次级和无评级次级等。优先级证券在基础资产的现金流分配上具有优先受偿权，优先级别越高，优先受偿权越靠前，通常只有优先级证券的收益和本金得到足额清偿后，次级证券才能参与现金流的分配。因此，优先级证券通常具有较高的信用评级，较低的信用风险，收益率也相对较低；次级证券的信用评级较低或没有信用评级，信用风险较高，收益率也相对较高。而且，当发生违约损失时，次级证券先承担违约损失，只有次级证券全部损失完后，优先级证券才开始承担损失，次级证券对优先级证券起到了信用保护和支持的作用。正是由于资产证券化的优先和次级分层设计，使资产支持证券能够获得比发行主体更高的信用等级，从而能够降低融资成本，这也是资产证券化被市场广泛运用的原因之一。

（三）增信措施

为了提高信用水平，获得相应的信用等级，资产证券化过程中会采用多种增信措施，具体分为内部增信措施和外部增信措施。内部增信措施是指通过对资产池的构建设计及现金流和结构化安排，来提高证券现金流质量和信用评级的措施，包括优先与次级分层、超额抵押、超额利差和利差账户、加速清偿机制等；外部增信措施是指利用基础资产之外的资源对资产证券化产品进行信用增级，包括外部担保、保险、信用证、流动性支持等。内部增信是资产证券化的特有方式，由于成本较低，其所需的资金来源于资产池本身及其产生的现金流，因此也是主要的增信方式。外部增信通常在内部增信不足时采用，在我国一般是由发起人的母公司或关联方提供保障措施。借助内部和外部增信措施，资产支持证券的风险和收益特征被改变，可以创造出满足投资者风险偏好和需求的证券产品。

二、独有特征

除了具有资产证券化的一般特征外，CMBS 还具有一些独有的特征，主要体现在还款来源、基础资产、期限错配和抵押物类型几个方面，下文分别做介绍：

（一）证券本息主要来源于租金收入和运营收入

CMBS 以商业物业抵押贷款为基础资产，而用于证券化的商业物业抵押贷款一般对借款人没有追索权，因此尽管理论上应由借款人偿还贷款，但实际上还款来源是商业物业的租金收入和运营收入，所以对商业物业的现金流进行分析和预测成为关键。这一点与住房抵押贷款证券化具有显著区别，后者的还款来源主要是借款人的收入。商业物业的租金收入和运营收入与居民个人收入相比，受到更多因素的影响，既有物业本身的因素，又涉及经营管理者的水平、宏观经济景气度等，因此稳定性更差，更难以估计和预测，也使得对商业物业抵押贷款证券化比对住房抵押贷款证券化的技术要求更高，结构设计更复杂。

（二）入池资产数量多样化

CMBS 的入池资产包括零售物业、办公楼、酒店、自助仓库、工业厂房、医疗中心、混合租户物业等，种类繁多，这与通常以某类同质资产构建资产池进行证券化明显不同。具体来看，美国的 CMBS 交易根据抵押贷款的规模、借款人数量及分散化程度分为三类：SASB 交易、通道交易及融合交易，这三种模式的主要区别为单个借款人的金额占比不同。在分析 CMBS 的信用水平时，入池资产的多样性和分散化程度是重要因素之一。

（三）CMBS 的期限与租户的租期存在错配

在设计资产支持证券时，一般要求证券本息偿付的现金流与基础资产产生的现金流在期限上相互匹配，以避免期限错配带来的流动性和偿付风险。CMBS 的基础资产为商业物业抵押贷款，商业物业抵押贷款的偿付取决于商业物业的租金收入和运营收入。商业物业抵押贷款的期限通常在 10 年左右，租赁合同的期限有长有短，但通常比商业物业抵押贷款的期限更短，且租户往往拥有提前终止合同的权利，因此，CMBS 的期限与基础现金流（主要是租金收入）的期限不一致，存在期限错配。在部分租赁合约到期时，必须有相应的新的租赁合约签订，以实现基础现金流的持续，否则 CMBS 的偿付就会出现困难，而新的租赁合约的签订存在一定的不确定性，再租赁风险由此产生。所以，在进行 CMBS 的结构设计时，需要对期限错配和再租赁带来的风险做相应安排，以减少风险隐患，保证 CMBS 存续期间的稳定运行。

（四）抵押物为商业物业

CMBS 的抵押物为商业物业，不同资产支持证券的抵押物是不同的，例如，RMBS 以住宅为抵押物；基础设施资产证券化以基础设施的收费权或运营权为抵押物；租赁资产证券化以租赁资产为抵押物等。不同的抵押物类型和抵押率决定了资产支持证券违约时投资者最终的损失大小，抵押物的价值越稳定，抵押率越低，违约发生时投资者的损失就越小，反之越大。商业物业的价值受到多种因素的影响，包括地理位置、房屋质量、物业类型、运营管理、经济周期等，在评估时需要充分的历史数据和较高的专业能力，否则评估价值过高增大投资者的风险，评估价值过低又影响发起人的融资规模和证券的信用评级。在进行 CMBS 设计时，需要对作为抵押物的商业物业的价值做合理和准确评估，确定一个恰当的 LTV，以实现证券融资规模、信用评级和投资风险之间的平衡。

三、风险特征

CMBS 作为一种独特的资产证券化产品，具有与一般债券不同的风险特征，主要体现在信用风险、结构风险和流动性风险三个方面，下文做具体分析。

（一）信用风险

信用风险是指如果发生违约，资产支持证券的本息不能得到按时、足额偿还的风险。对 CMBS 来说，信用风险一是来自借款人，当借款人经营不善甚至破产时，其无力支付商业物业抵押贷款的本息，CMBS 信用事件就会发生，投资者就会遭受损失；二是来自商业物业的租户，当租户经营不善甚至破产时，其无力支付租金和服务费用，CMBS 的基础现金流就不能满足证券本息支付的需要，信用事件也会发生。相比之下，由于用于证券化的商业物业抵押贷款通常对借款人没有追索权，还款来源主要是商业物业的租金收入和运营收入，因此租户的信用风险是 CMBS 主要的信用风险，CMBS 在设计时需要重点考察租户的信用水平和经营可持续性。

（二）结构风险

结构风险是指资产支持证券交易结构设计上存在缺陷带来的风险。由于资产证券化是一种结构化融资方式，交易涉及多方参与，且需以一定的法律制度做基础，如果交易各方的权利义务界定不清晰，或缺乏相应的法律法规支持，就会产生结构风险。对 CMBS 来说，首要的结构风险是破产隔离设计存在瑕疵时，发起人与 SPV 之间不符合真实出售的要求，在发起人破产时基础资产被纳入破产清算资产范围，CMBS 的投资者由此遭受损失。而且，CMBS 通常采用双 SPV 设计，这使得其存在两次破产隔离，如果设计时使用主体不当或缺乏适用法律依据时，更可能发生结构风险。次要的结构风险是 CMBS 设计时如果没有严谨的基础资产现金流归集和分配安排，会导致基础资产现金流与发起人、服务商或信托方等的自有现金流发生混同，使 SPV 在相关参与方破产时处于一般无担保债权人的地位，投资者由此蒙受损失。再次，如果 CMBS 的交易结构设计缺少重要的参与方，或参与方之间的权利和义务存在冲突，亦可导致结构风险。例如，CMBS 的主服务商、副主服务商和特殊服务商的服务内容相互关联，如果各自的权利和义务没有界定清晰，就会发生法律纠纷，并影响 CMBS 的运行和表现，使投资者的权益受到损害。总的来看，CMBS 的交易结构相较于常见的资产支持证券更为复杂，在设计时更需要考虑周全。

（三）流动性风险

流动性风险是指基础资产产生的现金流不足以支付当个兑付日应支付的证券利息、本金及各项税费的风险。对 CMBS 来讲，由于商业物业的租金收入和运营收入受到租户信用、租赁期限、租约续签、租金拖欠或违约、市场环境、季节变化、经济周期等因素的影响，存在一定的不确定性，可能发生当期的租金收入和运营收入不及预期，不能足额偿付 CMBS 本息的情况，从而出现流动性风险。由于收入稳定性更差、期限错配以及再租赁风险，CMBS 发生流动性风险的可能性较大，因此在进行结构设计时一般都要考虑流动性支持机制，或由发起人提供流动性支持，或由发起人关联方承诺差额支付，或由服务商承担差额补足义务等。通过专门的流动性支持机制，CMBS 的流动性风险能被有效缓解。

第二节　交易结构设计

由于 CMBS 既具有资产证券化的一般特征，又具有自身独有的特征，还具有不一样的风险特征，因此在设计交易结构时需要做出有针对性的安排，以下从参与主体及相应职责、具体交易结构安排和第三方服务商的重要职能三个方面做介绍。

一、参与主体及相应职责

CMBS 是结构性融资工具的一种，参与主体较多，各自发挥不同的作用，承担不同的职责，图 3－1 先给出美国 CMBS 典型的交易结构图。

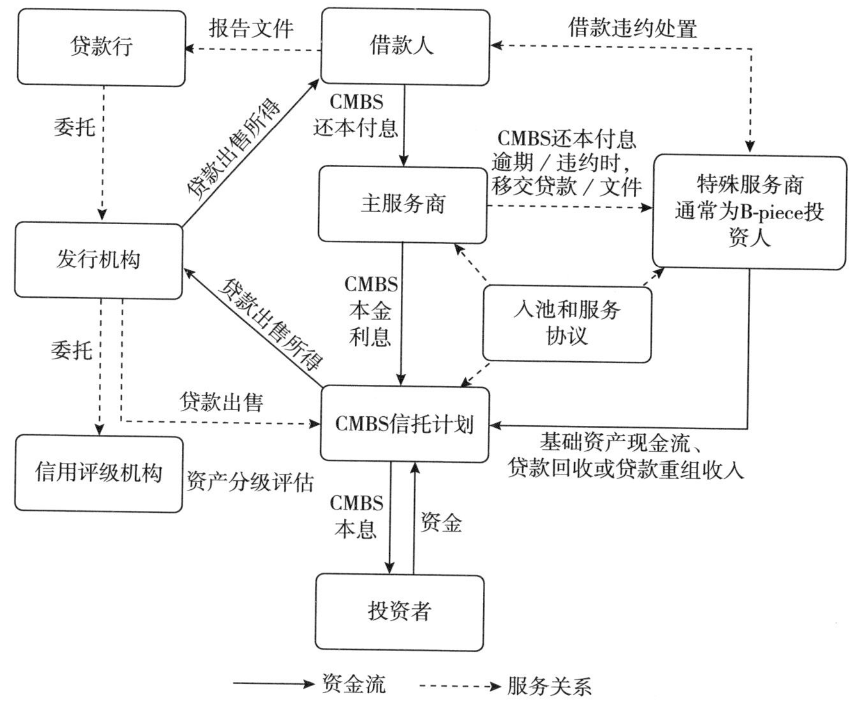

图3-1 美国CMBS典型的交易结构图

(一)发行机构

发行机构是指按照交易文件的约定向CMBS信托计划转移其合法拥有的基础资产以获得资金的主体,其主要职责包括:

(1)依照法律法规、公司章程和相关协议的规定或者约定移交基础资产。

(2)配合并支持服务商、受托人以及其他为资产证券化业务提供服务的机构履行职责。

(3)在资产支持证券存续期间,应当维持正常的生产经营活动或者提供合理的支持,为基础资产产生预期现金流提供必要的保障。

(4)交易文件约定的其他职责。

（二）主服务商

主服务商是指承担资产证券化交易从证券发行开始到资产全部处理完毕整个期间总体服务的专业机构，其具体职责包括：

（1）收取资产到期的本金和利息，将其交付给受托人。

（2）对过期欠账进行催收，确保资金及时、足额到位。

（3）定期向受托管理人和投资者提供有关资产证券化特定资产组合的财务报告等。

（三）特殊服务商

特殊服务商是指抵押贷款发生违约时，负责对违约抵押贷款进行回收、处置的专业服务机构，其具体职责包括：与借款人、投资者等协商，确定违约抵押贷款的回收和处置方案；对违约抵押贷款进行回收，包括贷款止赎、抵押物处置等。

（四）信用评级机构

信用评级机构在资产证券化交易中，通过提供评级服务向市场揭示证券的信用风险，缓解信息不对称，促进证券的有效定价。信用评级机构的具体工作包括：收集资料，进行尽职调查、信用分析、信息披露及后续跟踪，对原始权益人基础资产的信用质量、产品交易结构、现金流分析与压力测试进行把关，从而揭示信用风险，为投资者提供重要的参考依据，保护投资者权益。

二、具体交易结构安排

CMBS 的具体交易结构安排涉及破产隔离方式、SPV 组织形式、优先/次级分层结构、信用触发机制和外部增级等多个方面。

（一）破产隔离方式

在资产证券化交易过程中，一般通过原始权益人将基础资产真实出售给SPV，实现破产隔离。但在CMBS交易过程中，通常涉及两次资产真实出售和破产隔离，出现两个SPV，因此比一般的资产证券化交易结构更为复杂。CMBS交易中的第一次破产隔离为发放商业物业抵押贷款的机构将商业物业抵押贷款真实出售给第一个SPV，该SPV通常为信托，同时将对商业物业抵押贷款的债权及附属抵押权等转移给第一个SPV，实现基础资产与商业物业抵押贷款发放机构的破产隔离。由于商业物业抵押贷款已真实出售，债权及附属权利已真实转移，商业物业抵押贷款发放机构将来即使面临破产风险，其债权人也不具有对已经出售的商业物业抵押贷款的追索权。第一个SPV再将获得的商业物业抵押贷款债权及附属权利包装成一个受益权，通常为信托受益权，并将该受益权转让给第二个SPV，在我国通常为专项资产管理计划，以第二个SPV为载体发行CMBS。这样基础资产与第一个SPV实现破产隔离，第一个SPV将来即使面临破产风险，其债权人也无对基础资产的追索权。通过两次破产隔离措施，资产支持证券的投资者拥有基于商业物业抵押贷款的相关权益，并承担相应风险，且该权益不受商业物业抵押贷款发放机构破产风险的影响，从而实现了有效的破产隔离。

（二）SPV组织形式

SPV处于资产证券化的核心，是联系各方参与者的纽带，也是实现破产隔离的关键，其组织形式非常重要。各国根据自身的法律规范要求，采取不同的SPV组织形式。

1. 公司形式

公司形式是指发起人将证券化基础资产转让给一家专门从事证券化运作的特殊目的公司（即SPC），由其发行资产支持证券。采取公司形式，SPV 有权对资产产生的现金收益进行任意的分割组合，向投资者发行不同级别或不同支付来源的转付型证券，并可以连续不断地进行证券化交易运作，向不同的发起人购买不同的证券化基础资产，从而提高证券化的灵活度和效率，降低运作成本。公司的营业章程中，可以包含进行证券化融资时限制公司从事其他商业活动的必要条款，而且公司是一种被民众普遍熟悉的经济实体组织形态，其营运规则和经营管理事项同样也被证券化融资结构中的当事人所熟悉，因此 SPC 可以帮助当事人较为容易地评估证券化的法律风险。此种形式的 SPV 也被美国、日本及我国台湾等国家和地区广泛接受。公司形式的 SPV 的不足之处是公司是一个资本营运主体和纳税实体，投资者和 SPV 面临双重征税。从理论上说，在我国以公司形态构建 SPC 是可行的选择，但在实务中，由于 SPC 是一种十分特殊的法律实体，它一般是一家空壳公司，没有资本金，也没有固定的经营场所和人员，再加上为防止其自身破产，其经营业务只能限于证券化业务，因此在我国现行公司法律制度下，以公司形态构建 SPV 存在法律障碍。

2. 信托形式

信托形式是指原始权益人将证券化资产转移给信托型 SPV，即特殊目的信托（SPT），由 SPT 作为资产支持证券的发行人，发行代表对证券化资产享有权利的信托受益凭证。从制度功能上看，SPT 是一种具有长期规划性质的富有弹性空间且能充分保障受益人权益的结构设计，SPT 较之于 SPC，规则要求更少，特别是基于信托财产的独立性，SPT 较之其他形式更便于实现基础资产的风险隔离。普通法下的信托可以发行种类多样的债券和股份权益，它作为一个法律上的独立载体，还可以对外签订协议和参与其他活动，而且还具有避免双重征税的效果。因此，SPT 在各国运用得比较广泛。SPT 的缺点在于不具有 SPC 向不同发起人购买不同证券化基础资产，连续不断地进行证券化交易运作的功能。SPT 在我国现行法律体系下，是一种可行的方式，并得到广泛应用。

3. 合伙形式

合伙形式是指发起人将证券化基础资产让与作为 SPV 的合伙组织，即特殊目的合伙人（SPP），由其发行可上市流通的合伙份额，投资者购买该证券从而成为有限合伙人。目前把有限合伙作为 SPV 的一种组织形式的国家只有美国，为了避免由于普通合伙人破产而使有限合伙面临解体的风险，信用评级机构一般会要求有限合伙 SPV 在合伙协议中规定如下内容：只要有一个普通合伙人尚有清偿能力，有限合伙就不会解体，同时在有限合伙的安排中，至少有一个普通合伙人为破产隔离实体，该普通合伙人通常被设计为 SPC，在进行诸如提交破产申请等事项时，必须得到前述破产隔离普通合伙人的同意，并且一般要求有限合伙 SPV 不能被合并。在美国，有限合伙 SPV 的最大优势是可以避免被重复征税，其劣势在于：合伙组织至少要包括一名无限合伙人和一份合伙协议，要履行一定的法律手续，合伙份额的转让受到较为严格的限制等，增加了证券化操作的繁杂程度，且无限合伙人承担的是无限连带责任，因此不能达到 SPV 所要求的破产隔离的目的。因此，合伙形式的 SPV 实际运用得比较少。从我国资产证券化情况看，目前有限合伙企业仍存在双重征税的问题，因此在我国以有限合伙方式开展资产证券化业务存在较大阻碍。

（三）优先/次级分层结构

CMBS 的分层设计既要考虑基础资产产生的现金流与证券本息偿还在数量、期限和利率上的匹配，又要考虑各分层证券之间的风险保护是否合理，分层结果会直接影响融资规模和成本，因此十分重要。LTV 和 DSCR 是进行分层设计时考虑的两项关键指标，前者等于贷款额与物业价值之比，用来衡量违约情况下贷款损失的严重程度或证券投资者的预期损失程度，后者等于物业净现金流与贷款本息支付之比，用来衡量贷款或证券违约的可能性。对于每一级分层证券，通常都有相应的 LTV 和 DSCR 要求，信用等级越高，LTV 要求越低，DSCR 要求越高。如表 3 - 1 所示，假设某评级公司对各信用级别要求的 LTV 和 DSCR 如下：

表 3 - 1　某评级公司对各信用级别要求的 LTV 和 DSCR

信用等级	LTV（%）	DSCR
AAA	40	1. 6
AA	60	1. 3
A	80	1. 2
BBB	90	1. 1

按照表 3 - 1 所示要求，某商业物业评估价值为 10 亿元，每年的净现流为 1. 5 亿元，压力情境下的融资利率为 10%，每期贷款还本为 5 000 万元，到期一次性偿付剩余本金，证券存续期间为 10 年。AAA 级的发行规模等于商业物业评估价值乘以该级别的目标 LTV，为 4 亿元，则 AAA 级证券当期需支付利息 4 000 万元，加上当期应付的本金，当期共需支付 9 000 万元，则当期 DSCR 等于 1. 67，大于目标 DSCR 1. 6，符合 DSCR 要求，因此 AAA 级设为 4 亿元可行。同理可得 AA 级的发行规模等于 2 亿元（10 亿元 × 60% - 4 亿元），当期应付利息 6 000 万元，加上当期应付本金，当期共需支付 1. 1 亿元，则当期 DSCR 等于 1. 36，大于目标 DSCR 1. 3，符合要求，AA 级设为 2 亿元可行。以此类推，当各级别均分配完毕后，再结合所需劣后保护比例，确定次级档的金额。此为举例，在实际的分层设计中，需要综合考虑 LTV、DSCR、DY、现金流分析、压力测试结果等，使分层设计既要满足融资方融资规模和融资利率的要求，又要满足投资方的收益要求，还要满足评级要求。

在 CMBS 分层设计方面，美国在 2007 年次贷危机前后有显著区别。次贷危机前的 LTV 很高，DSCR 较低，物业净现金流和物业价值对贷款本息的保护程度不够，蕴藏着较大的风险，在次贷危机中，投资者因此蒙受了巨大的损失。次贷危机过后，美国 CMBS

证券的 LTV 明显下降，DSCR 则明显提高，从而降低了违约风险和损失程度。表 3－2 给出了次贷危机前后美国 CMBS 的设计指标对比情况。

表 3－2　次贷危机前后美国 CMBS 的设计指标对比情况

时间	2007 年	2012～2014 年		2015 年
项目	平均值	WFRBS C4	DBUBS C3	MSBAM C25
入池本金总额（10 亿美元）	3.25	1.48	1.39	1.18
入池贷款笔数（笔）	218.00	76.00	43.00	56.00
加权平均 LTV（%）	71.70	61.60	58.00	66.20
加权平均 DSCR	1.34	1.77	1.71	1.52
加权平均利率（%）	5.90	5.36	5.53	4.55
资产池仅付利息贷款占比（%）	55.50	16.70	8.30	22.10
AAA 级劣后保护（%）	11.82	16.88	20.88	30.00

由表 3－2 可见，次贷危机后，美国 CMBS 证券的 LTV 下降了 10 个百分点以上，DSCR 上升了约 30%，随着美国经济逐渐复苏，房地产市场重新繁荣，2015 年的 LTV 又有所上升，DSCR 则有所下降。同时，资产池中仅付利息贷款占比为 22.10%，AAA 级证券的劣后保护程度大幅提高。从整体来看，次贷危机过后，美国 CMBS 降低了杠杆比例，提高了基础资产对证券本息的保护程度，风险控制比次贷危机前严格得多。图 3－2 为美国 CMBS 2004～2014 年的 LTV 和 DSCR 走势图。

由图 3－2 可见，美国 CMBS 的 LTV 在次贷危机前总体保持上升趋势，在 2007 年前后达到高点，然后急剧下降，在 2010 年降至阶段性低点后又逐渐上升，但始终低于次贷危机前的水平。DSCR 则在次贷危机前持续下降，在 2008 年到达低点后快速上升，在 2010 年又有所下降，2011 年开始上升，明显高于次贷危机前的水平。所以，次贷危机过后，美国 CMBS 证券的 LTV 总体是下降的，

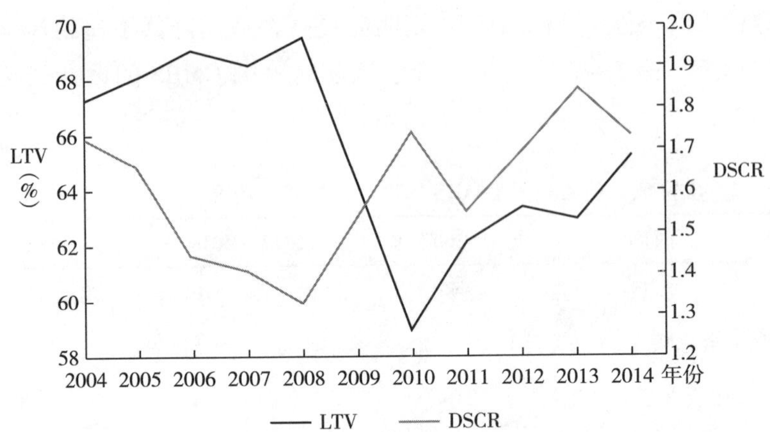

图3－2　美国 CMBS 2004～2014 年的 LTV 和 DSCR 走势图

而 DSCR 则总体上升，杠杆率总体下降，对风险控制的严格程度大大提升。

（四）信用触发机制

为了避免投资者的权益受到基础资产信用恶化、资产服务机构解任、发生违约等事件的影响，切实保护投资者的权益，在 CMBS 交易结构设计中，通常会设计信用触发机制，信用触发机制包括触发条件和触发处理措施两部分。

触发条件一般包括：

（1）基础资产累积违约率达到预设阈值。

（2）原始权益人主体信用评级下调至低于预定级别。

（3）资产服务机构信用级别下调至低于预定级别。

（4）资产服务机构被解任。

（5）某类违约事件发生。

（6）基础资产产生的现金流低于预计现金流的一定幅度，影响证券的正常兑付。

（7）发生对基础资产有重大影响的事件，导致基础资产持续产生现金流的能力受到影响。

（8）发生法律纠纷或权利纠纷，影响投资者对证券权益的正常行使。

（9）其他影响证券正常兑付或投资者权益的事件。

触发处理措施一般包括：

（1）加快现金流划转频率，基础资产产生的现金流由资产服务机构向证券专项账户的划转时间缩短，该措施可降低资产服务机构信用状况变差的影响。

（2）改变现金流归集路径，基础资产产生的现金流不再经过资产服务机构，而直接支付给证券专项账户，该措施可避免资产服务机构信用恶化的影响。

（3）改变基础资产现金流的分配顺序，一般按照证券的优先次序保障优先级证券本金和收益的偿付，该措施可以加强优先级证券投资者权益的保护。

（4）加速清偿，通过改变现金流分配顺序或停止基础资产循环购买等措施，加快优先级证券本金的偿付，该措施可以在风险暴露情况下避免损失进一步扩大，保护优先级证券投资者的权益。

（5）提前偿还，发行人筹集资金提前偿还优先级证券的本息，该措施使优先级证券投资者可提前收回本息，避免遭受损失。

（6）资产回购或赎回，由发行人对发行在外的优先级证券进行回购或赎回，该措施在违约事件发生时能切实保障优先级证券投资者的权益不会受到损害。

（7）其他有助于保护投资者权益的触发处理措施。

信用触发机制的合理设计，可以起到信用支持的作用，提高投资者的信心，有助于证券的成功发行。

（五）外部增级

为了达到证券发行希望的信用评级，增强投资者对证券的信心，降低证券发行的成本，在 CMBS 交易结构设计中，除了分层设计、信用触发机制、超额抵押等内部增信安排外，还使用外部机构提供担保、差额支付承诺、保险等外部增信措施，以下对常用的外部增信措施做介绍。

（1）外部机构提供担保：一般由发起人的关联方、财务公司、担保公司等对证券的本息偿付提供担保，当出现流动性不足或偿付问题时，由担保方提供资金支持，确保证券得到足额偿付。

（2）差额支付承诺：一般由原始权益人或其关联方承诺差额支付，当基础资产可供分配的资金余额不足以支付应支付的相关税费、预期收益和未偿本金时，差额支付承诺人对差额部分承担连带补足义务。差额支付承诺类似于担保，可保证基础资产产生的现金流未达预期时证券得到足额偿付，对证券的信用评级有提升作用，也实现了对投资者权益的保护。

（3）保险：通过购买保险公司的保单来为基础资产或资产支持证券的损失作保，当基础资产发生意外损失，影响到基础现金流的产生和证券的正常偿付时，保险能弥补意外损失，对投资者起到有效的保护作用。CMBS 的抵押资产一般为商业物业，而商业物业存在发生火灾、地质事故等风险，通过购买保险则能转移该类风险，有助于资产支持证券投资者规避该类风险。

（4）备用信用证：备用信用证是由金融机构向发行人开出的，以资产支持证券的持有人为受益人的担保信用证，通过信用证形成第三方不可撤销的在一定条件下购买发行人金融资产的义务，可以提供部分或完全的 SPV 债务偿还，在交易现金流出现短缺时可提供流动资金支持，一般以信用额度为限。

（5）信用违约掉期：通过为证券购买信用违约掉期，可以实现信用风险的有效转移，降低证券持有人的信用风险损失。对 CMBS 来说，需要综合评估整个交易的信用风险大小以及需要转移的信用风险大小，平衡信用保护的收益和成本，确定是否需要购买信用违约掉期及购买的数量、价格等。

三、第三方服务商的重要职能

CMBS 产品和市场都需要专业的服务机构参与，以实现交易中的风险判断、风险管理和资产管理功能，为了保证独立性，一般会由第三方服务机构来实现上述职能。下一章中我们会专门介绍第三方服务商和特殊服务商，这里我们先概述一下其重要职能。

（一）有效地管理、监测风险

第三方服务商通常为资本市场的专业机构，在资本运作和商业物业运营方面具有丰富的经验，其的参与有助于 CMBS 风险的有效管理和监测。在 CMBS 设计阶段，第三方服务商的参与有助于对商业物业现金流进行合理估计，降低现金流错配的风险；在 CMBS 存续期间，第三方服务商出于自身利益，会持续监测商业物业的运营状况和证券的兑付情况，对异常情况能及时预警，并促使相关机构采取应对措施，消除风险隐患；在发生违约事件时，第三方服务商借助自身的专业能力能有效处置不良贷款，降低参与各方的损失。因此，在 CMBS 交易中，第三方服务商的参与非常重要，提升了风险管理和监测的水平。

（二）通过自身持有次级债券实现风险定价

第三方服务商对商业物业运营的专业化水平很高，能够对商业物业和 CMBS 证券的价值和风险做出合理估计和判断，因此第三方服务商通常投资具有较高收益和风险的 CMBS 次级债券，而保险机构、养老基金等通常投资收益和风险相对较低的优先级证券。第三方服务商参与 CMBS 的购买和交易还能增强其他投资者的信心，促进不同类型的投资者投资和交易 CMBS，使 CMBS 的风险定价更为有效。

（三）提高商业物业的运营效率

第三方服务商是商业物业运营和管理方面的专家，其积极推动和参与商业物业的证券化，有助于盘活商业物业存量，帮助商业物业开发商和贷款机构实现轻资产运营，提高商业物业的运营效率。在 CMBS 存续期间，第三方服务商为商业物业的运营提供专业化的咨询和管理服务，包括商业物业的经营策略、业态组合、承租人管理等，帮助商业物业的管理团队提高专业水平，从而提高商业物业的运营效率和效益。

第三节　投资交易与后续管理

CMBS 是一种重要的资产支持证券品种，在投资交易和后续管理方面既与一般的资产支持证券有共性，也有其自身的特点，以下对美国 CMBS 的投资交易和后续管理做介绍。

一、美国 CMBS 的投资交易

在美国，CMBS 投资者类型多样，既有风险厌恶型投资者，如保险机构、养老基金和银行等，又有风险偏好型投资者，如私募基金、资产管理公司和对冲基金等。从资金投向来看，保险机构和养老基金主要投资 CMBS 的优先级证券，约占 CMBS 总量的 40%；银行也主要投资 CMBS 的优先级证券，约占 CMBS 总量的 8%；私募基金和资产管理公司既投资 CMBS 的优先级证券，也投资次级证券，约占 CMBS 总量的 45%；对冲基金投资 CMBS 的次级证券和最底层的无评级证券，约占 CMBS 总量的 7%。

美国 CMBS 的发行量自 2003 年高速增长，在 2008 年受次贷危机影响大幅下降，直到 2010 年开始快速复苏，到 2014 年增速又趋于

平稳。美国历年非机构 CMBS 发行量见图 3－3。

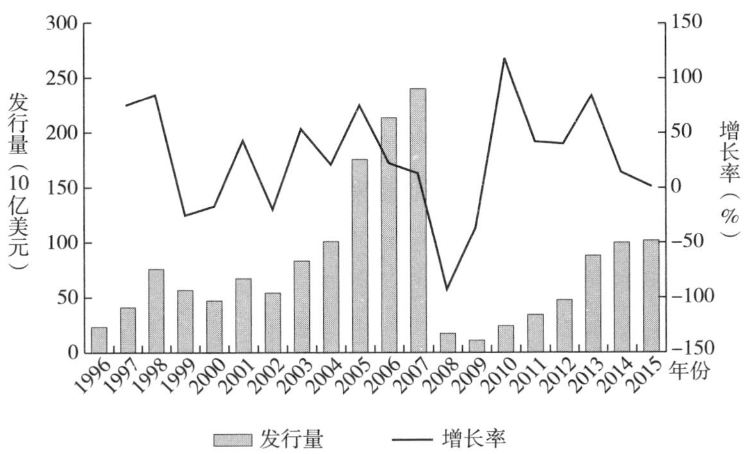

图 3－3　美国历年非机构 CMBS 发行量

资料来源：证券业及金融市场协会

美国 CMBS 的存量规模自 2003 年持续增长，在 2007 年发生转折，存量规模环比下降，此后基本处于下降通道中，2015 年的存量规模为 6 014 亿美元，与 2007 年高峰期的存量规模 8 708 亿美元相比，下降约 31%。美国历年非机构 CMBS 日均存量规模见图 3－4。

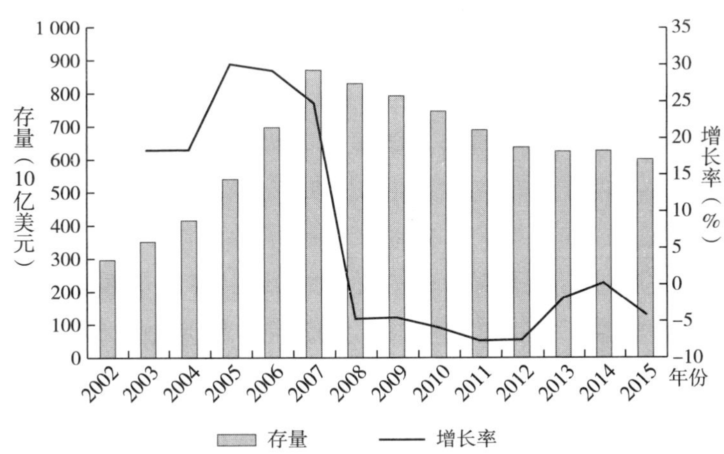

图 3－4　美国历年非机构 CMBS 日均存量规模

资料来源：证券业及金融市场协会

美国近几年 CMBS 日均交易量有所下降，由 2012 年的 23 亿美元下降到 2015 年的 13 亿美元，日均换手率由 0.34% 下降到 0.21%，年均换手率则由 85.42% 下降到 53.70%。2012 ~ 2015 年 CMBS 日均交易量和年均换手率见图 3 – 5。

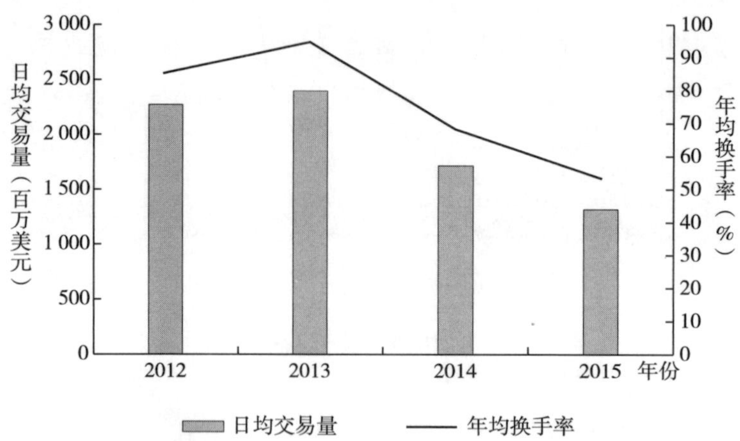

图 3 – 5　美国 2012 ~ 2015 年 CMBS 日均交易量和年均换手率

资料来源：证券业及金融市场协会

二、美国 CMBS 的存续期管理

美国 CMBS 存续期间，通常由信托顾问、资产服务商和控制层级代表负责管理。信托顾问主要是对各级服务商的工作进行监控，并向受托人和投资者负责。资产服务商又分为主服务商、原始主服务商和特殊服务商，主服务商主要负责常规的贷款管理工作，具体包括现金流管理、房产信息收集、经营状况监管、与借款人沟通和定期实地检查等，有时还会按合同要求在贷款违约时垫付证券的利息或本金；原始主服务商一般是贷款发放人，负责直接与借款人联系，向主服务商承包部分与贷款管理相关的事务，具体包括每月的账单和收款、利息调整、房产税、保险和基本的贷款情况报告等；特殊服务商则在贷款出现违约时，接管贷款的管理和服务事务，对不良贷款进行处置，具体措施包括贷款展期、贷款转让和抵押物业处分等，特殊服务商可以减少或避免在不恰当时间强行止赎或在市场低点变卖资产所带来的损失，使违约产生的损失尽可能最小化，从而保护参与各方的利益。控制层级代表一般是 CMBS 结构底层支持证券的持有者，该类投资者持有的一般是 BB/B 和没有评级的证券，在资产出现损失时首先被用来吸收损失。控制层级代表作为第一损失承担者，通常被赋予资产坏账损失处理的决策权，控制层级代表可以对特殊服务商的贷款处理提供指导，在信用评级机构认同的情况下，还有权辞退特殊服务商和指定替代服务商。

三、美国 CMBS 的风险管理措施

CMBS 涉及多方面的风险，如破产风险、违约风险、流动性风险、道德风险、利率风险等，针对这些风险，美国在 CMBS 设计中安排了相应的风险管理措施，具体包括：

（1）为了防范债务人主动破产和被合并破产的风险，采取单一目的实体、独董派遣制和有限追索安排等措施。单一目的实体是指专门设立一个单一目的实体作为借款人，通过贷款协议和公司章程将其经营活动严格限定为持有、经营物业，严格限制再融资、再投资和资产处分活动，防范其产生其他债务，从而防范破产风险。独董派遣制是指贷款人聘请专门的独董派遣公司，派遣独董，独董拥有对主动破产申请和破产重整和解等事项的否决权，以及对母公司一道合并破产等的否决权，代表投资者利益监控主动破产风险。有限追索安排是指为了在法律逻辑上隔离母公司破产风险，美国的商业抵押贷款合同一般强调对债务人、母公司“无追索”，依靠抵押物业产生的净现金流提供偿付支持，但为了控制债务人挪用租金、拖欠税款、污染环境、阻挠妨害债权人行使权利等事件，以及为了杜绝发生债务人主动破产、合并破产、转让资产、再融资等严重违反贷款协议的违约事件，会要求债务

人母公司签署特殊保函，一旦发生前述触发事件，则贷款人可对母公司就所有未偿付本息主张全面追索。

（2）为了防范发起人的破产风险，一般通过双 SPV、两步转让等真实出售安排隔离发起人的破产风险。因此，在交易结构设计中，CMBS 通常出现前面介绍的双 SPV 结构，通过两次资产真实出售进行两次破产隔离，使基础资产和发起人的破产风险实现有效隔离。

（3）为了防范参与各方的道德风险，在 CMBS 交易结构设计中，通过明确、细致的合同约定，将贷款清收、资金归集与分配、不良处置等职能从初始贷款人处剥离出来，利用不同签约主体之间的相互监督和博弈制衡，防范侵占、挪用资产和风险隐瞒等道德风险。

（4）为了避免优先级持有人侵害劣后级持有人的利益，通过赋予劣后级持有人资产坏账损失处理决策权，保障违约发生时劣后级持有人的利益不会被优先级持有人过度侵占。

（5）为了避免逆向选择风险，采取了特殊服务商自持劣后级证券，禁止中途解除物业抵押等措施，使特殊服务商为了自身利益，不会选择高风险商业物业资产或进行过渡风险投机等。

（6）为了防范现金流风险，设置了严格的 LTV、DSCR 和 DY 等财务指标并持续监控。在信用触发事件发生时，可调节偿付资金流的分配方向，要求承租人将租金直接支付至贷款人账户；利用收入截留措施保证本息偿付安全，当 DSCR 等财务指标低于特定阈值时，则不再向借款人返还超额资金，全部用于清偿贷款。这些措施安排可以使现金流风险得到有效管控。

（7）为了防范流动性风险，采用了流动性支持机制，以及超额现金流覆盖等措施，通过服务商或受托人垫付补足偿付资金，可以缓解流动性风险。

（8）为了防范利率风险，在 CMBS 交易设计中，还引入了利率掉期、利率期货、利率期权等利率衍生品，以有效对冲利率波动风险。

（9）对于借款人来讲，大多数商业物业抵押贷款，特别是促成 CMBS 交易的贷款，都是无追索权的。这就意味着有担保的贷款人可能不会指望借款人来偿还贷款，而仅仅期望能获得借款人违约后的不动产。因此，在美国一般不把借款人对债务的全额担保还款设定为风险管理措施。然而，也有一部分贷款人要求借款人、增信措施提供方、委托人和其他关联方执行特定的有限担保或赔偿，其中包括法律义务和无追索权的分拆担保。在一些情况下，分拆担保还可能在一些特定行为下对整体债务起到“弹性”担保作用，这些行为包括借款人自愿的破产归档或者是与贷款公文相对的转让等。担保一般会要求：在未经担保人事先书面许可的情况下，借款人和贷款人不能修改贷款公文中的任何条款。

可见，美国在 CMBS 交易设计中，充分考虑了可能出现的各种风险，并采取了针对性的措施，使 CMBS 的有关风险能够得到有效管控，这也是美国 2008 年金融危机后，CMBS 仍具有魅力，并能够迅速复苏的重要原因。

第四节　典型案例分析

本节对两个 CMBS 的典型案例进行分析，其中一个是美国的“Stuy Town 项目”，另一个是“高和招商—金茂凯晨资产支持专项管理计划”，希望借助案例分析，能为市场参与各方提供一定的参考和借鉴。

一、美国 CMBS 案例及经验启示

（一）项目概况

Peter Cooper Village-Stuyvesant Town（彼得库珀村—斯图文森镇）被其住户称为“Stuy Town”，是一个大型私人住宅综合体，坐落于纽约市曼哈顿的东部。此综合体包含两个姐妹项目：Peter Cooper

Village 和 Stuyvesant Town。该项目的开发是为了解决第二次世界大战退役老兵的住房需求，项目计划始于 1943 年，完工于 1947 年，面积大约为 32 万平方米。该项目东傍东河（East River）大道，西与格拉梅西（Gramercy）为邻，南有东村（East Village），北有基普斯湾（Kips Bay）。斯图文森镇坐落于第 14 大街和第 20 大街之间，共有 35 幢住宅楼，8 757 个公寓。彼得库珀村坐落于第 20 大街和第 23 大街之间，共有 21 幢住宅楼，2 493 个公寓。该综合体现已容纳约 2. 5 万居民，Stuy Town 是第二次世界大战后中产阶级私人住房开发的典范之一。在拥有了 60 年的所有权之后，开发商和长期所有者美国大都会集团（MetLife）将此综合体出售。此次出售引起了包括纽约顶级房地产家族、养老基金和外国投资者的强烈兴趣。2006 年秋天，由合资企业铁狮门斯派尔（Tishman Speyer）和贝莱德集团（Blackrock）领导的投资者财团最终中标，以约 60 亿美元的价格获得了该项地产。该笔交易是美国房地产历史上最大的一笔单一地产交易。

（二）交易结构

Stuy Town 项目的证券化结构如图 3 –6 所示。

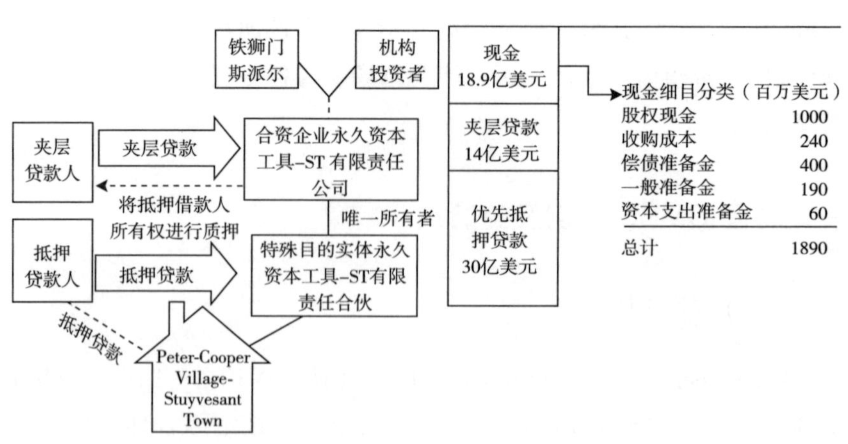

图 3 –6　Stuy Town 项目的证券化结构

Stuy Town 项目 CMBS 的分层结构如表 3－3 所示。

表 3－3　Stuy Town 项目 CMBS 的分层结构

分层	信用评级	信用支持（%）
A－1	Aaa	30.000
A－2	Aaa	30.000
A－3	Aaa	30.000
A－4	Aaa	30.000
A－PB	Aaa	30.000
A－5	Aaa	30.000
A－1A	Aaa	30.000
A－M[1]	Aaa	20.000
A－J[2]	Aaa	11.500
B	Aa1	10.875
C	Aa2	9.875
D	Aa3	9.000
E	A1	8.250
F	A2	7.375
G	A3	6.125
H	Baa1	5.125
J	Baa2	4.000
K	Baa3	3.000
L	Ba1	2.500
M	Ba2	2.250
N	Ba3	1.875
O	B1	1.625
P	B2	1.500

（续表）

分层	信用评级	信用支持（%）
Q	B3	1.250
S	NR	0.000
$X-P^3$	Aaa	—
$X-C^3$	Aaa	—
$X-W^3$	Aaa	—

注：1. 资产池余额 7 903 498 737 美元，抵押品 263 个固定利率贷款、328 个商业及多户家庭物业。

2. 结构为附带超优先 Aaa 级的有序支付，A－PB 为夹层 Aaa 级，A－5 为次 Aaa 级。

资料来源：穆迪

其中价值 30 亿美元的优先抵押贷款由地产担保，通过 5 只 CMBS 打包发行，见图 3－7。

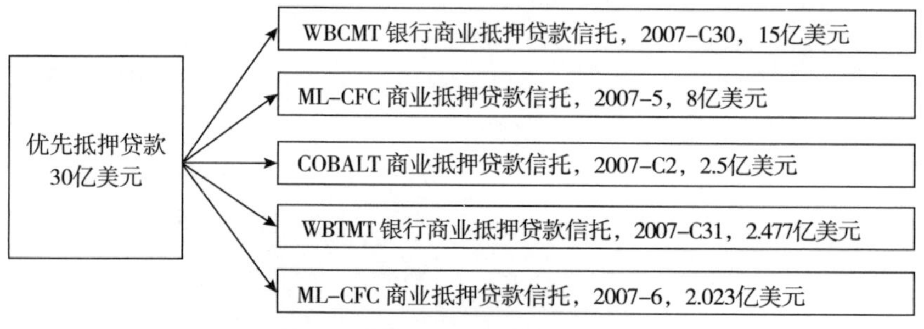

图 3－7　由优先抵押贷款支持的 CMBS

这 5 只发行的 CMBS 同时包含其他抵押贷款，由这 5 只 CMBS 信托发行的证书本金金额共计 226 亿美元。这 5 只信托按比例分享票据收益和贷款收益。其中，30 亿美元的优先抵押贷款为期 10 年，固定利率为 6.43%，到期日为 2016 年 8 月 12 日；其他债务的金额以 3 亿美元为上限，到期日在 2011 年 11 月 8 日到 2013 年 5 月 8 日之间，其他债务以同等比例抵押贷款或次级夹层融资的形式出现。Wachovia 银行是主服务商，CWCAM 是特殊服务商。

（三）后续运营

出乎意料的是，在收购 Stuy Town 综合体不到一年的时间里，房地产市场衰退。将租金控制单元（rent-controlled units）转换为市场租金单元（market-rent units）的成本比预计高出了 11%，并且租金控制单元的平均租金收入比预计低了 10%。此外，在 2009 年 3 月 5 日，一个租客对铁狮门斯派尔提起了诉讼，来自纽约高级法院上诉法庭的法官判决：享受 J－51 减税优惠的地产所有者不能解除租金管制公寓的管制。

铁狮门斯派尔针对此判决提起了上诉，但此判决依旧被上诉法庭支持。法院的判决有效地将所有 Stuy Town 的公寓置于租金控制之下直至 2017 年。

该项目综合体 2009 年的净营业收入只有 1.25 亿美元。2009 年 11 月初，利息储备仅有 680 万美元，并且由于违约迫近，贷款都被转移给特殊服务商管理。2010 年 1 月 8 日，合伙企业在价值 30 亿美元的优先级抵押贷款和 14 亿美元的夹层债上发生违约。2010 年 1 月 29 日，信托机构通知合伙企业，未偿债务已加速到期并急需支付。最后，2010 年 2 月 18 日，CW Capital 诉诸地产止赎权。在此通知前，合伙企业已表明他们会向债权人交出所有权，以此避免综合体的破产。Stuy Town 项目的违约使 2010 年 3 月美国 CMBS 的债务拖欠率上升了 85 个基点，达到 7.14%。

此次交易将价值 30 亿美元的优先抵押贷款证券化了 15 亿美元，所以应该承担 16.14 亿美元损失中的 50%，即 8.07 亿美元。这 8.07 亿美元的损失占据 WBCMT 2007-C30 信托中未偿本金余额的 10.2%。这 10.2% 的损失将消除从未评级到 C 级的债券级别，而这些债券拥有 9.875% 的信用支持。为了应对当前的市场状况和 J－51 诉讼的附带结果，信用评级机构预计到了信用损失并把受影响的债券进行降级。在此例中，发起时被穆迪评为 Aa2 级的 C 债券在 Stuy Town 项目违约的数月前被降至 Baa1。表 3－14 展示了其他 4 只

CMBS止赎的损失程度以及当前的评级。5只CMBS的信用评级差异是因每只CMBS的等级结构有所不同。表3－5展示了CMBS本金减计后的损失程度。

表3－4　Stuy Town项目CMBS止赎的损失程度

交易名称	已实现损失（百万美元）	已实现损失率（%）	受冲击最高级别	首次评级（M/S/F）	当前评级（M/S/F）
WBCMT 2007－C30	807.1	10.20	C	Aa2/AA/AA	Baa1/B－/BB
ML－CFC 2007－5	430.4	9.90	B	Aa2/AA/AA	Baa1/B/BB
COBALT 2007－C2	134.5	5.60	H	Baa1/－/BBB＋	B1/－/B－
WBCMT 2007－C31	133.3	1.90	N	Ba3/BB－/－	Ca/CCC－/－
ML－CFC 2007－6	108.8	5.10	G	Baa2/－/BBB	B3/－/B－
总计	1 614.1				

注：M/S/F为穆迪/标普/惠誉。

表3－5　Stuy Town项目CMBS本金减记后的损失程度

交易名称	已实现损失率（%）	受冲击最高级别	首次评级（M/S/F）	当前评级（M/S/F）
WBCMT 2007－C30	7.80	F	A2/A/A	Ba1/CCC－/B－
ML－CFC 2007－5	7.50	D	A2/A/A	Ba1/A－/BB
COBALT 2007－C2	4.30	J	Baa2/－/BBB	B2/－/B－
WBCMT 2007－C31	1.80	P	B2/－/－	Ca/－/－
ML－CFC 2007－6	3.90	H	Baa3/－/BBB＋	Caa1/－/B－

（四）启示意义

CMBS交易的基础资产质量至关重要，只有基础资产的现金流能够持续支持证券本息的偿付，才能避免违约事件发生。Stuy Town项目CMBS证券化就是没有充分考虑到房地产市场的未来变化，以及法律对租金管制的约束，导致基础资产产生的现金流大幅下降，不足以支付证券本息及相关运营费用，最终导致违约，给投资者造成重大损失。

在CMBS交易结构设计中，引入第三方服务商，有助于对风险进行管理和监测，提高商业物业的运营效率，第三方服务商自持劣后级证券还可以克服逆向选择风险，实现CMBS风险的有效定价。但第三方服务商的引入也产生了代理风险，因此需要在交易条款中明确第三方服务商的权利和义务，减少与其他参与方的利益冲突，避免结构风险。

信用评级机构的有效参与能降低CMBS项目的运营风险，并能及时向投资者做出风险预警，帮助投资者避免或减少损失。Stuy Town项目发生违约前数月，信用评级机构穆迪就已经大幅下调了证券的信用评级，及时向投资者传递了风险警示。因此，在我国CMBS交易中，信用评级机构的有效参与将有助于CMBS市场的平稳、健康发展。

二、我国CMBS案例分析

（一）项目概况

2016年8月，“高和招商—金茂凯晨资产支持专项管理计划”发行成功，成为我国市场首单符合国际标准的CMBS。该期资产支持证券发行规模高达40亿元，3年期优先级证券成本仅为3.3%，发行成本远低于同期限银行贷款。

1. 基础资产

该期资产支持证券的基础资产为信托受益权，但实际还款来源为北京凯晨置业有限公司（简称凯晨置业）拥有的凯晨世贸中心所产生的租金收入。凯晨世贸中心建成于2006年，北临复兴门内大街，西临闹市口大街，距西二环路约700米，交通便捷，周边商业设施便利，集合了西长安街、金融街和西单三大商圈的优势，地理位置得天独厚，是中国大陆地区第一个获得 LEED – EB 铂金级认证的办公楼。凯晨世贸中心大厦底层的商业用途用户的月租金介于每平方米 700 元至 1 100 元，办公楼租户月租金介于每平方米 200 元至 600 元，主力租户包括中国进出口银行总行、中化集团总部及其关联公司、路透社中国总部、渤海银行和标银投资咨询（北京）有限公司等，租金偿付能力强，租金支付违约率低。

从凯晨世贸中心历史租金收入来看，2013 ~ 2015 年，其租金收入呈上升态势，年均复合增长率为 11.24%，主要是租金价格上升所致。同期出租率较为稳定，保持在 99% 左右，具体数据见表 3 – 6。

表 3 – 6　凯晨世贸中心 2013 ~ 2015 年租金收入

年份	2013 年	2014 年	2015 年
租金收入（万元）	48 177.31	55 560.42	59 615.75
同比增长率（%）	—	15.32	7.30
出租率（%）	99.3	98.9	99.3

2. 证券结构

该期资产支持证券分为优先级证券和次级证券，优先级证券的发行规模为 40.00 亿元，存续期为 3 年，按年付息，每年摊还 5 000 万元本金，剩余本金到期一次性偿还，以固定利率支付预期收益；次级证券由凯晨置业全额认购，募集规模为 0.01 亿元，每个兑付日，在优先级资产支持证券当期应付本金和收益支付完毕后，剩余资金全部向次级持有人分配。该期资产支持证券结构如表 3 – 7 所示。

表 3 – 7　“高和招商—金茂凯晨资产支持专项管理计划”资产支持证券结构

资产支持证券	发行金额（亿元）	发行规模占比（%）	期限（年）	级别
优先级	40.00	99.98%	3	AAA
次级	0.01	0.02%	3	—
合计	40.01	100%	—	—

（二）交易结构

1. 交易参与方

该期资产支持证券涉及多方参与，具体如表3－8所示。

表3－8 “高和招商—金茂凯晨资产支持专项管理计划”资产支持证券主要参与方

原始权益人/保证人1	金茂投资管理（上海）有限公司（简称上海金茂）
保证人2	中国金茂控股集团有限公司（简称中国金茂）
抵押人/借款人	北京凯晨置业有限公司
项目安排人/交易顾问	深圳前海高和瀚睿投资顾问有限公司（简称高和资本）
资产服务机构	北京高和金茂企业管理有限公司（简称高和金茂）
主代理推广机构、联席代理推广机构	招商证券股份有限公司（简称招商证券）、中国国际金融股份有限公司（简称中金公司）
信托受托人	方正东亚信托有限责任公司（简称方正东亚）
计划管理人	北京方正富邦创融资产管理有限公司
托管人	广发银行股份有限公司
基础资产	原始权益人在专项计划设立日转让给计划管理人的信托受益权
目标项目	凯晨世贸中心
抵押物	抵押人合法拥有的目标项目部分房屋所有权及其对应的土地使用权

原始权益人上海金茂将40.01亿元货币资金委托给方正东亚设立方正东亚·北京凯晨置业贷款单一资金信托，从而拥有方正东亚·北京凯晨置业贷款单一资金信托的信托受益权。方正东亚向凯晨置业发放信托贷款，该信托贷款的总额为40.01亿元，信托贷款在专项计划基准日后的持续期间为216个月，按年支付利息，存续期间每年归还本金5 000万元。计划管理人北京方正富邦创融资产管理有限

公司发行资产支持证券，募集资金用于向原始权益人购买基础资产，获得对方正东亚·北京凯晨置业贷款单一资金信托的信托受益权。计划管理人以基础资产形成的属于专项计划的全部资产和收益，按约定向该期资产支持证券持有人还本付息。上海金茂和中国金茂作为保证人1和保证人2为借款人信托贷款的本息偿付提供连带责任保证担保，并由高和金茂开展基础资产管理服务业务，包括业务受理、业务准入、风险审查、业务授权、合同签订、日常管理服务、特殊资产服务管理和事后事项。

2. **交易结构图**

该期资产支持证券的交易结构如图3－8所示。

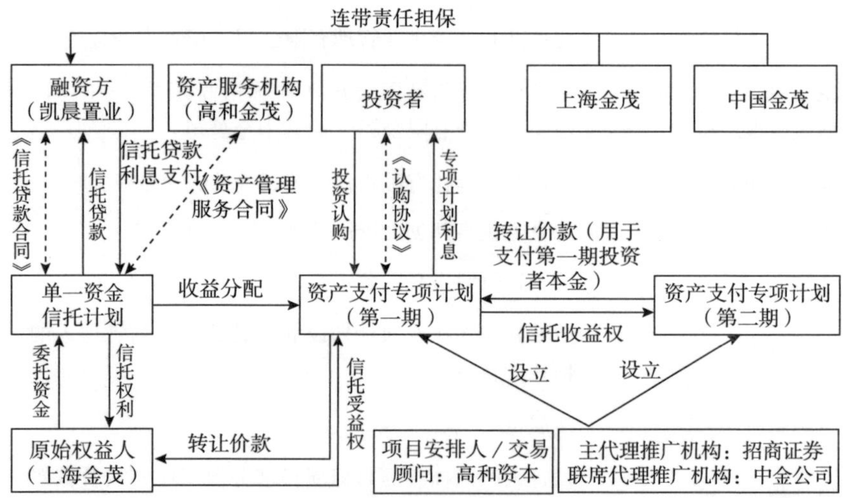

图3－8　“高和招商—金茂凯晨资产支持专项管理计划”交易结构图

注：信托贷款以凯晨世贸物业抵押。

从交易结构图可见，该期资产支持证券采用了双SPV结构，即单一资金信托计划和资产支持专项计划，从而实现了基础资产与原始权益人破产风险的有效隔离。该期资产支持证券增信措施健全，具体采用了现金流超额覆盖、资产抵押，以及上海金茂、中国金茂为借款人信托贷款本息偿付提供连带责任保证担保等多种增信措施。该期资产支持证券还设置了到期续发事项，由于基础资产为18年期单一资金信托计划受益权，专项计划为3年期，专项计划到期后，凯晨置业拟继续将信托计划项下信托受益权作为基础资产发行资产支持证券，以续发的新专项计划偿还该期专项计划剩余本金及利息。如到期前不能完成专项计划的续发，则触发强制还本，信托计划提前到期。在资产支持证券二级市场不发达的大环境下，该专项计划的到期续发以及强制还本程序不仅作为一种创新为产品提高了流动性，还最大限度地降低了投资者的风险。

在该交易结构设计中，国内首次采用了第三方服务机构，与国际标准CMBS一致，这是一大亮点。该期资产支持证券的资产服务机构为高和金茂，其主要职责包括重大租约变更审核、重大支出审核、代表计划管理人对逾期贷款本息进行催收、检查物业经营情况和抵押物状况、对租金收入的真实性和合理性进行检查等。采用资产服务机构在资金的划转成本及操作成本上相对较高，但从维护投资者利益的角度来看，完全是值得的。采用这种方式，可以让计划管理人、投资者明确知道取得的收入究竟是多少，是不是与原始权益人的运营成本相匹配。这样一来，首先增强了数据的透明性，其次也提高了资产运营的效率。

3. 增信措施

增信措施充足也是该期资产支持证券的一大亮点，从而使其具有国际标准CMBS结构设计的特点，以下对增信措施做具体分析：

（1）现金流超额覆盖。

该期资产支持证券存续期间凯晨世贸中心的租金收入对优先级资产支持证券的利息及本金的覆盖倍数较高，在预期收益率为6.0%的假设下，最低一期的利息覆盖比率达到2.16倍，前两期本息覆盖比率在第一年最低，亦达到1.79倍。

（2）保证担保。

保证人上海金茂和中国金茂为借款人信托贷款的本息偿付提供

连带责任保证担保，保证启动顺序为先上海金茂后中国金茂，但信托受托人方正东亚有权决定担保权利的行使顺序。中国金茂和上海金茂整体实力强、偿债能力强，两者提供的保证担保可以有效缓解优先级资产支持证券的本息偿付风险。

（3）资产抵押。

借款人以其合法拥有的凯晨世贸中心部分房屋所有权及土地使用权为其履行信托贷款的还本付息义务提供抵押担保。按照《抵押合同》的约定，若信托贷款合同债务履行期限届满或按合同约定债务提前到期，借款人不履行合同项下到期债务或不履行被宣布提前到期的债务，或借款人违反合同的其他约定，方正东亚有权处分抵押财产。根据北京首佳房地产评估有限公司（简称首佳评估）出具的评估报告，截至2016年4月，该期资产支持证券抵押物的评估值为129亿元，优先级资产支持证券本金对抵押物价值的抵押率为31.01%，抵押率低，因此抵押担保措施对优先级资产支持证券的偿付具有良好的增信作用。

（三）法律、会计处理

该期资产支持证券存在物权风险和资金混同风险，因此在交易条款设计时，做了相应法律处理。关于物权风险，是源于纳入抵押范围的物业存在抵押权，抵押权人分别为中国银行股份有限公司北京王府井支行和上海浦东发展银行股份有限公司北京分行，涉及的抵押金额分别为35亿元和2亿元，抵押年限分别至2026年3月28日和2023年7月10日。在交易安排中，凯晨置业出具了《关于解除抵押的承诺函》，承诺于信托贷款发放完毕后80个工作日内注销原有抵押权登记并办理完毕信托贷款抵押权的设立登记手续，确保将方正东亚办理为第一顺位抵押权人，该安排缓释了物权风险。

资金混同风险是包括CMBS在内的资产证券化产品经常会出现的风险，如果商业基础资产运营主体的信用状况恶化，丧失清偿能力甚至破产，基础资产的收益可能和其运营主体的其他资金混同，从而给资产支持证券投资者造成损失。出于操作成本的考虑，在该资产支持证券之前的国内资产证券化项目用于接收基础资产现金流的资产服务机构都是由原始权益人兼任的，而并非像国外一样采用第三方机构。在实际过程中，投资者和代表投资者利益的计划管理人往往无法得到第一手准确的数据信息，从而造成资金混同风险。该期资产支持证券采用了第三方服务机构，这有效地杜绝了资产支持证券的资金混同风险及无法持续运营风险。

关于会计处理，该期资产支持证券采用资产支持专项计划形式，资产支持专项计划非法律实体，无须缴纳所得税及其他税收，从而避免了双重征税问题，降低了税赋成本。

（四）信用评级

该期资产支持证券的信用评级机构为联合信用评级有限公司（简称联合评级），联合评级对“高和招商—金茂凯晨资产支持专项管理计划”所涉及的抵押物、交易结构、法律要素以及相关参与机构等多方因素进行了信用分析，并对抵押物价值及目标项目相关租金收入进行了现金流分析与压力测试，评定“高和招商—金茂凯晨资产支持专项管理计划”优先级资产支持证券的评级结果为AAA。联合评级在综合分析交易结构、保证人信用和基础资产的基础上，重点对基础资产的现金流做了分析并考虑多种因素做了压力测试。

1. 现金流分析

首佳评估对凯晨世贸中心未来3年的租金收入做了预测，如表3－9所示。

表3－9　凯晨世贸中心未来3年的租金收入

年份	第1年	第2年	第3年
租金收入（万元）	51 919.49	58 811.44	62 940.54
较上年增长（%）	－4.76	7.88	15.45

注：首佳评估预测。

联合评级认为，首佳评估对基础资产未来现金流所做的预测具有合理性，基本能反映凯晨世贸中心未来3年的租金收入。根据首佳评估的预测，联合评级采用覆盖比率来衡量对优先级资产支持证券利息及除到期日以外两期本息支出的偿付能力。覆盖比率反映了在各偿还时点上，凯晨世贸中心租金收入的预测现金流对利息及除到期日以外两期本息支出的覆盖水平。联合评级设定了不同的预期收益率做测算，得到的覆盖比率如表3－10和表3－11所示。从表3－10可见，在预期收益率为6.0%时，各期利息覆盖比率在第一年最低，亦达2.16倍；从表3－11可见，前两期本息覆盖比率在第一年最低，亦达1.79倍。这表明凯晨世贸中心租金收入预期现金流对优先级资产支持证券的利息支出及除到期日以外两期本息支出的保障程度较高。

表3－10 “高和招商—金茂凯晨资产支持专项管理计划”每期租金收入与资产支持证券利息支出对比

租金收入现金流（万元）		第一年	第二年	第三年
		51 919.49	**58 811.44**	**62 940.54**
预期收益率4.5%	利息支出（万元）	18 000.00	17 775.00	17 550.00
	覆盖比率（倍）	2.88	3.31	3.59
预期收益率5.0%	利息支出（万元）	20 000.00	19 750.00	19 500.00
	覆盖比率（倍）	2.60	2.98	3.23
预期收益率5.5%	利息支出（万元）	22 000.00	21 725.00	21 450.00
	覆盖比率（倍）	2.36	2.71	2.93
预期收益率6.0%	利息支出（万元）	24 000.00	23 700.00	23 400.00
	覆盖比率（倍）	2.16	2.48	2.69

表3-11 “高和招商—金茂凯晨资产支持专项管理计划”每期租金收入与资产支持证券本息支出对比

租金收入现金流（万元）		第一年	第二年
		51 919.49	**58 811.44**
预期收益率4.5%	本息支出（万元）	23 000.00	22 775.00
	覆盖比率（倍）	2.26	2.58
预期收益率5.0%	本息支出（万元）	25 000.00	24 750.00
	覆盖比率（倍）	2.08	2.38
预期收益率5.5%	本息支出（万元）	27 000.00	26 725.00
	覆盖比率（倍）	1.92	2.20
预期收益率6.0%	本息支出（万元）	29 000.00	28 700.00
	覆盖比率（倍）	1.79	2.05

2. **压力测试**

联合评级根据首佳评估提供的抵押物评估报告对抵押物物业价值进行了压力测试。据国家统计局统计，1999~2015年，北京办公楼房屋平均销售价格总体呈增长趋势，年复合增长率为4.39%；其中个别年份出现下降，2003年降幅最大，为19.15%。联合评级假定未来抵押资产出现20%的降幅，此时抵押物价值为103.20亿元，优先级资产支持证券本金对抵押物评估价值的抵押率为38.76%。

联合评级参考首佳评估出具的评估报告的相关数据，对现金流进行了多重情景模拟，以综合判断该专项计划的凯晨世贸中心租金收入现金流入状况对优先级资产支持证券利息支出及除到期日以外两期本息支出的保障程度。联合评级重点对租赁空置率、租金价格和预期收益率做了加压测试，以2010年来北京市甲级办公楼最高空置率（约15%）扣除预测报告中考虑到的空置率水平（5%），将基础资产空置率的增加区间设为［0，10%］，将租金价格水平的下降区间设为［0，6%］，将预期收益率区间设为［4.5%，6.0%］。在上述风险调整变量压力区间内，联合评级采取了压力情景模拟，在此基础上进行了10万次数值（不利情景）模拟，测试优先级资产支持证券存续期内各偿还时点凯晨世贸中心租金收入现金流对利息支出及除到期日以外两期本息支出的覆盖比率，据此对凯晨世贸中心租金收入产生的现金流入对优先级资产支持证券利息偿付和除到期日以外两期本息支出的保障程度进行判断，测试结果如表3－12和表3－13所示。

表3－12 "高和招商—金茂凯晨资产支持专项管理计划"租金收入现金流对优先级证券利息支出压力测试结果

期间	平均覆盖倍数（倍）	标准差	覆盖比大于1倍的概率（%）
第一年	1.99	0.070	100.00
第二年	2.29	0.081	100.00
第三年	2.48	0.087	100.00

表3－13 "高和招商－金茂凯晨资产支持专项管理计划"租金收入现金流对优先级证券本息支出压力测试结果

期间	平均覆盖倍数（倍）	标准差	覆盖比大于1倍的概率（%）
第一年	1.65	0.058	100.00
第二年	1.89	0.067	100.00

凯晨世贸中心租金收入现金流对优先级证券利息在压力测试下的平均覆盖倍数最低为1.99倍，各期覆盖倍数大于1倍的概率均为100%，租金收入现金流对优先级证券利息覆盖情况良好。凯晨世贸中心租金收入现金流对优先级证券除到期日以外的本息支出在压力情形下的平均覆盖倍数最低为1.65倍，各期覆盖倍数大于1的概率均为100%，租金收入现金流对优先级证券除到期日以外的本息支出覆盖情况良好。同时考虑到中国金茂对该专项计划信托贷款提供的

担保，综合判断，基础资产对该期优先级资产支持证券本息的偿付保障程度高。

（五）市场影响

资产证券化可筹集商业物业发展所需要的长期资金，有利于提高经营水平和最大化地提升商业物业的价值；资产证券化实现了众多投资者的参与和选择，形成了有效的激励机制，有助于优质物业和资产服务机构脱颖而出，且分散了投资者投资商业物业的风险，可促进行业的稳定发展。从总体来看，该期资产支持证券作为中国第一单CMBS产品，引入了专业的资产服务商角色，采取了充足的增信措施，汲取了国外成熟市场的先进经验，对于行业的健康发展无疑是非常有益的。未来需要考虑打包不同标的物业资产进行证券化，提升效率，降低集中度风险，实现风险有效转移和分散。该案例的启示意义如下：

在CMBS的交易设计中，由于偿付资金最终来自抵押物业的净现金流，因此首要任务是对抵押物业的净现金流做出合理和准确的估计。就算物业市场估值高，LTV比率低，但没有净现金流的足够支持，CMBS也会出现偿付风险，而商业物业的处置成本往往很高，耗时很长，在违约发生后投资者很难通过商业物业的处置收回投资。在美国次贷危机中，大量的CMBS违约都与对商业物业的净现金流估计出现严重偏差相关，如高盛GS 2007 - GG10、WBCMT 2007 - C30等。这也是在次贷危机后，美国在CMBS交易设计中引入DY的重要原因之一，强调商业物业净现金流对抵押贷款提供足够保护。我国在CMBS设计中，要对抵押物业净现金流对证券本息的保护提出严格要求，在制定DSCR和DY等指标时，要充分考虑各种不利市场冲击的影响，留有一定余地。

我国CMBS的交易结构设计中，由于现行法规的限制，无法完全实现破产隔离，除了依据LTV和DSCR进行分层外，发行人和担保方的主体信用级别仍然会作为考虑的重要方面。因此，如果发行人或担保方的主体信用级别足够高，分层信用级别也高，就不会出现像美国 CMBS 那样多的分层数量，分层结构也相对简单。只有真正实现破产隔离，使 CMBS 的风险基于抵押物业的现金流，才能使分层结构更加丰富。

第四章

第三方服务商和特殊服务商

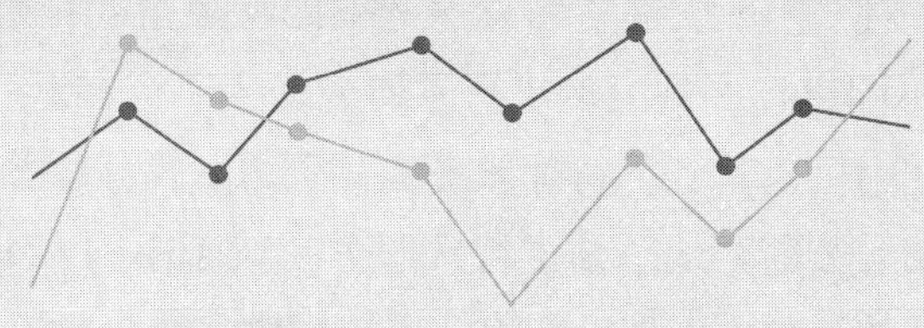

第三方服务商和特殊服务商在CMBS产品交易结构和市场中非常重要，对CMBS的风险判断、风险管理、后续的资产管理和清算处置都有着极其重要的作用，但遗憾的是，这一点并不为我国市场和机构普遍重视。本章共分为五节，第一节主要介绍了美国CMBS市场中第三方服务商的角色，指出我国市场的服务商机制有待建立，迫切需要专业的风控管理角色；第二节阐述了特殊服务商的概念，并对其作用、服务范围与收费等进行了介绍；第三节介绍了特殊服务商的排名情况和具体评级标准，主要介绍了美国克罗尔债券评级公司（KBRA）对CMBS交易中特殊服务商的考察角度；第四节对美国与中国两个不同市场中的案例进行了研究，尝试将理论与实践相结合，我们从案例中可以看到，特殊服务商的引入，对于融资方和投资者都有好处；第五节简要地总结了特殊服务商对于中国CMBS市场发展的重要性，能够从多方面帮助CMBS市场构建多方共赢的局面。

第一节　第三方服务商的角色

CMBS本质上是将单个或者一组商业物业抵押贷款加工转变为相对标准化的债券的过程，涉及多方复杂动态的协作。

商业物业抵押贷款与住宅抵押贷款、信用卡分期或消费贷款等资产不同，其单笔金额大，底层资产价值评估和判断非常复杂，涉及对租金、税收、运营管理、成本控制的判断，标准化程度极低，不同区域、不同业态又有重大的不同。因此，商业物业抵押贷款必须有专业的风险控制和资产管理。

与传统银行贷款一对一的交易不同，资产证券化往往是多对多交易，资产的前期形成以及贷后服务和管理易产生虚位和脱节。因此，CMBS需要专业的服务机构进行风险判断、风险管理和资产管理。而且为了保证其独立性，往往是第三方服务商而非融资人或者其关联方来完成上述任务。

第三方服务商包括原始服务商、总服务商和特殊服务商。其中最为重要，也往往被国内市场忽略的角色就是特殊服务商。美国CMBS市场的发展历程中，特殊服务商一直扮演着重要的角色，这对中国CMBS市场的下一步发展有着非常重要的借鉴意义。

一、美国市场的服务商角色概述

美国的CMBS根据其基础资产池的特点分为三类：SASB交易、众多分散贷款的通道交易和大额贷款与小额贷款组合的融合交易。通道和融合交易往往涉及大量基础债权的形成，其交易流程较为复杂；SASB交易往往为单一资产，流程更为简单。

通道和融合交易的典型角色分工如图4－1所示。

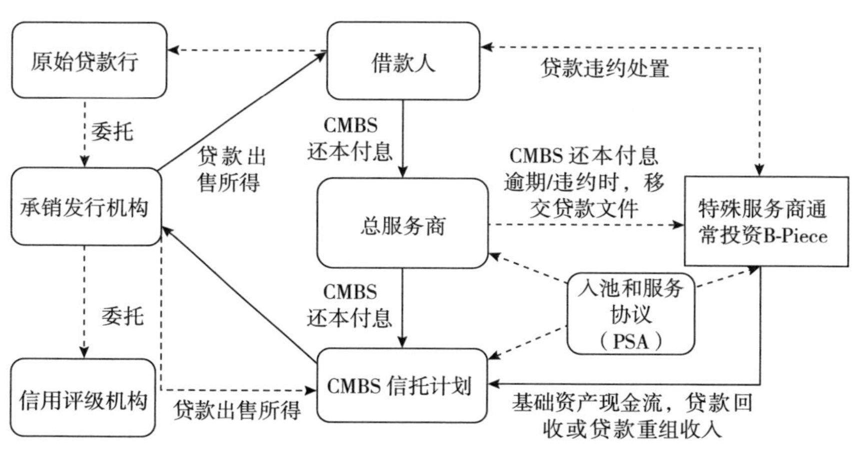

图4－1　通道和融合交易的典型角色分工

通道和融合交易的典型流程如下：

（一）商业物业抵押贷款形成

原始贷款行先形成基础商业物业抵押贷款。

（二）入池和建池

一个或者多个原始贷款行将其形成的一个或者多个贷款提供给发行机构形成待发行资产池，同时会构建一个房地产抵押贷款投资通道载体（Real Estate Mortgage Investment Conduit，简称REMIC）。REMIC是房地产抵押贷款证券化中最常用的法律框架和通道，抵押贷款的现金流可直接转付给债券投资者而不需要预扣所得税，从而避免了双重征税的问题。其作用类似国内的专项资产管理计划。

特殊服务商和潜在的B-Piece投资者这个阶段会介入，进行前期的风险把控，并给出意见：哪些贷款是合格的贷款，哪些贷款需要剔除，以确保资产池的质量。

（三）设计交易结构和销售

承销发行机构根据评估和评级情况设计交易结构，将债券分成不同风险等级，并将其出售给不同风险偏好的投资者。

（四）贷款和风险管理

在贷款质量正常的情况下，原始贷款机构负责跟踪管理其提供的贷款，原始贷款机构常被称为原始服务商。在美国，原始贷款机构可以是区域性银行、大的投资银行或者全国性商业银行，也可以是专门的抵押贷款机构，或者是特殊服务商等。如果是多笔贷款，则需要有一个总的贷款服务机构，通常称为总服务商，负责协调多个原始贷款机构的日常贷款跟踪服务，并承担贷款池总体的日常协调管理工作。如果贷款出现波动，发生违约，则特殊服务商负责进行债务重组或者资产清算和出售。

为了使管理更为简单，总服务商和特殊服务商常有合二为一的情况。特殊服务商也可以提供抵押贷款到资产池，并同时提供日常贷款服务，成为总服务商或者原始服务商。一些规模较大的总服务商也会发展自己的特殊资产服务，在交易中兼任特殊服务商。

SASB 交易的流程往往将贷款形成与建池结合在一起。贷款银行类似通道业务，投资银行将 CMBS 分级结构化后直接卖出。贷款服务机构负责日常的贷款后监管，特殊服务商负责贷款的风险管理。

二、中国市场的第三方服务商机制有待建立

目前国内市场，商业物业资产证券化产品多为 SASB 或者以有限的大额资产打包的形式发行，因此其交易流程类似美国的 SASB 交易。以交易所 ABS 为例，其交易角色分工和流程如下：

（1）往往由券商牵头与借款人直接谈判，将 CMBS 直接当作融资工具进行推介。

（2）借款人同意使用该融资工具后，券商将会牵头协调评估、评级、会计师和律师等机构设计相应的交易结构。通常采用双 SPV 结构，由 SPV1（常用信托）形成基础债权，然后通过另一层 SPV2（专项资产管理计划）创设分级债券。

（3）券商作为推广机构，根据市场利率情况和融资人指示，将 CMBS 债券销售给投资者。

上述交易逻辑和流程会有以下几个问题，需要我们给予关注：

包括券商在内的中介机构都由融资方委托，因此会有潜在的利益冲突。在券商竞争日趋激烈的情况下，容易发生“重融资人，轻投资者”的情况。在交易建构中，券商实际上承担了放贷人的角色。然而，国内券商虽然在证券化方面的优势突出，但往往缺少信贷风

险管理方面的人才储备和能力积累。因此，券商在贷款形成阶段面临能力和利益冲突的双重挑战。如果投资者仅仅依赖评级进行决策，容易造成风险没有被充分识别。一旦市场波动，极易出现争议和投资者无法承担的风险暴露。

存续期间的贷款管理往往较为薄弱。上述第一层的 SPV1 形成信托贷款或委托贷款，信托公司只是担任创设债权的通道角色。在存续期管理中，其也只是依约进行事务管理，收费微薄，同券商一样缺少后续管理的意愿和能力，而券商还存在潜在利益冲突问题，无法担任服务商的角色。这种情况下，贷款的存续期间风险管理可能出现债权人虚位。

再者一旦出现风险，由于涉及众多投资者，且往往又分为多个级别，不可能快速地让投资者知悉风险，投资者也无法快速达成共识，形成有效的决策，债务重组和债务处置往往不能顺利进行，从而使所有投资者利益受损。

表 4－1　中美服务商机制差异

	原始贷款人角色	原始服务商	总服务商	特殊服务商
美国	银行、保险等贷款机构	有，往往由原贷款人负责	有，往往由对商业物业贷款有经验的机构负责	有，由对商业物业资产管理、风险管理非常资深的机构担任
中国	信托、资管等通道	信托、资管等形式上的原始服务商仅为通道，缺乏服务意愿和经验	国内以 SASB 交易为主，且缺少专业的第三方商业物业总服务商或者商业物业贷款服务机构	刚刚开始出现

因此，中国市场迫切需要有专业的风控管理角色，这个角色需要填补三个方面的空白和承担相应的工作职责：

（1）原始贷款形成的债权债务条款和风险控制。

（2）填补信托资管等仅作为通道，以及专项计划管理人作为事务性管理人的空白，承担期间风险管理和资产管理的职责。

（3）出现物业经营震荡或者债权违约的情况下，牵头债权重组方案，处置物业回收贷款，给出物业经营的调整建议，以及在处置期间承担物业监管和资产管理责任等。

特殊服务商和原始服务商双双缺位，成为制约中国 CMBS 市场发展的核心因素。因此，市场呼吁专业的第三方服务商出现，以填补上述风险控制的空白。作为最佳实践，此类机构如能认购 B 级债券，代表所有投资者进行风险管理和资产管理，承担美国 CMBS 标准下的特殊服务商以及原始服务商的综合角色，将有助于保护投资者利益，有助于市场的健康发展。

同时，国内的类 REITs 产品，由于物业或者权益转移到新的类 REITs 载体中，后续风险管理、资产管理和运营管理较 CMBS 甚至更为重要。而其解决思路与 CMBS 类似，需要专业的第三方服务商和资产管理机构参与，最佳实践是该等专业机构认购其中的劣后级，通过利益绑定来控制 REITs 产品的风险。

第二节　特殊服务商概述

一、特殊服务商的作用

如上所述，CMBS 作为交易所挂牌的多个投资者参与的证券化产品，需要由独立的第三方服务商进行风险管理和资产管理，这也是 CMBS 的核心要素之一。第三方服务商的出现能增强资产证券化产品破产隔离的效果，防范道德风险，提高基础资产服务的专业化分工和基础资产筛选的效率。同时，它也能够进一步提升投资者对于产品的认可度。

该角色实际上是CMBS产品的风险控制枢纽，特别是当特殊服务商能够认购劣后级时，将提升其负责产品风险管理的公信力，同时利用其专业能力帮助所有投资者控制投资风险，促进市场实现自我约束和健康发展。这是由于特殊服务商持有信用风险最大的劣后级债券，通常有权收到对于各个物业运营状况的细节报告，并具有商业物业的专业经验，他们可以根据横向和纵向的分析确定物业的表现趋势，尽早识别一些物业表现出来的问题，提前与融资人及各相关机构沟通，对存在潜在风险的贷款提前采取防范措施和解决方案，这会有效地降低违约的发生，使得CMBS所有债券持有人都得益。

有专业的特殊服务商参与，可大大提升债务重组和回收的效率，以保护投资者的权利。美国市场2003~2007年的历史数据表明，特殊服务商通过修改贷款条款，使超过90%的违约拖欠贷款全额回收。

二、特殊服务商的服务范围

在美国市场的CMBS中，特殊服务商角色主要包括两个方面：

（1）在资产入池时进行审核。

（2）一旦出现贷款违约，根据PSA（Pooling and Servicing Agreement，入池和服务协议）贷款将会被转移到特殊服务商处，由其直接管理，进入处理流程。一般来讲，贷款转移的条件如下：

①贷款为60天逾期，或者在期满付款拖欠时借款人不能在60天内兑现再融资承诺。

②借款人承认无力偿债，申请或者同意破产保护。

③主服务商或者特殊服务商收到止赎通知或者抵押财产上的其他贷款发起止赎通知。

④主服务商或者特殊服务商认为拖欠贷款在60天内不会恢复。

⑤其他非货币违约，并超过宽限期。

一旦贷款管理转给特殊服务商，特殊服务商将启动服务流程，服务内容包括：

（1）根据对资产价值的专业评估和判断，以及原有的贷款合同，形成解决方案。解决方案可能包括：

①对严重违反有关贷款保证的原始贷款机构，要求索赔或者要求原始贷款机构回购。由于美国用来形成 CMBS 的贷款往往由原始贷款机构转让入池，因此，特殊服务商首先要分析判断原始贷款机构是否需要对违约承担责任。

②出售问题贷款。

③修改贷款条款或者延长贷款期限。

④止赎清算该违约贷款的抵押物。

（2）上述方案将会提交给控制级投资者（B-Piece），并与 CMBS 的控制级投资者共同商定何种方案最佳。方案选择的重点在于将来可能的回收与当前成本之间如何平衡，以便实现投资者的净现值最大化。

（3）美国特殊服务商的贷款解决方案之一就是对贷款条款进行修改，往往要求融资人追加投资，以便换取特殊服务商延迟诉讼或者清算物业。许多因素决定贷款修改的效果，如果特殊服务商确定贷款修改方案符合债券持有人的最佳利益，他会将解决方案提交给控制级投资者。控制级投资者将综合融资方的要求来评估这样的修改，以确定其是否会取得比止赎或出售物业更好的结果。贷款修改通常包括延长还款期、降低利率和付款金额、将欠款（服务商的垫付及利息）计入本金而暂缓减少本金余额。有时贷款会被分成多个部分以缓减融资人当前的还款压力，并确保投资者在融资人将来恢复后可能取得的收益。

一个常见的修改方法是建构希望票据（Hope Note），即把原先的债券分成一个降低利率的优先票据和一个希望票据，原融资人追加的投资可作为优先票据和希望票据中间的一个等级，融资人继续持有物业，等待物业价值释放后获得债务清偿，以避免立即清算带给各方的损失。这种处理方法适用于基础资产有升值潜力的贷款。

如果物业价值无可避免地持续下滑，特殊服务商可立即进入诉讼和清偿流程。

在国内，由于原始服务商和特殊服务商同时缺位，且国内缺少专业的资产服务机构，因此在某些情况下，特殊服务商和部分原始贷款服务商的角色合二为一，主要职责有：

（1）进行审查。特殊服务商要对贷款的形成和资产入池进行审查。特别是特殊服务商投资劣后级的情形，会辅助进行尽职调查，并对交易结构给出建议。

（2）进行存续管理。对物业的日常运营进行监管，并进行风险监控。尤其是在融资主体偏弱的情况下，对重大租赁合同产生的现金流需要重点关注，包括重大租约变更审核、重大支出审核等。另外，还要监督检查物业运营方面信息披露的真实性。对一些自身管理能力不足的融资人，专业的特殊服务商可以对物业的日常管理、运营（如招租）、维护、改造提出建议甚至进行干预。

（3）进行逾期催收、清收。代表投资者和计划管理人对逾期贷款本息进行催收；代表投资者在贷款逾期情况下对物业进行全面的资产管理和监控；代表投资者进行债务重组谈判或者资产清偿回收服务。

三、特殊服务商收费

在美国，特殊服务商的收入有多种来源，包括每月基于融资规模计算的特殊服务费。对于止赎清算的贷款，特殊服务商有权收取交易金额的一定百分比作为报酬。在原始贷款机构被要求回购贷款时，特殊服务商可以得到一定的执行费用。特殊服务商还可从借款人处收取贷款修改费，但自2008年后，新的行业规范对此进行了限制。一旦某笔贷款逾期超过60天，贷款通常就进入了违约的状态，相关文件会从主服务商移交至特殊服务商。特殊服务商专门负责处理拖欠贷款事件，依靠在资产处置方面丰富的经验和出色的能力，为违约款项寻找相应的解决方案。主服务商和托管商服务费通常只有0.05%，而特殊服务商则会收到0.25%或更高的年费，这25个基点的特殊服务费可能看起来不像是一个巨大数字，但一个特殊服务商的信贷风险管理人员可以同时处理8～10个平均规模700万美元的不良交易，因而收入足够支付所需的人员开销，这使得即便在经济危机时，特殊服务商的规模也可以扩张。将任何成功处置或修复的贷款再交回主服务商时，特殊服务商通常还有权获得1%的额外奖励。一定程度的收费便于特殊服务商建立自己的系统、流程和人才储备，这使得即便在经济危机时，特殊服务商也可以大显身手，发挥作用。

第三节　特殊服务商评级

一、特殊服务商排名

美国特殊服务商排名见表4－2。

表4－2　美国特殊服务商排名

		2014年资产管理总额（亿美元）	数目	市场份额（%）	2013年资产管理总额（亿美元）	数目	市场份额（%）
1	LNR Partners	175.9	30	18.8	116.2	16	13.6
2	Rialto Capital	158.8	26	17	130.0	14	15.2
3	Midland Loan Services	155	30	16.6	267.4	28	31.3
4	Wells Fargo	119.4	27	12.8	142.8	29	16.7
5	CW Capital	92.3	17	9.9	47.2	8	5.5
6	KeyCorp	72.0	17	7.7	58.2	17	6.8

（续表）

		2014年资产管理总额（亿美元）	数目	市场份额（%）	2013年资产管理总额（亿美元）	数目	市场份额（%）
7	Strategic Asset Services	62.7	7	6.7	3.0	1	0.3
8	Torchlight loan Service	18.9	4	2			
9	Situs Holdings	18.6	4	2	36.5	8	4.3
10	Aegon USA Realty	8.5	2	0.9	7.1	3	0.8
11	Trimont Real Estate	7.8	2	0.8			
12	Pacific Life	7.2	2	0.8			
13	Berkadia	7.1	2	0.8	10.0	2	1.2
14	Capital Automotive	4.8	1	0.5			
15	RAIT Financial	4.2	2	0.4			
16	Sabal Financial	3.4	1	0.4	2.0	1	0.2
17	Colony Capital	3.2	1	0.3			
18	NCB	3.1	6	0.3	2.5	4	0.3
19	First City Servicing	2.9	1	0.3	1.9	1	0.2
20	Hudson Advisor	2.8	1	0.3			
21	STORE Capital Corp.	2.8	1	0.3	6.8	3	0.8
22	Berkeley Point	2.0	1	0.2	1.1	1	0.1
23	A10 Capital	1.3	1	0.1	2.7	2	0.3
24	Talma	0.5	1	0.1	0.0		0

二、特殊服务商评级标准

由于特殊服务商的重要性，美国市场 CMBS 产品在聘用特殊服务商时，会要求特殊服务商具有标普、穆迪、惠誉等主要信用评级机构给予的评级，并且该级别会直接反映到 CMBS 证券的评级要素中。

KBRA是2012年10月欧盟议会认同美国信用评级机构监管框架后第一家获得ESMA资格认证的美国信用评级机构。KBRA对CMBS交易中的特殊服务商，根据贷款为不良和非不良两种类别，采用不同的考察角度。对于非不良贷款，KBRA的考察角度如下：非不良贷款要求特殊服务团队对投资组合进行稳健的持续监督，旨在查出将来表现可能恶化的贷款，进而有时间准备债务处置，以及在不可抗事件发生时予以及时应对。

特殊服务商与主服务商在贷款监督过程中应始终保持定期及有针对性的工作配合。根据PSA，特殊服务商的贷款处理要基于借款人的要求，特殊服务商会有专门与主服务商一起工作的团队来评审借款人的相关要求。而特殊服务商通常关注这些要求是否会使贷款产生其他违约风险，从而增大信托亏损风险的可能性。借款人的要求通常零碎松散，需要在任何一次特殊服务商审核贷款之前被提出。因此，由于工作流程的反复无常，非不良贷款监管团队的贷款管理工作经常变得十分困难。团队需要有合理的人员配置（全职、兼职、外包）来专门对此类要求做出合理、稳健的应对。此外，特殊服务商还应该有充足的信息采集量来支持其投资决策。

一旦不良贷款被转移到特殊服务商，特殊服务商应帮助有经验的资产管理经理快速判断贷款的状态、制定资产处置方案。该方案应考虑到相关债权人、共同贷款人、参与方协议以及所产生的影响。特殊服务商对于资产的处置方案路径通常多种多样，比如协商失败的情况，特殊服务商会向借款人提出丧失抵押品赎回权方案。然而无论采取何种策略，应确保与特殊服务商的PSA职责相一致以及信托权益持有人的利益最大化。此外，在资产处置时相关环节的保密性与向证书持有人提供合理信息以支持其投资决策，这二者需要特殊服务商予以平衡。

具体而言，KBRA考察的方面主要包括特殊服务商对商业物业的专业判断和评估能力、贷款估值、评估过程、特殊服务商执行资产处置方案的能力（比如重组、止赎抵押物业、票据销售、股本回报率管理等），以及特殊服务商的信息传播力度。

第四节 特殊服务商案例研究

一、美国 CW Capital 案例

特殊服务商 CW Capital 对铁狮门斯派尔—贝莱德集团项目的处置案例是国外特殊服务商影响力最大的案例之一。铁狮门斯派尔与贝莱德集团 2006 年完成对纽约市东河区 Stuy Town 综合体的收购，卖方为美国大都会集团。该项目总投入 60 余亿美元，铁狮门与贝莱德集团各投入 1.12 亿美元股本金，投资者投入股权资本 16.5 亿美元（包括 4 个总额 9 亿美元的基金、用于收购完成后重新装修等运营支出、加州养老基金投资 5 亿美元、铁狮门斯派尔总裁 5 600 万美元的铁狮门斯派尔股份），外加 30 亿美元优先抵押贷款和 CMBS，及土地所有方 SLG 的 14 亿美元次级抵押贷款，项目收购的资本化率为 2.5%。

2009 年，该宗交易发生问题。租金回报仅相当于利息和运营支出的 2/3。2008 年秋，铁狮门斯派尔不再收管理费（原计划每年 1 800万美元），由于政府租金管制，公寓市场价不到贷款额度的 50%，8.9 亿美元运营基金在 2009 年年底消耗殆尽，并于 2010 年发生违约。2015 年，CW Capital 将项目卖给了贝莱德集团。

（一）项目情况

整个交易发生在曼哈顿正在发生人口变化的特殊时刻，这个位于纽约市曼哈顿东岸的综合体包括两大部分：彼得库珀村和斯图文森镇，为典型的红砖砌成的住宅公寓，为响应第二次世界大战退伍军人的居住需求而开发。该综合体 1943 年开建并于 1947 年完

工，规模约合 32 万平方米，东邻东河，西邻格拉梅西，南邻东村，北邻基普斯湾。

2006 年 7 月，当美国大都会集团宣布他们将要出售持有了 60 年的该综合体的时候，正值美国房地产行业的顶峰时期，国内市场资金充裕，国外大量资本涌入了美国房地产行业。尤其是在纽约市曼哈顿区，可开发建设的土地已经所剩不多。该综合体的出售吸引了纽约的顶级房地产家族、养老基金、有实力的外资潜在买家的强烈兴趣，铁狮门斯派尔决定和贝莱德集团组团竞标，双方都能利用自己擅长的技能：贝莱德集团有全球的投资者网络，铁狮门斯派尔有一流的运营能力。

铁狮门斯派尔与贝莱德集团的合资财团在 2006 年以约 60 亿美元最终赢得标的。当时市场对该综合体的估值仅仅为 35 亿美元。贝莱德集团和铁狮门斯派尔团队之所以能给出远高于市场估价的报价，是因为他们预期该区域未来升值潜力巨大（其实按照当时的房屋租价计算，租金回报只够偿还 40% 的贷款，但他们大胆预计该区域租金将有大幅上涨）。

该交易为美国房地产史上最大的单一资产交易。30 亿美元的优先级抵押贷款和 CMBS 卖给了新加坡政府投资公司、CALPERS 加州公务员退休基金、房地美和房利美等机构。该综合体的融资由人称“巨额贷款手”的美联银行银行家鲍勃·维罗纳（Rob Verona）促成。

这桩交易对铁狮门斯派尔来说也是一个很好的转型机会。他们以前极少在纽约自己持有并运营住宅地产。根据政府的免税协议，该综合体的 6 875 个公寓享受免税待遇，并受到租金管制。一般来说，除了资本集团，传统的开发商都会选择避开购买租金管制物业，因为纽约住房条例倾向租客方利益。美国的政府管控租金政策从 20 世纪 40 年代开始，最初以控制第二次世界大战时的通货膨涨为目的，之后几经变化时紧时松，管制方式和名目也多种多样。1969 年，纽约为了应付当时的住房危机，又通过《租金稳定条例》将更多房屋纳入租金管制范围，让低收入民众不至于无家可归。这些法律基本上使1947年2月1日到1974年1月1日兴建的大批公寓被列入租金管制范围，使持续居住在这些租金管制公寓中的房客不用担心租金飞涨的问题。房东如果希望涨租金，除非房东能证明房客年收入已经超过20万美元，房东可以向纽约国家租金控制和调节部门申请移除其不动产租金管制。

在房地产市场飞速上涨的时候，带租金管制的住宅楼售价会比同类楼宇便宜，很多房地产公司资本集团低价购入这种物业，然后想办法让管制公寓脱管之后，抬高租金获得巨大的回报。铁狮门斯派尔在购买该项目时，物业租金只能覆盖58%的贷款，这主要是由于租金管制公寓占比较高。铁狮门斯派尔希望通过优化公寓将租金提高到市价水平，尽快解除公寓租金管制，但想用任何手段涨租金都需要耐心筹备，特别是对于这样规模庞大的项目。

（二）运营情况

铁狮门斯派尔对租金上涨的测算十分激进，希望根据公开市场标准大幅度提升公寓租金。根据测算，到2011年该综合体的NOI将从2006年的1.12亿美元增长至2011的3.36亿美元，实现3倍收入增长。并且在未来5年内，购买价格在此基础上涨23%，即价值接近70亿美元。持有住宅租赁物业组合是市场销售放缓时一个很理想的对冲，也是一个很好的反周期赌注。

铁狮门斯派尔还打算花费1.5亿美元用于建造新设施和进行公寓改造升级，寄希望于通过重新规划社区和解除政府租金管制来提高收益水平。例如，引入了有轨电车、策划娱乐活动、进行植树绿化、新增健康俱乐部、举办橄榄球派对等。然而，租金的增长对于吸纳新租户是一个挑战，从2007年夏天开始，当铁狮门斯派尔把一居室的租金上涨到公寓市价3 055美元时，空置房间迅速从本来的150个上涨到了800个。

2007年，巨大的资金花费耗光了大部分自有准备基金。铁狮门斯派尔和贝莱德集团需要继续融资以获得更多资金。租金的提升也导致了租户的联名诉讼。同时，铁狮门斯派尔和贝莱德集团每个月为物业所支付的成本远高于租金收益。

（三）特殊服务商的作用

该综合体被收购后不到一年，2008 年金融危机爆发，美国房地产行业陷入衰退，经济加速下滑。该综合体的收益远远没有达到预期目标。铁狮门斯派尔把租金管制的公寓改造成市场租金的公寓，改造成本比原来预期高出 11%。而由于空置率等原因，租金管制公寓的平均租金收入比预期低 10%。2009 年 3 月 5 日，房客因为租金上涨起诉铁狮门斯派尔，来自纽约最高法院的上诉庭法官裁定，享有减税政策的不动产房主不能解除租金管制。2009 年 10 月 22 日，铁狮门斯派尔提出上诉，该裁决维持原判，铁狮门斯派尔被处罚 2.15 亿美元，法院的裁决把该综合体所有公寓的租金管制延期到 2017 年。铁狮门斯派尔通过抬高房租扩大现金流的计划失败。

2009 年 11 月，铁狮门斯派尔利息储备仅有 680 万美元，违约即将发生，贷款转给特殊服务商。由于当初的收购价过高，即使以高峰期的租金回报也仅相当于利息和运营支出的 2/3。2010 年 1 月，铁狮门斯派尔已拖欠 30 亿美元的优先抵押贷款和 14 亿美元的夹层债，未偿债务加剧，应付账款马上到期，资产市价跌至 19 亿美元，铁狮门斯派尔和贝莱德集团决定停止偿还贷款。2010 年 2 月，CW Capital 申请抵押品赎回权，不动产所有权移交给债权人。

2015 年，在特殊服务商 CW Capital 的主导下，贝莱德集团与加拿大的房地产公司亿万豪剑桥（Ivanhoe Cambridge）展开合作，以大约 53 亿美元的价格收购了该综合体。CMBS 贷款最终获得清偿。

二、高和招商—金茂凯晨资产支持专项管理计划

上一章中我们已经详细介绍过“高和招商—金茂凯晨资产支持

专项管理计划”这个案例的交易结构和增新措施等内容，本章将继续讲述这个案例，但是重点在于介绍特殊服务商在其中发挥的功能与作用。该专项资产管理计划作为国内第一单标准 CMBS 产品于 2016 年 8 月 24 日成功发行，融资规模高达 40 亿元，3 年期优先级成本仅为 3.3%，创造了资产证券化产品最低发行成本的纪录。除此之外，该专项资产管理计划最大的亮点是第一次引入特殊服务商，为 CMBS 产品在国内后续的产品标准推广建立了样本。

从业务流程来看，该专项资产管理计划中特殊服务商的主要职责如下：

1. 信托债权形成前

特殊服务商根据《信托贷款合同》约定的放款先决条件进行审核，向专项计划管理人、受托人提供意见和建议。

2. 信托债权存续期间

特殊服务商每 3 个月对目标项目的租金收入、借款人的财务变动情况以及其他非财务因素进行非现场的检查，查阅与租金收入相关的合同、凭证、发票等，收集借款人的公开信息，对借款人的履约能力进行判断。

特殊服务商在信托存续期间每 6 个月对抵押物进行现场检查，重点关注项目物业的经营情况和管理情况，并对抵押物的抵押登记进行现场核实。如发生重大租约变更，或发生重大支出，需要获得特殊服务商的审核同意。在信托存续期间，特殊服务商还将督促借款人办理抵押物财产续保、协助信用评级机构完成跟踪评级等常规履约事项。

3. 合格投资

特殊服务商依据《监管协议》的约定进行监管账户内资金的合格投资。

4. 临期管理

信托存续期间，本息到期 30 日前通知借款人安排还款，并检查监管账户余额是否满足偿还本息需要；尾期内按照借款人、受托人、计划管理人指示和委托，协助续发工作。

5. **逾期管理和特殊资产服务**

特殊服务商将代表受托人对逾期贷款本息进行催收；协助借款人进行再融资安排；协助借款人出售股权；协助物业筹措欠款；协助进行诉讼清收。

6. **信息报告**

特殊服务商将每3个月向计划管理人出具租金核查情况和监管账户合格投资的现状及收益，并每6个月向计划管理人报告现场检查情况。如借款人经营出现重大不利变化、抵押物出现严重损毁、借款人出现合约重大违约等严重影响借款人履约的情况时，特殊服务商需在2个工作日内向受托人和计划管理人报告。

7. **资料存档**

特殊服务商将妥善保管抵押物权属证明和抵押权登记证明，保存各项工作记录和完整交易文件。

8. **投资者服务**

特殊服务商将为信托受益权的场外交易进行撮合，向投资者提供文档查询服务，协助投资者与借款人沟通，接待投资者并陪同其对抵押物业进行现场检查。通过引入特殊服务商，将有效改变“贷款管理人缺位”的现状，可防范道德风险、提升产品透明度。

从具体工作范围来看，该专项资产管理计划中特殊服务商的主要职责如下：

1. **重大租约变更审核**

任何租约单位租金水平较前序租约下调超过3%，租赁合同期限超过5年（计划管理人尽职调查完成前已签署租约的除外），单一承租人租赁面积超过物业面积10%以上或占当年租金收入10%上的，都需要特殊服务商对租约审核同意后，借款人方可签署。

2. **重大支出审核**

借款人单次支出超过前一个会计年度收入的10%以上需经特殊服务商同意，特殊服务商应检查重大支出对借款人履约能力影响。

3. 逾期贷款催收

代表计划管理人对逾期贷款本息进行催收。

4. 物业和租金检查

检查物业经营情况、抵押物状况，同时对租金收入的真实性、合理性进行检查。

采用特殊服务商确实增加了成本，但从维护投资者利益的角度来看，完全是值得的。

同时，受益于上述完整的风控逻辑，该专项资产管理计划的发行深获市场认可，投资者认购踊跃。

第五节 特殊服务商对于中国 CMBS 市场发展的重要性

从美国市场的发展经验看，第三方服务商，特别是特殊服务商这一角色对于 CMBS 市场的发展非常重要，能够帮助构建 CMBS 市场多方共赢的局面。

对于投资者来说，有专业机构进行风险监控，帮助其把握风险。而且如果特殊服务商投资劣后级，将会更加具有说服力，可帮助控制 CMBS 的整体风险。

对于融资人来说，有专业的特殊服务商的参与，也有助于提升 CMBS 整体的评级水平和市场认可程度。

对于投行来说，在产品设计的初期，可与特殊服务商（特别是其愿意认购劣后级）沟通入池资产的标准、产品治理结构及其债券分层结构等，减少劣后级的市场销售风险和整个 CMBS 发行的风险。

对于市场来说，特殊服务商可吸引更多投资者参与。各类投资者的积极参与，有利于防范风险，打破刚性兑付，快速扩大市场规模。

对于监管来说，特殊服务商可减少监管难度和压力。由于有特殊服务商的参与，特别是其同时投资劣后级，将会使市场逐步形成自我管理能力，大大减少监管的压力。

第五章

CMBS的信用评级

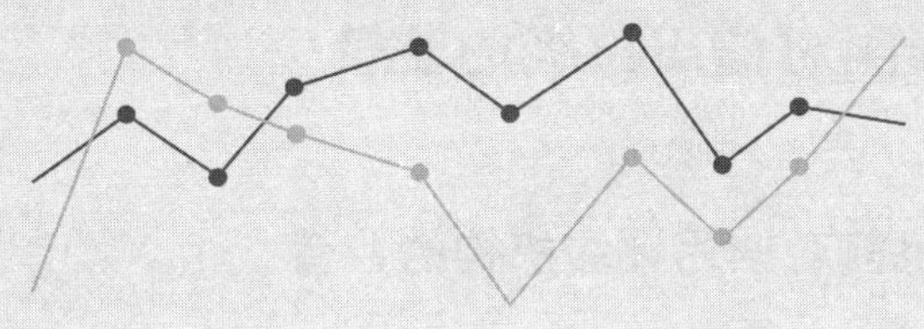

本章主要针对 CMBS 的信用评级做了相关阐述，分为两节。第一节在研究了次贷危机前后美国对证券化产品信用评级机构的监管内容后，总结了金融危机揭露出的美国信用评级机构的诸多问题与缺陷，有针对性地讨论了对我国 CMBS 信用评级机构和评级监管的启示。第二节讨论了 CMBS 信用评级风险的关注要点，就基础资产信用质量、交易结构和现金流、参与机构和法律风险几个方面做了相关探讨。

第一节　美国对信用评级的监管

一、次贷危机前对信用评级机构的监管

在 20 世纪 70 年代以前，美国对信用评级行业基本没有监管，行业准入门槛较低。市场自由竞争和声誉约束发挥着管制信用评级机构的主导作用。1974 年，美国发生了自 20 世纪 30 年代大萧条以来最严重的经济衰退，信用等级较高的债券违约现象频发。1975 年，SEC 制定了《交易商最低清偿标准》，对信用评级机构首次使用了全国认可的统计评级机构（Nationally Recognized Statistical Rating Organizations，简称 NRSROs）概念，以该认证为起点，美国信用评级机构进入了官方监管的阶段。2001 年年底，美国爆发了安然事件，暴露了信用评级机构在尽职调查方面的失职，使得监管部门强化了对信用评级机构的监管。2006 年，美国国会颁布了《信用评级机构改革

法案》，为了提高信用评级行业的竞争程度和透明度，以法令形式明确界定了 NRSROs 的注册程序、信息披露要求、评级程序、评级方法以及可能的利益冲突等内容，要求 SEC 对寻求成为 NRSROs 的信用评级机构制定监管规则，构成了美国信用评级行业监管的主体框架，首次明确了 SEC 对 NRSROs 的监管权力。

二、次贷危机暴露出的信用评级机构的问题与挑战

2007 年，美国房地产市场出现拐点，住房抵押贷款中的次级抵押贷款发生大规模违约导致贷款公司破产，大部分住房贷款转移给了银行。银行为减少损失，将抵押的房屋收回并拍卖，导致房地产市场一路下行，各金融机构遭受了巨大损失。以 CMBS 为例，基础资产违约率的上升导致 CMBS 证券的现金流收入下滑，根据 CMBS 证券的表现，信用评级机构大规模降低 CMBS 相关产品的级别，使得次级债券市场的抵押债务凭证价格也随之大幅下跌。

在次贷危机中，标普、穆迪、惠誉三大信用评级机构由于未能有效提示证券化产品的信用风险，饱受质疑。一部分意见认为，在次贷危机发生之前，信用评级机构没有准确地对证券化等产品的违约风险做出评估，误导了投资者的决策。而在次贷危机发生后，信用评级机构大幅度下调级别的行为造成了市场混乱。

信用评级机构在证券化产品的评级过程中存在信息不透明，以及评估方法不对外的问题，遭到了许多批判。特别是，信用评级机构在对结构性金融产品进行评估时所采取的方法、模型与假设等，对市场和公众都极不透明。而面对数量巨大、经过多次创新、构造复杂的结构性金融产品，信用评级机构也难以检查出基础资产池中具体贷款的风险。有些指责认为，信用评级机构的评级模型往往是建立在数理经济学各种假设基础上的单一定量模型，通过情景模拟分析和压力测试对证券未来的偿付情况进行评估，而忽视了制度经济学研究提倡的进行历史的、逻辑的和联系实际的分析。因此，评

级的正确性会受到输入模型的原始数据、模型前提条件质量等因素的影响，而产品结构的多重化、复杂化加剧了这一影响。

三、次贷危机后对信用评级机构的监管新规

次贷危机中信用评级机构的表现引发了对信用评级机构监管的改革。2010 年 7 月，美国出台了《多德—弗兰克法案》，该法案第九章涉及投资者保护和改进证券业监管，其中的第三节是完善信用评级公司监管的相应内容，共分 9 个条款，主要对信用评级机构的监管体系提出了新的规范性要求。《多德—弗兰克法案》赋予 SEC 监管和检查信用评级机构的权力，SEC 必须对信用评级服务机构制定新的监管规定，以此管理和规范这些机构的评级活动。《多德—弗兰克法案》对信用评级机构提出的要求可概括为以下五点：

（1）成立信用评级办公室。由 SEC 成立一个信用评级办公室，成员由相关专家、合规官员及精通公司业务、市政债券和结构性金融产品的权威人士组成，专门行使信用评级行业监管职责，以提高信用评级结果的准确度，保护投资者和社会公众的利益。该法案要求信用评级办公室至少每年对信用评级机构进行一次检查，并向公众公布检查结果。

（2）减少对评级结果的依赖。《多德—弗兰克法案》要求减少对使用 NRSROs 评级的强制性要求，删除了法律中对债券有“投资级别”的限制以降低对评级的依赖，鼓励投资者进行独立分析。

（3）强化信息披露，提高信用评级机构的透明度。要求 NRSROs 公布其评级方法、聘用第三方进行尽职调查的情况以及各项评级的历史记录，强化信用评级机构的信息披露义务，提高信用评级机构的透明度。该法案同时要求 NRSROs 在进行评级时，除收集被评级机构提供的信息以外，也应从其他渠道获取信息进行佐证。

（4）解决利益冲突问题。对合规官员的任职资质提出具体要求，要求信用评级机构公开披露参与评级的主要职员是否在离职后转投

被评级公司等信息。

（5）加强信用评级机构评级行为的责任追究。允许投资者保留对评级公司的失误进行民事诉讼的权利，追究信用评级机构对其决定信用评级风险的方法所依赖的重要事实没有进行合理的调查等行为的法律责任，同时 NRSROs 应承担专家责任。对于严重违规或多次出现重大评级失误的信用评级机构，SEC 有权撤销其注册资格。该法案还要求，评级从业人员应经过相应的资格考试，并进行持续教育。

此外，《多德—弗兰克法案》还要求 SEC 加强对信用评级机构独立性、信用评级质量等问题的改善，同时要求 SEC 解决信用评级机构提供风险管理咨询服务、辅助性协助、其他咨询服务时可能产生的利益冲突等问题。SEC 根据《多德—弗兰克法案》在 2009 年修正了 NRSROs 规定，在信息披露、利益冲突和减少法规对信用评级的依赖等方面制定了相对严格的条款。2009 年 6 月，美国政府正式公布了《金融监管改革法案》，要求信用评级机构完善利益冲突管理政策，并强化跟踪评级程序，严格对待证券化产品的评级基准。2010 年 6 月 NRSROs 规定开始实施。

证券化产品由于较为复杂，资产层级较多，较之其他产品，信用评级机构在评级中的重要程度更高。同时，由于证券化产品基础资产的透明度较低，对于投资者而言，对证券化产品的风险以及收益做出评估时成本更高，特别是信息成本往往非常高，所以投资者将更加依赖于信用评级机构。基于此，《多德—弗兰克法案》对信用评级机构的信息披露尤其重视，在证券化产品的信息披露模板中，对信用评级机构需披露的信息做了专门的强化。

次贷危机后，美国监管主要是从披露方式和披露内容两方面要求信用评级机构提高评级的透明度。2014 年 9 月联邦公报（*Federal Register*）上正式公布最新版的 NRSROs 规定，对信息披露优化等做出了以下要求：

（1）披露方式。与欧盟建立的中央数据库（central repository）

统一公布各信用评级机构披露信息的方式不同，美国要求各信用评级机构主动在其网站上披露评级相关的信息。

（2）披露内容。在评级信息方面，信用评级机构需公开评级符号体系、评级流程、评级方法、主要假设、评级结果的局限性、利益冲突、第三方尽职调查服务的使用情况等。在评级历史信息方面，要求公开披露的内容有进行评级的日期、评级对象信息、评级类型以及级别信息等。

此规定标志着美国在次贷危机后对信用评级机构监管制度的框架基本搭建完成，对提高评级的透明度，便于投资者进行正确的投资判断有很大帮助。

综上，《多德—弗兰克法案》与《金融监管改革法案》针对信用评级机构引入了一系列变化调整措施，但对于由次贷危机前过度乐观评级引发的问题，该法案并没有完全解决，尤其是债券发行人仍有很大意愿去“购买”对其有利的评级。

四、美国监管新规对中国的启示

次贷危机暴露了美国资产证券化信用评级存在的严重问题，大致可以归结为如下两点：

一是信用评级机构在证券化产品的评级过程中存在信息不透明，如三大信用评级机构在2007年7月9日这一周，在没有预警信息的情况下，极其迅速地对大量的MBS产品降低信用级别，且没有及时公开详细信息，导致投资者对相关产品失去信心，从而引发危机。

二是信用评级机构对证券化产品的评级机制不完善，在对结构性金融产品进行评估时所采取的方法、模型与假设等，面对数量巨大、经过多次创新、构造复杂的证券化产品，难以检查基础资产池中具体贷款的风险。

尽管次贷危机揭露了信用评级机构存在一定的问题，但信用评级机构作为缓解市场信息不对称、降低交易成本的重要角色，有力地推动了美国资本市场的发展。我国信用评级行业正处于初级阶段，应在未来信用评级体系的建设过程中，充分借鉴次贷危机中美国对信用评级体系总结的经验教训，完善制度建设，积极发挥信用评级机构的风险揭示作用，提升资本市场的资源配置效率。

比如，我们应当加快制定行业法律法规，对信用评级行业的市场准入标准、机构组织原则、人员素质、技术能力、评级行为规范等做出全面系统的规定，为加强和规范信用评级业管理奠定法制基础。为确保信用评级机构忠实地履行公共责任，在制定制度时要着力解决好评级竞争和盈利模式的问题。在这方面，我们可借鉴国外一些评级监管法规的做法，如完善评级行为指引，加强评级信息定期披露的标准化，或引入双评级制度，以强化信用评级机构的互相监督机制。特别是针对证券化产品的评级，对频繁创新且构造复杂的结构性金融产品，应督促信用评级机构对其评级基准及时做出调整，如对以 CMBS 为代表的多层级产品，应督促信用评级机构检查基础资产池中具体贷款的风险。

第二节　CMBS 信用评级风险的关注要点

在美国，经过多年的运作，资产证券化信用评级，从评级指标、评级程序、评级内容来看，都在实践中趋于完善。尤其在资产证券化评级标的资产多元化的背景下，针对各个标的资产的特色，各大信用评级机构又做了相关改进和完善，各自形成了一整套评级方法。

美国信用信用评级机构大都将 CMBS 交易根据抵押贷款的规模、借款人数量及分散化程度分为三种模式：SASB 交易、融合交易及通道交易，这三种模式的主要区别为单个借款人金额占比不同。SASB 交易包括两种形式：以一座大型地产为抵押的单笔贷款或者由单一地产企业持有的多个地产交叉抵押的多笔贷款。后者也称为交叉担保或交叉违约，在交叉担保中，若一项地产没能按时偿还贷款，所造成的损失可由表现较好的地产产生的现金流弥补；在交叉违约中，一笔贷款的违约会构成整个资产池的违约，这样发放贷款的银行可对所有资产行使抵押权。融合交易由数个不同借款人发起的多笔大额贷款构成，通常为10~25笔。通道交易通常包括30笔以上贷款，入池资产由不同信用水平的借款人构成，主要包括几笔信用水平较高、投资级别以上的大额贷款以及充分分散化的信用水平较低、金额较小的导管贷款。

CMBS经过数十年的发展，其交易规模、产品标准化设计和交易机制建设已经相当完善，是现有国际证券市场中重要的交易品种之一。

在CMBS的评级过程中，我们主要比较了国际三大信用评级机构和专门进行CMBS评级的KBRA的评级方法，见表5-1。国际信用评级机构对CMBS评级的核心在于将基础资产预期损失的估计与增信水平相比较，如果增信水平能够覆盖目标级别压力情景下的预期损失，那么证券就可以获得该目标级别。

表5-1　惠誉、穆迪、标普、KBRA对CMBS产品的评级方法对比

	SASB交易	融合交易	通道交易
惠誉	单独计算增信要求，合并后通过集中度分析调整增信要求	目标等级对应回收额 = NCF/（再融资系数 × 目标等级的DSCR × 分期摊还因子）	根据蒙特卡洛模拟，汇总获得目标等级下的预期损失
穆迪	单独计算增信要求，加权平均，然后根据集中度调节最终LTV	计算获得NCF、DSCR、LTV，调整目标LTV	通过定性打分卡，计算资产池NCF、DSCR、LTV，通过资产池集中度大小调节LTV

（续表）

	SASB 交易	融合交易	通道交易
标普	计算资产池 NCF、DSCR、LTV，计算每笔贷款单笔增信水平和分散化增信水平，汇总并比较目标等级的增信要求		
KBRA	从对个别资产现金流和价值的分析开始，计算获得贷款抵押率（KLTV）和偿债覆盖率（KDSC），即 KBRA 版 LTV、DSCR，汇总并比较目标等级的增信要求		

资料来源：惠誉、穆迪、标普等机构官方网站，联合评级整理

惠誉对 CMBS 交易的分析集中于大额贷款交易、导管贷款池及融合交易。大额贷款交易级别的判定取决于不同压力情景下贷款回收额产生的增信水平；导管贷款池则是通过蒙特卡洛模拟得到预期损失分布，进而得到目标级别所需增信水平；融合交易是由大额贷款与导管贷款组成，惠誉先对这两种贷款单独分析，在资产池层面进行贷款规模集中度、借款人集中度分析及压力测试时将两者合并，进而求出整体增信水平。

穆迪对 CMBS 交易的分析框架与惠誉类似：对大额贷款的分析专注于贷款回收额；对导管贷款的分析侧重于预期损失的影响因素分析。而对于融合交易，主要分析大额贷款的信贷特征与导管贷款的分散程度，以及两者之间的平衡关系。

标普对三种 CMBS 交易类型使用统一的评级方法，主要以 LTV 阈值为基础，结合资产池的分散化程度计算目标信用等级的增信水平，此方法结构清晰、便于使用，但需要有足够的历史数据才能保证方法的合理性。

KBRA 对 CMBS 交易的分析方法较为特殊，由于 CMBS 在增信方、资产数量、资产类型和地理位置等多方面都存在信用风险，鉴于这些交易的性质，KBRA 使用一种“ground-up”的方法来导出

CMBS 评级。该方法首先对持续净现金流（KNCF）进行估值，估值考虑了房地产融资的独特特征，主要考虑基础资产的质量、可持续租金水平及吸引租户的能力。以 KNCF 对个别资产现金流和价值的分析为基础，确定 KBRA 版 LTV 率和 DSCR，并考虑基础资产在其市场背景下的表现。总体来看，KBRA 首先以 KLTV 为主要参数，基于 KLTV 数值对 CMBS 产品进行分层，其次使用 KDSC 测试作为辅助进行判断。

从总体来看，国际信用评级机构的评级思路可以归纳为以下三个步骤：首先，根据抵押贷款的规模、借款人数量及分散化程度对贷款进行分类；其次，根据不同类别贷款的特征，采用不同的方法计算基础资产在目标级别压力情景下的预期损失；最后，在优先/次级的结构化设计前提下，根据计算预期损失得到的增信水平划分证券的分层结构。从方法来看，各大信用评级机构对 CMBS 的信用质量分析都分为两个层次。首先是要分析判断资产池中单笔债权资产或单个债务人的信用风险，分析思路或分析方法是参照传统的企业债券评级，对单笔债权资产或单个债务人进行影子评级，确定其相应的违约概率及违约损失率。在对每笔债权资产进行逐一信用分析的基础上，结合每笔债权资产的影子评级和其他信息，可以统计资产池的各项组合特征，以便对资产池组合的信用质量进行综合分析，为投资者提供进一步的参考。在具体实践方面，不同信用评级机构的方法还存在一定差异。

以标普 CMBS 证券化评级框架为例，内容主要包括证券化资产的信用质量分析、交易结构和现金流机制分析、业务运营风险分析、交易对手分析，以及法律和监管体系风险分析五个方面，总体上与我国的资产证券化评级体系较为相似。穆迪 CMBS 证券化评级框架则主要包括四个方面：资产质量分析、法律和监管体系分析、结构分析、运营和管理分析，仅在对抵押债务凭证（CDO）进行分析时才包括交易对手分析。

下面，我们从基础资产信用质量、交易结构风险、现金流预测与压力测试、参与机构风险、法律风险五大方面讨论CMBS的信用分析方法。

一、基础资产信用质量

（一）资产池组合分析

以银行对商业物业抵押贷款资产证券化为例，对资产池组合的分析主要包括以下内容：

（1）资产池债务人的加权平均影子评级（涉及多个借款人时）。

（2）资产池的加权平均期限，包括债务账龄与剩余期限。

（3）基础资产的抵押情况，物业租金收益权的质押情况。

（4）资产池的债务人集中度。

（5）资产池中债务人的影子评级分布。

（6）资产池的行业与地区集中度，包括分布与相关性。

（7）历史违约率与回收率等相关数据情况。

将每笔债权的风险暴露乘以该笔债权资产或该债务人影子评级对应的违约率可以简单得出资产池的加权平均影子评级，这在一定程度上代表了资产池组合的信用质量，投资者可以形成一个直观的印象，是一个重要的参考指标。但是加权平均影子评级只是资产池组合信用质量的一种直观反映，没有考虑资产池组合的相关性因素，如行业集中度、债务人集中度等。而根据相关性理论与实践，基础资产间的相关性对资产池组合的整体违约风险有重要影响，在加权平均影子评级相同的前提下，分散性好的资产池组合出现大规模违约风险的可能性明显要低。

（二）基础资产质量分析

当制定房地产证券化方案时，一般以如何评估对象房地产的价值（现值及未来价值）为起点。信用评级机构关注租金收入，一般依据当时的市场形势对每一个案考察其评估时是否充分考虑到各种状况及业绩（租金收入、空置率等）。

对于市场形势的预测，由于不可能对所有案例的数据进行完全把握，所以数据来源主要参照房地产评估报告，另外参考一些其他数据。

1. 市场分析

对标的物业及周边地区进行房地产市场分析是预测证券化未来现金流，以评估其资产价值最重要的依据。信用评级机构通过对标的物业的地点（道路、交通情况等）、竞争地区以及具有竞争性的物业（包括现存及计划开发的）、邻近地产的运营状况，租户的情况、店铺供给和需求趋势（出租条件、空置率的高低）、购销信息、市场发展趋势，包括与行业相关的各种经济指标及指数、历史数据（租金、历史空置率、历史租赁期间、承租人情况）等项目的调查，力求尽可能准确地分析和预测证券化产品发行及赎回时的市场趋势。

2. 标的物的质量

标的物的盈利能力和等级（品质等级）属性是决定该房产质量和竞争力的重要依据。此外，该房产的维护、管理和修缮等成本，也将成为预测其未来资产价值的要素。信用评级机构对环境（包括自然灾害风险、是否存在污染及污染状态等）、土地的形状和面积、建筑物的品质、管理系统（上下水、供电、燃气、空调）等进行的调查基于承包商和设计公司提供的工程报告和对该物业的现场调查①。

3. 资产管理能力

如果标的物为办公和商业设施，在资产支持计划中会由房企、信托银行或原始权益人及关联公司出任资产管理人，对于其是否具备执行该业务的信用及技术经验等资质，信用评级机构将对所有个案进行资产管理能力的历史业绩、财务状况稳定性、与其他证券化

---

① 资产池中标的物过多的情况下，可不全部进行现场调查。

参与者的关联性等项目的调查。

4. 租户状况

租户的质量及多样性（行业、规模等）也是信用评级的依据。为了避免空置率快速上升和租金显著减少，很好地控制租客的质量和平衡种类是很重要的。因此，信用评级机构在检查住户的数量（分布）及质量、租金水平及租金变动的情况、租赁期限、租赁条款及条件、合同的更新、解约等条件、租户的财务状况、经营管理能力等项目的基础上，预测未来租金收入的变化及趋势。

在美国，对一项房地产的估值需要确认它能够产生稳定的净现金流和适用的资本化率（capitalization rate）。其价值等于稳定净现金流除以资本化率。不同于我国，美国房地产的现金流分析不是基于贷款期限内的收入和费用预测，也不是基于房地产表现最差的情景假定，而是基于在证券化交易的生命周期内，房地产预期可以产生的稳定净现金流。稳定净现金流可以通过调整房地产的当期（通常为最近12个月）收入和费用得出。此外，所有的资本性支出和再租赁费用需要在贷款期限内均摊并从净运营收益中扣除。每项房地产的分析都要考虑一些定性因素，比如竞争、经济规划、人口变化、占有率趋势、可能导致房地产功能退化的设计特征以及其他可能随着时间影响房地产表现的因素。这些因素的大部分可以通过对房地产的稳定净现金流应用一个适当的资本化率来反映每项房地产内在的优势和风险。资本化率是一个关于房地产质量、年龄、位置、竞争特性、重置成本、各自资产类型的历史资本化率的函数。美国根据不同物业划定不同的评分等级，再按不同业态给出一个资本化率表，具体内容见表5－2。

表 5－2　物业评分等级和资本化率对应表

单位：%

评分等级	0	0.5	1	1.5	2	2.5	3	3.5	4	4.5	5
多户住宅资本化率	6.5	7	7.5	8	8.5	9	9.5	10	10.5	11.5	12.5
工业化住宅资本化率	6.5	7	7.5	8	8.5	9	9.5	10	10.5	11.5	12.5
工业物业资本化率	7	7.5	8	8.5	9	9.5	10	10.5	11	12	13
自助仓储资本化率	7	7.5	8	8.5	9	9.5	10	10.5	11	12	13
区域性购物中心资本化率	6.75	7.25	7.75	8.25	8.75	9.25	9.75	10.25	10.75	11.75	12.75
主力租户资本化率	7	7.5	8	8.5	9	9.5	10	10.5	11	12	13
非主力租户资本化率	8	8.5	9	9.5	10	10.5	11	11.5	12	13	14
办公楼资本化率	7.5	8	8.5	9	9.5	10	10.5	11	11.5	12.5	13.5
混合租户资本化率	7.5	8	8.5	9	9.5	10	10.5	11	11.5	12.5	13.5
社区生活辅助设施资本化率	8.5	9	9.5	10	10.5	11	11.5	12	12.5	13.5	14.5
医学设施资本化率	10.5	11	11.5	12	12.5	13	13.5	14	14.5	15.5	16.5
自助型酒店资本化率	9	9.5	10	10.5	11	11.5	12	12.5	13	14	15
全服务型酒店资本化率	8.5	9	9.5	10	10.5	11	11.5	12	12.5	13.5	14.5

资料来源：穆迪

5. LTV 及 DSCR

LTV 和 DSCR 是对 CMBS 进行信用风险分析的两个重要指标，中美的信用评级机构都会在得到该物业的评估价值后计算 LTV 和 DSCR 等量化指标，通过该指标确认 CMBS 的目标等级。穆迪和惠誉在计算 LTV、DSCR 的过程中分别采用了打分卡、蒙特卡洛模拟和两者综合的方法测算目标等级的增信要求，标普对所有类别均使用统一的打分卡测算 LTV 和 DSCR，但在测算结果中引入分散因子系数对结果进行调整，从而满足目标等级的增信要求。截至 2017 年 1 月底，我国 CMBS 产品均只涉及单一借款人的产品，评级方法与国际上三大机构的评级方法基本一致，主要看借款人及相关外部增信方级别、物业的 LTV 和 DSCR 指标等。

在满足其他条件的情况下，当外部增信主体级别低于或等于 AA，且满足 DSCR 及 LTV 指标时（见表 5－3），债权可在外部增信主体级别上增加一个小级别。例如某 CMBS 项目，所有外部增信主体最高级别是 AA，当均满足 DSCR 及 LTV 指标时，债权级别为 AA＋。特殊情况下，外部增信主体级别低于 AA 高于 A＋，在 DSCR 及 LTV 指标较表 5－3 更严苛时，债权也可能到 AA＋。当外部增信主体级别等于 AA＋时，资产优良且预留储备金（储备金为预计 AAA 规模 2 年的利息），并满足 DSCR 及 LTV 指标时，债权级别可到 AAA。当外部增信主体级别等于 AAA 时，债权级别为 AAA。

（1）LTV。

LTV 是指债券发行时标的物房地产的“资产价值”对“债券本金金额”的比率。在房地产证券化交易中 LTV 可作为调整债券赎回时补足该债券资产价值变动风险的增信措施，也可作为判断其在何种程度减轻价值变动风险的判断材料。由此可见，LTV 为评定该债券本息支付能力的重要指标。信用评级机构在计算 LTV 时，一般使用以债券偿还时标的物的卖出金额（或再融资金额）为基础的要素预测未来现金流。

表 5－3　我国相应级别对应的 DSCR 及 LTV 指标

信用级别	连锁的工业、零售业物业		办公楼		宾馆		地区性商场		多户住宅	
	DSCR	LTV（%）	DSCR	LTV（%）	DSCR	LTV（%）	DSCR	LTV（%）	DSCR	LTV（%）
AAA	2.10～2.20	40.50～45.50	2.05～2.15	41.50～46.50	2.95～3.05	29.50～34.50	2.10～2.20	38.50～43.50	2.00～2.10	42.50～47.50
AA	1.80～1.90	47.50～52.50	1.75～1.85	48.50～53.50	2.45～2.55	35.50～40.50	1.80～1.90	45.50～50.50	1.75～1.85	48.50～53.50
A	1.60～1.70	53.50～58.50	1.55～1.65	54.50～59.50	2.15～2.25	40.00～45.00	1.60～1.70	51.50～56.50	1.55～1.65	54.50～59.50
BBB	1.45～1.55	60.00～65.00	1.40～1.50	61.00～66.00	1.90～2.00	47.00～52.00	1.45～1.55	57.50～62.50	1.40～1.50	61.00～66.00
BBB－	1.35～1.45	64.00～69.00	1.30～1.40	65.50～70.50	1.75～1.85	52.00～56.00	1.35～1.45	63.00～68.00	1.30～1.40	65.50～70.50
BB	1.25～1.35	69.50～74.50	1.20～1.30	71.00～76.00	1.55～1.65	57.50～62.50	1.25～1.35	69.50～74.50	1.20～1.30	71.00～76.00
B	1.15～1.25	75.50～80.50	1.10～1.20	77.50～82.50	1.30～1.40	68.50～73.50	1.15～1.25	75.50～80.50	1.10～1.20	77.50～82.50

注：DSCR 是对利息的覆盖倍数。

资料来源：联合评级整理

对于商用物业抵押贷款而言，融资额度占物业价值的比例越高，也就是LTV的数值越大，本息不能按期足额偿付的风险就越大；风险越大，则需要为融资支付的利率成本就越高。因此，商用物业抵押贷款评级的核心参数就体现为特定评级等级与LTV数值之间的对应关系。CMBS产品层面，特定评级等级的抵押贷款所对应的LTV越高，就意味着优先级证券所需要的劣后级防护垫厚度越薄，也就是低利率的优先级融资额度越大。所以，CMBS产品设计的核心目标就是在保证抵押贷款目标评级不降低的前提下，尽量提升其LTV数值。

如果将北美市场和亚太市场放在一起做个比较，值得注意的是，不但在所有评级水平上亚太市场的LTV都要低于北美市场，而且两者的差距随评级水平降低而加速拉大。美国CMBS市场LTV较高是由于投资机构（保险等）对CMBS的投资需求加大所致。保险公司由于资金成本较低，对CMBS抵押贷款的要求利率较低，但保险公司由于其风控体制无法提供过高的杠杆率（约60%左右），为了与其他投资机构竞争，资金成本较高的其他机构只能通过提高杠杆率来赢得贷款。

另一方面，亚太市场产品在贷款到期后留给物业处置的尾期较短，且控制权保留在优先级手中，这使得执行担保权时物业处分收益没有保障。美国针对不同类型的商业物业处置价格与数据非常清晰，但中国违约处置数据不透明。在美国，清算或处置抵押物需要22个月左右，与中国的破产清算速度大致相当。针对LTV的计算，美国评级分析师和评估机构对资产未来价值的加压不同，导致美国个别案例出现LTV大于100%的情况。

穆迪对亚太市场及北美市场的LTV要求见表5-4。

表 5－4　穆迪对亚太市场及北美市场的 LTV 要求

评级	亚太市场 LTV（%）	北美市场 LTV（%）
Aaa	40	48
Aa1	44	52
Aa2	48	56
Aa3	51	59
A1	53	62
A2	56	65
A3	59	69
Baa1	61	73
Baa2	64	77
Baa3	67	81
Ba1	71	86
Ba2	75	90
Ba3	78	95
B1	81	100
B2	85	105
B3	88	113
Caa1	92	122
Caa2	95	130
Caa3	98	140

资料来源：穆迪

（2）DSCR。

DSCR＝当年净营业收入/当年的本金和利息偿付额。DSCR 用来衡量现金流是否足够用于正常的还贷，在很大程度上决定了违约的可能性（frequency of loss）。如果 DSCR 持续小于 100%，就说明物业的现金流收入无法满足还贷所需的支出，在没有借款人或外部增信方补足的情况下，将导致违约。当计算 DSCR 时，分子应剔除应付税务、保险或储备金；分母则只包括本金和利息。DSCR 通常保留小数点后两位数字。

在美国的 CMBS 交易中，大多数商业贷款人都希望基础资产的净租金收入能够满足抵押贷款本息的支付，并且他们还希望拥有一个相当大的缓冲，以防债务人空置率大于正常值或费用超出预期时，影响本息的支付。在 CREFC 披露的标准交易中，假设基础资产为一个小型购物中心，则大多数商业贷款人一般希望得到 25% 的缓冲，这意味着 DSCR 需要达到 1.25 倍。如该物业每年产生的净营业收入为 10 万美元，那么贷款人会将商业贷款的规模限制为每年不超过 8 万美元的偿债金额，则该交易的 DSCR 为 1.25。

物业的净收入越不确定，商业贷款人想要的缓冲就越大，这一般随着物业性质及用途的改变而改变。例如，CREFC 披露大多数商业贷款人希望酒店的 DSCR 至少为 1.40，远高于购物中心的 1.25，但如果苹果公司以合同的方式租赁该物业 20 年，商业贷款人的 DSCR 则会低至 1.05，这说明租户及物业用途对 DSCR 的影响很大。

物业种类对 DSCR 的要求见表 5-5。

表 5-5　物业种类对 DSCR 的要求

	零售	工业住宅	自助仓库	多户住宅	办公楼	酒店	生活辅助设施	混合租户物业
对 DSCR 的要求	1.25	1.25	1.40	1.20	1.25	1.40	1.50	1.40

资料来源：美国商业物业金融委员会

在金融危机后除 LTV 和 DSCR，美国信用评级机构还会关注该贷款的 DY，目前国内尚未开始考察该指标。DY 等于 NOI 除以全部抵押贷款债务（贷款）金额（也可用 NCF 除以全部抵押贷款债务金额），其中 NCF 等于 NOI 扣除资本开支和租赁费用。例如，假设商业物业每年的 NOI 为 437 000 美元，新的优先抵押贷款金额为 6 000 000美元，437 000 美元除以 6 000 000 美元，DY 是 7.3%。这意味着，如果该资产对商业贷款进行抵押，那么贷款出借方将享受 7.3% 的现金回报。次贷危机后，美国的商业物业价值下降，越来越多的贷款人担心评估价值可能不准确，不愿意依赖 LTV 来确定贷款规模，而 DSCR 容易受利率水平波动和贷款还本摊销的影响，因而会产生偏差。因此，DY 作为“更保守、更稳定的基准”而受到关注。该指标的意义在于将 DY 控制在一定区间，既可有效控制贷款规模，防止贷款出现过高杠杆，又能明确债券发生违约时对债权人的保障程度。

在次贷危机之后，随着承销标准趋于严格，DY 的水平逐步上升到 10% 左右。

二、交易结构风险

对于 CMBS 的评级是针对证券本金及投资收益能否按时、足额偿付的可靠性进行判断，主要是对原始权益人的持续经营能力、基础资产的性质、产品的法律结构、现金流支付机制等方面进行分析。CMBS 资产池损失程度直接影响着优先级证券的违约风险，而影响资产池损失程度的因素包括资产池违约额和资产违约后的回收程度两方面。

在美国，影响资产池违约额的因素主要包括租户和地产商/运营商的信用风险、地产商/运营商的运营能力、资产集中度、商业物业类型、商业物业所处的地理位置、成本费用水平、市场环境等。影响资产池违约后回收程度的因素主要包括商业物业的变现价值。以标普为例，标普着重考察支付结构的合理性，对证券化资产的现金分配机制、支付给投资者本金和利息的资产、交易费用等进行分析，并且特别关注优先级的交易支付义务。同时，标普也着重对结构化中的“触发事件”和其他业绩或信用表现导致的驱动事件进行分析，这决定了多余现金的使用以及可能导致投资者支付条款的变更。标普还需要考察证券化过程中可能导致现金流量损失的潜在风险，如依赖第三方的付款义务背后的付款机制与结构化证券支付条款的相容性。此外，标普还会考虑债务人资产所在国家政府的干预对证券化债务的支付造成不利影响的可能性，如政府可以控制外币转让和兑换等。

穆迪的结构分析主要包括以下四点：

（1）交易结构的合理性，包括标的资产结构和分层组合的合理性、标的资产是否能产生稳定现金流以及现金流是否能匹配所发行证券的利率和期限结构。

（2）现金流的分配是否按照预期的优先次序支付给投资者等各参与方。

（3）结构是否考虑了所有典型风险，包括税务方面的，特别是预付税额；金融方面的，如流动性、利率、外汇、价差等；以及其他环节，如账户、付款和交割机制、信托管理人的信用和经验等。

（4）国家法律或经济因素的改变导致政府干预的主权风险。

美国信用评级机构在考虑结构风险时的关注点都比较相似，国际信用评级机构在对交易结构进行评级时也大多会考虑以上风险。

（一）现金流预测偏差风险

基于租金收入的证券化产品还本付息的来源为未来的租金净收入，而租金收入易受市场价格波动的影响。当市场价格上扬时，租赁市场活跃、出租率高，则租金收入增长，CMBS 证券还款来源有保障；反之当租金收入下降时，会影响资产池现金流，而商业物业的市场风险与区域、商业环境、消费习惯等诸多因素有关。基础资产的稳定性越差，预测过程中产生的偏差就越大，因此，需合理评估商业物业的市场风险对资产池违约程度的影响。

比如，办公楼类 CMBS 以办公楼的租金、物业等运营收入作为还款来源，而办公楼的运营收入受宏观经济和行业竞争影响非常大，这对现金流预测带来较大的挑战，降低了预测的准确性。以美国为例，次贷危机前，三大信用评级机构对现金流主要采用未来的预测数据进行评估；次贷危机后，则开始重视对历史客观数据的分析，以历史数据为基础进行估值，这充分体现了金融危机后美国信用评级机构在资产、现金流评估上的谨慎、保守特征。

目前我国对商业物业类产品的发行主体主要从以下几个方面规避现金流预测偏差风险：首先，尽量选择稳定性较好的基础资产，从源头上规避上述风险；其次，提高各期现金流入对当期应付本息的覆盖倍数；最后，尽可能多地沉淀部分资金在资产证券化产品托管账户中，尽量降低各期本息不能偿付的风险。

针对基础资产受行业波动影响较大的CMBS类资产证券化产品，评级工作中应考虑极端情况下产品所能承受的现金流损失。另外，如果评估公司出具的报告中设定的现金流增长率偏高，且原始权益人没有强有力的理由进行解释，比如明确的政府规划文件等，那么应按照历史现金流增长率等情况（剔除增长率异常的年份数据）计算现金流平均增长率。

压力测试下，若现金流覆盖倍数低于1倍，原始权益人（或担保人）的主体信用级别为产品所能得到的最高信用级别，与基础资产的类型无关。在压力测试过程中，要考虑交易结构中是否有针对相应风险的缓释措施，如果没有，则要考虑极端情况下基础资产未来现金流的损失情况。

另外，针对基础资产类型的差异，信用增级所需的现金流入对应付本息的覆盖倍数不同。

（二）基础资产运营成本风险

理论上讲，以美国为例，CMBS产品的未来现金流为基础资产产生的净收入，但目前国内发行的大多数产品的基础资产未来现金流并未减去基础资产日常运营的相关成本。租金收入还包括停车收入、洗衣收入等，费用包括物业管理费、税费、保险费等，资本化支出包括租户要求的房屋升级的装修费，以及对使用寿命固定的设备进行定期更新替换的重置成本，为了使商业物业保持足够的竞争力，资本化支出往往成为必要成本。若该部分成本未在产品的相关文件中做相应安排，有可能影响原始权益人的正常运营，进而影响基础资产未来现金流的额度及稳定性。

目前，资产证券化产品计划管理人主要采取三种方式规避该类风险：

（1）由原始权益人母公司或是担保公司来承担上述成本。

（2）采用净收入的方式计算未来现金流。

（3）在资产支持专项计划中设立专门的账户储备一定的资金来应对未来营运成本的支付。例如，将专项计划募集资金用于原始权益人偿还部分贷款，并扣留部分划入专项账户，将资金剩余部分用于原始权益人的日常经营开支及物业的维修、保养。

（三）抵质押风险

1. 租金收入处于抵质押的风险

租金的未来收益权是否处于抵质押状态是该类资产证券化产品评级中的首要考虑因素。若收益权处于抵质押状态，则专项计划管理人应在相关文件中明确约定，产品成立时须及时解除收益权的抵质押。因为收益权无法分割，不能实现部分收益权的转移，若收益权处于抵质押状态，会给专项计划带来很大的法律风险。

2. 产生收益权的固定资产存在的风险

即使收益权未被抵质押，但如果产生收益权的固定资产处于抵质押状态，而债权人或担保权人依据相关合同收回或处置该固定资产，则会使专项计划面临较大的风险，但专项计划可通过交易条款的特殊设置缓释该风险，例如专项计划成立后，抵押人承诺一定期限内解押，并再抵押给专项计划或专项计划投资的信托。

就CMBS来说，它是以商业物业作为抵押，而且商业物业采取只租不售的经营模式，因此影响资产池预期损失回收的因素主要是商业物业的变现价值。从历史表现来看，当商业物业无法获取租金收入时，其开发商/运营商多因自有资金不足转卖地产而不会主动偿还贷款。而商业物业的变现能力主要受当地区域的经济发展情况、商业物业位置是否处于商业核心区、商业物业用途等诸多市场因素影响，需综合评判商业物业的变现价值。

在我国，由于商业物业和资本市场的特殊性，在 CMBS 项目的评级实务中，需要关注很多特殊的分析要素，我国信用评级机构在评级实务中还存在以下问题：

1. **分层**

目前 CMBS 在国内分层简单。我国 CMBS 的主要分层为优先 A 级（级别为 AAA 或 AA+）、优先 B 级（级别为 AA）和次级（不评级），相比美国（从 AAA 到 B 各个级别及次级均包含）简单。主要原因如下：

（1）国内 CMBS 借款人单一，增信主体单一，目前交易所发行的 CMBS 增信主体信用级别一般在 AA 以上，故优先级（非次级的统称）级别一般在 AA 及以上，再通过底层资产的增信，优先 A 级可以达到 AA+或 AAA。

（2）投资主体有限，目前资产证券化为私募产品，投资者均应为合格投资者，因政策或市场限制，资产证券化投资者一般要求产品信用级别在 AA 以上，限制了分层多样化。

2. **破产隔离**

目前我国 CMBS 产品破产隔离尚无法实现。在美国，CMBS 产品可通过设立单一目的实体借款人，严格限制其经营活动范围，避免第三方债权；严格借款人资金、人员等各方面的独立性管理，隔绝母公司合并破产风险；设立独立董事，对主动破产申请和破产重整和解等事项保留否决权，以此实现破产隔离。目前我国 CMBS 缺乏上述措施。

3. **现金流管理**

物业现金流流入专项计划账户的一般顺序为：承租人、借款人账户（包括借款人收款账户和监管账户）、原始权益人账户、专项计划账户。对专项计划来说，频率越快越好，可以缓释资金混同风险。美国 CMBS 产品可以通过承租人将租金直接划付至贷款人控制的账户（上述原始权益人账户），每日按既定比例划付至现金管理账户来规避资金混同风险，目前我国 CMBS 未做到。

三、现金流预测与压力测试

（一）现金流分析与压力测试

1. 资产池组合风险量化分析

（1）抵押贷款资产池组合风险量化分析。

由于CMBS的融合交易通常包括30笔以上贷款，入池资产由不同信用水平的借款人构成，所以在对该类基础资产进行信用质量分析的基础上，信用评级机构要对资产池的组合信用风险进一步进行量化分析。对CMBS资产池而言，要依据资产池组合的债务人质量及债务人数量来确定量化风险的具体方法。

对于债务人及其债务可以通过影子评级来确定其违约概率及违约损失率，美中信用评级机构一般都采用蒙特卡洛模拟来进行风险量化分析。蒙特卡洛技术通过模拟系统中每一部分的变化来模拟系统的行为，即通过模拟资产池中每笔资产的违约行为来模拟整个资产池的违约行为，从而模拟出资产池的违约及回收概率分布图，信用评级机构据此来确定资产支持证券所需的信用增级水平。

（2）商业物业项目风险量化分析。

对于贷款笔数较少的CMBS的风险量化分析主要是以未来收益现金流大小及分布的经济风险为主。实务操作中，信用评级机构一般采用线性回归方法对影响未来收益现金流的各种因素进行回归分析，确定其中能起到重要作用的显性因素，然后采用相关统计模型软件进行经济计量建模分析。需要说明的是，收益权类资产证券化产品的优先/次级分层并不涉及显性的信用提升问题，基础资产的主要风险因素也不是信用风险，现金流分层技术关涉的是保障概率水平，即未来现金流水平超过资产支持证券发行规模的置信概率，这个保障概率基准一般由信用评级机构认定。

2. 现金流压力测试概述

（1）压力测试定义。

IOSCO 于 1995 年最早提出压力测试的定义：当市场中存在着低概率情况假设（如房价急降或利率骤升）时，判断资产组合被这种假设影响的结果。1999 年该机构又提出，压力测试是量化资产投资组合所遭受的小概率风险。巴塞尔银行全球金融系统管理委员会（BCGFS）在 2000 年也做出过具体的定义，认为其是用来测量金融机构遭遇概率极小的但有可能发生的损失的模型。银监会在《商业银行压力测试指引》中提到，压力测试利用定量的风险分析方法建立模型，并在此基础上测量银行面对小概率极端事件时可能受到的影响，同时得出银行盈利能力和资产质量受到不利影响的概率，随后将此方法用来衡量和判断银行或其整个体系的脆弱性。

资产证券化产品现金流的压力测试也是基于上述原理：测试极端情况出现时，资产池产生的现金流是否依旧可以足额支付投资者的本息。虽然不同资产证券化产品的基础资产不同，对“极端情况”的分析也存在一定的区别，但是在进行压力测试时基本思路存在一致性。这种“一致性”一方面体现在压力测试的对象，即待检测的风险类型，一方面体现在压力测试方法的选择与流程的设计。“差异性”则主要体现在对“极端情况”的识别与认定。

（2）压力测试风险类型。

压力测试是一种风险度量工具，它主要被应用于评估金融系统或各种投资组合在面临小概率极端事件时可能产生的损失。以房地产抵押贷款证券化产品为例，对其进行压力测试时需要考虑的风险类型主要有以下几种：

①空置率风险。如当地同等物业供应量增加或经济下滑等原因会造成基础资产物业空置率上升，从而导致专项计划收益不确定甚至造成损失。

②租金价格下滑风险。针对租金价格水平，一方面，考虑 CMBS 抵押物业现有大部分租赁合同不能覆盖专项计划存续期，未来租金

价格存在一定不确定性；同时考虑未来持续入市的新增供给将增加市场竞争的激烈程度，故一般会考虑该物业所面临的下行压力。

③利率风险。由于我国银行目前对房地产抵押贷款设置浮动利率，贷款人承担的资金成本将会受到国家调息政策影响。如果在产品存续期内国家进行降息，将会直接造成资产池现金流入中利息收入的减少，从而影响投资者收益。

因此，在对房地产抵押贷款证券化产品的现金流进行压力测试时，需要充分考虑上述风险所引致的极端情况。在充分识别与分析各种极端情况之后，如何实现有效的压力测试是同样关键的一步。这就涉及压力测试方法的选择和流程的设计。

3. 压力测试方法的选择

目前，对压力测试的技术分类并没有一个统一的标准，在梳理相关文献的前提下，主要分为敏感性分析和情景分析。

（1）敏感性分析。

敏感性分析是对瞬间变化参数进行直观考察，是指在特定的范围内驱使一组风险因子在发生极端不利情况下波动。例如，某个因子20%的下浮或100个基点的上扬等场景下，对证券化产品现金流的影响。敏感性测试与情景测试不同，它无须明确冲击来源，只关注参数变化，经常是即时的测试。根据敏感性分析的作用范围，可以将其分为局部敏感性分析和全局敏感性分析。局部敏感性分析只检验单个属性对模型的影响程度，而全局敏感性分析检验多个属性对模型结果产生的总影响，并分析属性之间的相互作用对模型输出的影响。局部敏感性分析因其在计算方面简单快捷，具有很强的可操作性，现在大量实际应用中都是采用这种方法。

同样，敏感性分析方法也存在缺陷：

第一，假设条件难以成立。针对敏感性分析，当风险因子位于极端值时，最大损失不一定就会发生。

第二，不适用于复杂形式的因子组合。风险因子之间相互独立在该分析的假定下成立，但其联合分布的某些特征未被考虑。

第三，仅适用于线性近似表示。对于一些金融产品的非线性关系，敏感性分析无法得到精确的结果，因为其敏感性是在具有线性关系的金融资产价值和风险因子中计算所得。

（2）情景分析。

第一，历史情景分析。历史情景分析是指利用历史上发生的风险事件，来分析会对现在的金融投资产生何种不利的影响。例如，金融机构常常以俄罗斯在1998年发生的信用违约事件作为对象，针对金融机构的信用风险等问题进行压力测试。同时，一些重大的金融危机也可以用来做测试模板。

历史情景分析利用已发生的极端事件及其实际风险指标，对结构化风险值进行衡量是值得信任的，且历史资料也可以被当作风险因子之间联系性变化的依据，这样可以大大提高模型的预测准确性。这种将历史重大事件和风险估值联系在一起的分析方法是比较简单直接的，管理者借鉴历史事件可以更有说服力地设定风险额度的极限。由于我国商业物业行业历史较短，与国外商业物业贷款发展相比，数据积累少，区域发展分化程度大，但贷款风险相对可控，在我国开展CMBS的过程中，需要甄别上述因素对相关风险因子做出调整。

第二，假设情景分析。假设情景分析通过构造可能的极端风险事件，确定该风险下资产损失的估值。对于从未发生过的小概率极端不利事件则需要创造假设的情景，这种假设需要通过经验判断。假设情景分析法又可以细分为因素分析法、专家法、极值理论分析法、蒙特卡洛分析法。

进行情景设计会有很多种方法，它们各自有着优点和不足，在执行压力测试前，必须对各种情景设计方法进行研究和剔选。

4. 压力测试流程的设计

在明确压力测试目标之后，流程设计有两种基本思路：一种是先考量资产池中各基础资产的违约概率和风险等级，然后再考虑资产池整体的组合违约概率与风险等级（以下称为“第一种思路”）。

另一种是直接将资产池整体的违约概率和风险等级作为考量对象（以下称为“第二种思路”）。从理论的角度上来看，第一种思路能够清晰地表示证券化产品的经济学含义，这种“穿透”基础资产的压力测试虽然可以更好地反映证券化产品的现金流承压能力，但对于基础资产较多的如租赁类证券化产品来说工作量繁杂，比较适合资产池内资产数量较少的 CMBS 产品。

5. 信用评级机构的现金流压力测试

通过资产池组合量化风险分析确定了必要的信用增级水平后，信用评级机构还要根据基础资产的现金流入状况、相关税费等优先支出项目、资产支持证券（通常根据现金流偿付顺序分为优先/次级）的现金流出状况，构建特定的现金流模型，该现金流模型要能充分体现交易结构中设计的流动性支持、信用触发事件等因素对资产池现金流入及流出的各种影响。

由于资产池组合信用风险不同，所需的必要信用增级水平不同，同时投资者对资产支持证券的投资期限、本息支付方式、风险偏好等也存在较大差异，加之不同的交易结构设计存在较大差异，因此，通过构建特定的现金流模型进行现金流分析与压力测试，可以不断返回检验前述所需的必要增级水平是否得到满足。

信用评级机构一般会根据资产证券化交易的特征，通过预设一些外部模拟情景进行现金流分析与压力测试。以商业物业为例，影响商业物业未来现金流大小的因素有很多，归结起来有两大类：一类是影响空置率的各种因素；另一类是影响租金价格水平的各种因素进行压力测试时主要考虑同区域、同类型物业的历史变动情况，根据该物业历史变动情况及预测所取数据水平进行加压，以测试在不同压力情景下，基础资产现金流在各个支付时点对资产支持证券本息的偿付情况。如果压力测试结果不理想，就需要根据现金流分析模型反映的具体情况，调整资产支持证券的优先级发行规模或预定级别，或调整交易结构增加触发机制等，以保障资产支持证券的本息在各个支付时点都能按约定的条件进行及时足额偿付。

如标普对证券化资产信用质量的分析侧重于确定在情景压力测试下的评级：

（1）证券存续期间资产池中基础资产出现违约或损失的比例。

（2）如果有资产出现违约或损失，可以通过抵押、担保以及其他方式覆盖的比例。

（3）最大债务人违约压力测试。

（4）最大行业违约压力测试。

前两项决定了债务问题最终潜在的损失比例，而后两项决定了交易中的事件风险和模型风险。在此基础上标普采用各种分析方法和定量工具对来自内部和外部的信息进行评价，包括使用违约和现金流模型。一般情况下，每层级均需通过各自对应级别的压力测试。

穆迪将情景压力测试作为对资产质量分析的补充分析，考察影响评级的压力情景包括：

（1）资产组合中出现普遍的评级下调。

（2）成对资产出现较高的相关性。

（3）低回收率：如除高评级层外的所有资产的挽回率为0，或高评级层的回收率为25%。

（4）回收率具有较高的相关性。

（5）提高随机挽回率中有关假设的相关性。

另外，穆迪认为标的资产的最大风险需要未来在某些情况下对相应违约率进行压力测试后进行更进一步的分析。

四、参与机构风险

对主要参与机构的分析，主要是对其履约能力做出判断。在美国，标普及穆迪对交易对手的风险给予特别关注。交易对手方证券化债务的标准框架决定了债务评级和交易对手评级之间的性质。对于交易对手风险，标普在对所有的证券化资产进行评估时，根据证券化框架决定的交易对手之间关系的性质，结合交易结构化的特点进行分析。而穆迪在一般情况下将交易对手风险作为一种额外的预期损失来处理。

参与方一般包括计划管理人（设立及后续管理专项计划）、原始权益人（转让基础资产——物业抵押债权）、资产服务机构（负责与基础资产及其回收有关的管理服务及其他服务）、发起人（一般为借款人）、差额支付方和担保方（对借款人还本付息提供差额补足和担保）、监管银行（监督基础资产产生的现金流的转付工作）、托管行（专项计划账户资金的收取及分配）。目前我国CMBS资产服务机构多由借款人担任。通过对上述各参与机构的发展背景、财务状况、内控制度、治理结构和风险管理能力等方面的分析，实现对其履约能力的判定。主要参与机构履约能力的高低有可能会影响到证券化产品的偿付，因此有必要对主要参与机构的履约能力进行分析与判断。

（一）发起人

发起人是资产证券化业务中的资金融入方，也是整个业务的发起者。除了补充资金来源外，金融机构参与信贷资产证券化还有提高资本充足率、化解资本约束、转移风险、增强流动性的考虑；非金融机构参与企业资产证券化则希望同时达到扩展直接渠道、优化财务报表、创新经营方式等目的。

（二）受托人或计划管理人

受托人或计划管理人是资产证券化项目的主要中介，负责托管基础资产及与之相关的各类权益，对资产实施监督、管理，并作为SPV的代表连接发起人与投资者。

根据《信贷资产证券化试点管理办法》的有关规定，信贷资产证券化中特定目的信托受托机构是因承诺信托而负责管理特定目的信托财产并发行资产支持证券的机构，受托机构由依法设立的信托投资公司或中国银监会批准的其他机构担任。目前市场占有率超过

5%的机构包括中信信托、金谷信托、北京信托、上海信托、华润信托、中粮信托和中海信托。

根据《证券公司及基金管理公司子公司资产证券化业务管理规定》的有关规定，管理人是指为资产支持证券持有人之利益，对专项计划进行管理及履行其他法定约定职责的证券公司和基金管理公司子公司。目前市场占有率排名前五的计划管理人分别是恒泰证券、中信证券、广发资管、招商资管和华泰资管。

（三）主承销商/推广机构

券商作为计划管理人在整个产品设立、发行、管理过程中承担了更多的工作，作为产品的整体协调人参与其中，负责沟通律师事务所、会计师事务所、信用评级机构、托管人等各方中介参与机构，同时为产品提供承销和财务顾问服务。而信托机构的角色则更为单一和被动，仅履行托管人义务，很少参与项目的设立和筹备，也不履行项目整体协调义务，在信贷资产证券化产品发行的过程中，往往还需要一家牵头券商作为交易协调中介参与其中，更加体现了券商主动管理能力和专业能力的优势。

目前信贷资产证券化的主要承销商包括中信证券、国开证券、招商证券、国泰君安、中信建设、银河证券等。

目前企业资产证券化的主要推广机构包括中信证券、恒泰证券、广发证券、国君资管、招商证券、华泰资管、申万宏源等。

（四）资产服务机构

国际标准的 CMBS 与国内商业物业专项资产管理计划相比较，其最大差异在于前者使用第三方服务机构运营而后者往往是由原始权益人来兼任这一角色。因此，后者的经营风险及现金流混同风险要大于前者。

资产服务机构实际上就是为资产证券化的整个流程，包括前端资产的组建、筛选以及存续期的信息披露和资产管理提供专业服务的角色。使用第三方服务机构能增强资产证券化产品破产隔离的效果，能够进行基础资产服务的专业化分工，提高筛选的效率，同时能够进一步提升投资者对于产品的认知度，该角色实际上是CMBS产品的风险控制枢纽。对于RMBS、CMBS等，标准普尔会在评估的同时给出对服务机构的评级，作为整个评级过程的一部分。对于服务机构，标普会对其履行职责的意愿和能力进行压力测试，在原服务机构退出的情况下其随时履行交易服务职能直至交易终止的意愿也是标普分析的一部分。这其中，标普着重关注的因素包括：服务费对替代服务机构的吸引力、交易费用中分配服务费用的优先级、在该部门或地区的替代服务商的可用性，以及资产和服务平台的某些可能会妨碍服务职能有序过渡到另一方的特殊因素。

穆迪对资产服务机构的分析主要包括三个方面：第一，服务机构的管理水平，主要考察其是否按照法律法规及合同的约定进行操作，以及风险防范的能力；第二，服务商的服务能力，主要考察其是否按合同规定履行义务，能否按约定优先次序及时转移投资收益给投资者；第三，资金混用和再投资风险。

我国也在高和招商—金茂凯晨商业物业证券化中首次使用了资产服务机构，该专项计划中，资产服务机构的主要职责有：重大租约变更审核；重大支出审核；代表计划管理人对逾期贷款本息进行催收；检查物业经营情况、抵押物状况；对租金收入的真实性、合理性进行检查。资产服务机构提供的基础资产管理服务工作对该专项计划具有积极作用。

五、法律风险

证券化产品是由一系列交易文件构成，交易文件是否完备、合法，直接决定了证券化产品能否正常发行。因此，对交易文件完备性、合法性的检查是证券化产品设立的必要步骤，也是评级业务开展的基础性工作，这一工作一般由律师事务所完成。在律师事务所出具的法律意见书中，将会对证券化产品设立的合法性、证券化产品涉及当事人主体资格的合法性、基础资产的基本情况及是否存在瑕疵、交易结构及所有交易文件的完备性出具明确意见。在此基础上，评级分析师将会根据律师出具的法律意见书开展评级业务。例如，如果基础资产存在瑕疵，会直接影响证券化产品的级别；如果交易文件不完备或是不合法，将会直接导致证券化产品不能正常成立。因此，在评级过程中，对证券化产品进行法律层面的分析是必要的一步。

对于CMBS，由于资产池由多笔债权资产构成，对资产池整体信用风险的度量本质上是对各债权资产组合信用风险的度量。根据现代风险管理理论，组合信用风险的度量主要从两个角度进行研究，一是单一债权资产的信用风险度量，既单一资产的违约可能性；二是资产组合之间的相关性度量，即债务人/承租人的行业、地区相关性等。对于法律和监管方面的风险分析，标普和穆迪考察的内容基本相似，主要着重对以下两点的考察：资产是否真实出售；原始收益人破产或资不抵债时，法庭会不会将SPV的资产和原始收益人资产合并，证券化结构交易人的权利是否能够不受到影响，包括及时取得证券化资产及其所产生的现金。标普还会对SPV的启动说明文件进行审查，以确保SPV在评级和相关法律文件的要求下，破产或无力偿债的可能性足够小。对证券结构化法律条款的完整性，标普分析师会联合律师一同进行审核评估。针对亚洲的资产证券化评级过程，穆迪会对交易在当地法律上的可行性、监管机构的支持意愿、法律意见是否具有价值，以及发行外债时，是否经过必要的审批、政府会否干预等因素加以考虑。

另外，由于我国的现行法律法规中存在特有的交易习惯及制度，除考虑上述要素外，还会考虑一些我国特有的风险关注点。

（一）合同法

由于现行合同法中承认了部分租户在租约期中要求减少租金及

中途解约的权利，所以房地产资产证券化无法做到完全排除存续期中现金流减少的风险。所以在分析基础资产现金流时针对后期租金收入应适当进行加压。

（二）押金、保证金

由于现行法规无法保证租户入住时所缴纳的押金及保证金在租户倒闭清算时全额留存于借款人手中，所以要求不将押金及保证金算入现金流覆盖等要素中。另外，如果在基础资产评估时将押金及保证金或以押金及保证金为本金进行投资的收益算入未来现金流，评级机构将使用 NPV 法计算此部分现金流，并将其剔除。

（三）合同上的注意点

如果在进行证券化时未重新与租户签署租赁合同而使用原有租赁合同时，应注意是否有转租行为，如有，则应特别留意房东、承租人、转租人之间的合同内容是否有冲突，并确认各方应承担的权利义务是否出现空白。

（四）投资者之间的利益冲突

如该债券为内部分层债券，则将来发生资产价值急剧下滑导致无法全额回收本金时，有可能发生优先级、劣后级投资者之间的利益冲突。为避免此类事件发生，应将基础资产价值下降时本息分配的相关条款进行完善。

（五）SPV 的破产隔离效果

SPV 应具有原始权益人破产时将证券化相关资产从破产企业中隔离的效果。从这一观点来看，SPV 的法人代表应从资产证券化关联各方，或与各关联方有资本、利益往来的人员以外派任。如不能满足这一条件，应设立保证 SPV 破产隔离效果的相关条款。

（六）设置租金抵押担保时的风险

如交易中设置租金抵押担保，应留意现行《破产法》下只能保证两期的租金收入。

（七）税务风险

迄今为止，我国对于房地产的税制修改周期较短，有时会对纳税者造成很大的经济负担，所以在预测基础资产现金流时应将税费变动作为一个重点要素进行加压。

第六章

美国资产证券化新规中对CMBS的标准要求

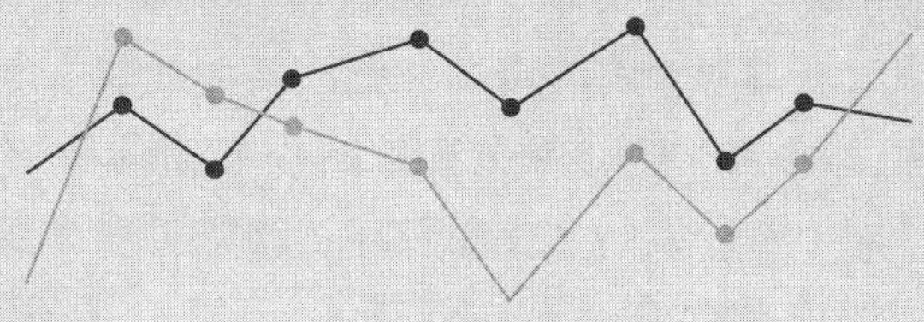

金融危机后，针对资产证券化业务的发展与监管中所暴露出的诸多问题，美国金融监管部门进行了相应的反思，认识到由于对资产证券化的监管不到位以及对证券化产品的投机利用，在证券化过程中金融风险被放大，这些反思主要体现在政府部门出台的相关法案、法规和监管新措施中，尤其是SEC出台了新版的资产证券化新规（Regulation AB II），旨在通过全面规范资产证券化产品注册发行及存续期间的信息披露及报告要求，并对储架标准做出了最新规定，通过减少不确定性与风险来增强投资者信心和强化投资者保护，同时激励投资者不过度依赖评级。本章主要讨论此项新规在CMBS领域的修订内容。第一节主要介绍新规出台的背景及希望实现的目标，针对涉及CMBS市场的法规、市场教训和改革目标进行阐述；第二节详细介绍了新规对CMBS市场在资产入池标准、产品注册发行标准、争端解决机制、投资者交流机制等方面的新要求；第三节则围绕新规中对CMBS发行、交易及存续期等过程中信息披露涉及的各项标准、要素和内容展开详细论述。最后，我们简单介绍了其他标准的统一，尤其是新资本框架在优化监管资本计算因子、增加监管资本的风险敏感度、减少证券化监管资本套利方面所做的努力。

第一节　美国资产证券化新规出台的背景及希望实现的目标

一、美国资产证券化市场在金融危机中的主要教训

在资产证券化监管方面，美国的法律和监管规则没有跟上市场

的变化和产品的创新，金融危机充分暴露了美国监管在资产证券化方面的不作为以及法规中存在的漏洞。美国金融危机所暴露出的问题，大体可归纳为以下五点：

（一）信息披露要求及对应的透明度不足，信息披露监管力度较弱

2004年年底前，美国监管机构对资产支持债券的信息披露一直没有提出特殊要求。2004年年底，SEC首次公布了Regulation AB，对资产支持证券信息披露的规范化、统一化和简洁化做出了相应规定，但该法规在加强交易透明度和信息披露监管力度方面仍有明显的不足。Regulation AB对基础资产方面的信息披露仍停留在以资产池总体特征、平均特征和加权特征为基础的“资产池层级披露（pool-leveldisclosure）”，而忽略了单笔资产的风险，导致信用评级机构和投资者对基础资产风险的预判出现偏差。

（二）政府监管的缺位与失职

在监管方面，由于历史的原因，美国采用联邦政府和州政府、多家金融监督管理机构“双线多头”的金融监管模式，但复杂的监管并没有完全覆盖金融发展的各个领域，如次贷危机中的金融衍生品和对冲基金放任自由，不平衡的监管方式已经不能适应资本市场变化的形势，随着金融全球化发展和金融机构综合经营的不断推进，“双线多头”的监管模式呈现出多种缺陷，监管重叠、监管真空和监管失控并存，并在次贷危机中被充分暴露。以CMBS为例，CMBS以商业物业贷款为基础资产，金融衍生品市场发展迅猛，参与各方在逐利动机的驱使下，使得市场价格长期偏离真实价值。由于政府监管失控，导致CMBX、CMBS-CDS这种衍生品市场规模不断扩大，进而使得美国住房抵押贷款市场整体上对基准利率上调与房价下降的抵抗能力日趋脆弱，一旦长期偏离的价格要回归均衡，则必然导致危机发生。

（三）投资者对信用评级过度依赖，而评级由于方法不当缺乏应有的准确性

在资本市场自由化的大背景下，美欧监管机构长时间将资产支持债券与普通公司债券同等对待，认为以信用评级为核心的市场监督完全能满足市场健康发展的需要。但次贷危机前，评级公司对很多能够揭示房地产抵押市场和证券风险的预警信号视而不见，将抵押贷款支持证券及其衍生品误评为安全性投资。比如评级公司没有核实抵押贷款信息的准确性，最多外包给其他公司来负责；对产品进行了评级但没有保留记录文件；纵容高度复杂或层层打包的债务抵押债券产品对产品评级质量产生不良影响；评级过程中没有开展足够的非现场审核；没有要求抵押贷款支持证券和债务抵押债券在评级过程中进行充分的信息披露等。事实证明，一旦信用评级出现问题，投资者很容易遭受损失。以美国国际集团证券化产品投资业务亏损引发危机事件为例，2007 年美国国际集团的主要资产构成为 AAA 级的证券化资产和 AA 级的债券产品、应对流动性需求的现金、短期投资，单从经典投资理论来看应该属于典型的“安全组合”。但到 2008 年，BBB 级证券的占比大幅提高，事后证明这并非是新增投资，而是 AAA 级的证券化资产评级被大幅下调。比如，美国国际集团的 551 亿美元 AAA 级证券化产品到 2008 年 10 月 10 日时只剩下 164 亿美元，评级下降到非投资级的证券化产品却高达 189 亿美元，下降速度之快出乎所有人预料。

（四）糟糕的承销标准

次贷危机前，美国资产证券化传统的“发起—分销”模式下，存在不同参与机构的利益诉求相斥的情况。以发起机构为例，在传统的“发起—分销”模式下，发起机构主要以赚取基础资产差价为目的，且不用承担基础资产发生违约的风险，其为提高收入

和资产周转率而放宽贷款标准，使得 CMBS、RMBS 等产品基础资产质量不断降低，发起人只要能够在二级市场上销售抵押贷款，就不会再关心资产质量，发起人利用放松了的证券化标准和放贷流程，主动放松了发行贷款的审核规则，直接降低了基础资产的质量。投行在抵押贷款证券化过程中，对所购买的抵押贷款未能很好地履行尽职调查职责，有时甚至会放弃遵循承销标准，对于已经很糟糕的抵押贷款质量视而不见，同时没有将这些信息披露给潜在投资者，从而造成了金融危机期间低质量抵押贷款大规模出现违约的情景。

（五）衍生品的过度杠杆化和多次证券化

由于历史的原因，复杂的金融衍生工具和对冲基金游离在联邦监管之外，产生了监管真空。例如，CMBS 以商业物业贷款为基础资产，金融衍生产品市场发展迅猛，参与各方在逐利动机的驱使下，使得市场价格长期偏离真实价值，LTV 最高时曾达到 125%。由于政府监管失控，导致 CDOs 等再证券化大行其道，进而使得美国住房抵押贷款市场整体上对基准利率上调与房价下降的抵抗能力日趋脆弱，一旦长期偏离的价格要回归均衡，则必然导致危机发生。而且，在美国众多投资者采用 Mark-to-Market 的盯市计价方法，一旦出现波动，将会出现螺旋式下跌。

二、美国资产证券化法律体系的演进

美国对资产支持证券发行和交易的监管主要纳入美国联邦证券监管体系，主要法律依据就是 1933 年《证券法》和 1934 年《证券交易法》。在 1933 年《证券法》和 1934 年《证券交易法》等上位法的指导下，有关证券信息披露的操作性要求主要体现在美国证交会出台的相关条例、规则和解释。美国的证券监管体系由联邦、州、自律组织三个层次组成。其中，联邦监管处于核心地位，州监管与自律组织起辅助和补充的作用。

（一）国际金融危机前，美国没有专门针对资产支持证券进行单独立法

美国国会在 20 世纪曾先后通过了一些对资产证券化有着重大影响的法案。1933 年通过的《银行法》有两个核心：一是建立联邦存款保险公司（FDIC），要求吸收存款的商业银行和储蓄机构参与存款保险；二是对商业银行和投资银行实行分业经营，禁止吸收存款的机构单独或联合发行、承销、出售股票、政府债券、企业债券或其他证券。1956 年通过的《银行控股公司法》则要求银行控股公司的设立必须得到美国联邦储备委员会的批准，并禁止银行控股公司跨州并购银行以及对商业银行和保险公司实行分业经营。这两个法案对美国商业银行和投资银行业务进行了区分，形成了金融分业经营制度框架的雏形。随着美国资本市场的发展以及金融机构混业化的进行，自 1970 年后美国金融界就不断有人提出要废止《银行法》和《银行控股公司法》等法律中限制银行、证券和保险混业经营的相关条款。1999 年通过的《金融服务现代化法案》，使美国金融业走向了混业经营的新时代。但是在监管上，尽管美国保持了由各监管机构对证券、期货、保险和银行业分业监管的框架，但联邦政府和各州政府均保留了金融监管权力，其中联邦政府层面的货币监理署（OCC）、储蓄管理局（OTS）、联邦存款保险公司（FDIC）、美联储（FR）等承担监管职责。成立于 1934 年的 SEC 的主要职能就是通过制定证券法规，促进重要信息的披露，以保护投资者利益。

不过，即使如此，在资产支持证券发展初期，美国并没有专门针对资产支持证券进行单独立法，而是将 ABS 认定为属于证券法所规范的“证券”，进而通过现存的证券法律制度对其加以规范和管理，包括公开注册发行标准、信息披露要求等。此时有关资产证券

化的各种规范，散见在联邦和州不同层面的法规中，包括1933年《证券法》、1934年《证券交易法》、1940年《投资公司法》《破产法》《萨班斯—奥克斯利法案》等。直至2005年1月，SEC首次推出了Regulation AB，针对资产证券化业务的注册登记、发行过程、信息披露和报告要求，完成了一次法规的整理与综合。这些法律法规为美国资产证券化的发展进行了必要的规范，对业务的发展也起到了推动作用。

美国资产支持证券市场的跨越式发展与其市场制度安排的持续创新和相关基础法案的不断完善密切相关，尤其是其中的信息披露制度不可或缺，信息披露制度一直是美国资本市场的核心制度之一。美国在20世纪30年代，对《证券法》进行立法时就提出过“完全信息披露”这一概念，旨在向市场参与者以及投资者尽可能地提供与证券公开发行相关的一切信息，并让市场和投资者自行对有关证券进行价值判断。目前，美国对资产支持证券发行和交易的监管主要纳入美国联邦证券监管体系，对此类产品监管的主要法律依据为1933年《证券法》和1934年《证券交易法》。设计证券化产品时，首先需遵从1933年《证券法》的规定进行注册登记（通过填写特定的申请表格实现），并按照1934年《证券交易法》的要求承担该证券存续期内持续性的信息披露义务。美国监管部门根据1933年《证券法》和1934年《证券交易法》对资产支持证券的发行和交易建立了相关制度，如各类证券的发行和交易应事前向SEC注册，在注册过程中要求发行人向投资者提供进行投资价值判断所需要的关于发行人及拟发行债券相关的必要信息，发行人需对公布信息的真实性、准确性、完整性负责。SEC又根据1933年《证券法》和1934年《证券交易法》上位法的内容，对各种证券信息披露的操作性要求制定了相关条例、规则和解释，以便于分类管理。证券化产品相关立法见表6-1。

表 6－1 证券化产品相关立法

国会立法	1933 年《证券法》 1934 年《证券交易法》
行政条例	Regulation S-K Regulation AB II Regulation S-X Regulation D

在资产支持证券发展初期，由于其所具备的基本特征，资产支持证券被划归为证券一类，而美国对资产支持证券发行和交易的监管主要纳入美国联邦证券监管体系，主要法律依据就是 1933 年《证券法》和 1934 年《证券交易法》。

对于证券化产品的信息披露，SEC 要求发行人按照注册申请标准表格 A 规定的内容进行注册登记，但由于证券化产品具有一定的特殊性造成了发行人负担过重，也不符合投资者对信息的需求。针对这一问题，SEC 修改了注册申请表格，针对发行人的不同类型、证券发行的条件和证券的种类来决定适用不同的注册申请表格，并根据实际情况对其中的部分内容进行调整或删除。1982 年 SEC 对金融产品的的信息披露制度进行了统一改革，确立了 S-1、S-2 和 S-3 三种基本的证券发行登记格式，并针对其设计了各种特殊的专用表格。其中，包括 CMBS 在内的资产证券化产品的信息披露主要使用 S-1 和 S-3 以及特殊表格 S-11。

按照 1934 年《证券交易法》第 13 章的规定，证券的发行人在该证券存续期需承担持续性的信息披露义务，发行人需向 SEC 提交年度报告（使用 10-K 表格）、季度报告（使用 10-Q 表格）和针对未曾报告过的重大事件的临时报告（使用 8-K 表格）。但如上所述，由于证券化产品以基础资产现金流还款的产品特征，投资者往往更关注资产池以及池内单笔基础资产的信息，所以上述规定同样不完全满足资产证券化操作的报告要求。为此，自 1978 年美洲银行首次发行抵押贷款转递受益权证（mortgage pass through certificates）以来，许多发行人都利用1934年《证券交易法》第12章（h）项的规定，向SEC请求豁免。从豁免的实践情况来看，豁免年度报告和季度报告的申请已为SEC所接受，但SEC通常要求发行人提供其交易文件中所要求的逐月的资产服务报告（the monthly servicing reports）。

根据1933年《证券法》的授权，美国证交会就证券注册登记和募集说明书中信息披露的具体内容制定了一系列具体规则以及适用于不同发行主体和不同披露内容的披露表格，具体包括SEC公布的S-K条例（有关非财务信息的披露内容和要求）、S-X条例（有关财务信息披露的内容和要求）和S-B条例（针对小型商业发行人的披露内容和要求）等。对于CMBS的信息披露，SEC大幅度参考了美国商业物业金融委员会投资者产品包（Commercial Real Estate Finance Council Investor Reporting Package，简称CREFC IRP）。

（二）金融危机后，美国出台了《多德—弗兰克法案》，并修订了相应的法规

国际金融危机后，针对上文所述的资产证券化市场中的主要问题，美国做出了许多金融监管改革。有关资产证券化市场的监管改革主要体现在《多德—弗兰克法案》《巴塞尔资本协议Ⅲ》、SEC的Regulation AB II、美国联邦存款保险公司（FDIC）新的《安全港规则》(Safe Harbor）和美国财务会计标准委员会（FASB）发布的FAS 166和167等新规中。其中，影响最大的三大法规就是2014年12月公布的《巴塞尔资本协议Ⅲ》、2010年7月15日通过的《多德—弗兰克法案》，以及根据此法案于2014年9月修订完成的Regulation AB II。《多德—弗兰克法案》对现有法案的修改见表6-2。

表6-2 《多德—弗兰克法案》对现有法案的修改

法律条款	修订对象	内容
Section 942、945	1933年《证券法》	基础资产信息披露（格式等）规则：要求每个发行人就每档（tranche）证券基础资产进行审查并披露资产信息，SEC对提供数据的格式设立标准
Section 942	1934年《证券交易法》	废除了1934年《证券交易法》对由少于300人持有的证券化产品备案要求的豁免
Section 944	1933年《证券法》	废除了1933年《证券法》第4条对部分抵押贷款支持证券的注册豁免
Section 943	新增内容	要求评级报告必须包含：面向投资者的陈述和保证及执行机制，在相似证券发行中的陈述和保证及执行机制的差异

《多德—弗兰克法案》对美国现有金融监管体系在危机中所暴露出的问题采取了一系列举措，该法案主要强调四个方面，即注重宏观审慎监管、严格金融监管标准、扩大监管覆盖范围以及强调跨机构协调监管。

具体地，针对资产证券化市场而言，《多德—弗兰克法案》对资产证券化产品的发行人及参与方提出了包括监管机制、信用评级机构监管、信息披露、风险留存等方面的一系列举措。针对次贷危机中资本市场所暴露出的重大问题，SEC于2010年4月根据《多德—弗兰克法案》着手修订Regulation AB。SEC在对金融危机中资本市场暴露出的重大问题进行调研后认为：投资者在金融危机中的受损原因在于资产证券化产品的复杂性逐年增加，但信息披露程度远远不足，投资者需要更大的透明度，尤其是要充分了解基础资产的信息，以帮助他们做出投资决策，美国最终于2014年发布了Regulation AB II。在征求意见的过程中，各研究机构针对提高证券化市场监管水平的提案数较多，这些研究机构形成的最终报告都将资产层级披露作为提高证券化市场监管水平的一项重要举措。在 Regulation AB 下，对发行人仅要求披露与资产构成和特征有关的资产池整体层面的描述信息，对基础资产层面的信息披露不涉及强制性监管要求，此种情况下，投资者很难了解基础资产的真实情况和风险水平，只能盲目依赖于信用评级。一旦信用评级出现问题，投资者很容易遭受损失。通过对 Regulation AB II 的修改，美国市场针对证券化产品加大了信息披露监管力度，针对 CMBS 等带有资产池的证券化产品，监管部门致力于将危机前的资产池层级披露（pool-level disclosure）向前推进为资产层级披露（asset-level disclosure），以提高向投资者的风险披露，减少对信用评级的依赖。资产层级披露始于危机后市场为提振投资者信心的自发实践，并得到包括 CREFC 等行业自律组织的大力推动。但资产层级披露会大幅度增加交易成本，也有可能冲击对债务人隐私信息的保护，从而降低债务人的发债意愿。这些内容我们在本章后文会进一步展开论述。

同时，2008 年之后，美国监管部门开始对资产证券化产品的道德风险展开调查，并提议信用风险留存（risk retention）规则。在发行方面，该规则要求发行人必须至少持有一定比例的资产证券化债券，而不是如金融危机之前那样，将所有证券化债券都卖给投资者。《多德—弗兰克法案》第 941 章公布了风险留存规则，该规则对 MBS 已于 2015 年 12 月生效，对其他资产将在 2016 年 12 月 24 日实施。该规则要求发行人必须持有新发行证券化债券 5% 的信用风险，并不得对所持有证券化债券的信用风险进行出售、对冲或转移。同时，限制银行自营交易及高风险的衍生品交易。在自营交易方面，允许银行投资对冲基金和私募股权，但资金规模不得高于自身一级资本的 3%。大型的对冲基金、私募股权基金及其他投资顾问机构，要求必须在 SEC 登记，披露交易信息，并定期接受检查。为防止银行机构通过证券化产品转移风险，要求发行人必须将至少 5% 的风险资产保留在其资产负债表上。这些规定使得发行人和投资者的利益一致化。对

CMBS 而言，新规实施后的发行成本可能会有所上升，但 CMBS 的投资风险预计将会降低，这将促进 CMBS 市场发展更加成熟。

第二节 美国资产证券化新规对 CMBS 市场的新要求

根据 1933 年《证券法》和 1934 年《证券交易法》，美国监管部门建立了证券注册制度，各类证券的发行和交易应事前向 SEC 注册。在注册过程中，要求发行人向投资者提供进行投资价值判断所需要的关于发行人及拟发行债券的必要信息，并对这些信息的真实性、准确性、完整性负责，同时对特殊证券种类和交易（国债、市政债以及包括两房在内的政府支持机构证券）、对达到特别承销标准的 RMBS、CMBS、CLOs 等证券化实行相应的豁免，并对资产池或资产支持证券余额低于 1/3 或存续期超过两年的资产证券化交易等实行豁免。上述两部法律都以保护投资者利益和防止证券欺诈为核心目标，以信息披露要求为基本内容。SEC 要求发行人按照标准表格规定的内容进行注册登记，由于证券化产品具有一定的特殊性这造成了发行人负担过重，也不切合投资者的信息需求。为了克服这个弊端，SEC 通常根据发行人的不同类型、证券发行的条件和证券的种类来决定适用不同的注册申请表格，并对其中的部分内容进行调整或删除。

一、资产入池标准

作为基础资产的物业抵押贷款的必要条件是基础资产可以产生稳定的现金流。以该必要条件为核心，可以发行 CMBS 的“合格”资产应具备以下几点特征：

（一）抵押贷款的规模

包括 CMBS 在内，发行证券化产品的过程中发生的费用会成为较大的成本，如法律顾问费、会计费用、证券的承销费用。当发行的资产规模达到一定数量后，可产生规模效应，从而起到稀释证券化成本的作用。按照大数法则，资产笔数越多，损失概率的偏差越小；反之，资产笔数越少，损失概率的偏差越大。因此，抵押贷款的规模越大就可以越精确地预测危险，使资产池趋于稳定。如果单纯是规模较大，但为单一或少数借款人的情况下，则大数法则并不适用，无法通过规模预测分散风险，这时资产风险等于证券化产品风险，需要对资产自身的现金流和风险特征进行深度考察。

（二）基础资产的质量、资产管理人资质

美国的 CMBS 绝大多数都是无追索权的，因此债券的安全性主要基于基础资产自身。因此，基础资产的质量以及基础资产管理人的专业能力是 CMBS 进行风险评估的基础。

CMBS 的入池资产大多是现金流稳定、管理完善的资产。而且其入池抵押贷款需要满足发行的要求，以便保护投资者。B-Piece 投资者或者特殊服务商会对入池抵押贷款进行审查，会要求剔除不符合要求的贷款。

然而，在某些情况下，对一些运营尚未达到稳定状态的物业，可以用一种过渡性的 CMBS 交易，额度较小、期限较短。在物业运营稳定后，借款人用长期且额度较大的 CMBS 贷款加以替代。

（三）借款人分散化程度

在欧美等国，CMBS 交易根据抵押贷款的规模、借款人数量及分散化程度可分为三个主要类别：SASB 模式（往往是大额贷款），众多分散贷款的通道交易和大额贷款与小额贷款组合的融合交易。SASB 交易由单个核心物业作为抵押的单个债权作为基础资产。通道类交易往往由数十上百个中小型贷款组合而成，以充分分散风险。融合交易通常包括 30 笔以上贷款，入池资产由不同信用水平的借款人构成，主要包括几笔信用水平较高、投资级别以上的大额贷款以

及充分分散化的信用水平较低、金额较小的导管贷款。

从美国实践来看，SASB 交易虽然分散性比通道交易弱，但并不意味着 SASB 就不受投资者欢迎。实际上，对高等级的 AAA 级别债券来说，分散性强的通道交易更加受欢迎，因此其定价更好。然而对低等级债券投资者来说，分散性太强的通道交易，往往不能够对物业进行逐笔分析，服务商的管理难度也会增加，因此低等级债券 SASB 交易反而比通道交易定价更方便。

中国市场目前仍然以 SASB 交易为主（大多为核心物业）。这一方面与参与人的禀赋有关，另一方面与市场发展的深度也有关系。商业物业特别是核心商业物业体量都非常大，直接将众多资产打包将会造成规模过大，实际操作难度很高。随着市场的深化，可以将同一个抵押贷款融入多个 CMBS 产品，形成通道交易。另外，目前中国的 CMBS 多以核心物业为主，随着逐渐渗透到小型物业，打包充分分散将成为可能，通道交易便可出现。

二、产品注册发行标准

Regulation AB 规定，资产化证券的发行必须以 NRSROs 认定为投资级为前提，这一标准也被称为 NRSROs 评级要求。SEC 为了全面规范资产证券化产品的注册发行程序、提高证券市场的信用质量，参考《多德—弗兰克法案》的相关规定，对储架注册标准做出了相关修改。Regulation AB II 对储架注册标准做出的最大修改即为废除了储架评级要求，并对注册标准提出了四项资格要求：

（1）每个产品在进行储架发行时需对招股章程和证券化结构的披露部分进行认证。

（2）当资产逾期超过预先设定的门槛且投资者投票通过审核请求时，对所有逾期超过 60 天的资产进行审查，以确定其是否符合陈述和担保要求。

（3）针对回购请求的争端解决程序，当事人可以要求调解或者第三方仲裁。

（4）投资者基于与资产证券化有关的权利希望与其他投资者交流的请求，需满足 F-10-D 条款。

Regulation AB 中，SEC 明确了储架发行所必须具备的新要求与新标准，最重要的变化是资产证券化储架发行的标准不再依据评级结果。SEC 认为，投资者盲目依赖评级是造成次贷危机的重要原因之一。2014 年 8 月 27 日，SEC 还发布了 NRSROs 新法规，针对信用评级机构、发行人、承销商，增加了 15Ga-2、法规 17g-10 等条款，强调了这些机构在对基础资产进行尽职调查时的责任和职责，尤其是加强了对资产证券化评级的监管要求。《多德—弗兰克法案》939A 条款也明确要求审视和减少对评级结果的过度使用。新的储架发行制度增强了发行产品的审核强度和交易的透明度，为投资者提供了保证，并通过加强对评级的信息披露和基础资产的信息披露，制定信用评级之外的储架标准，以达到提高资产证券化产品质量，从而实现保护投资者的目的。具体而言，新的储架标准有如下几条：

1. 首席执行官确认

如果考虑到资产替换和结构更新，资产证券化每一次储架发行的完成类似于一次 IPO，投资者相应地需要重新审查和分析来做出新的投资决策。鉴于此，新规要求每次发行时，发行机构的首席执行官必须对募资说明书中所披露信息的准确性和充分性进行确认，要求首席执行官在注册文件上签字，并保证在综合考虑募资说明书中描述的基础资产、证券化结构和相关风险的主要特征后，有充足依据可以认为该证券化能够在所设计的结构的时点下产生足够的现金流以偿付条款要求的利息，并能够最终偿付证券的本金。SEC 认为，首席执行官的确认，积极作用在于让首席执行官尽职尽责地参与证券化行为，了解具体情况，加强内部控制，对业务的未来绩效做出保证。

2. 资产一致性审查

为解决交易协议等文件中条款难以保证实施，以及投资者请求、申诉及行权很难等问题，新规要求交易协议中设置如下条款：当某些触发事件（与资产池相关的违约率或投资者投票超过某一阈值）发生时，必须由第三方“资产特征检查员”（Asset Representations Reviewer）来强制检查资产，至少要审查所有拖欠60天及以上的资产，以保证资产在交易协议中的合规性陈述和保证条款能够得到实施。“资产特征检查员”不能附属于发起人、托管人、服务商、受托人或者第三方勤勉尽责服务商机构，它由交易参与方在交易开始前选举产生。检查结果的报告要包含在表格10-D的信息披露内容中。

三、争端解决机制

Regulation AB II考虑到Regulation AB资产证券化交易协议文件中存在的投资者请求、申诉或抗议的能力很弱、难以要求发行人及时回购不合格资产等问题，力求建立一个清晰、独立而中立的解决机制，来明确要求发起人及时处理违约纠纷与投资者的回购要求。

针对Regulation AB中回购请求的争议解决程序被合并在表格SF-3中，适用范围较为模糊的情况，新规将争议解决程序组成一个单独的部分，以便澄清该条款的使用范围。新规明确交易协议中必须要有强制性的争端解决机制，来处理180天内没有解决的资产赎回要求。如果一方根据交易协议条款提出回购资产的请求，但另一方并没有在收到回购请求后180天内回购该资产，则提出回购请求的一方可以提请调解或仲裁，有回购义务的一方必须服从对方所选择的争端解决机制。新规还要求投资者应该从与不良资产相关的减少损失中受益，因为这一要求，发行者会不太愿意将不良资产放入资金池中。

交易协议中还需要明确以下内容：仲裁发生时，仲裁员将决定哪方需要承担费用，以及调解发生时，各方将在调解员的协助之下确定承担费用的比例。仲裁和调解申请费取决于索赔的大小，对于超过10万美元的争议，申请费为500美元。此外，争议各方将承担仲裁员/调解员补偿的费用，这取决于听证会的长度和案件的复杂性。一个典型的金额在10万~50万美元的三天的仲裁听证会，可能花费从2 700~6 750美元。一天的典型调解聆讯费用在1 000~6 400美元。双方还将承担律师费用，这在一定程度上加重了仲裁双方的经济负担。

四、投资者交流机制

证券化交易文件中的申诉、抗议和保证能力很弱，再加上投资者位置难以确定且分散，投资者在寻找其他投资者以行使交易文件中的权利（尤其是当虚假陈述和违反担保条款等情形发生时，与资产池回购相关的权利）方面存在困难，很难集中行权。而且由于大多数资产支持证券是美国存管信托公司托管的仅显示经纪商名称的记账式证券，大大加剧了这种困难。

因此，根据Regulation AB II要求，底层交易协议将包括一项规定，负责定期申报表格10-D的一方，必须申报报告期内投资者就其资产支持证券下的权利与其他投资者进行沟通的请求。披露的信息必须包括提出沟通请求的投资者的姓名、收到请求的日期及对其他投资者如何与该投资者建立联系的描述。投资者不可以将这一机制用作除就资产支持证券下的权利进行沟通以外的目的。在验证使用这些机制的证券所有人的身份方面，交易各方可以仅仅指定有限的流程。若某投资者是证券持有人，则其无须证明其所有权；若某投资者不是证券持有人，则交易文件可以要求证券持有人在该投资者提出沟通请求时，出示关于该投资者享有该资产支持证券相关权利的书面陈述以及其他形式的补充证明（如交易确认书或经纪商发出的信函等）。表格10-D将以电子形式由发行人向SEC提交，不是在网站上公布，而是通过EDGAR向投资者提供。因为如果投资者没有有效的方式相互沟通，可能无法利用基本交易协议中规定的合同权利。因此，Regulation AB II 要求将投资者沟通条款纳入基础交易协议，以便负责提交 10-D 表格申报的一方将承担合同义务，披露投资者的沟通愿望。

SEC 认为，促进投资者之间的沟通是储架发行时注册资格的适当要求，因为促进投资者之间的沟通使他们能够更有效地行使基础交易协议中包含的权利，这将提高关于集合资产的保证的可执行性。如上所述，新的交易要求应鼓励发行人在更强的监督下设计和准备证券化产品。更强有力的执行机制应鼓励发行人在发行时向投资者提供准确和完整的信息。投资者沟通机制将有助于投资者行使与注册基准所需的资产审查规定相关的权利，从而促进更多的投资进入市场。

五、募资说明书申报新要求

Regulation AB II 中设定针对 CMBS 的发起信息时，SEC 大幅度参考了美国商业房地产行业的自律组织——美国商业物业金融委员会制定的 CREFC IRP。在表 L 和表 L-D 之间提出了 108 个相关的需进行信息披露的数据点，并建议在附表 L 和附表 L-D 中要求的数据点所需的信息与 CREFC IRP 要求的信息披露基本趋同。

CREFC IRP 中的信息披露包含七个标准格式的数据文件。这些标准数据文件对于简化注册手续和支持二级市场的流动性至关重要。标准化为投资者和信用评级机构提供更加一致和可靠的信息，可及时收到利息和本金的表现从而进行评估。这样的设计是为了向各中介机构提供信息披露的标准格式，方便信息从主服务商（发行方）到认证中心（监管方）以及从认证中心到该数据用户（投资者）的顺畅传递。SEC 针对 CMBS 产品的信息披露规范基本上是以 CREFC IRP 为标准，这些标准数据文件的规范对美国二级市场持续增长以及流动性的支持至关重要。标准化提供给投资者和信用评级机构更一致和可靠的信息，这对美国投资者根据及时收到利息和本金概率而做出评估的投资习惯来讲是很有必要的。在危机后 CREFC 阶段性地对 CREFC IRP 进行修改，旨在达到基础资产层级信息披露和数据及时更新的目的。

贷款层级文件一般是由主服务商负责填写信息，所需数据在 CMBS 产品发行时由承销商提供。此文件通常包含静态信息。承销商应提供给主服务商贷款层级文件和房地产层级文件的“贡献字段”（contribution fields）以及“静态字段”（static fields）包含了这些信息。此外，主承销商应将其获得的 NOI 和 NCF 情况填入贷款层级文件的收入与费用科目。如果承销商未能提供这些数据，则主服务器要使用贷款文件和其他任何可用的相关信息来完成此文件的信息录入。房地产层级文件包含了募集说明书中记述的大部分贷款级别信息，这些信息包括截止余额、原始票据利率、到期日和一般预付款项信息，以及其他可做参考的财务数据。该文件可经过其网站或由证券管理人提供给投资者。

贷款需定期更新文件由主服务商负责填写，每月连同现金流回款情况和定期报告一并交付证券管理人。此文件以跟踪由定期和不定期的付款带来的贷款变化以及贷款层级出现的任何修改情况为目的。当贷款还清（或回购），它将停留在最终更新日状态，另外服务商可以选择回填贷款违约前那一天。字段 L 6 表示“当前期初计划余额”和 L 7 表示“当前期末计划余额”应该为零账户。必须填充的其他字段包括交易 ID、集团 ID、贷款 ID、地产邮编、分配日、清算/预付日、清算/预付代码、破产状态、止赎（丧失抵押品赎回权）起始日、REO 日期、破产日期、清算所获的净收益、清算费用收益、信托实现的损失、清算费金额、清算出售价格、服务商和受托人到期金额、用以在未来支付的退还金额、应计利息、附加信托基金费用、当前对贷款本金的定期调整、当期贷款调整日期、累计贷款调整、短缺/偿还和当前对贷款利息的定期调整等项目。名称中包含调整的数据仅在发生调整时的当月才需要更新，如果没有后续调整，应该保持空白，其余所列的字段截至清算月份保持静态。

房地产层级文件由主服务商负责填写，所需数据由承销商提供，需随时更新。无论是当交易发生一个地产的贷款或多个地产作为抵押品的一个贷款时，承销商应提供“贡献或静态字段”的属性文件到主服务商和认证中心。主服务商也应该按每个月或按服务协议要求，提供一个更新的文件给证券管理人。此文件数据的大多数信息应该随时间推移而及时更新。如果贷款允许将不同的地产替换为特定贷款的抵押品，则需要进行重大文件更改。

特殊服务商贷款文件是由特殊服务商准备并交付给主服务商。该文件的目的是将特殊服务商处发生的特殊服务抵押贷款和 REO 等数据以一致格式的电子数据传输给主服务商。因为假设主服务商将自行进行财务报表分析，特殊服务商贷款文件将不包括财务报表字段，且该文件不必发送给证券管理人。当贷款还清（或购回）它会停留在最终更新数据前的状态，并且特殊服务商可以选择回填贷款违约前那一天的数据。

抵押品层级概述是由证券管理人利用主服务商提供的信息进行制作。该文件由交易中抵押品（如本金余额或拖欠信息）的更新信息组成，总结了在证券持有人月度声明中披露的信息。

债券层级分配状况报表由证券管理人填写，其内容由债券更新的月度信息组成。本文件报告包含各种项目，例如更新的债券余额、利息和本金还款金额和通常包含在证券持有人声明中的其他信息。同时，债券层级分配状况报表也随时披露债券评级机构提供给证券管理人的最新评级信息。

财务文件由主服务商负责填写并按月送交证券管理人。财务文件从 CMBS 产品的收入、支出、留存三个方面提供一对一收入和费用详细信息，以便为发行人、投资者和潜在投资者提供分析和报告。该文件用于在事务中对操作发生的现金收入、支出、留存各个行为以及各种事务之间进行比较。不仅可以在当前发生的事件上进行效果监控，而且一个行为的持续状态也可以与它在承销时和以前相比较。

另外，除上述 CREFC IRP 中要求披露的七个电子数据信息文件外，根据交易状况的变化，还要求主服务商、特殊服务商、证券管理人或这些机构组合完成补充报告和经营分析报告，具体视情况而定。这些报告包括《服务供应商/投资组合审查指南》《拖欠贷款状况报告》《REO 状态报告》《财务状态比较报告》《历史贷款变动情况》《贷款储备/LOC 报告》《总贷款报告》《提前清偿报告》《拖欠贷款状况》。以上补充报告常以募集说明书的一部分进行披露。虽然每个投资者对信息需求可能会有很大的不同，但补充报告为他们提供了各种方法来分析和评估特定贷款、财产或整体投资组合当前的状态。投资者可以从证券管理人处获取这些报告，同时根据一部分服务协议，服务商也需要在他们的网站上披露这些信息。

第三节　美国 CMBS 的信息披露要求

从美国资产证券化市场的发展经验来看，推进信息披露的标准化、便利化的对减少信息不对称提高市场透明度有显著的效果，最终可以达到降低市场交易成本并提高证券化产品的流动性和运行效率的效果。美国证券化市场的强大与其逐渐完善的信息披露机制不可或缺。金融危机后，美国进一步加强了资产证券化业务监管。2010 年，美国发布的《多德—弗兰克法案》通过直接修订或授权美国证交会制定具体规则的方式，对 1933 年《证券法》和 1934 年《证券交易法》中对证券化类产品的申报和信息披露规范进行了更新，这也是目前资产支持证券信息披露所需遵循的最基本规则。

美国在资产证券化信息披露方面着重提高了标准和要求，希望通过更加详细、标准化的信息促进投资者更好地理解和管理证券化产品的风险，美国的经验值得借鉴。我国在推动证券化市场建设的进程中应对该产品的信息披露制度进行统一，明确信息披露的监管要求，强化信息披露的监督机制，并应建立资产证券化信息披露和分析平台，提高证券化产品信息披露质量。

一、CMBS发行过程中的信息披露

（一）资产层面

Regulation AB II 针对 CMBS 的资产层级披露新规包括两大部分：发起时的资产层级信息披露，在 S229. 1111A（Item 1111A）中规定；持续信息披露，在 S229. 1121A 中规定。二者均参考了房地美、房利美对拟收购信贷的披露要求及上文所述 CREFC IRP 的重要信息点。

关于发起时资产层级信息披露的 S229. 111 A（条例 L）涉及 CMBS、RMBS 的内容可分为五部分：

（1）一般性信息，包括资产基础信息和结算日即时财务信息。前者有：资产编号、放贷金融机构、放贷日期、放贷数额、贷款期限、到期日、抵押期限、贷款利率、利率类型、抵押类型、仅偿利息（不还本）的期限、初次偿还日、贷款服务人、服务费及支付方式，是否属于不满足某一确定放贷标准的例外情况贷款等；后者主要有：结算日、结算日本金余额、结算日利率、剩余本息总额、（如果偿付处于拖欠状态）已拖欠时间、（如果属于滞期偿付）滞期的时间、处于拖欠偿付状态的资产数额、剩余本息偿付时间等。

（2）抵押贷款信息，包括贷款意图、抵押权顺位（如果抵押权处在第一顺位，则继续披露劣后顺位抵押权的数额；如果抵押权非第一顺位，进一步提供在先抵押权数额、类型、期限、设立时间等信息）、有无提前偿付罚息安排（如有，则进一步披露罚息计算方式、条件、总有效期限）、是否属于负抵押（属于负抵押的，则需要进一步提供可能影响本息偿付的具体信息数据）、原始贷款条款是否更改（如果更改，则需要提供最近一次更改相关信息）、是否办理保险、是否属于大额尾付型抵押、可以再融资的抵押房产剩余价值、贷款是否有经纪人参与、证券化交易发起人购买贷款的途径、本息偿付特殊安排（如房产商是否通过提高合同价格的方式为购买人支付贷款初期部分本息等）、可调整利率抵押贷款相关信息（共22项）。

（3）抵押房产信息，主要包括地理位置、占有状况、购买价格、房产性质、原始评估价值、评估方式及日期、最近评估价值、评估方式及日期、（如属于自动估值）自动估值选择的模型及可信度指数、抵押房产原始综合贷款价值比率（CLTV）、LTV及测算日期、（如以他项金融资产抵押代替首付）代替首付的抵押资产价值。如果抵押房产属于转让房屋，则需要进一步提供包括建造年份、转让价格等附加信息。

（4）借贷人信息，包括借贷人及共同债务人信用评分及测算评分的模型、借贷人及共同债务人收入认证状况、借贷人及共同债务人职业认证状况、当前职业受雇时长、借贷人及共同债务人财产认证状况、借贷人及共同债务人月薪金收入和其他收入、承担偿付责任的债务人数量、所有承担偿付责任的债务人月薪金和其他收入总和、债务人是否属于自雇、流动性/现金储备、借贷人为抵押贷款提供担保的财产数量、其他债务月清偿额、总债务收入比率、借贷合同约定的债务人本息支付方式、借贷人自付首付比例、涉及抵押房产的除贷款本息以外的其他月支出费用、任一债务人解除破产约束的时间、债务人他项抵押财产被变卖偿付的时间。

（5）保险信息，包括保险公司名称、保单编号、担保比例、保险人担责方式、保险费支付人（借贷人、放贷人还是其他人）等信息（如果抵押贷款已办理保险）。

对于基础资产池信息的披露，Regulation AB II沿用了Regulation AB的原则，即以资产池为总体，分别提供总体数据、加权平均数据，具体披露的内容包括入池资产类型与选取标准、资产池实质性特征（pool characteristics，CMBS包括每类资产的数量、资产规模、利率结构、贷款期限及剩余期限、LTV等）、贷款逾期及损失信息、资产池现金流来源、与资产池有关的、发起人及其他交易参与人的承诺和保证、违反承诺和保证的回购安排等、资产池中除投资者外的他人实质性权利、资产池滚动期、预筹账户（prefunding accounts）以及其他涉及资产池变动的信息。Regulation AB Ⅱ针对资产池披露也增加了新的披露要求，包括对资产池的描述性信息、统计方法、主要术语及缩写、资产池创立所遵从的承销准则、贷款期限、风险容忍度等。在此基础上，分期摊还资产池应当披露历史拖欠情况、累计亏损和早偿情况、循环资产主信托需提供关于历史拖欠情况、累计亏损、早偿情况、支付利率、收益、信用得分及其他评价借款人信用情况的指标等。

对于 S-11 中的信息披露，包括注册人的投资政策，不动产抵押资产，剩余到期日，资产池中所有抵押贷款的利率，未清偿的本金数额，风险权重，注册人和证券持有人的重大税务处理，注册人关于不动产购买、出售、服务、投资等经营管理的安排，为不动产提供服务的所有公司的详细信息和发行人的财务报告及相关信息。事实上，在 MBS 中，最为关键的是有关抵押贷款资产的本质和表现的详细信息，而有关发行人的一些信息，可能 SPV 是专为此次证券化操作设立的，并无以前经营状况和现存财务状况的信息，或者即使这是一个可以进行多次证券化操作的 SPV，也因每次证券化都是独立进行的，证券权益的偿付来源于资产池而与 SPV 无关，披露 SPV 的相关信息并无多大必要，往往可以忽略。因此，S-11 的报告重点就集中于有关存款人贷款保险和服务的政策、抵押贷款历史上的违约率、提前还款和损失的经验、有关任何信用增级的任何协议及其提供者等事项上。

二、CMBS 交易过程中的信息披露

有关 CMBS 交易过程中的信息披露内容主要记述在 S229. 1121A（Schedule L-D）中。交易过程中信息披露内容的侧重点主要是对交

易过程中基础资产的表现，规定要求信息持续披露，保证每月更新。

持续披露信息可分为一般信息以及资产信息。一般信息包括资产池编号、披露期间的起止日期、具体表现（本息以及各项应当支付的费用的实际支付情况、逾期情况、剩余期间等）、资产服务相关信息（服务费数额、收取方式及实际支付情况、服务商变更等）、借贷合同是否变更、是否被回购及相关信息、非正常清偿详细信息。涉及MBS的资产信息则主要包括偿付异常的详细信息（滞期原因、对滞期的处理措施等）、可调整利率信贷的详细信息、债务人进入破产程序的详细信息、贷款合同变更详细信息、为减轻滞期损失采取的措施及具体信息、资产损失及处置方式详细信息、保险索赔详细信息。

三、CMBS其他方面的信息披露要求

（一）评级信息披露

关于CMBS评级信息披露标准，Regulation AB II对Regulation AB做出了相应修改。

Regulation AB在条款1112和条款1114中对于评级时涉及资产池和有效的信用增级措施以及与供应商有关的一类资产支持证券重要参与人的财务信息等信息披露要求中保留了部分豁免措施。其中，条款1112（b）规定，如投资级证券资产池中主要债务人及其涉及的信用增级方式或债务人所在国主体信用等级是由一个NRSROs信用评级机构进行评级，则该债务人的财务信息以及资产池信息披露可以相应豁免。条款1114则在债务人的信用是基于拥有投资级以上的外国政府或信用增级机构信用时，减轻了发行人提供财务信息的义务。

Regulation AB II针对条款1112和条款1114进行了修改，消除了投资等级评级的例外情况。这些修订与《多德—弗兰克法案》的

部分939a要求减少对信用评级的依赖，对资产证券发行注册资格标准中消除评级要素的要求一致。

针对条款1112和条款1114的修改将诱导投资者直接考虑重要债务人及信用增级提供者的财务状况而不是仅仅依靠这些当事人的信用评级的表象。而且SEC认为发行人只需将现有的信息进行披露，1112和条款1114的修订不会对发行人产生费用或负担。

（二）资产评估技术标准

针对CMBS抵押资产评估的信息披露，Regulation AB II要求在披露商业抵押贷款物业的估值信息附表L和附表L-D中添加相关数据点。其中，附表L所记载的估值数据应为发行说明文件中披露测量日期最近的资产估值数据。附表L-D中所包含的估值将需要在附表L-D涵盖的报告期内提供的最新财产估价。以上数据更新期为一年，其目的在于能更敏感地捕获到周期性数据及商业房地产资产的变化。

Regulation AB II对Regulation AB在资产评估方面所做出的修订，主要是使包括CMBS等使用的评估或估值的数据点为最新数据，并能保证持续跟踪。这些数据点所需的信息与CREFC IRP要求的信息披露基本趋同，但针对MBS物业估值数据点进行了特别修订。披露评估对象包括“由任何交易方或其附属机构获得”的定义被宽泛地解释为作为信用评级机构进行的尽职调查的一部分而获得的评估。例如在正常业务过程需要更新评估价值，或者因为其他情况需要更新评估信息。向投资者提供更新的估值信息将使他们能够更好地了解抵押品价值变化的背景，以防止损失。此外，仅要求发行人在已向他们提供信息后披露信息，不会造成过多的负担。

（三）募集说明书和注册表格体系要求

美国资产支持证券在发行阶段的信息披露载体主要有募集说明书和注册表格体系，其中采取储架式发行的证券化产品，发行人在后续发行时还需单独提交补充募集说明书。在表格体系方面，SEC分别设置了两套注册表格：SF-3（储架式发行）和SF-1（非储架式发行）。在储架式发行时，SF-3要求发行注册时需包括以下信息披露：

（1）由发起人的首席执行官对募集说明书中披露的信息和证券结构的真实性出具证明文件。

（2）基础交易合同要包含对资产池发生特定触发事件（拖欠或证券持有者行动）时进行资产审查的条款。

（3）基础交易合同要提供相关资产在180天内未获得回购的情形下，回购申请方有权要求进行调解或仲裁的争端解决条款。

（4）基础交易合同应当要求在现金流分配报告（10-D）中披露投资者要求与其他投资者交流的信息。

在存续期间，信息披露主要以定期报告和重大事件临时报告形式呈现，具体包括现金流分配报告（10-D）、年度报告（10-K）和临时事项报告（8-K）等。10-D主要负责对债券的现金流分配和基础资产的表现进行信息披露，并包括证券的交易以及所得收益的用途、优先级证券的违约情况等。在该债券存续期中基础资产运行情况的持续信息披露情况则单独在表格ABS-EE10中填写，也作为表格10-D的附件提交给SEC。在年度报告和临时报告方面，资产支持证券发行人分别使用上述表格进行编制。其中，8-K表中专门适用证券化产品信息披露的项目又可以分为两类：一类是强制披露信息，如重大协议的缔结或解除、发生破产或接管、早偿、违约、发行时资产池特征发生较大变动等；另一类是非强制披露信息，当事件发生时可不予披露。

第四节　其他标准的统一

2008年金融危机暴露了《巴塞尔协议Ⅱ》对资产证券化资本监

管框架的不足。巴塞尔委员会对资产证券化资本监管框架进行了全面审视，2014 年 12 月，《巴塞尔协议Ⅲ》的《资产证券化新资本框架》正式公布，计划于 2018 年 1 月开始实施。新资本框架旨在克服《巴塞尔协议Ⅱ》中证券化资本框架对外部评级的机械依赖，通过优化监管资本计算因子，增加监管资本的风险敏感度，减缓证券化监管资本套利。关于资产证券化风险加权资产的计量，是将确定的资产证券化风险暴露金额，乘以相应的风险权重来实现。对于风险权重的确定，《巴塞尔协议Ⅲ》不是单纯依赖评级结构，而是着重从以下六大方面综合考察：一是有无外部评级；二是评级为长期评级或者短期评级；三是评级的结果；四是该资产池中资产的分散状况；五是资产证券化风险暴露的优先等级；六是因提供信用增级而产生的风险暴露。当商业银行作为发起人参与不良资产证券化时，不仅要做好完全的风险隔离，而且要注意尽可能减少以信用增级机构的角色参与。

巴塞尔委员会认为《巴塞尔协议Ⅱ》对评级基础法设定的高评级证券的风险权重很低。如对于资产池分散的非再证券化的优先级证券，AAA 级、AA + 级的风险权重分别只有 7%、8%，按 8% 的风险储备计算，两者的实际风险储备资本分别只有 0.56%、0.64%。在金融危机中，一些 AAA 评级证券被直接降低到投资级别以下，表明上述逻辑并不符合市场实际。在《巴塞尔协议Ⅲ》中巴塞尔委员会调整了外部评级法的风险权重，AAA 级、AA + 级的风险权重被调整到 15%，使其实际风险储备资本上升至 1.95%。再加上《多德—弗兰克法案》中要求发行人必须持有新发行证券化债券 5% 的信用风险所需的风险储备资本，未来将会加大美国 CMBS 市场金融机构的资金成本，特别是可能影响中小金融机构发行 CMBS 产品的意愿。

第七章

CMBS项目关注事项之法律视角

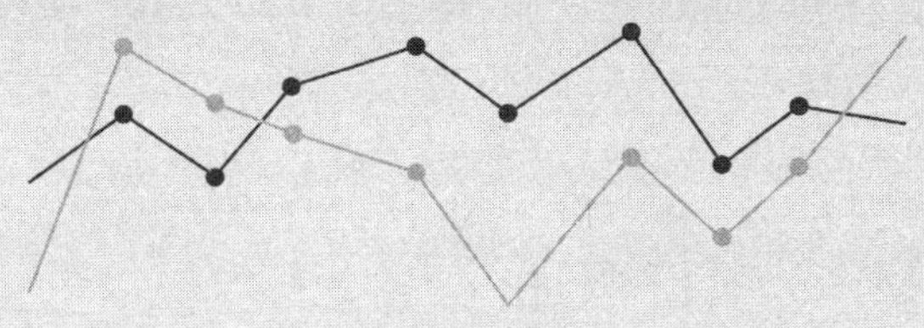

本章以法律视角对 CMBS 项目的关注事项进行了梳理，介绍了我国现行资产证券化法律规则体系内 CMBS 的路径，论述了 CMBS 项目中需关注的法律问题及法律风险控制，对已有案例进行了分析，并提出了有关政策建议。本章共分为五节，第一节为 CMBS 项目概述；第二节梳理了我国现行资产证券化法律规则体系内 CMBS 的路径，包括企业资产证券化、ABN 两种主要路径；第三节详细分析了 CMBS 项目中需关注的法律问题，并对法律风险提出风险控制建议；第四节从法律角度分析我国 CMBS 项目典型案例——“高和招商—金茂凯晨资产支持专项管理计划”；第五节针对 CMBS 项目的法律问题提出了有关政策建议。

第一节　CMBS 项目概述

CMBS 是一种以不动产为支持的资产证券化融资方式。CMBS 以商业物业产生的租金等运营收入和不动产价值为基础，向投资者发行资产支持证券（或资产支持票据，以下统称“资产支持证券”）进行融资，并配有物业抵押、租金质押等增信措施以保障资产支持证券的本息兑付。

如果说 REITs 是商业物业权益类证券化的皇冠明珠，CMBS 则是商业物业债权证券化的王牌，二者交相辉映。可以简单地类比，REITs让商业物业的权益证券化并流动起来，而 CMBS 则将商业物业的债权证券化并流动起来。

一般而言，CMBS 产品的法律结构特点如下：

（1）采用双 SPV 结构，信托向借款人发放信托贷款，专项计划持有信托受益权（即基础资产）。借款人向信托偿还信托贷款，信托向专项计划分配信托利益，专项计划以信托利益兑付资产支持证券。

（2）借款人以其商业物业的运营收入、再融资资金及潜在的物业清算收入作为偿还信托贷款、兑付资产支持证券本息的主要来源。

（3）可以灵活设置资产支持证券的提前兑付、资产支持证券的转售和收购、专项计划续发等安排，使得借款人和资产支持证券投资者双方均可在约定的时间内实现退出。

（4）专业的第三方服务商参与 CMBS 的产品设计、资产筛选，并负责后期管理。

（5）目前发行的 CMBS 产品中，商业物业的所有权人（通常即为借款人）以商业物业为信托贷款提供抵押担保。

第二节　我国现行资产证券化法律规则体系内 CMBS 的路径

我国现行法律规则体系内的资产证券化主要包括证监会系统下的证券公司和基金子公司资产证券化（“企业资产证券化”）和银行间市场交易商协会监管的资产支持票据、保监会监管的资产支持计划等。其中，CMBS 项目的主要可行路径为企业资产证券化及 ABN。

一、企业资产证券化体系下的 CMBS 项目

企业资产证券化体系下已发行数单挂牌的 CMBS 项目，如在上交所挂牌的“高和招商—金茂凯晨资产支持专项管理计划”、“国金—金光金虹桥国际中心资产支持专项管理计划”和在深交所挂牌

的“深圳市益田假日广场资产支持专项管理计划”。

（一）企业资产证券化的主要法律法规

企业资产证券化的主管机构包括中国证监会、中国证券投资基金业协会（简称“基金业协会”）、证券交易所、机构间私募产品报价与服务系统。企业资产证券化的主要法律法规见表7－1。

表7－1　企业资产证券化的主要法律法规

序号	发布时间	发布机构/文号	名称
1	2014年8月31日（修订）	中华人民共和国主席令第14号	《中华人民共和国证券法》
2	2015年4月24日（修订）	中华人民共和国主席令第23号	《中华人民共和国证券投资基金法》
3	2014年8月21日	中国证券监督管理委员会令第105号	《私募投资基金监督管理暂行办法》
4	2014年11月19日	中国证券监督管理委员会公告〔2014〕49号	《证券公司及基金管理公司子公司资产证券化业务管理规定》（后文简称《管理规定》）
5	2014年11月19日	中国证券监督管理委员会公告〔2014〕49号	《证券公司及基金管理公司子公司资产证券化业务信息披露指引》
6	2014年11月19日	中国证券监督管理委员会公告〔2014〕49号	《证券公司及基金管理公司子公司资产证券化业务尽职调查工作指引》
7	2016年5月13日	中国证券监督管理委员会	《资产证券化监管问答（一）》

（续表）

序号	发布时间	发布机构/文号	名称
8	2014年12月24日	中基协函〔2014〕459号	《资产支持专项计划备案管理办法》
9	2014年12月24日	中基协函〔2014〕459号	《资产证券化业务基础资产负面清单指引》及《资产证券化基础资产负面清单》
10	2014年12月24日	中基协函〔2014〕459号	《资产证券化业务风险控制指引》
11	2014年11月26日	上证发〔2014〕80号	《上海证券交易所资产证券化业务指引》
12	2016年10月（修订）	上海证券交易所	《上海证券交易所资产证券化业务指南》
13	2014年11月25日	深证会〔2014〕130号	《深圳证券交易所资产证券化业务指引》
14	2015年12月30日	深证会〔2015〕562号	《深圳证券交易所资产支持证券挂牌条件确认业务指引》
15	2017年3月3日（修订）	深圳证券交易所	《深圳证券交易所资产证券化业务问答》
16	2015年2月16日	中国证券业协会	《机构间私募产品报价与服务系统资产证券化业务指引（试行）》
17	2016年3月16日	机构间私募产品报价与服务系统	《机构间私募产品报价与服务系统资产证券化业务指南》

（二）发行企业资产证券化项目的基本流程

资产支持证券在交易所挂牌的企业资产证券化项目的基本流

程为：

（1）项目组制作申报材料，上报交易所。

（2）交易所受理，以信息披露为核心对项目是否符合挂牌条件进行确认，并提出反馈问题。

（3）项目组对反馈问题进行答复。

（4）交易所确认项目符合挂牌条件，出具符合挂牌条件的无异议函。

（5）各当事人签署交易文件，产品发行设立。

（6）计划管理人就专项计划在基金业协会备案。

（7）计划管理人向交易所提出资产支持证券挂牌申请。

（8）交易所对挂牌申请文件进行完备性核对确认，出具接受挂牌通知书，准予挂牌。

资产支持证券不在交易所挂牌的企业资产证券化项目的基本流程为：

（1）项目组制作项目材料。

（2）各当事人签署交易文件，产品发行设立。

（3）计划管理人就专项计划设立在基金业协会备案。

（三）企业资产证券化CMBS项目的典型交易结构

企业资产证券化CMBS项目多采用“信托+专项计划”的双SPV模式，基本交易流程为：

（1）原始权益人（过桥资金提供方）出资设立资金信托，取得信托受益权，该等信托受益权即基础资产。

（2）信托向借款人（一般为标的物业的所有权人）发放信托贷款，信托贷款规模综合标的物业租金等运营收入和标的物业价值测算。借款人以标的物业资产为信托贷款提供抵押担保，并且对标的物业租金等运营收入进行监管。如条件允许，可同时由第三方提供保证担保等其他增信措施。

（3）资产支持证券投资者缴纳认购款认购资产支持证券，专项计划设立。

（4）计划管理人代表专项计划向原始权益人购买信托受益权，取得基础资产。原始权益人收回过桥资金，实现退出。

（5）借款人以标的物业租金等运营收入为主要还款来源偿还信托贷款，信托向专项计划（作为信托受益人）分配信托利益，专项计划向资产支持证券投资者兑付资产支持证券。

CMBS 交易结构见图 7－1。

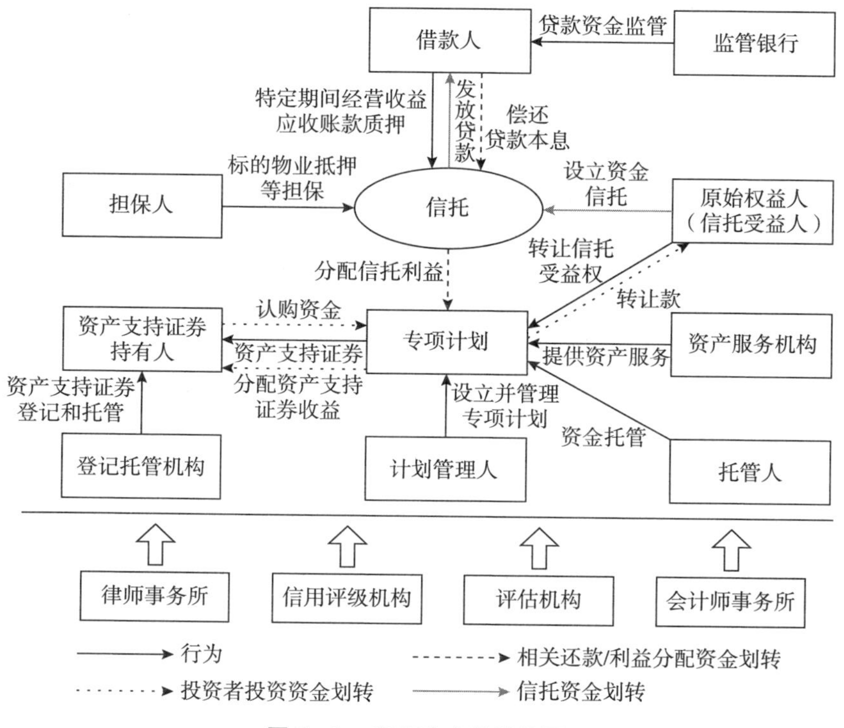

图 7－1　CMBS 交易结构图

二、ABN 体系下的 CMBS

ABN 的监管机构为银行间市场交易商协会，适用的主要法律法规见表 7－2。

表 7-2　ABN 的主要法律法规

序号	发布时间	发布机构/文号	名称
1	2008 年 4 月 9 日	中国人民银行令〔2008〕第 1 号	《银行间债券市场非金融企业债务融资工具管理办法》
2	2016 年 12 月 12 日（修订）	中国银行间市场交易商协会	《非金融企业资产支持票据指引》
3	2016 年 12 月 12 日（修订）	中国银行间市场交易商协会	《非金融企业资产支持票据公开发行注册文件表格体系（试行）》
4	2012 年 8 月 8 日	清算所公告〔2012〕9 号	《关于非金融企业资产支持票据登记托管、清算结算业务的公告》

ABN 体系下的 CMBS 项目已有成功案例，如世贸天阶 2017 年度第一期资产支持标据已于 2017 年 6 月 26 日在银行间市场交易商协会成功注册。

ABN 体系下 CMBS 项目的交易结构为：

（1）原始权益人出资设立资金信托，取得信托受益权，该等信托受益权即基础资产。

（2）信托向借款人（发起机构、标的物业的所有权人）发放信托贷款，信托贷款规模综合标的物业租金等运营收入和标的物业价值测算。借款人以标的物业资产为信托贷款提供抵押担保，并且对标的物业租金等运营收入进行监管。如条件允许，可同时由第三方提供保证担保等其他增信措施。

（3）原始权益人以资金信托的信托受益权作为信托财产，设立财产权信托，发售 ABN，原始权益人取得募集资金。

（4）借款人以标的物业租金等运营收入为主要还款来源偿还信托贷款，资金信托向财产信托（作为资金信托的信托受益人）分配信托利益，财产信托向 ABN 持有人兑付 ABN。

ABN 交易结构见图 7-2。

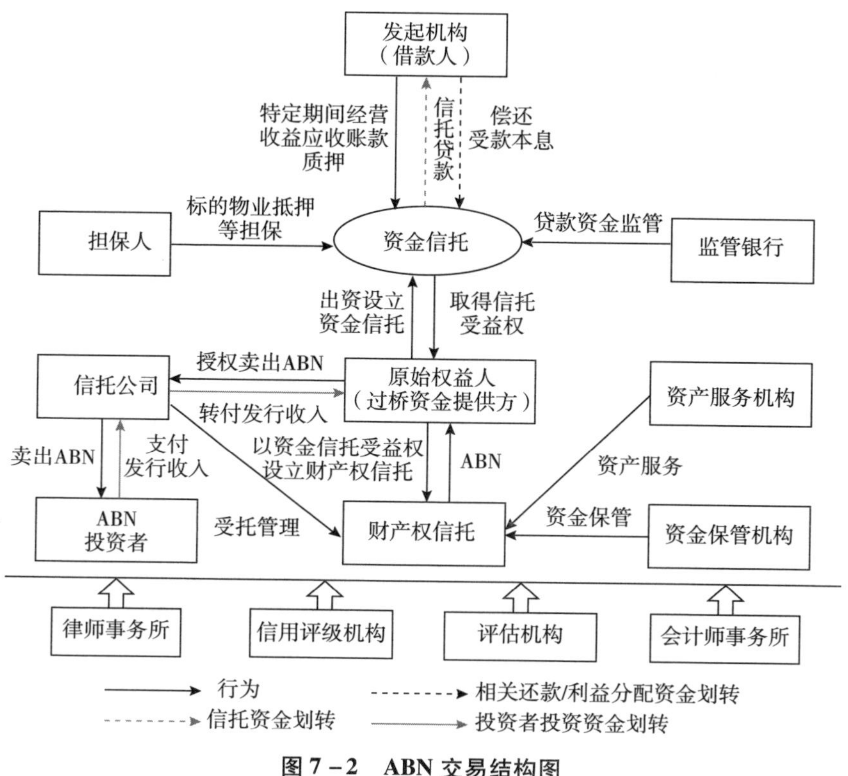

图7－2　ABN交易结构图

第三节　CMBS项目中需关注的法律问题及法律风险控制

根据国内监管规定，在中国境内操作CMBS项目，应对信托贷款的还款来源进行充分的尽职调查，了解其法律风险点并综合运用各项配套制度，设计合理的交易结构，控制法律风险，保障交易安全。

交易所在审阅CMBS项目有关文件时，除一般企业资产证券化项目的普遍关注点外，法律方面的特别关注要点还包括：

（1）标的物业权属合法、清晰。

（2）标的物业的租金等运营收益稳定、可预测且可特定化，产生该等运营收益的租赁合同等法律文件合法有效。

（3）标的物业物业管理的合法合规性。

（4）标的物业上的抵押权、标的物业租金等运营收益上的质权等担保负担及其他权利限制情况及解除的安排。

（5）专项计划存续期间，将标的物业运营收益作为信托贷款主要还款来源后，借款人的持续经营能力和持续运营标的物业的能力。

（6）项目的增信措施及可执行情况，以及其他风险缓释措施。

（7）如发生加速清偿、违约事件等情形，标的物业的处置安排及借款人破产等事项对抵押担保的影响。

（8）底层资产回收款的监管安排。

（9）投资者退出方案的设计及可操作性。

以下从尽职调查、物业抵押、其他主要增信措施、项目公司治理、投资者退出方案等方面阐述 CMBS 项目需关注的问题及法律风险控制。

一、CMBS 项目尽职调查需关注的重点事项

（一）标的物业权属和建设手续方面需关注的法律问题及法律风险控制

由于 CMBS 项目在很大程度上依赖于标的物业价值，故尽管标的物业本身并非基础资产，但其权属是否完整、清晰，建设手续是否齐全、规范，对专项计划的合法合规性及 ABN 投资者的利益具有重大影响。

1. 标的物业权属应完整、清晰

《中华人民共和国城市房地产管理法》第六十条规定："国家实行土地使用权和房屋所有权登记发证制度。"第六十一条规定："以出让或者划拨方式取得土地使用权，应当向县级以上地方人民政府土地管理部门申请登记，经县级以上地方人民政府土地管理部门核

实，由同级人民政府颁发土地使用权证书。在依法取得的房地产开发用地上建成房屋的，应当凭土地使用权证书向县级以上地方人民政府房产管理部门申请登记，由县级以上地方人民政府房产管理部门核实并颁发房屋所有权证书。”

《物权法》第九条规定：“不动产物权的设立、变更、转让和消灭，经依法登记，发生效力；未经登记，不发生效力，但法律另有规定的除外。”第十四条规定：“不动产物权的设立、变更、转让和消灭，依照法律规定应当登记的，自记载于不动产登记簿时发生效力。”第十六条规定：“不动产登记簿是物权归属和内容的根据。不动产登记簿由登记机构管理。”第十七条规定：“不动产权属证书是权利人享有该不动产物权的证明。”同时，《不动产登记暂行条例》第二十一条规定：“登记事项自记载于不动产登记簿时完成登记。不动产登记机构完成登记，应当依法向申请人核发不动产权属证书或者登记证明。”

根据上述法规，土地使用权证书和房屋所有权证书等不动产权属证书或不动产登记证明为证明标的物业权属的主要文件，上述证书是证明物业权属完整、清晰的重要依据。对于已取得土地使用权证书但尚未取得房屋所有权证书的标的物业，为论证其权属的完整性和清晰性，可根据《中华人民共和国物权法》第三十条“因合法建造、拆除房屋等事实行为设立或者消灭物权的，自事实行为成就时发生效力”的规定，结合如下证明文件及具体情况对合法建造行为、物权设立（即房屋所有权取得）事宜进行综合论证：如标的物业产权人签署土地出让合同、缴纳土地出让金、办理工程建设手续、进行竣工验收备案的情况；第三人对标的物业权属提出权利主张的情况；相关政府主管部门对标的物业的权属、用途等方面做出的批复或出具证明的情况等。

《物权法》第三十一条规定：“依照本法第二十八条至第三十条规定享有不动产物权的，处分该物权时，依照法律规定需要办理登记的，未经登记，不发生物权效力。”第一百八十七条规定：“以本法第一百八十条第一款第一项至第三项规定的财产或者第五项规定的正在建造的建筑物抵押的，应当办理抵押登记。抵押权自登记时设立。”同时，《不动产登记暂行条例实施细则》第二十四条规定：“不动产首次登记，是指不动产权利第一次登记。未办理不动产首次登记的，不得办理不动产其他类型登记，但法律、行政法规另有规定的除外。”第六十六条规定：“自然人、法人或者其他组织为保障其债权的实现，依法以不动产设定抵押的，可以由当事人持不动产权属证书、抵押合同与主债权合同等必要材料，共同申请办理抵押登记。”

如标的物业的房屋所有权证书等不动产权属证书或不动产登记证明缺失，将会影响抵押权的设立。按照我国现行法律规定，对于不动产抵押权设立实行“登记生效主义”，不动产权属证书等产权证明文件是办理抵押权设立登记的必备申请材料，对于尚未取得土地使用权证书或房屋所有权证书的标的物业，无法办理相应土地使用权、标的物业的抵押登记手续，无法设立有效的抵押权。

2. 土地使用权类型

建设用地使用权根据取得方式的不同可以分为出让方式取得及划拨方式取得。《中华人民共和国土地管理法》第五十四条规定：“建设单位使用国有土地，应当以出让等有偿使用方式取得。但是，下列建设用地，经县级以上人民政府依法批准，可以以划拨方式取得：（一）国家机关用地和军事用地；（二）城市基础设施用地和公益事业用地；（三）国家重点扶持的能源、交通、水利等基础设施用地；（四）法律、行政法规规定的其他用地。”

以划拨方式取得的建设用地使用权及其上建筑物通常具有公共服务、公益设施或其他特殊用途的属性，法律法规并不绝对禁止对该等标的物业进行出租，但进行转让、出租或抵押时应遵循一定的条件并履行相应的批准手续。《中华人民共和国城市房地产管理法》第五十六条规定：“以盈利为目的，房屋所有权人将以划拨方式取得使用权的国有土地上建成的房屋出租的，应当将租金中所含土地收益上缴国家。具体办法由国务院规定。”《城镇国有土地使用权出让和转让暂行条例》第四十四条规定：“划拨土地使用权，除本条例第四十五条规定的情况外，不得转让、出租、抵押。”第四十五条规定：“符合下列条件的，经市、县人民政府土地管理部门和房产管理部门批准，其划拨土地使用权和地上建筑物、其他附着物所有权可以转让、出租、抵押：（一）土地使用者为公司、企业、其他经济组织和个人；（二）领有国有土地使用证；（三）具有地上建筑物、其他附着物合法的产权证明；（四）依照本条例第二章的规定签订土地使用权出让合同，向当地市、县人民政府补交土地使用权出让金或者以转让、出租、抵押所获效益抵交土地使用权出让金。”第四十六条规定：“对未经批准擅自转让、出租、抵押划拨土地使用权的单位和个人，市、县人民政府土地管理部门应当没收其非法收入，并根据情节处以罚款。”《国土资源部关于加强土地供应管理促进房地产市场持续健康发展的通知》（国土资发〔2003〕356号）规定：“严禁将国有划拨土地使用权以各种名义私下交易、非法入市用于房地产开发。违反规定的，要依法责令其补交相应的地价款，没收违法所得并处以罚款；情节严重的，责令退还非法取得的土地使用权。”

根据上述法律规定，对于标的物业的土地使用权为划拨方式取得的，其出租事宜应经相关主管部门批准；同时，对于标的物业产权人未补交土地出让金的，如以租金抵交出让金的，则在测算底层资产产生现金流时，应考虑将该部分收益扣除。

3. 建设手续的齐全、规范

资产证券化业务基础资产实行负面清单管理，下列与不动产相关的基础资产被列入《资产证券化业务基础资产负面清单》：“待开发或在建占比超过10%的基础设施、商业物业、居民住宅等不动产或相关不动产收益权。”CMBS项目中的标的物业同样需要符合《资产证券化业务基础资产负面清单》对于标的物业在建比的规定。除此之外，从风险控制的角度出发，标的物业原则上应为已经投入使用、具有一定运营时间、能够产生稳定现金流的物业，因此，标的物业建设手续应齐全、规范。标的物业的主要建设文件包括：发改委立项文件、《土地出让合同》、招拍挂成交确认及出让金、契税缴纳凭证、《国有土地使用权证》、《建设用地规划许可证》、《建设工程规划许可证》、《建设工程施工许可证》、环境影响评价文件及各类竣工验收文件，其中应重点关注是否存在违建、是否完成竣工及消防等验收情况。

（1）关于违建。

《城乡规划法》第四十条规定："在城市、镇规划区内进行建筑物、构筑物、道路、管线和其他工程建设的，建设单位或者个人应当向城市、县人民政府城乡规划主管部门或者省、自治区、直辖市人民政府确定的镇人民政府申请办理建设工程规划许可证。"第六十四条规定："未取得建设工程规划许可证或者未按照建设工程规划许可证的规定进行建设的，由县级以上地方人民政府城乡规划主管部门责令停止建设；尚可采取改正措施消除对规划实施的影响的，限期改正，处建设工程造价百分之五以上百分之十以下的罚款；无法采取改正措施消除影响的，限期拆除，不能拆除的，没收实物或者违法收入，可以并处建设工程造价百分之十以下的罚款。"第六十六条规定："建设单位或者个人有下列行为之一的，由所在地城市、县人民政府城乡规划主管部门责令限期拆除，可以并处临时建设工程造价一倍以下的罚款：（一）未经批准进行临时建设的；（二）未按照批准内容进行临时建设的；（三）临时建筑物、构筑物超过批准期限不拆除的。"同时，根据《城市房屋拆迁管理条例》第二十二条第二款的规定，"拆除违章建筑和超过批准期限的临时建筑，不予补偿。"

最高人民法院《关于适用〈中华人民共和国担保法〉若干问题的解释》第四十八条规定："以法定程序确认为违法、违章的建筑物抵押的，抵押无效。"

《商品房屋租赁管理办法》第六条规定：有下列情形之一的房屋不得出租：（一）属于违法建筑的；（二）不符合安全、防灾等工程建设强制性标准的；（三）违反规定改变房屋使用性质的；（四）法律、法规规定禁止出租的其他情形。同时，《最高人民法院关于审理城镇房屋租赁合同纠纷案件司法解释的理解与适用》（“《租赁纠纷解释》”）第二条规定：“出租人就未取得建设工程规划许可证或者未按照建设工程规划许可证的规定建设的房屋，与承租人订立的租赁合同无效。但在一审法庭辩论终结前取得建设工程规划许可证或者经主管部门批准建设的，人民法院应当认定有效。”第三条规定：“出租人就未经批准或者未按照批准内容建设的临时建筑，与承租人订立的租赁合同无效。但在一审法庭辩论终结前经主管部门批准建设的，人民法院应当认定有效。租赁期限超过临时建筑的使用期限，超过部分无效。但在一审法庭辩论终结前经主管部门批准延长使用期限的，人民法院应当认定延长使用期限内的租赁期间有效。”第八条规定：“因下列情形之一，导致租赁房屋无法使用，承租人请求解除合同的，人民法院应予支持：……（三）租赁房屋具有违反法律、行政法规关于房屋使用条件强制性规定情况的。”

根据上述法规、司法解释和部门规章，我国对建设工程实行规划许可制度，如标的物业未取得建设工程规划许可或未按照建设工程规划许可的规定进行建设，该等违建存在被给予罚款、拆除等行政处罚的风险，且可能影响相应抵押权、租赁合同的合法有效性。

因此，根据上述法律法规、司法解释的规定，违建标的物业存在被相应主管机关给予罚款、拆除等行政处罚的风险，违建标的物业无法设定有效的抵押权，且违建标的物业项下的租赁合同无效，前述法律风险均对底层资产的合法合规性以及现金流的稳定性有较大影响。

（2）关于竣工及消防等验收。

《中华人民共和国消防法》第四十条规定：“违反本法的规定，有下列行为之一的，责令限期改正；逾期不改正的，责令停止施工、停止使用或者停产停业，可以并处罚款：……（二）依法应当进行消防设计的建筑工程竣工时未经消防验收或者经验收不合格，擅自使用的。”《中华人民共和国建筑法》第六十一条规定：“建筑工程竣工经验收合格后，方可交付使用；未经验收或者验收不合格的，不得交付使用。”

《建设工程质量管理条例》第十六条第三款规定：“建设工程经验收合格的，方可交付使用。”第四十九条规定：“建设单位应当自建设工程竣工验收合格之日起15日内，将建设工程竣工验收报告和规划、公安消防、环保等部门出具的认可文件或者准许使用文件报建设行政主管部门或者其他有关部门备案。建设行政主管部门或者其他有关部门发现建设单位在竣工验收过程中有违反国家有关建设工程质量管理规定行为的，责令停止使用，重新组织竣工验收。”第五十六条规定：“违反本条例规定，建设单位有下列行为之一的，责令改正，处20万元以上50万元以下的罚款：……（八）未按照国家规定将竣工验收报告、有关认可文件或者准许使用文件报送备案的。”第五十八条规定：“违反本条例规定，建设单位有下列行为之一的，责令改正，处工程合同价款百分之二以上百分之四以下的罚款；造成损失的，依法承担赔偿责任：（一）未组织竣工验收，擅自交付使用的；（二）验收不合格，擅自交付使用的；（三）对不合格的建设工程按照合格工程验收的。”

根据上述法律、司法解释，如标的物业存在违反上述《消防法》《建筑法》《建设工程质量管理条例》等法律法规关于竣工、消防验收等相关规定的情况，存在被相关主管机关给予责令停止使用、罚款等行政处罚的风险。另外，根据《租赁纠纷解释》第八条的规定，存在上述情况虽不必然导致租赁合同无效，但可能对租赁合同的履行产生障碍，使承租人享有合同解除权，导致租赁合同存在被提前解除的风险，进而影响底层资产的稳定性。

4. 标的物业上的权利负担

CMBS项目中，标的物业上通常附带抵押权，为借款人或第三人的其他债务提供担保。并且，标的物业的租金债权可能也设置了质权。《管理规定》第二十四条规定：“基础资产不得附带抵押、质押等担保负担或者其他权利限制，但通过专项计划相关安排，在原始权益人向专项计划转移基础资产时能够解除相关担保负担和其他权利限制的除外。”虽然 CMBS 项目中的基础资产为信托受益权，并非标的物业产权或标的物业租金债权，但以穿透原则考量，由于标的物业的租金等运营收益为借款人偿还信托贷款的主要来源，且标的物的价值对信托贷款的安全性具有重要影响，因此原则上应对解除标的物业原有抵押权、租金质权事宜进行安排。《深圳证券交易所资产证券化业务问答》第 5.24 条“基础资产为商业物业抵押贷款的资产证券化项目应关注哪些问题”提到：“底层物业须权证齐备，由借款人合法持有，且不得附带抵押或者其他权利限制。如存在权利限制情况的，应设置合理安排在贷款放款后解除相关权利限制。”解除标的物业原有抵押权、租金质权的方式，包括提前清偿主债权或以其他担保置换现有担保等方式。

1. **提前清偿主债权**

担保物权为从权利，抵押权、质权的存在以主债权存在为前提，随主债权消灭而消灭。《物权法》第一百七十七条规定，主债权消灭的，担保物权消灭。《担保法》第五十二条规定，债权消灭的，抵押权也消灭。《担保法》第七十四条规定，债权消灭的，质权也消灭。因此，提前清偿标的物业原抵押权、租金质权担保的主债权，则标的物业原抵押权、租金质权随之消灭。

主债权合同中的提前还款条款对提前清偿主债权可能存在一定限制，包括是否需要取得债权人的同意、是否需要在本息外额外支付提前还款补偿费等。对于提前还款需取得债权人同意的，借款人应就提前还款事宜取得债权人的书面同意。

借款人可以在专项计划设立前以自有资金提前还款，但该等方式需要借款人自筹资金，对借款人的资金筹集能力要求较高。比较常见的做法是借款人以取得的信托贷款资金偿还原有债务。为了保障借款人将信托贷款用于偿还原有债务以解除标的物业抵押权、租金质权，防止借款人将信托贷款挪作他用，可以约定：第一，信托公司向借款人发放信托贷款时，将用于清偿原债务的资金直接划转至原债权人，余额划转给借款人；第二，信托贷款发放至借款人名下的信托贷款监管账户，由监管银行对该账户进行监管，该账户资金的流出需向原债务的债权人账户划转，清偿原债务后解除监管，借款人可以用于其他用途。

2. 以其他担保置换现有担保

如果原债务的主债权合同中不允许借款人提前还款，或借款人无法就提前还款取得债权人同意，则可以考虑与债权人协商，以其他经债权人认可的担保方式置换标的物业抵押、租金质押的方式来解除现有的权利负担，并办理抵押和质押的注销登记手续。为控制风险，《信托贷款合同》中应将标的物业原抵押权和租金质权的解除列为信托贷款的发放前提条件之一。

（二）物业租赁方面需关注的法律问题及法律风险控制

1. 租金收取方式

根据不同租赁合同的约定，租赁合同的租金收取方式可分为固定租金制、扣点制和保底租金加抽成制等方式。

固定租金制，是指在租赁合同中明确约定承租人根据一定的租赁单价，在一定的租赁面积内，向标的物业产权人支付固定金额的租金。此种租金收取方式仅与租赁的标的物业的位置、面积、租赁期限有关，而与承租人的实际经营情况并无关系，无论承租人经营业绩如何，其均需按照租赁合同的约定向标的物业产权人支付固定金额的租金。

扣点制，是指租赁合同的租金金额并不固定，而与承租人的经营情况直接相关，即承租人将营业额、销售额的一定比例作为租金支付给标的物业产权人。

保底租金加抽成制，是指在租赁合同中约定承租人应向标的物业产权人支付一定金额的保底租金，并约定合同双方按一定频率对承租人的经营业绩进行考核，如承租人经营业绩达到约定的指标，则标的物业产权人有权对承租人营业额、销售额的一定比例进行抽成，承租人应将抽成租金和保底租金之间的差额支付给标的物业产权人。

关于租金与管理费共同作为信托贷款的还款来源是否属于《资产证券化基础资产负面清单》第六条规定的“法律界定及业务形态属于不同类型且缺乏相关性的资产组合”，我们认为：第一，租金、管理费债权均为合同债权，是法律界定属于同一类型的资产组合；第二，租金、管理费均基于标的物业，且均为标的物业产权人提供服务取得的收入，在业务形态上属于同一类型；第三，租金、管理费在费用来源、计费方式、归集频率上具有一致性、相关性，故租金、管理费不属于《资产证券化基础资产负面清单》第六条规定的资产，可以共同作为信托贷款的还款来源。

2. **租赁期限**

《合同法》规定，租赁期限不得超过 20 年，实践中的租赁合同期限绝大多数远远短于 20 年。租赁合同根据标的物业业态的不同存在不同的租赁期限，服装类店铺租赁期限通常较短，多为 1 ~ 3 年；餐饮类店铺租赁期限略长，多为 3 ~ 5 年，甚至长达 8 年；前期投入较大的业态形式，如电影院、室内冰场，租赁期限通常更长。由于 CMBS 项目需要通过拉长产品期限以满足融资人对融资规模的需求，现有租赁合同的期限往往无法覆盖专项计划和信托贷款期限（“国金—金光金虹桥国际中心资产支持专项管理计划”期限为 24 年，“高和招商—金茂凯晨资产支持专项管理计划”期限为 3 年，但后续续发专项计划配合信托贷款期限达到 18 年）。

CMBS 项目架设信托结构可以缓释租赁合同期限不足以覆盖专项计划期限的问题。如果直接以租金债权为基础资产，由于租赁合同期限较短，存在到期后承租人是否续签租赁合同的问题，如承租人不续签则新的承租人是谁无法确定，将使得基础资产的特定化、可预测性和稳定性较低。架设信托结构后，专项计划的基础资产为信托受益权，而非作为还款来源的租金债权，解决了基础资产的特定化、可预测性和稳定性问题。租金作为借款人偿还信托贷款的主要来源，在现有租赁合同期限届满后，续签、新签的租赁合同项下租金仍然作为信托贷款的还款来源。

3. 转租限制

《合同法》第二百二十四条规定："承租人未经出租人同意转租的，出租人可以解除合同。"《租赁纠纷解释》第十五条规定："承租人经出租人同意将租赁房屋转租给第三人时，转租期限超过承租人剩余租赁期限的，人民法院应当认定超过部分的约定无效。但出租人与承租人另有约定的除外。"第十六条规定："出租人知道或者应当知道承租人转租，但在六个月内未提出异议，其以承租人未经同意为由请求解除合同或者认定转租合同无效的，人民法院不予支持。"

根据上述法律及司法解释，如借款人拟作为信托贷款还款来源的租赁合同为转租合同，转租合同需经原出租人同意，且转租合同的实际期限不应超过原租赁合同的期限。如转租未经原出租人同意的，则应结合原出租合同与转租合同的相关条款、原出租人是否知道或应当知道借款人转租，是否在六个月内提出异议等情况，综合判断转租合同的效力及实际期限。

4. 合同备案

《商品房屋租赁管理办法》第十四条规定："房屋租赁合同订立后三十日内，房屋租赁当事人应当到租赁房屋所在地直辖市、市、县人民政府建设（房地产）主管部门办理房屋租赁登记备案。"第二十三条规定："违反本办法第十四条第一款、第十九条规定的，由直辖市、市、县人民政府建设（房地产）主管部门责令限期改正；个人逾期不改正的，处以一千元以下罚款；单位逾期不改正的，处以一千元以上一万元以下罚款。"《租赁纠纷解释》第四条规定："当事人以房屋租赁合同未按照法律、行政法规规定办理登记备案手续为由，请求确认合同无效的，人民法院不予支持。当事人约定以办理登记备案手续为房屋租赁合同生效条件的，从其约定。但当事人一方已经履行主要义务，对方接受的除外。”

根据上述法律法规，租赁合同当事人应对租赁合同进行备案，但租赁合同未办理登记备案，并不当然导致合同无效。如有合同约定办理登记备案手续为租赁合同生效条件的情况，应视合同具体履行情况确定其效力。如当事人一方已履行主要义务，对方接受的，可视为合同已生效。但是，如标的物业未按照《商品房屋租赁管理办法》的规定办理租赁合同登记备案手续的，存在被相应主管机关给予罚款的风险。

5. 租金上的权利负担

详见本章第三节关于“CMBS 项目尽职调查需关注的重点事项”相关内容。

6. 承租人是否为地方政府或地方融资平台公司

《资产证券化业务基础资产负面清单指引》（2014 年 12 月 24 日版）第一条规定：“以地方政府为直接或间接债务人的基础资产。但地方政府按照事先公开的收益约定规则，在政府与社会资本合作模式（PPP）下应当支付或承担的财政补贴除外。”第二条规定：“以地方融资平台公司为债务人的基础资产。本条所指的地方融资平台公司是指根据国务院相关文件规定，由地方政府及其部门和机构等通过财政拨款或注入土地、股权等资产设立，承担政府投资项目融资功能，并拥有独立法人资格的经济实体。”

尽管 CMBS 项目基础资产为信托受益权，而非租金债权，但考虑穿透核查原则，租赁合同承租人原则上不应涉及地方政府（含地方政府各部门，如财政局、卫生局、教育局等）或地方融资平台公司，如涉及，则应综合考虑租赁原因、现金流占比等情况，并与交易所等监管部门进行沟通，以判断是否需要将该等租赁合同债权从还款来源中剔除。

（三）物业管理方面需关注的法律问题及法律风险控制

如果 CMBS 项目信托贷款还款来源包含标的物业的物业费，则物业管理方面的如下法律问题应予重视：

1. **物业服务企业是否具有适当的资质**

物业服务企业提供物业管理服务应取得物业服务企业资质，并应在物业服务企业资质等级范围内提供物业服务。《物业管理条例》（国务院令第504号）规定，国家对从事物业管理活动的企业实行资质管理制度。《物业服务企业资质管理办法》（建设部令第164号）规定，物业服务企业资质等级分为一、二、三级，不同资质的物业服务企业可承接的物业类型及面积有所不同。一级资质物业服务企业可以承接各种物业管理项目；二级资质物业服务企业可以承接30万平方米以下的住宅项目和8万平方米以下的非住宅项目的物业管理业务；三级资质物业服务企业可以承接20万平方米以下住宅项目和5万平方米以下的非住宅项目的物业管理业务；新设立的物业服务企业，其资质等级按照最低等级核定，并设一年的暂定期。

《物业管理条例》和《物业服务企业资质管理办法》分别规定了对未取得资质证书从事物业管理和超越资质等级承接物业管理业务行为的处罚措施，前者由县级以上地方人民政府房地产行政主管部门没收违法所得，并处5万元以上20万元以下的罚款，给业主造成损失的，依法承担赔偿责任；后者由县级以上地方人民政府房地产主管部门予以警告，责令限期改正，处1万元以上3万元以下的罚款。

根据上述规定，首先，物业服务企业提供物业管理服务应持有物业服务企业资质证书；其次，物业服务企业应在其资质等级的服务范围内提供物业管理服务，不得超资质经营。

2. **物业费的收费形式**

物业服务合同的物业费收费形式分为包干制或酬金制。根据《物业服务收费管理办法》（发改价格〔2003〕1864号）的规定，典型的包干制为合同中约定明确且固定金额的物业费标准，业主或租户按照该标准支付物业费，该等物业费均为物业服务企业的收入，物业服务企业提供物业服务支出的实际费用少于收取的物业费的，构成物业公司的利润，支出的实际费用多于物业费的，损失由物业服务企业自行承担。典型的酬金制为业主或租户向物业服务企业支付一定金额的物业费，该等物业费由物业服务企业代管，用于提供物业服务的支出，物业服务企业获得的酬金根据事先约定的规则确定。酬金制下，只有酬金部分才是物业服务企业的收入，而物业费由物业服务企业代管，因此该等代管的物业费难以作为信托贷款的还款来源。

实践中，一些物业服务合同未明确说明物业费属于包干制或酬金制，或是约定较为复杂的结算规则。在判断物业费是归物业服务企业所有，还是由物业服务企业代管时，应当透过形式，抓住实质。例如，对于名为酬金制，但实际上仅是约定了浮动的物业费标准或物业费计算规则，实际上支付的物业费均归于物业服务企业的，物业费债权仍可纳入信托贷款还款来源。

3. 物业服务合同的招投标手续

住宅物业的前期物业服务原则上应通过招投标的方式选聘物业服务企业。《物业管理条例》规定，住宅物业的建设单位，原则上应当通过招投标的方式选聘具有相应资质的物业服务企业，投标人少于3个或者住宅规模较小的，经物业所在地的区、县人民政府房地产行政主管部门批准，可以采用协议方式选聘具有相应资质的物业服务企业。除此之外，对于包括商业物业在内的其他类型物业的前期物业服务，法律、行政法规未规定必须通过招投标方式选聘物业服务企业。

4. 物业服务合同的备案手续

《物业承接查验办法》（建房〔2010〕165号）第二十九条规定："物业服务企业应当自物业交接后30日内，持下列文件向物业所在地的区、县（市）房地产行政主管部门办理备案手续：（一）前期物业服务合同；（二）临时管理规约；（三）物业承接查验协议；（四）建设单位移交资料清单；（五）查验记录；（六）交接记录；（七）其他承接查验有关的文件。"

此外，《物业管理条例》对物业服务合同备案事宜没有进行明确规定。各省市的地方性法规对物业服务合同的备案要求不同，如要求备案的，备案主管部门通常为房管局。

对于标的物业所在地的地方性法规和规章，应主要关注以下三点：第一，物业服务合同是否需要进行合同备案；第二，合同备案的义务人是业主还是物业服务企业；第三，未按照要求进行合同备案的法律后果。

以标的物业位于北京的情形为例，《北京市物业管理办法》（北京市人民政府令第219号）第二十条规定："物业服务企业应当自物业服务合同签订之日起15日内，将物业服务合同报物业服务项目所在地区县房屋行政主管部门备案，区县房屋行政主管部门将备案材料抄送物业服务项目所在地街道办事处、乡镇人民政府。"第四十一条规定："物业服务企业未按时将合同报送备案的，由区县房屋行政主管部门责令限期改正，并可处1万元罚款。"

5. 物业费上的权利负担

拟作为信托贷款还款来源的物业费债权，应当核查其上是否设有质押等权利负担。对于设置了质权的物业费债权，其处理方式与租金债权相同，详见本章第三节关于"CMBS项目尽职调查需关注的重点事项"相关内容。

（四）需关注的借款人（物业所有权人）的法律问题及法律风险控制

1. 对借款人重大违约、违法、处罚等事项的核查

在CMBS项目中，物业所有权人虽仅为信托贷款的借款人，并非原始权益人，但由于标的物业运营收入等为借款人偿还信托贷款的主要来源，借款人的持续运营情况对信托贷款和资产支持证券的安全具有重大影响，因此应以对特定原始权益人的核查标准对借款人进行核查。根据《管理规定》第十一条的规定，特定原始权益人应当符合的法律条件包括生产经营符合法律、行政法规、公司章程或内部规章文件的规定，且最近三年未发生重大违约、虚假信息披露或者其他重大违法违规行为。

2. 对借款人重大债务的核查

除上述重大违约、违法、处罚事项等法律风险外，《管理规定》第十一条还要求特定原始权益人具有持续经营能力，无重大经营风险和财务风险。对此，应对借款人的重大债务进行核查，并对其是否影响借款人的持续经营能力和信托贷款的偿还做出判断。

3. 对借款人营业期限的核查

CMBS 项目的信托贷款期限通常较长，需关注借款人的营业期限是否能够覆盖信托贷款期限。如借款人营业期限先于信托贷款约定期限到期，建议借款人变更营业期限以匹配信托贷款期限，或在信托贷款合同等文件中做出在借款期限内将保持主体合法有限存续的承诺；为进一步控制风险，可由借款人股东做出书面承诺，承诺其将及时延长借款人营业期限。

二、标的物业抵押需关注的重点法律问题

标的物业抵押担保是 CMBS 项目中必备的和最重要的增信措施。通过标的物业抵押，专项计划通过信托（作为抵押权人）对标的物业的处置所得拥有优先受偿的权利。该等优先受偿的权利受中国法律保护。《担保法》第三十三条和《物权法》第一百七十条规定，在债务人不履行到期债务或者发生当事人约定的实现担保物权的情形，债权人有权依照法律规定以抵押财产折价或者以拍卖、变卖该财产的价款优先受偿。

在办理有关标的物业抵押时，应注意：

（1）CMBS 产品中，信托贷款的担保方式可能同时包括抵押、质押、保证，为了以最符合专项计划利益的方式行使担保权利，避免因没有约定担保权利行使顺序而影响标的物业抵押权的行使，建议在抵押合同中约定：债权人（即担保权人）有权根据具体情况选

择先行使哪一种担保权利。

（2）CMBS产品中，需同时考虑行使抵押权时的税收影响。在为实现抵押权而处置标的物业的过程中，会产生土地增值税、契税等税收和实现抵押权的费用，该等税费将在抵押物处置所得中优先受偿，剩余款项用于偿还主债权本金、利息及违约金等款项。因此，应注意控制抵押率，以尽量确保处置抵押物的所得足以清偿主债权。

（3）CMBS项目中，相关中介机构需通过严谨细致的工作，确保抵押合同合法有效订立且合法办理抵押登记。

目前，监管部门、信用评级机构以及投资者等对CMBS项目最为担心的是：在抵押贷款不能正常还本付息时，标的物业能否顺利得到处置、贷款能否通过处置标的物业回收以及回收的时间进度等。正因为有类似的担心，业界往往希望在优质底层资产的基础上，再加上强主体给予信用增级，希望借助主体信用来保障投资者的利益。因此，在很多项目中，往往出现由强主体对信托贷款提供担保的结构。

我们认为，根据中国相关法律，在抵押贷款不能正常还本付息时，抵押权的存在能够对证券持有人进行相应的保护。

（一）融资人一般情形的违约时，标的物业抵押对证券持有人的保护

在CMBS项目中，相关中介机构需通过严谨细致的工作，确保抵押合同合法有效订立且合法办理抵押登记。抵押权合法设立后，抵押权人的利益优先于融资人的普通债权人。并且，CMBS项目中借贷法律关系较为简单、清晰，信托公司作为贷款人放款完毕即履行完毕贷款合同项下全部义务，后续还本付息义务是融资人的单方面义务。相关事项法律争议点较少，举证双方是否正常履约/是否违约难度较小，故融资人提出异议、抗辩的空间较小。一旦出现违约，信托公司即可作为抵押权人，依据有关交易文件，在法院、仲裁机构等司法机关进行诉讼或仲裁，并请求法院强制执行，依法拍卖/变

卖抵押物。

CMBS 项目一般选择核心城市的核心物业，运营相对良好，标的物业价值相对透明公开，标的物业转让的市场流动性相对较高。而且，通过相应措施（包括聘请市场声誉较高的评估机构；选择专业水平较高、市场声誉较好的资产服务机构认购劣后级资产支持证券并判断风险等）可防止评估价格虚高并合理控制抵押率，使得标的物业折价出售也能够保证信托贷款的还本付息。

另外，2016 年 4 月实施的最高人民法院《关于首封与优先权执行法院处分财产问题的批复》，进一步保障了物业抵押权人作为优先债权人的利益，有助于保障实体法上优先债权制度的实现。该批复规定："执行过程中，应当由首先查封、扣押、冻结（以下简称查封）法院负责处分查封财产，但已进入其他法院执行程序的债权对查封财产有顺位在先的担保物权、优先权（该债权以下简称优先债权），自首先查封之日起已超过 60 日，且首先查封法院尚未就该查封财产发布拍卖公告或者进入变卖程序的，优先债权执行法院可以要求将该查封财产移送执行。"

（二）融资人破产情形时，标的物业抵押对证券持有人的保护

《破产法》第一百零九条规定："对破产人的特定财产享有担保权的权利人，对该特定财产享有优先受偿的权利。"虽然根据中国《破产法》等相关法律、法规，在借款人进入破产程序的情形下，借款人破产将对抵押权的实现在程序及实体上产生一定影响，但上述不利影响，可通过相应的风控措施予以减小。

借款人进入破产程序对抵押权实现的主要影响包括：

一方面，在实体层面，在借款人破产的情形下，根据《税收征收管理法》《合同法》和《破产法》的相关规定，担保权利设定前的欠缴税款、拖欠的建筑工程款、破产人在《破产法》公布之日（2006 年 8 月 27 日）前所欠职工的劳动债权优先于抵押担保的主债权受偿。

另一方面，在程序层面，抵押权行使和实现的时间会因借款人进入破产程序而增加一定的不确定性。例如，《破产法》规定，在重整期间和法院裁定和解之前，对债务人的特定财产享有的担保权暂停行使；在破产清算的情况下，需待债权人会议表决通过或法院裁定通过破产财产的变价方案后，依据上述方案对抵押物进行变价并优先受偿。同样的，在美国法律项下，担保债权不受破产程序的影响，债权人仍然可就担保财产实现其债权，但破产申请一旦提交，债务人的财产将被自动冻结，将造成抵押权实现的拖延。如果项目公司（融资人）进入破产程序，亦需要花费大概 1 ~2 年甚至更久的破产清算流程。美国 CMBS 产品的投资者亦会受到项目公司（融资人）自身破产清算的影响。

在设计 CMBS 产品结构时，可通过以下措施减小上述不利影响：

第一，对借款人现有债务情况进行充分的尽职调查，尤其是关注是否存在抵押设定前的欠缴税款、拖欠建筑工程款、劳动债权，并根据尽职调查的情况妥善处理、安排相应的债务清偿方案。

第二，设置相应的措施安排，降低法院受理破产申请的可能性，如严格限制借款人新增融资债务，对借款人的正常经营过程实施多方位监管，包括明确借款人的业务范围并控制其经营成本和费用预算，以及在债权人提出破产申请时及时提出异议。

第三，向借款人委派特别董事、财务人员以在公司决策程序层面限制借款人增加负债及或有负债的行为。

第四，在特定项目上，在融资成本可接受的范围内，为 CMBS 项目的《信托贷款合同》和相应担保合同办理强制执行公证手续，可省去诉讼审理流程而直接向法院申请执行，由此降低诉讼过程中借款人进入破产程序而致使诉讼中止的风险。

第五，若借款人进入破产程序，则 CMBS 项目中的信托公司作为债权人，应积极参与破产程序，申报债权、提交担保证据、参加债权人会议并进行表决，以维护其合法权益。

需要特别说明的是，因项目公司承担偿还信托贷款的义务且为标的物业的运营主体，所以项目公司自身破产属于资产本身造成的风险，在对资产进行尽职调查及评级时，需要充分考虑其风险并做出相应安排。

（三）借款人母公司的债权人无权处置项目公司的资产

《公司法》明确规定，公司是企业法人，有独立的法人财产，享有法人财产权。公司以其全部财产对公司的债务承担责任。公司的合法权益受法律保护，不受侵犯。公司股东应当遵守法律、行政法规和公司章程，依法行使股东权利，不得滥用股东权利损害公司或者其他股东的利益。

根据《公司法》《破产法》等相关法律、法规，子公司的资产与母公司的资产分属于两个不同的法律实体，母公司的债权人不得越过母公司，直接要求子公司用子公司的资产偿还母公司的债务。在CMBS产品结构下，由于项目公司已将其标的物业抵押给信托公司（专项计划），抵押权人在标的物业处置时享有优先受偿权。

即使在项目公司母公司破产的情形下，项目公司自身经营所得或处置标的物业所得应优先向信托公司偿还信托贷款；借款人母公司的债权人无权要求直接处置借款人的财产（包括但不限于标的物业），亦无权要求项目公司以其自身财产偿还项目公司母公司的债务。

如母公司进入破产程序，项目公司母公司持有的项目公司的股权将作为其母公司的破产财产；其债权人有权要求母公司将其持有的项目公司的股权进行处置。但在这种情况下，项目公司仍为独立的法人；对项目公司而言，母公司持有其股权发生变动，将可能影响项目公司的股东，导致项目公司的实际控制人发生变化，但并不影响项目公司本身向其自身的债权人（尤其是CMBS结构项下的信托贷款人）偿还债权。如果在CMBS产品结构设计当中，要求项目公司母公司将其持有的项目公司的股权也质押给信托公司，则信托公司有权在母公司处置其持有的项目公司的股权所得价款中优先受偿。

综上所述，根据中国法律、法规，项目公司母公司的债权人无权直接处置项目公司自身资产，即使在项目公司母公司破产的情形下，项目公司的物业抵押权人的权利亦不受母公司破产的影响。在上述情形下，中国法律对项目公司债权人的保护并不逊于美国法律。

（四）司法环境等因素对抵押权实现的影响

在以往实现抵押权的现实案例中，可能会出现由于地方保护主义、法院滥用自由裁量权、债务人恶意诉讼等情形，导致抵押权人难以在预期的时间内顺利处置抵押物、实现抵押权。事实上，对于物业在坏账情况下的处置和贷款回收一直是国际实践中的难题，不仅中国，在美国等发达国家也会面临漫长的诉讼周期和收回贷款的不确定性。例如，抵押人在债务到期后未能及时清偿的，根据各州不同规定，抵押权人有权提起司法性的和非司法性的抵押物赎回权取消程序，即法院主持拍卖或通过非诉程序拍卖抵押物；选择通过非诉程序拍卖抵押物的，如价格被确认为明显不合理，则可对此次处置抵押物的非诉程序提起撤销，该程序将更为复杂漫长。①

就 CMBS 项目而言，我们认为，上述风险无法完全排除，但从市场整体发展来看，基于下列因素，上述风险整体上可以控制在一定范围内：

第一，CMBS 项目中借贷法律关系较为简单、清晰，信托公司作为贷款人放款完毕即履行完毕贷款合同项下全部义务，后续还本付息义务是融资人的单方面义务。相关事项法律争议点较少，举证双方是否正常履约/是否违约难度较小，故融资人提出异议、抗辩的空间较小。

第二，在具体项目中，在融资成本可承受的范围内，可采取办

---

① 陈永强．英美法上的交易自治与交易安全：以房地产交易法为视角［M］．北京：法律出版社，2009。

理强制执行公证的方式，在一定程度上缓释上述风险。

第三，开展CMBS项目的标的物业一般处于核心城市，司法环境相对较好，地方保护主义影响相对较弱。即使个别融资人与地方法院关系密切而得到地方保护，造成司法处置的拖延，但因开展CMBS项目的标的物业通常较为优质，在拖延期间其价值贬损空间相对较小，投资者的实质利益不会受到过多的损害。

第四，专项计划作为一种标准化的金融产品，具有一定的公众效应，在处置标的物业时会予以披露并发布公告，在市场上和社会上具有一定的公示效力。地方法院如果仍施行地方保护主义、拖延处置，将面临较大的舆论压力和社会压力。相反，对于仅由强主体提供保证担保的项目，该等主体与地方的关系通常更为密切，受到地方保护的可能性更大，如果其标的物业资质一般，风险反而更大。

第五，在具体项目中，在融资成本可承受的范围内，可采取办理强制执行公证的方式，在一定程度上缓释上述风险。对贷款合同、抵押合同等担保合同办理强制执行公证后，可省去诉讼流程，而直接进入执行程序。根据《民事诉讼法》第二百三十八条规定："对公证机关依法赋予强制执行效力的债权文书，一方当事人不履行的，对方当事人可以向有管辖权的人民法院申请执行，受申请的人民法院应当执行。"融资人未按贷款合同约定还款的，信托公司作为债权人向原公证机关申请执行证书，凭原公证书及执行证书直接向人民法院申请强制执行。对贷款合同、抵押合同等担保合同办理强制执行公证后，便于有关合同获得法院执行，保障抵押权人的利益。

总之，作为一种创新金融产品，CMBS项目不可能做到万无一失，防范所有风险。但通过上述分析，我们认为，在不依赖主体信用支持的前提下，可以通过专业的结构设计和风控措施，尽可能减少项目风险。其关键点在于厘定合理的承销标准，控制杠杆率，从而减少坏账风险。在物业现金流稳定的情况下，物业的价值会保持稳定，从而在物业的再融资和清算价值高的情况下，物业的坏账风险将会随之降低。未来，对不良的容忍是一个市场成熟和深度发展的表现，不能因噎废食，由于潜在违约的存在就关闭整个市场。在监管的指导下，制定合理的产品标准，控制杠杆率和信用支持水平，才是市场发展的长久之道。

三、CMBS 项目中的其他主要增信措施

CMBS 项目的增信措施除标的物业抵押外，还包括租金等应收账款质押、借款人股权质押、关联方保证担保、保证金、差额补足、流动性支持或维好承诺、权利维持费等，项目可选择采用一种或结合使用多种增信措施。

（一）应收账款质押

标的物业在信托贷款存续期间的租金是借款人偿还信托贷款的主要还款来源，该等租金债权为专项计划信托贷款的还款来源。除了对标的物业租金进行专户监管外，为了保障信托对租金债权的优先受偿权并防止借款人向第三人转让、质押租金债权，可以安排借款人将标的物业在信托贷款存续期间内的租金债权、管理费、物业费等应收账款进行质押。依据《物权法》和《应收账款质押登记办法》，质权人应在中国人民银行征信中心应收账款质押登记公示系统办理质押登记，质权自依法登记时设立。

（二）借款人股权质押

借款人股东可将其持有的借款人的股权质押，为借款人偿还信托贷款的义务进行质押担保。股权质押为信托贷款增加了一项担保权利和债务违约的处置方式，相对处置资产，具有降低税费支出和权属转移操作难度的作用。

我们理解，要求项目公司的母公司将其持有的项目公司的股权

质押给信托公司（代表资金信托），本质上也属于资产自身信用。项目公司股权的主要价值即体现在项目公司自身资产及其运营情况，其股权与项目公司资产紧密挂钩，与母公司的其他资产、母公司的债务等不存在实质联系，不属于主体信用的范畴。

（三）关联方保证担保

CMBS 项目中，可以由主体评级较高的借款人股东或其他关联方为借款人偿还信托贷款的义务提供保证担保。

（四）保证金

借款人或其他增信主体缴纳一定金额的保证金也可作为一种增信措施，该等保证金可以设置在信托层面或专项计划层面，为信托贷款或专项计划提供增信。相应地，应设置保证金的使用、补足、追加及返还机制，约定保证金在何种条件下使用及缴纳义务人应在何种条件下补足及追加保证金。例如，可以约定当借款人未能按时足额偿还信托贷款时，首先使用保证金补足还款的差额；保证金使用后，借款人将保证金补足至初始金额；借款人或担保人主体评级下调的，借款人应追加缴纳一定金额的保证金。

（五）差额补足

本节所述的差额补足，一般是指在专项计划层面，差额补足义务人为优先级资产支持证券的本金和预期收益兑付提供的差额补足，而非在信托贷款层面的差额补足。按时足额偿还信托贷款为借款人在《信托贷款合同》下的应尽义务，虽然标的物业的运营收益为借款人的主要还款来源，但在该等收益不足以偿还当期信托贷款本息的情况下，借款人有义务以其他资金偿还信托贷款，该等责任属于还款责任，而非差额补足义务；如果由第三人承担，则为第三人对信托贷款的保证担保责任。

如果信托贷款层面能够得到足够的保障，则专项计划资产支持证券的足额兑付也可以得到保障，因此，为专项计划提供差额补足的义务人也可以通过为信托贷款提供保证担保达到增信效果，选择对专项计划进行差额补足还是为信托贷款提供保证担保，可根据项目具体情况与融资人协商决定。

（六）流动性支持或维好承诺

如果标的物业的运营收益为借款人的主要收入来源，当该等收入来源作为信托贷款的还款来源后，借款人如何维持持续运营能力和标的物业经营管理能力，是监管部门关注的重点之一。借款人的关联方可出具流动性支持函，承诺在专项计划存续期间内，如果借款人的运营出现困难，则承诺人以借款、增资或其他方式向借款人提供流动性支持；也可以建议借款人的关联方出具维好承诺函，承诺在专项计划存续期间内，维好承诺人将促使借款人偿还信托贷款，并在必要的情况下向借款人提供资金支持。但是需注意，无论是流动性支持承诺还是维好承诺，义务人提供资金支持的对象都是借款人，信托或专项计划均无权直接要求流动性支持承诺人或维好承诺人直接将款项支付给信托或专项计划。

（七）权利维持费

所谓权利维持费，也称为权利对价金，是指权利人为取得并持续保有某项权利而缴纳的费用。权利维持费构成专项计划的一项收入来源，因此客观上对资产支持证券具有增信效果。例如，可以约定借款人的关联方在专项计划存续期内第三年年末享有向专项计划优先收购基础资产（即信托受益权）的权利，权利人每年向专项计划支付权利维持费。权利维持费可以约定为固定金额，也可以约定为专项计划取得的信托利益与分配所需金额之间的差额，使得权利维持费客观上达到差额补足的效果。

需要注意的是，如果增信义务人为境外主体，且其履行增信义务使用的资金为外汇，则存在无法及时结汇或无法结汇的风险。具体而言，第一，依据《跨境担保外汇管理规定》和《外债登记管理办法》等规定，符合规定的债务人向境内金融机构借款或获得授信额度时接受境外机构或个人提供的担保，属于外保内贷，实行登记管理制度。因此如果信托贷款的担保人为境外主体，其在遵守外保内贷相关规定的情况下，履约资金可以依法结汇。但由于相关外汇管理规定中并未明确规定外汇局批准结汇事项的办理期限，因此存在外保内贷履约资金无法及时结汇的风险。第二，如果差额补足义务人、权利维持费支付义务人等其他增信义务人为境外主体，由于该等增信方式不属于《跨境担保外汇管理规定》和《外债登记管理办法》规定的外保内贷，缺乏结汇的合法依据，因此存在该等主体以外汇履行增信义务的情况下无法结汇的法律风险。

（八）商业物业的运营收入回收款监管

在CMBS项目中，商业物业的运营收入为借款人偿还信托贷款的主要还款来源，为保障信托贷款和专项计划的安全，应当对商业物业的运营收入进行专户监管，并及时向信托财产专户划款，以缩短与借款人资产混同的时间。

对底层资产回收款进行监管，通常将借款人收取租金的账户设为监管账户，或另行开立监管账户定期归集商业物业的运营收入，并定期向信托财产专户划款以偿付信托贷款本息。具体的划款频率应结合项目情况，与借款人协商确定。在资产服务机构、借款人评级下调等情形下，还可以设置加速归集和转付机制，以缩短商业物业的运营收入在借款人账户停留的时间，缓释资产混同的风险。

（九）资产服务机构提供专业资产服务

在CMBS项目中，可聘请专业的资产服务机构在专项计划存续期间及终止、清算时，提供与标的物业及其运营收入回收有关的管理服务及其他服务，以监控标的资产的运营、运营收入的回收，并为标的物业的处置提供便利。

在专项计划存续期间，资产服务机构可提供的服务包括对标的物业进行定期现场检查，以跟踪物业经营情况及出租情况、借款人管理及经营情况。

包括租金核查、财务变动情况检查在内的非现场检查，可以验证底层资产回收的真实性及其对借款人履约能力的影响，以及重大租约变更审核、重大支出审核，协助完成跟踪评级和评估等跟踪管理，借款人新增负债和对外担保审核、重大业务经营审核，包括催收、诉讼清收在内的逾期管理，出具定期报告和预警报告等。在专项计划终止、清算阶段，资产服务机构配合受托人对抵/质押物的处置提供服务。

另外，资产服务机构还可认购中间级或次级资产支持证券。一方面，资产服务机构通过其专业能力识别风险，在认购相对高风险的中间级或次级资产支持证券的同时也可获得高收益；另一方面，资产服务机构认购中间级或次级资产支持证券也有助于激励其更好地履行职责。有关资产服务机构在CMBS产品中的职责介绍等内容请详见本书其他相关章节的专题论述。

四、项目公司治理的要求和建议

CMBS项目中，项目公司的持续运营对标的物业持续运营及现金流的持续产生具有至关重要的作用。项目公司因债务纠纷而进入破产程序，将影响信托贷款的偿还，且物业处置流程较为复杂漫长，最终将影响证券的本息兑付。因此了解项目公司的日常运营，并对项目公司的重要事项施加一定的控制，是CMBS产品中控制风险的重要手段之一。

（一）管理人向项目公司派驻特别董事

在CMBS项目中，管理人可在交易文件中约定，项目公司股东按照项目公司章程规定的程序，将管理人指定的人选委派为项目公司的董事。另外，项目公司需修改章程，确保在专项计划存续期间，管理人委派的董事对董事会表决的特定事项享有一票否决权，如决定超过特定金额的贷款、融资（包括但不限于银行融资、信托融资、基金融资等各种形式的融资）事项，决定项目公司为第三方提供超过特定金额的保证、抵押、担保或其他可能产生任何或有负债的事项，以及要求任一合作方为公司的贷款、融资、负债提供保证、抵押或担保的事项，处分标的物业或对标的物业设定权利限制（包括但不限于物业抵押、股权质押等对外担保等）事项等。

通过委派特别董事，管理人可进一步了解项目公司的日常经营，有助于了解项目公司的财务状况和标的物业的运营情况，还可对影响项目公司债务规模的特定事项施加控制，控制项目公司的负债规模，在一定程度上降低项目公司进入破产程序的可能性。另外，通过委派特别董事，管理人可对标的物业处置及限制等施加控制，评估该等措施对标的物业运营的影响，防止对标的物业的不当处置影响专项计划的利益。

（二）信托公司对项目公司特定事项拥有否决权

信托公司作为信托贷款的债权人，还可通过在借款合同中约定特定事项需取得信托公司同意后方可进行，来确保信托贷款的偿还免受过多不利影响。通常可考虑在借款合同中约定，借款人遇到包括但不限于托管、资产重组、债务重组、股份制改造、联营、合并（兼并）、分立、减少注册资本或申请停业整顿、终止、申请解散（或撤销）、申请破产、清算等情形需提前通知受托人，受托人可根据管理人或资产支持证券持有人会议的决定来确定是否需要借款人提前清偿全部贷款，或提供新的担保。

五、投资者退出方案

为了保证发行规模，CMBS 项目信托贷款的名义期限通常较长，通过拉长时间使得底层资产的现金流规模更大，如“高和招商—金茂凯晨资产支持专项管理计划”信托贷款期限为18年，“国金—金光金虹桥国际中心资产支持专项管理计划”信托贷款期限为24年。但是，由于目前市场上的资产支持证券，投资者更加偏向于投资期限在5年年甚至3年年以内的较短期证券，因此为了匹配投融资需求，CMBS项目需设计投资者退出方案，使得即使投资于名义期限超过10年的资产支持证券，投资者也可以在第3年年末或第5年年末提前退出。并且，由于商业物业未来的升值及利率环境的不确定性、融资工具丰富化，融资人也愿意有权提前结束专项计划，以成本更低或融资规模更大的方式置换现有融资。总体来说，投资者退出通常设计成投资者和融资人的双向选择权，常见的投资者退出方案包括：

（一）借款人提前还款以提前偿付资产支持证券

借款人提前还款以提前偿付资产支持证券的方案，通常由借款人提前还款选择权、利率调整、投资者提前偿付选择权组成。

借款人提前还款选择权：借款人有权选择于第N年（第N年为第3年或第5年等，根据项目情况而定）年末提前偿还全部信托贷款剩余本金并结清利息，信托向专项计划分配信托利益，专项计划提前偿付全部资产支持证券本息并终止。

利率调整：借款人与计划管理人协商调整信托贷款利率和资产支持证券预期收益率并进行公告。

投资者提前偿付选择权：投资者在登记期内对是否继续持有资产支持证券进行登记。对于不愿继续持有资产支持证券的投资者，借款人提前偿还部分信托贷款本金以提前偿付该等投资者要求提前偿付的资产支持证券。也可以设置为，如果投资者要求提前偿付的资产支持证券超过一定比例（如50%），则借款人提前偿付全部信托贷款本金并结清利息，专项计划提前偿付全部资产支持证券并终止。

借款人提前还款以提前偿付资产支持证券的方案特点为：

第一，资产支持证券不发生转让，持有人可能因提前偿付而出现减少，但没有新的资产支持证券持有人加入。

第二，部分甚至全部资产支持证券将在第 N 年年末得到提前偿付，资产支持证券规模出现按期兑付以外的缩减，且在全部资产支持证券提前兑付的情况下专项计划提前终止。

第三，借款人需提前偿付部分或全部信托贷款本金，承受一定的资金压力，其可以再融资或其他资金还款，在借款人无充足资金提前还款的情况下，信托将行使信托贷款的担保权利以清偿信托贷款。

（二）资产支持证券的转售和收购

资产支持证券的转售和收购，由资产支持证券的转售和资产支持证券的收购组成。

资产支持证券的转售：第 N 年年末，借款人与计划管理人协商调整信托贷款利率和资产支持证券预期收益率并进行公告。计划管理人投资者有权于第 N 年年末将资产支持证券转售给借款人、借款人的关联方或其他主体（如新的资产支持证券投资者），受让人向投资者支付购买价款。该方案中，可以设置某一特定的受让义务人，如约定借款人有义务受让投资者转售的资产支持证券，也可以在开放期内，同时接受原投资者的转售登记和新投资者的购买登记，由新投资者向原投资者购买资产支持证券并支付购买价款，差额部分（即原投资者要求转售的资产支持证券份额大于新投资者要求购买的资产支持证券份额的部分）由借款人负责购买并支付购买价款。

资产支持证券的收购：借款人、借款人的关联方或其他主体有权在第 N 年年末向投资者收购资产支持证券。

资产支持证券转售和收购的方案特点为：

第一，资产支持证券部分或全部转让，资产支持证券的持有人部分或全部变更。

第二，资产支持证券的本金规模除当期按期兑付的本金以外并不会额外减少，专项计划存续。

第三，如果由借款人收购资产支持证券，借款人将承受一定的资金压力，在无法履行收购义务时将触发提前还款条件，且一旦借款人无充足资金提前还款，信托将行使信托贷款的担保权利以清偿信托贷款。

第四，收购人收购资产支持证券后，可以再向第三人转售资产支持证券，这在一定程度上与续发专项计划的效果类似。收购人如收购了全部资产支持证券，也可以选择与借款人和计划管理人协商一致提前终止专项计划，具有一定的灵活性。

需要注意的是，《管理规定》第二十八条规定，资产支持证券投资者不得主张分割专项计划资产，不得要求专项计划回购资产支持证券。因此，受让资产支持证券的主体可以是借款人、借款人的关联方或其他主体，但不得是专项计划。

（三）续发专项计划或收购基础资产

续发专项计划：续发专项计划的方案中，专项计划的期限短于信托和信托贷款的期限。例如，专项计划一期的期限为 3 年，信托及信托贷款期限为 18 年，在第 3 年年末，专项计划一期作为原始权益人，以其持有的信托受益权为基础资产续发专项计划二期，由专项计划二期向专项计划一期购买剩余 15 年的信托受益权，专项计划一期取得购买价款后向专项计划一期的投资者兑付本息。专项计划二期期限仍为 3 年，在第 6 年年末续发专项计划三期，以此类推。

收购基础资产：专项计划第 N 年年末，收购权人有权以约定的价格向专项计划收购基础资产，专项计划以收购价款向投资者兑付本息。收购权人收购基础资产后，可以以基础资产再次发行新的专项计划，达到续发的效果。对基础资产的收购可以设置成收购人的权利，也可以设置成收购人的义务。如设置成权利的，可以同时设置权利维持费。

续发专项计划或收购基础资产的方案特点为：

第一，基础资产发生转让。

第二，对原专项计划而言，资产支持证券全部得到偿付，专项计划终止；信托和信托贷款仍然存续，作为新的专项计划的基础资产，但信托贷款利率和新的专项计划的资产支持证券收益率水平根据届时的利率环境重新确定。

第三，由于涉及新专项计划与原专项计划的衔接，因此对借款人和中介机构工作的时效性要求较高。

第四，续发专项计划的情况下，完全以再融资的资金偿付原有投资者，借款人无提前还款压力。但是，在续发失败的情况下，借款人仍应提前偿还信托贷款，面临资金压力。

以上投资者退出方案可以选用其中一种，也可以同时选用多种方案结合使用。在选用其中一种方案时，需注意应清楚约定无法按约定执行时的最终后果的责任承担方及承担方式，通常是由借款人提前偿还信托贷款或处置抵押物以偿付资产支持证券；在结合使用多种方案时，应注意约定权利的归属主体及行使权利的时间先后和优先性，以免发生多方行使权利且无法确定优先方的情况。

第四节　CMBS 项目典型案例分析——“高和招商—金茂凯晨资产支持专项管理计划”

2016 年下半年，在上海证券交易所挂牌的“高和招商—金茂凯晨资产支持专项管理计划”（以下简称“高和金茂 CMBS 项目”），吹响了国内标准 CMBS 的号角，其中高和资本作为项目安排人和交易顾问，招商证券作为销售推广机构。该产品将大大丰富持有性商业物业的融资工具，优化融资成本和资本结构，在中国拥有极为广阔的市场空间。在本书第 3 章和第 4 章中，我们都着重介绍过这个案例，下面我们从法律机构角度再简要阐述一些法律关注的相关内容。

一、交易结构

下面我们从几个层面来描述交易合同中的一些重要内容。

（一）信托层面

（1）原始权益人以40.01亿元货币资金信托给受托人设立方正东亚·北京凯晨置业贷款单一资金信托，从而拥有方正东亚·北京凯晨置业贷款单一资金信托的信托受益权（即基础资产）。

（2）受托人与借款人签订《信托贷款合同》，向借款人发放信托贷款，贷款总额为40.01亿元，贷款期限为18年，其中第1年至第3年的贷款利率经借款人和受托人协商一致可重新调整确定。信托贷款每年还本5 000万元，资产支持证券到期日（含提前到期日）偿还全部剩余本金。

（3）实际融资人按月向租金监管账户归集监管租金收入，监管账户内资金可用于合格投资。监管账户按年向信托账户划付监管租金收入用以偿还信托贷款。

（4）信托贷款担保及增信措施包括不动产抵押和连带责任保证。

（5）借款人应于信托贷款发放完毕后80个工作日内办理原有抵押权的注销登记手续及受托人抵押权的设立登记手续，并由借款人在不晚于信托贷款放款完毕之日向受托人缴纳900万元专属履约保证金；借款人未按期履行上述注销和设立抵押登记的义务将作为信托贷款提前到期事件之一，受托人有权宣布贷款提前到期。

（6）借款人有权在第3个、第6个、第9个、第12个和第15个还款日提前偿还全部信托贷款。

（二）专项计划层面

（1）专项计划购买基础资产。

认购人通过与管理人签订《认购协议》，将认购资金以资产支持专项计划的方式委托管理人管理，管理人设立并管理专项计划，认购人取得资产支持证券，成为资产支持证券持有人。

原始权益人根据与管理人签订的《信托受益权转让合同》的约定，向专项计划转让基础资产，并获得相应对价。管理人根据与原始权益人签订的《信托受益权转让合同》的约定，将专项计划募集资金用于向原始权益人购买基础资产。交易完成后，管理人代表专项计划取得信托受益权，成为信托受益人。

（2）专项计划存续期间的分配。

受托人根据信托文件的相关约定，在每个信托分配日，将收到的凯晨置业支付的信托贷款本息扣除信托应承担的税收、费用及各项信托费用后全部分配给信托受益人，即专项计划。

管理人根据《计划说明书》及相关文件的约定，向托管人发出分配指令。托管人根据管理人发出的分配指令，将相应资金划拨至登记托管机构的指定账户用于支付资产支持证券的本金和收益。

（三）专项计划的续发安排

借款人未行使提前还本权利的，经主代理推广机构同意，应进行专项计划的续发，具体如下：

（1）经主代理推广机构同意，管理人、受托人、借款人、担保人应当相互配合并听取主代理推广机构的建议，促使满足一定条件的新专项计划能够在第三个还款日后 8 个工作日内成立并支付基础资产交割价款。新的专项计划继续将信托受益权作为基础资产发行资产支持证券，且其管理人为该专项计划的计划管理人或该专项计划的计划管理人认可的其他主体。新的专项计划拟受让基础资产的价格不低于截至相应兑付日的优先级资产支持证券及次级资产支持证券未偿本金余额之和。新的专项计划文件中专项计划的续发安排与原专项计划保持一致。

（2）如新的专项计划未能成立并支付基础资产交割价款，则触发贷款提前到期事件，借款人应按约定偿还全部剩余信托贷款本息。

二、信用增进措施

（1）优先级/次级分层（专项计划层面）。次级资产支持证券为优先级资产支持证券提供信用支持。

（2）连带责任保证担保（信托贷款层面）。两个保证人为借款人信托贷款本息偿付提供连带责任保证。

（3）抵押担保（信托贷款层面）。借款人以标的物业作为抵押财产向受托人提供抵押担保。抵押权登记将在抵押合同签订、贷款发放完毕后80个工作日内办理完毕。贷款合同约定抵押财产有一定的处分限制。

（4）租金监管（信托贷款层面）。借款人将向监管账户按月划付监管租金收入，并由监管银行按约定划付至信托账户用以偿还信托贷款。

三、项目特点小结

（1）标的物业为优质商业物业。标的物业为高质量商业物业，地处核心办公区域，租金波动风险较低。

（2）担保主体信用较高。担保人之一为中国金茂控股有限公司，是世界五百强企业之一中国中化集团公司（2015年列《财富》全球500强之第105位）旗下房地产和酒店板块的平台企业。2015年9月18日，中国金茂控股有限公司获得中诚信证券评估有限公司主体信用等级为AAA的评定，穆迪、标普与惠誉分别授予其Baa3/稳定、BBB-/稳定、BBB/稳定的主体信用评级及展望。

（3）专项计划续发安排。一方面，通过专项计划续发安排，使得先后设立的多个专项计划期限相加与信托贷款期限相匹配，满足了融资规模需求；另一方面，借款人提前还款安排和专项计划续发安排分别赋予实际融资人和资产支持证券持有人退出的权利。

四、其他案例介绍

除高和金茂项目外，类似交易结构的 CMBS 项目还包括在机构间私募产品报价与服务系统挂牌的“汇富富华金宝大厦资产支持专项计划”（以下简称“金宝大厦项目”）。该项目的标的物业为坐落于北京市东城区金宝街的金宝大厦，基础资产是原始权益人华宝信托有限责任公司和北京富华永利实业有限公司依据信托合同等信托文件享有的“华宝—富华金宝集合资金信托计划”的信托受益权。信托公司向借款人北京富华金宝中心有限公司发放信托贷款，信托贷款的担保措施包括物业抵押和连带责任保证。信用增进措施除信托贷款担保措施外，还有资产支持证券的优先级/次级分层和差额补足。专项计划期限为 13 年，借款人自专项计划设立起第二年年末开始每年享有一次提前偿还信托贷款全部未偿本息的权利，优先级资产支持证券投资者在专项计划设立起第五年年末开始每年享有一次要求借款人一次性提前清偿信托贷款全部剩余本息的权利。

第五节　CMBS 项目有关政策建议

一、打破主体信用的过度依赖，回归资产支持证券的本质

纵观目前发行的“高和招商—金茂凯晨资产支持专项管理计划”等 CMBS 产品，除商业物业抵押担保外，均由融资人的关联方提供保证担保，仍一定程度上依赖主体信用支持，未能完全形成以资产信用支撑产品的局面。无论是信用评级机构对 CMBS 产品进行评级，还是投资者决定是否投资购买 CMBS 产品，均将融资人的关联方（一般情况下，为融资人的母公司）提供的保证担保作为提升产品评级或者决定是否购买的重要参考因素。主管部门在处理有关 CMBS

项目的申请时，也相对偏好母公司主体信用高且愿意为产品提供保证担保的项目。融资人母公司的资信评级将影响 CMBS 产品本身的评级，导致很多主体信用一般，但资产优良的商业物业在进行 CMBS 产品结构设计、信用评级以及发行时遇到难题，并进而影响了优质商业物业依靠自身信用融资并进行轻资产转化的效率，使得 CMBS 这一优质的商业物业证券化产品本身孵化优质商业物业、支持实体经济的功效未能充分发挥。

事实上，CMBS 产品本应以商业物业产生的租金等运营收入和不动产价值为基础进行融资，并配有物业抵押、租金质押等增信措施以保障资产支持证券的本息兑付，其本质上是“资产支持”证券。抵押权人受到《公司法》《物权法》《担保法》等基础法律制度的充分保障。对于借款人债务情况和业务情况简单清晰、资产自身质地优良并合理设置了抵押率的特定 CMBS 产品，投资者的投资风险处于可控范围，无须额外引入信用担保（如母公司另外提供担保等加入主体信用），即可保障资产支持证券的安全，其“资产信用”往往比“主体信用”更可靠。由于主体（项目公司的母公司）自身资产及债务情况难以做出清晰判断，母公司自身可能存在资产虚增或大量隐性债务等情形，上述主体信用增信往往成为“心理安慰”，并不能给 CMBS 产品投资者带来任何实质保护作用。因此，我们建议在 CMBS 产品结构设计当中，不论是主管部门还是投资者，更加关注基础资产质量本身，关注项目公司（融资人）的资产、债务情况，以及基于基础资产自身信用的产品结构。我们需要借鉴美国成熟市场的做法，打破 CMBS 产品中对主体信用的过度依赖，回归资产支持证券的本质。

2017 年 6 月 26 日，世贸天阶 2017 年度第一期 ABN 在银行间市场交易商协会成功注册，为第一单在银行间市场交易商协会成功注册的无外部主体信用增信的 CMBN 产品，对商业物业抵押贷款证券化打破对主体信用的过度依赖，回归资产支持证券本质的发展方向具有里程碑式的意义。

二、解除对过桥资金的硬性要求

已发行的企业资产证券化 CMBS 项目中，均先由过桥资金提供方出资设立资金信托并取得相应的信托受益权后，再将其持有的信托受益权作为基础资产转让给专项计划。该等做法的优势在于，专项计划支付基础资产转让价款时将立即受让取得由原始权益人交付的基础资产。但是，由于该方案需要占用过桥资金，专项计划设立的成本会因此增加。

在符合现有法律法规规定及控制风险的前提下，可以考虑允许以“先款后货”的思路省去过桥资金的使用，降低设立专项计划的成本。

首先，依据《管理规定》，原始权益人应向专项计划转让基础资产以获得资金，但并未明确规定专项计划设立和支付基础资产购买价款时基础资产需已经存在或原始权益人已取得基础资产。在资产证券化的实践中，存在专项计划购买基础资产时基础资产尚不存在的实例。例如，基础资产为未来 3 年的购售电合同项下电费债权，而购售电合同一年一签，在取得购电方关于合同到期后将续签合同的确认后，也可由专项计划一次性支付 3 年电费债权的购买价款。我们认为，专项计划购买基础资产时，基础资产并不必须已经存在，但其在未来的形成应具有一定的确定性。

其次，《合同法》允许当事人约定合同义务的履行顺序。《合同法》第六十七条规定，合同的内容由当事人约定。当事人可约定一方先履行特定义务，而另一方后履行特定义务。对于 CMBS 项目中的基础资产转让合同即信托受益权转让合同而言，意味着既可以约定同时付款交货，也可以约定先付款后交货或先交货后付款。《最高人民法院关于审理买卖合同纠纷案件适用法律问题的解释》（法释〔2012〕7 号）第三条规定：“当事人一方以出卖人在缔约时对标的物没有所有权或者处分权为由主张合同无效的，人民法院不予支持。

出卖人因未取得所有权或者处分权致使标的物所有权不能转移，买受人要求出卖人承担违约责任或者要求解除合同并主张损害赔偿的，人民法院应予支持。”可见，信托受益权转让合同约定先由专项计划支付购买价款，原始权益人再取得并交付信托受益权，将构成对合同双方有约束力的法律义务，信托受益权转让合同不会因此而无效，而若原始权益人收款后无法按约定交付基础资产，则专项计划可向原始权益人主张违约责任。

因此，解除对过桥资金的硬性要求，约定资产支持证券投资者先缴纳认购款认购资产支持证券，专项计划设立后，先将基础资产转让款付给原始权益人，原始权益人收到基础资产转让款后以该等款项设立资金信托并取得信托受益权，再将基础资产信托受益权交付给专项计划，不违反《合同法》《管理规定》等现行法律法规的要求，是一种“先款后货”的约定，类似于订货。基础资产是专项计划向原始权益人订的“货”，基础资产的属性、内容、规模、期限等均在事先签署的交易文件中做出了明确的安排，且作为底层支持的标的物业和运营收入是现实存在的，因此基础资产的形成具有很大的确定性。

为保障资产支持证券投资者的合法权益，确保信托受益权按照约定形成和转让，可通过资金划转的监管来控制原始权益人收款后不交付基础资产的风险。如在信托受益权转让合同、监管协议等相关协议中约定原始权益人以监管账户收取基础资产购买价款，基础资产购买价款只能向信托财产专户划转并由原始权益人授权计划管理人或监管银行进行操作，且将上述划款的时间安排在支付基础资产购买价款的同一天内进行，以降低信托受益权形成和交付的不确定性。CMBS 项目中，在各参与机构专业性较强，对上述操作安排有执行力的情况下，解除对过桥资金的硬性要求并不实质性增加项目风险。在法律法规无明确限制，且相关中介机构真实、准确、完整地向投资者披露相关事实和安排的情况下，可由投资者进行风险评估和判断，而不强制要求以过桥资金事先创设基础资产。

第八章

美国CMBS市场的经验教训及其对我国CMBS市场发展的主要镜鉴

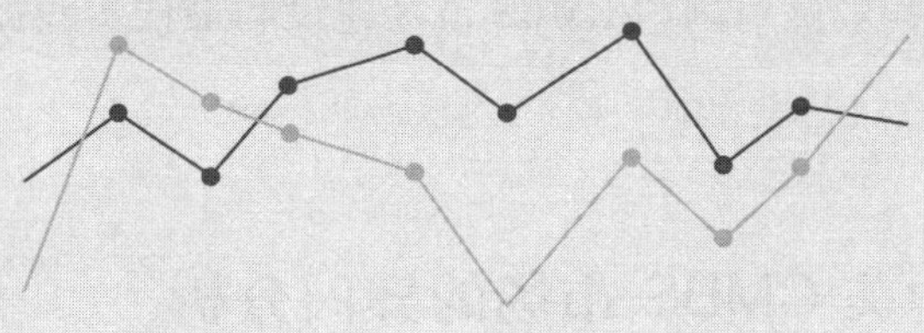

前文我们分章节详细介绍了 CMBS 市场发展的国内环境、国际经验、交易结构、特殊服务商职能、承销发行和信息披露、法律法规、评级标准等内容。本章我们尝试做出一些总结和展望，对我国 CMBS 市场存在的问题做进一步探讨，并结合美国 CMBS 市场的经验对建设我国 CMBS 市场提出了一些建议。本章共分为三节，第一节对中美 CMBS 市场的异同进行详细的比较分析，重点梳理了两国 CMBS 市场的发展环境和背景；第二节对目前我国 CMBS 市场面临的核心问题进行了剖析；第三节在借鉴美国 CMBS 市场经验和教训的基础上，尝试对国内 CMBS 市场建设和最佳实践提出一些政策建议。

第一节　中美 CMBS 市场的异同分析

CMBS 基于商业物业抵押贷款的证券化。CMBS 产品与商业物业产业和消费、抵押贷款市场、公开的证券化市场、投资者特别是机构投资的资产配置息息相关，CMBS 也因此常常被认为是实体经济的重要动脉之一。从收入产生机制来讲，商业物业通过服务居住、消费、服务业等产业，获取租金和经营收入，并通过成本控制形成持续的现金流，以现金流作为其价值基础。分析 CMBS 产品和市场，必须对地产行业和金融行业进行全面考察。因此，如果要借鉴美国的经验和教训，我们必须首先比较中美市场发展背景的异同。

一、中美 CMBS 市场的相同之处

（一）商业物业行业的发展规律是类似的

由于连接实体经济，商业物业将随着实体经济的脉动一起发展，商业物业的现金流和价值会随着经济周期体现出其波动性。表 8－1 是美国房地产价值在历次危机中的波动情况。从中可以看到，房地产价值在 1999 年互联网泡沫中受到的影响最小，下跌 4%。在其余历次危机中，房地产的价值震荡都在 30% 以上。其中 2008 年金融危机时，美国 REITs 价值平均下跌了 38%，直接投资物业价值平均下跌了 43%。

表 8－1　美国历次危机中房地产价值的波动情况

时期	下跌百分比（%）	存续期	恢复用时
1929～1933 年	－44	4 年	8 年
1941～1943 年	－42	2 年	2 年
1989～1993 年	－32	4 年	10 年
1999～2002 年	－4	3 年	2 年
2007 年至今	REITs：－38% 直接投资物业：－43%	4 年	—

资料来源：特雷普、穆迪、美国不动产投资信托委员会、美国经济运行局

在过去的十几年中，由于中国经济持续高速增长，商业物业景气周期并不明显。然而，随着中国经济的调整，在商业物业的供给逐步赶上或者超过需求的情况下，商业物业的波动性也将加剧。

（二）商业物业存量市场体量接近

中国商业物业体量巨大，根据链家研究院数据，中国存量商业物业达到 50 万亿元。而根据 Costar 2009 年发布的数据，美国商业物

业市值约11万亿美元。中国商业物业总价值已经接近美国的水平。

在商业物业行业快速发展的同时，专业的市场团队也如雨后春笋般出现，形成了大量优秀的运营及资产管理公司。比如红星美凯龙，旗下运营200多家家居商场，以管理商场数量计算，排名世界第一；万达商业持有物业面积3 233万平方米，已开业187座万达广场。其他中小型的专业运营商和持有人还包括社区商业领域的印力，工业物流领域的宇培、易商红木，奥特莱斯领域的砂之船、燕莎、百联outlets，园区领域的上海张江、亿达、漕河泾等。资产管理公司也迅速发展，出现了高和资本、中信资本、光大安石等专业的本土房地产资产管理公司。在资产运营和内容服务领域，也同样涌现出有品牌影响力的优秀企业，如联合办公领域的优客工场、纳什空间等，公寓领域的魔方公寓、新起点公寓、新派、自如等，商办空间租赁领域的空间家、优办等，酒店会议服务领域的会唐等。从商业物业的估值来看，以上海为例，如果不考虑汇率因素，其实际收益率水平高于纽约、伦敦、巴黎等其他国际都会城市。

（三）CMBS在中美商业物业中的位置和重要性相同

CMBS作为高效率的融资工具，由于以下好处，必然成为重要的融资工具。

（1）标准化/潜在的流动性：CMBS是标准化产品，且可挂牌转让，具有流动性；相比传统商业银行经营性物业贷款，银行投资该产品可降低资本占用和流动性风险，使银行可接受更低收益。

（2）充分竞争：CMBS发行通常采用簿记建档竞价模式，比传统银行双边定价更为透明。

（3）差异化定价：CMBS可分多个等级的债券，从而实现每个等级债券的极致定价，优化加权平均成本。

（4）组合分散风险：CMBS可多项目、多主体打包操作，实现更优的风险定价。

（5）税收：CMBS 不要求产权转移，不产生转让税务损耗；项目公司特定的大额债权，有助于定向降低持有物业项目公司的所得税，便于公司整体筹划税负。

同时，应当充分认识到，CMBS 作为金融工具，必须适应商业物业自身的需要。美国市场无追索权 CMBS 占绝大多数，一方面这是 CMBS 自身风险定价的要求，另一方面也是市场发展的需要，有助于激励有经营能力的管理人更好地管理物业。同样地，无追索权的脱离主体信用的 CMBS 也必然会在中国市场得到推广和发展，以便适应中国市场去库存、去空置的压力，激励有能力的人和团队积极参与到商业物业的运营提升中去。

（四）CMBS 的监管思路和产品治理模式逻辑相同

作为一个相对公开的融资工具，CMBS 需要大量的中介机构进行协作。因此，如何防范道德风险是 CMBS 健康发展的关键，这是中美市场都必须面对的问题。

在美国，随着 CMBS 市场 30 多年的发展，市场和自律组织自发形成最佳实践，如着重强调服务商在 CMBS 中的重要角色，特别是特殊服务商投资 B-Piece 的机制；如注重评级的标准化等。另一方面，监管也在逐步优化，聚焦在加强市场透明度和信息披露，以及降低道德风险。2004 年年底，SEC 首次公布了 Regulation AB，对资产支持证券信息披露的规范化、统一化和简洁化做出了相应处理。2008 年金融危机之后，美国加强监管，《多德—弗兰克法案》加大了风险自留水平。该法案对资产证券化发行人及参与方提出了包括监管机制、评级机构监管、信息披露、风险留存等方面的一系列举措。SEC 根据《多德—弗兰克法案》于 2014 年发布了 Regulation AB II，通过对 Regulation AB 的修改，美国市场针对证券化产品加大了信息披露监管力度，针对 CMBS 等带有资产池的证券化产品，监管部门致力于将危机前的资产池层级披露向前推进为资产层级披露，以提高向投资者的风险披露，减少对信用评级的依赖。

（五）法律对债权人的保护程度类似

虽然在具体制度细节上，中美有关法律对于债权人的保护存在一定的差异，但从《物权法》《担保法》《公司法》等基本法律制度看，中国的法律对于 CMBS 项目中投资者利益的保护并不逊于美国的法律。

CMBS 项目中，标的物业抵押为必备的和最重要的增信措施，中国法律与美国法律对于抵押之优先受偿权的规定无实质差异。在发生违约情形时，为 CMBS 项目设立的 SPV 作为抵押权人，对标的物业的处置所得拥有优先受偿的权利。该等优先受偿的权利受中国法律保护。

根据中国有关法律，在债务人破产的情况下，在实体上，担保权利不受破产程序的影响，担保权利人仍然可就担保财产优先受偿。另外，对项目公司独立法人人格的维护以及对项目公司债权人的保护，中国法律在特定情况下甚至优于美国法律。在中国法律中，项目公司作为物业持有人和运营主体，拥有独立的法人人格，以其独立的法人财产承担责任；项目公司和其股东的资产和债务相互区分，不会混同；项目公司股东破产，项目公司股东的债权人不得要求项目公司偿还债务。

实践中，抵押权实现的效率对于投资者利益的保护也有重要影响，物业处置效率低是不同法域的共性问题。物业在坏账情况下的处置和贷款回收一直是国际实践中的难题，不仅在中国，在美国等发达国家也会面临漫长的诉讼周期和收回贷款的不确定性，该等风险并非是中国法律环境所特有的风险。实际上，由于美国各州法律不同，诉讼破产清算的周期非常漫长。美国 CMBS 不同额度贷款的处置期见图 8－1。

针对法院系统执行难的问题，2016 年 4 月 29 日，中国最高人民法院通过《关于落实“用两到三年时间基本解决执行难问题”的工

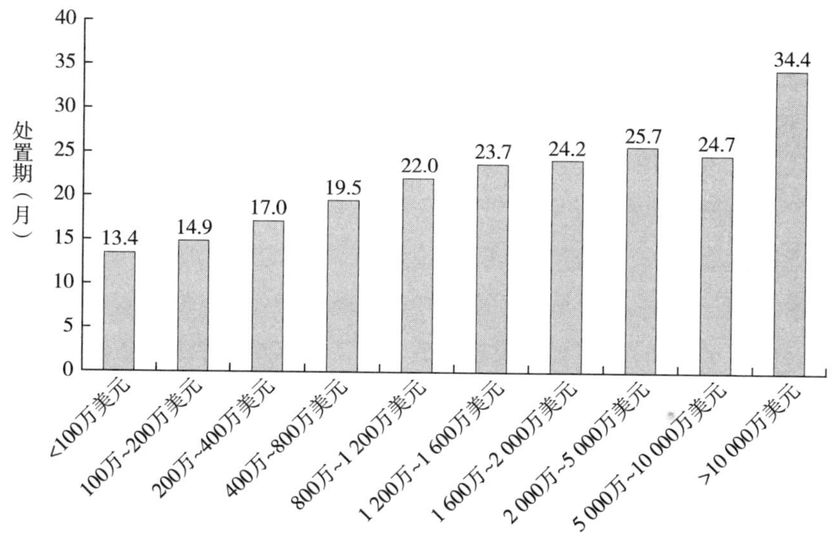

图 8－1　美国 CMBS 不同额度贷款的处置期

注：处置期的定义为从转移给特殊服务商到贷款得到清算。

资料来源：富国银行

作纲要》，要求在两到三年内实现以下目标：被执行人规避执行、抗拒执行和外界干预执行现象基本得到遏制；人民法院消极执行、选择性执行、乱执行的情形基本消除；无财产可供执行案件终结本次执行的程序标准和实质标准把握不严、恢复执行等相关配套机制应用不畅的问题基本解决；有财产可供执行案件在法定期限内基本执行完毕。CMBS 项目中，由于有可执行的财产，在满足合理估值及控制抵押率的条件下，根据最高人民法院的上述纲要布置的工作，未来执行法院生效判决的确定性是较强的。

二、中美 CMBS 市场的不同之处

（一）CMBS 参与方的禀赋特点和组织方式不同

美国市场的 CMBS 交易是以投资银行为核心枢纽的储架发行模式，大型投资银行如高盛、美林美银、德意志银行等融合其强大的

资本动员能力和极强的投行承销能力，位于整个产业链的中心地位。这些投资银行除了自身发放商业抵押贷款外，也接受大量的中小型抵押放贷机构贡献的贷款，在形成资产池后，打包证券化，然后出售。由于该等银行存在上架的存货窗口和出售风险，早期投资银行对贷款质量把控较为严格，然而金融危机之前由于不愁销售也出现了承销标准的大尺度放松。B-Piece 的投资者与特殊服务商一起形成制衡机制，筛选入池资产，并最终通过购买 B-Piece 使投资银行达到出表的目的。特殊服务商同时负责逾期风险管理和违约管理，主服务商和原始服务商提供持续贷款管理服务。

美国投资银行的角色在中国实际上被分割为资本金弱而投行承销能力强的券商和传统的商业银行。券商走在证券化的前端，然而大多被定位为融资中介角色，容易造成抵押贷款质量把控和后续风险管理的缺位。第三方服务商极其缺乏，也造成劣后级难以出售。

中美 CMBS 部分参与方特点见表 8－2。

表 8－2　中美 CMBS 部分参与方特点

	投资银行/券商	贷款贡献人	资产服务商	劣后级投资者
美国	发放贷款 购买贷款 设计结构 打包出售	发放抵押贷款 贡献抵押贷款	原始服务商和总服务商进行风险把控 特殊服务商负责入池筛选和贷款回收	购买 B-Piece 筛选入池资产
中国	设计结构并出售（自身并不购买贷款，也往往不购买劣后级债券）	暂无此角色，信托等仅作为通道	计划管理人和信托等以通道和事务性管理为主，缺乏专业第三方服务商	缺乏

（二）CMBS的发展阶段不同，主流产品模式有差别

美国CMBS市场经过30多年的发展，形成了丰富的产品类型，并逐步演化出以多资产打包的通道交易为主，以SASB交易和融合交易为辅的特点。得益于美国证券化市场的深度，以及参与主体中投资银行的强势核心角色，上述结果可能也是市场演进的最佳方向。然而，在美国CMBS的早期，SASB交易非常常见，随着市场的高涨和大量贷款进入CMBS市场，SASB发行数额减少。然而在2008年金融危机之后，SASB（大多为核心物业）交易又活跃起来。2015年SASB交易发行额达到了创纪录的310亿美元，占非机构交易（除去两房等）总量的32%，相当于当年通道交易的50%。

中国市场目前仍然以SASB交易为主（大多为核心物业）。这一方面与参与人的禀赋有关，另一方面与市场发展的深度也有关系。商业物业特别是核心商业物业体量都非常大，直接将众多资产打包将会造成规模过大，操作难度很高。随着市场深化，可以将同一个抵押贷款融入多个CMBS产品，形成通道交易。目前中国的CMBS多以核心物业为主，随着CMBS逐渐渗透到小型物业，打包充分分散将成为可能，通道交易便可出现。

从美国实践来看，SASB交易虽然分散性比通道交易弱，但并不意味着SASB交易就不受投资者欢迎。实际上，对高等级的AAA级债券来说，分散性强的通道交易更受欢迎，因此定价更简单易行。然而对低等级债券投资者来说，分散性太强的通道交易，往往不能够对物业进行逐笔分析，服务商的管理难度也会增加，因此低等级债券SASB交易反倒比通道交易定价更容易，如图8－2、图8－3所示。

（三）商业物业的发展阶段和参与主体不同

美国商业物业市场相对成熟，以存量市场为主。REITs、保险、私募基金等资产管理人都是商业物业最为重要的持有人。美国的

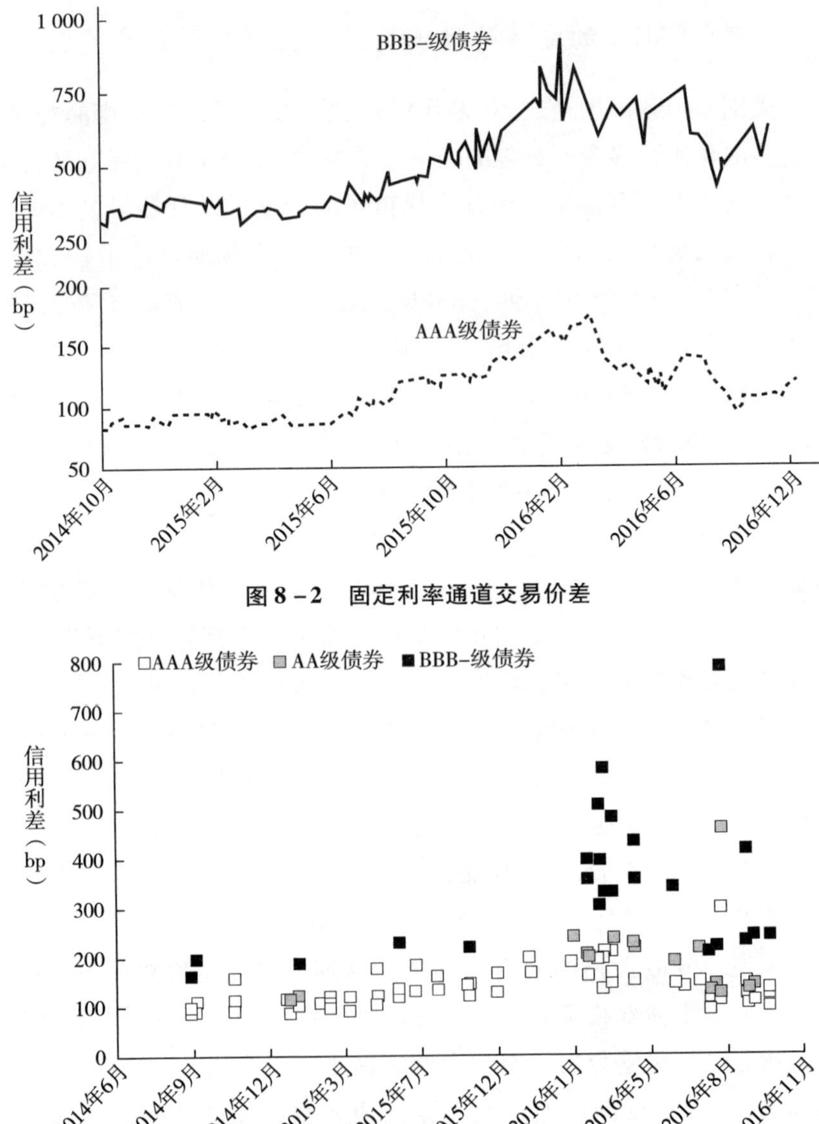

图8－2　固定利率通道交易价差

图8－3　固定利率 SASB 交易价差

REITs 总市值超过 1 万亿美元，私募基金中以贝莱德集团为代表，其房地产资产管理规模 2016 年年底超过 1 000 亿美元，而且独立的资产管理机构是 CMBS 市场最重要的使用者。表 8－3 中，描述了美国

REITs 和其他机构发行交易 CMBS 的情况，REITs 和私募基金成为 CMBS 最重要的投资者。

中国则是商业物业存量和新增混合的二元市场；一方面，商业物业存量已经积累到巨大的体量；另一方面，又有大量的新增供应进入市场。在这种情况下，开发商虽然是重要的参与主体和资产供给者，但受制于 ROE 和杠杆的压力，开发商开始推动轻资产化，使物业流向市场，由专业机构投资者和私募基金来承接。未来 REITs、类 REITs 也可能会成为重要的承接载体。从全国大宗交易来看，机构投资者、房地产基金和类 REITs 在 2014 ~ 2016 年间的大宗收购占比达 46%。在该种情况下，CMBS 的特点必然需要适应上述趋势，这个重要的趋势就是无追索权脱离主体信用。

表 8-3　2010 年至今美国 REITs 和其他机构等发行 CMBS 的额度

机构	CMBS 额度（亿美元）
GGP（Mall REIT）	106
Blackrock（私募基金）	78
Simon（Mall REIT）	58
Vornado（办公楼 REIT）	49
Macerich（Mall REIT）	29
SL Green（办公楼 REIT）	27
Paulson（对冲基金）	26
ADIA（主权基金）	24
Starwood（私募机构）	23
Centerbridge（私募机构）	21

（四）投资者结构的特点不同

美国的长线资金是投资 CMBS 的主体，其中保险和养老基金占到 40%，而且由于 CMBS 流动性较好，私募资管和对冲基金都会积极参与 CMBS 市场投资。具体而言，2015 年美国 CMBS 产品投资机构为：私募基金、资管机构占比最多，约为 45%；保险机构、养老基金占比为40%；银行及对冲基金分别占8%和7%。

然而，中国的投资者以银行、基金和券商资管为主，大部分是短期资金，加上国内CMBS市场流动性一直很差，使得CMBS更难设计成期限较长的产品。以2016年信贷资产证券化为例，其投资者57.85%为非法人机构、36.05%为银行机构、5.48%为非金融机构法人，资金雄厚的保险机构对证券化产品的投资不到40亿元，占比微乎其微，主要原因在于保险公司资金成本偏高且期限长，证券化产品期限较短，单笔发行额度较小，难以满足保险机构的投资需求。从另一方面来讲，由于中国的商业物业仍然处在增长周期，借贷人不希望长期贷款，以避免被锁定额度，损失潜在的再融资空间。

（五）基础设施状态不同

美国CMBS市场经过30多年的发展，在各方面都有长足发展。中国目前仍处于建章规制、快速学习的初步萌芽阶段，未来需要着重关注信息披露、注册标准、评级标准和法律法规建设等，以改善市场发展所需的环境和基础设施。

第二节　我国CMBS市场面临的核心问题

经过超过10年的酝酿，2014年起，我国商业物业资产证券化项目终于启动，且在最近一年时间有明显加速的趋势。虽然市场逐步打开空间，但与美国市场比较而言，国内市场的未来发展还存在很多独特的问题与瓶颈。

一、迫切需要为商业物业正名

名不正则言不顺，国内仍然存在将商业物业与住宅画上等号的误区。

实际上，商业物业是最大的实业类别，其通过物业的空间形态，链接服务、消费、产业等。其商业模式与住宅开发完全不同，且商业物业大宗交易是机构市场，与国际对标非常理性。商业物业面临去库存和去空置的难题，这与住宅市场的泡沫化也完全不同。

商业物业的现状实际上是中国实体经济的缩影，从住宅开发到商业物业运营实际上是中国经济转型的重要样本和不可忽视的一部分。该等转型实际上是从粗放的投资驱动外延式的增长方式向精细的消费服务驱动的内涵式增长方式转变。

在这个过程中，以商业物业为基础可以衍生出基于现金流的理性的投资工具，比如 CMBS 和 REITs，引导个人和机构资金进入中等收入、中等风险的证券化投资市场，化解国内的资产荒，并控制金融体系的杠杆率。这与住宅市场非理性繁荣，吸引影子银行资金通过反复加杠杆推波助澜完全不同。住宅开发与商业物业的主要区别如下：

住宅开发：制造业 + 非理性投资 + 投机心理 + 加杠杆

商业物业：消费服务业 + 理性投资 + 匠人精神/实业精神 + 合理杠杆

因此，必须将商业物业从住宅地产的调控中隔离起来。特别是在去库存、去空置任务非常艰巨的情况下，尤其需要厘清概念，避免调控误中副车。

二、对 CMBS 的功能和意义认识不足

CMBS 是商业物业投资中非常核心的债项融资工具。该项融资工具将比传统融资工具更加高效且成本更低，具有非常重要的意义。商业物业融资工具见表 8 –4。

表 8－4　商业物业融资工具

	债权	股权
公开	CMBS	REITs
私募	传统银行／信托等融资	私募基金

在中国，长期股本形成一直是经济痼疾，造成杠杆堆积，公开的 REITs 也无从形成。从表面上看，这似乎是由于投资者不专业所致。实际上，从静态收益率来看，由于债权融资成本普遍较高，债权风险调整收益确实比权益类证券更佳。这在商业物业领域尤为明显：以一线城市商业物业的实际收益率 4% 为基准，如果用传统的银行经营性抵押贷款融资，对物业持有人来讲是负杠杆，权益型投资者需要贴息方可，分红率很低。况且，在无外部增信或者集团追索的情况下，其融资成本可能会更高。然而，如果融资成本能够优化到 4% 以下，则权益持有人将会获得正杠杆，会获得比债权投资者更高的期间分配，权益项方可成为有吸引力的投资标的。这也是我国推出 REITs 最重要的障碍。

从另一个角度来分析，假设杠杆率为 50%，如果融资成本从 4% 上升到 5%，为了达到 5% 的派息率，则资产的估值要从 4.5% 的资本化率提高到 5%，即物业价值打折 10%。一个 100 亿元的资产包，价值损失将会达到 10 亿元，而这正是 REITs 在我国推出和发展面临的主要挑战。

可以说，如果没有高效率的融资工具，REITs 将成为无本之木，CMBS 将是 REITs 的先声。从美国的经验来看，REITs 也大量使用 CMBS 作为融资工具。

三、CMBS 的产品形态应该以支持商业物业发展为准绳

CMBS 到底是类信用债还是资产支持证券？有追索权还是无追索

权？这些问题还都不是很清楚。在市场发展初期，为了在创新和控制风险之间平衡，包括“高和招商—金茂凯晨资产支持专项管理计划”在内的 CMBS 都附带了集团担保。然而，随着市场的发展，需要思考 CMBS 的定位。如果要求 CMBS 必须附带集团担保，则 CMBS 便成为类信用债。如果加上信用之后又将额度放大，将会积累金融体系的风险。

从美国经验来看，无追索权的 CMBS 才是有生命力的产品，主要原因在于以下两点：第一，长期来看，相对于清晰透明的资产支持，主体信用的稳定性不足（特别是在中国经济急剧转型，房地产行业加大调控的情况下）给 CMBS 的评级带来困扰，而且多了公司自身信用的不稳定因素，CMBS 的波动性更大；第二，目前包括 CMBS 在内的资产证券化产品与信用债相比，并没有竞争力，其风险调整收益没有任何优势可言。在我国，加上主体增信以后，大多资产证券化产品被视作高信用等级的债券，并没有创造出多层次的投资产品。

就我国的国情来讲，积极建设和推动脱离主体信用的 CMBS 市场意义重大：

（一）鼓励缺少主体信用而能干的团队参与到去库存、去空置中去

资产支持的 CMBS 是化解商业物业库存和空置压力至关重要的金融手段。商业物业最大的挑战在于库存和空置压力，因此必须有创新的融资工具加以支持，而 CMBS 是重要的一环。库存和空置问题的解决必须依赖专业的经营和管理，因此专业能力和人才的培育才是行业最为重要的因素。在依赖主体才能进行有效融资的情况下，专业的人才和团队无法有效参与到市场，商业物业的去库存成为一句空话。

（二）推动风险定价，有利于打破刚性兑付预期，培育多层次投资者市场

一个健康的金融市场，就必须打破刚性兑付这一金融市场潜规

则，让市场秩序来主导。CMBS产品的质量以底层资产商业物业的质量优劣而非主体信用的高低进行评价，有利于专业投资者进行判断，推动风险定价和利率差别化，有利于打破刚性兑付预期，助力金融市场的健康发展。

（三）控制房地产行业杠杆率

脱离主体信用的融资工具通过控制CMBS的抵押率，可以成为房地产行业控制杠杆率的有效手段。特别需要避免的是，打着主体增信的招牌，突破杠杆率限制，从而让CMBS成为放杠杆的工具。

（四）简化交易结构，降低融资成本

CMBS产品摆脱对主体信用的依赖，不设置强主体对信托贷款的保证担保或其他增信措施，有助于简化CMBS产品的交易结构，免去了融资人为提供第三方保证担保需要的昂贵的担保费用。

（五）推动脱离主体信用的CMBS才真正能够填补中等收益、中等风险的资产荒

裹着主体信用的CMBS等证券化产品，类似于高等级信用债，属于低收益、低风险的产品，并不能有效解决中国市场中等收益产品的资产荒问题。

四、道德风险防范机制有待建立

目前，中国市场普遍存在“重发轻管”、“重借款人，轻投资者”的倾向。当前的市场组织方式多以券商推动，券商、评估师、评级公司都受借款人委托，存在利益冲突。特别是在券商和中介机构竞争激烈的情况下，更需要防范道德风险。

CMBS的现金流状况很大程度依赖于资产管理人，各个基础债权的表现也依赖于第三方服务商的持续服务和监管。为了更好地防范

道德风险，参照国际经验，应当尽快引入第三方服务商机制，加大其在入池时的筛选和发行后存续期管理，避免承销标准的快速下滑和市场风险积累。同时，为了绑定利益，可鼓励第三方服务商投资劣后级。但从我国目前已发行的 CMBS 产品来看，只有“高和招商—金茂凯晨资产支持专项管理计划”中有第三方服务商参与，我国 CMBS 中第三方服务商参与程度较低。

第三方服务商通常为资本市场的专业机构，在资本运作和商业物业运营方面具有丰富的经验，其的参与有助于 CMBS 风险的有效管理和监测。在 CMBS 设计阶段，第三方服务商的参与有助于对商业物业现金流的合理估计，降低现金流错配的风险；在 CMBS 存续期间，第三方服务商出于自身利益，会持续监测商业物业的运营状况和证券的兑付情况，对异常情况能及时预警，并促使相关机构采取应对措施，消除风险隐患；在发生违约事件时，第三方服务商借助自身的专业能力有助于不良贷款的有效处置，降低参与各方的损失。因此，在 CMBS 证券交易中，第三方服务商，特别是投资于劣后级的特殊服务商的参与提升了风险管理和监测水平。

五、产品形态有待深化

目前，我国市场以 SASB 交易为主。随着市场规模的扩大和参与者的增加，可逐步推动多资产打包，甚至通道交易，丰富产品形态，发挥 CMBS 比传统银行或信托融资风险更为分散的优势。通道交易实际上让一些中小型商业物业的抵押贷款也可以进入 CMBS 市场，同时可以通过分散风险吸引投资者参与，降低实体商业的融资成本，长远来看对商业物业意义重大。

六、基础数据欠缺，造成对物业价值的评估难以形成统一基准

我国物业出租经营和成交的数据尚未形成统一的数据库，历史

数据的欠缺使物业评估的基准不统一，特别是在成交不太活跃的二三线城市。

物业评估的方法也亟待统一。物业评估一般有基于现金流和资本化率的收益法、可比成交法和重置成本法三种方法。三种方法得到的评估结果差异较大，且评估公司在三种方法上采取的权重又取决于主观判断，造成在不同交易中不同评估公司物业评估的基准偏差较大。由于评估公司在证券化过程中面临融资人、券商等多方面的压力，在竞争激烈的情况下，容易出现标准的松弛倾向。因此，行业的准入、评估标准的形成和品牌化、更强的信息披露等非常重要。

从另一方面来讲，随着证券化市场的发展和渗透，也将会产生更多交易数据，形成对物业定价的信息，有利于估值的透明。两者往往相辅相成。

七、CMBS 评级标准有待建立，缺乏数据及历史验证的标准难以达成行业共识

信用评级是资产证券化过程中一个重要环节，资产支持证券能否顺利发售关键在于能否获得投资者的认可，评级机构对证券化产品的评级报告是投资者参考的重要投资依据。但相对于积累了多次经济周期中商业物业租金的波动与风险实际表现的成熟发达国家，我国房地产行业还未经历一个完整的行业周期，可参考的历史数据较少，这对评级机构判定目标预设等级所需承受的基础资产预期损失率等数据、指标的计算和设定带来一定困难，相关债项评级标准的合理性难以验证。我国 CMBS 的评级制度尚不能说完善，未来仍需要积累数据优势，以便相对准确地把握不同经济形势下商业物业的价值变化规律。目前，信用债已有一整套相对完整的评级标准，未来 CMBS 也需要尽快形成行业共同认可的评级标准和评级流程。同样，由于国内的评级公司往往由融资人来聘请，会在竞争激烈的

情况下受到融资人和券商的压力。因此，建立相对透明的评级标准非常重要。

八、二级市场缺乏流动性

CMBS 产品的流动性不足也是一个重要问题，我国目前包括 CMBS 在内的资产证券化产品只面向机构投资者，其中以商业银行为主。如图 8 -4 所示，2015 年中国资产证券化二级市场月均交易率仅为 0. 1% ，而美国资产证券化二级市场月均交易率为 6. 6% 。由于资产证券化产品的多样性，利率、基础资产、偿付方式存在较大差异，对证券化产品的交易也造成一定的障碍。此外，证券化产品的交易没有一个规范统一的平台，其交易机制依附于其他交易系统，中介只提供报价，没有做市机制，难以形成市场化的价格。CMBS 流动性弱也对 CMBS 贷款的期限形成制约。

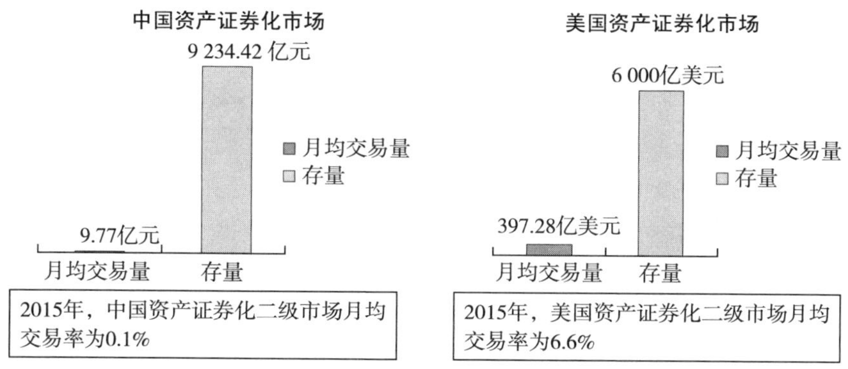

图 8 -4　中美资产证券化市场流动性存在很大差异

注：中国资产证券化存量及交易量统计摘自万得资讯数据库，包括银行间市场、上交所及深交所市场。

资料来源：中国资产证券化分析网、证券业及金融市场协会

九、CMBS 贷款期限偏短

国内 CMBS 贷款期限以 3 ~5 年期为主，而美国 CMBS 以 10 年期

为主，也有部分5年期左右的贷款，能够更好地满足物业持有人长期稳定的融资需要。

国内CMBS贷款期限偏短是由于以下两个方面的原因：

第一，国内的融资人由于对物业升值乐观，因此倾向于较为短期的贷款，以避免其融资额度被锁定；中国商业银行的经营性抵押贷款实际存续期也不长，根据行业实操经验，一般在3年以内便需要进行一次再融资。

第二，国内的投资者以银行、基金和券商资管作为主要投资者，其资金期限普遍较短。

随着国内商业物业价值逐步稳定、更多投资者的参与和证券化市场的深化，国内CMBS贷款也将逐步拉长久期。

十、信息披露薄弱

与美国资产证券化市场相比，我国的信息披露制度规范和具体要求相对薄弱，尚未形成强大而系统的披露体系，很多方面都有待完善。首先，我国目前对资产证券化产品的信息披露要求多集中于监管部门制定的规章和指引，以定期披露受托机构报告或者年报展现，与美国强大而系统化的信息披露制度和机制相差很远。其次，基础资产披露信息要求不具体，虽然银行间市场在2015年年底开始逐步针对汽车抵押、个人贷款抵押、棚户区贷款、个人消费贷款等类型资产做出了更加细化的指引，但是与我们书中附件展示的美国、欧洲等国家资产证券化业务的报告和表格体系相比，我国市场更侧重于原则性的信息披露，资产层面的信息依旧不足。比如，美国的资产证券化修正案里面就要求，对商业住房抵押贷款、汽车贷款、汽车租赁贷款、债务证券化等六大类基础资产要进行逐笔信息披露，有非常详细的关于逐笔披露的要求，但是我国仅仅是从资产余额占比的角度，做出了一些比较粗放的规定，不同证券化产品的关注要点没有实施差异化信息披露。再次，我国资产证券化市场上很多文件都是以非标准的形式披露的，未来需要借鉴国际经验，建立明确的标准来规范与统一中介机构在证券化中的信息披露形式和报告内容，从而方便投资者更好地理解和管理资产证券化产品的金融风险，提升市场的透明度和运行效率。最后，与国内发行期的信息披露还有国外存续期的信息披露相比，我国资产证券化市场的披露信息没有得到应有的重视，这方面未来亟须完善和加强，以便市场参与者跟踪基础资产的持续表现。美国目前的规定要求每月更新包括一般信息和资产信息在内的多项持续披露信息内容。

第三节　对我国 CMBS 市场建设的建议

一、积极推进脱离主体信用的 CMBS

我国可顺应市场需求发行有追索权的 CMBS，然而不应该由于追索权和集团保证而牺牲承销标准，盲目放杠杆。

欢迎“弱主体 + 强资产”进入 CMBS 市场。该等情况下，应该重视关键贷款条款，以及产品治理规则的标准化，目前可以采取的做法有：

（1）发挥第三方服务商作用，鼓励投资劣后级，并形成服务和风控标准。

（2）制定严谨的债权债务条款和严密的风控措施，包括但不限于物业抵押、租金（或其他还款来源）质押、项目公司股权质押、保证金、物业运营收入回收款监管、回收款划转路径调整、偿债指标监控、项目公司特别董事对重大事项的一票否决权、贷款人对重大事项的一票否决权等。

二、明确产品发行时的资产入池标准和注册承销标准，严控基础资产质量

（一）入池标准

作为基础资产的物业抵押贷款的必要条件是基础资产可以产生稳定的现金流。以该必要条件为核心，可以进行 CMBS 证券化的“合格”资产应具备如下特征：

（1）该贷款基础资产业态、区位等达到准入条件。

（2）债务人和基础资产的质量达标。

（3）资产管理的水平和底层贷款的管理水平高。

就基础资产的分散度来讲，根据美国经验，SASB 交易应当以现金流稳定的核心资产为主，通道交易可以由众多的中小型贷款组合而成，通过物业组合来分散风险，对物业品质的要求可以较弱；融合交易则介于两者之间。

（二）注册承销标准

未来，我国 CMBS 市场发展应当吸取美国放任自流的教训，适度的注册承销标准有助于防范市场的系统性风险。当然，美国市场发展了 40 多年才形成的成熟标准，不一定完全适合处于发展初期的我国市场，再加商业物业本身的复杂性，也要考虑给予注册承销标准一定的灵活性，并逐步迭代，避免一刀切对某类资产的负面影响。

在制定或者建议该注册标准时，一方面可利用评估和评级公司的意见；另一方面，也应充分意识到国内评估评级的局限性，发展出一套相对“噪音”较小的指标体系。比如，就具体指标而言，LTV、DSCR 是常用的承销工具，然而在中国的市场环境下，物业估值体系的不健全使 LTV 容易失真，且可比性低；DSCR 容易受到利率以及摊销的影响。DY 反倒是一个“干净的基准”，该指标实际上兼顾了 LTV 和 DSCR。如将 DY 控制在一定区间可有效控制贷款规

模，防止贷款出现过高杠杆，并且能明确债券发生违约时再融资的能力。

（三）潜在的标准制定方法

标准制定方法的重要指标有如下几个：

（1）杠杆率或者总体额度指标。选取一个或者若干个噪音较小的指标，首选 DY，次选 LTV 和 DSCR。通过研究美国不同业态、不同城市、不同等级的物业对应的 CMBS 在不同周期的情况，其 DY 与其违约率的关系，可以根据国内的周期特点、业态、城市和物业等级设计一个相对应的指引。

（2）债务摊销指标。从美国经验来看，对一个 10 年期的 CMBS 贷款，常用 30 年的摊销期限。在金融危机前后，债务摊销几乎消失，成为仅付利息贷款。金融危机之后，投资者更加保守，回归到惯常的水平，国内可参考美国的情形。然而，由于中国的实际 CMBS 贷款期限较短（常常为 3 ~ 5 年），相对较容易判断房地产周期和物业价值趋势。因此摊销额的确定应当基于对物业价值涨跌的判断，如果物业价值上涨趋势明显可减少摊销比例，如果物业价值前景不明朗则可增加摊销比例。

（3）其他非财务型指标。该类指标包括破产隔离效果、额外债务负担限制、服务商/投资者对物业重大事项的影响力等。

以美国数据为基准，对应不同业态/不同区域等特点的 CMBS，模拟上述量化承销指标与违约率之间的关系，要选取能够容忍的违约情形所对应的指标标准，或者选择美国承销标准比较严谨的金融危机之后或者 2004 年以前的指标标准作为参考依据。

根据中国的商业物业周期特点，对上述指标标准进行微调。

为了控制发行成本，中国有企业愿意加入主体信用或者外部担保，可适当考虑主体信用对上述标准进行微调。然而，应该坚持一个原则：不应该由于主体信用的加入而贸然放松承销标准，提升杠杆。

三、建立道德风险防范机制，鼓励第三方服务商及专业投资机构进入

CMBS 的第一还款来源是商业物业的租金收入和运营收入，由此使得对商业物业的现金流管理成为 CMBS 的关键。CMBS 的现金流状况在很大程度依赖资产管理人，各个基础债权的表现也依赖于第三方服务商在入池时的筛选和发行后存续期管理。第三方服务商通常为资本市场的专业机构，在资本运作和商业物业运营方面具有丰富的经验，其参与有助于 CMBS 风险的有效管理和监测。第三方服务商，特别是特殊服务商是 CMBS 市场关键的风险枢纽，有利于市场的自我组织和健康发展。

另外，美国 CMBS 市场的发展与美国形成了多层次的投资者体系也有很大的关系，我们应该鼓励市场形成多元化的专业投资者体系。2015 年，外国或国际组织持有美国债券市场 27% 的债券；家庭及非营利组织持有美国债券市场 12% 的债券；美联储持有美国债券市场 11% 的债券；保险公司持有美国债券市场 10% 的债券；银行机构持有美国债券市场 10% 的债券；共同基金持有美国债券市场 10% 的债券。美国保险公司的资产配置中，债券的配置比例维持在 50% 以上。在债券的品种上，以高信用等级的公司债为主，在寿险一般账户中投资级债券的配置比例长期维持在 90% 以上。而我国资产证券化市场的投资者构成则比较单一。以 2016 年信贷资产证券化为例，其投资者 57.85% 为非法人机构、36.05% 为银行机构、5.48% 为非金融机构法人，资金雄厚的保险机构对证券化产品的投资不到 40 亿元，占比微乎其微，主要原因在于保险公司资金成本偏高且期限长，证券化产品期限较短、单笔发行额度较小，难以满足保险机构的投资需求。

四、统一评估标准，强化市场准入

目前，我国的物业评估市场较为分散，且评估技术较为落后。未来应该尽快形成行业公认的评估标准，并强化评估的准入机制。就 CMBS 市场而言，可以考虑以收益法作为评估基础，逐步形成资本化率的数据库和惯例，避免评估在竞争中失真。

借鉴美国经验，评级公司在评级当中，应当基于风险判断，可对评估值进行加压，作为评级的基础。

五、完善评级标准，与国际市场接轨

比如，我们应当加快制定行业法律法规，对信用评级业的市场准入标准、机构组织原则、人员素质、技术能力、评级行为规范等做出全面系统的界定，为加强和规范信用评级业管理奠定法制基础。

为确保评级机构忠实履行公共责任，在建设制度时要着力解决好评级竞争和盈利模式的问题。在这方面，我们可借鉴国外的一些评级监管法规的做法，如建立完善的评级行为指引，实行评级信息定期披露的标准化和加强评级监管，或引入双评级制度，以加强评级机构的互相监督机制。

针对证券化产品的评级，尤其是频繁创新、构造复杂的结构性金融产品，应督促评级机构对其评级方法予以充分披露，对以 CMBS 为代表的多层级产品，应督促评级机构检查基础资产池中具体贷款的风险。

如前文所述，我们的研究发现，在金融危机后，美国评级机构开始日益关注贷款的 DY，该指标为“更保守、更干净的基准”。如将 DY 控制在一定区间可有效控制贷款规模，防止贷款出现过高杠杆，并且能明确债券发生违约时对债权人的保障程度。目前，国内评级机构尚未开始考察该指标，未来可加入考量。

六、加强披露体系建设

从美国资产证券化市场的发展经验来看，标准化、便利化的信息披露制度有利于减少信息不对称、降低市场交易成本、提高市场的透明度，并增加证券化产品的流动性和运行效率，也便于投资者进行风险控制和风险管理。特别是持续透明的信息披露也对评级机构、评估机构和承销商等形成软约束，有助于改善承销标准。

我国应进一步强化信息披露的评价机制和约束机制，抓紧建立资产证券化信息披露系统和信息分析的电子化平台，提高证券化产品信息披露质量。但在实际中，资产层级披露会大幅度增加交易成本，也有可能冲击对债务人隐私信息的保护，资产层级披露会使债务人有所顾虑，从而降低债务人对 CMBS 的发行意愿。同时，考虑到欧美等国家信息披露体系也是随市场发展逐步丰富完善的，我国在考虑借鉴时，应该在推动证券化市场建设的进程中来统筹设计信息披露制度安排，明确信息披露的监管尺度和着力点，自上而下地推动信息披露。

七、逐步形成行业协会，推进投资者教育，凝聚行业共识

美国在资产证券化承销发行标准、资产层级信息披露以及信用评级标准等监管着力点的变革与明确，虽然开始于金融危机后市场为提振投资者信心的自发实践，但在整个过程中，美国 CMBS 市场的安定及发展离不开行业自律组织的参与。在参与制定相关标准、加强和推进投资者教育、凝聚行业共识和最佳实践等方面，这些行业组织发挥了重大作用。比如，CREFC 于 1994 年创立，作为全世界最大的房地产金融行业自律组织，其目的在于推动 CMBS 标准和最

佳实践、推动信息披露与行业规范化、增加二级市场流动性。有关CMBS的信息披露，SEC就大幅度参考了美国商业物业行业的自律组织CREFC的建议。在美国CMBS市场推行风险自留等行业规范的标准化进程中，类似的行业组织所发挥的作用非常重要。

在我国，由于CMBS可以在深沪交易所、银行间交易商协会、中证机构间报价系统、银登中心等进行注册，涉及多个市场，因此标准的统一协调更为关键。未来，在我国监管部门和各交易场所的鼓励下，应逐步形成商业物业证券化融资行业协会，对于CMBS市场的长远发展而言，这显得尤为必要。

附　录

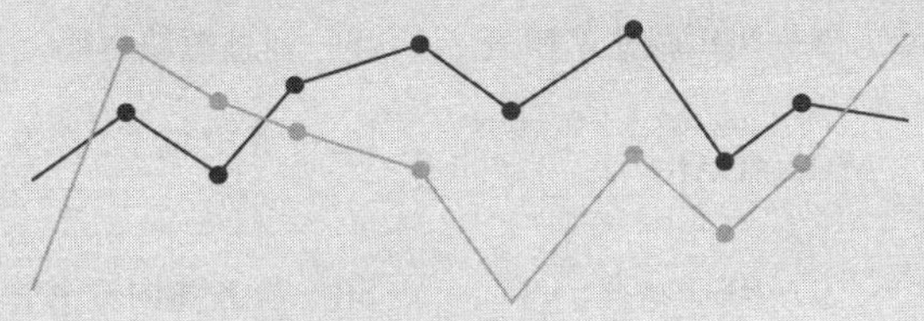

附录一“美国 CREFC IRP 信息披露条款”、附录二“欧洲中央银行 CMBS 信息披露模板”及附录三“澳大利亚储备银行对商业抵押贷款支持证券的报告要求”由联合信用评级有限公司翻译并整理。

附录一　美国 CREFC IRP 信息披露条款

数据文档	报告	模板
L—贷款定期更新	A—预付回收	AR—评估减少
P—地产	C—比较财务状况	RL—服务商实现损失
S—贷款设置	D—债务拖欠贷款状况	RF—基金对账
S—财务	M—HLMFCLR	HL—历史清算损失（证书管理者）
D—特殊服务商贷款	N—NOI 调整工作表	IS—利息短缺对账
B—债券等级	O—OSAR	BC—历史债券/押品实现损失对账
C—押品概要	R—REO 状况	SR—服务商向证书管理者汇款
	T—总贷款	SE—重大发行事件
	V—贷款级别储备/LOC	LM—贷款修改
	W—服务商观察名单	LL—贷款清算
		REO—REO 清算

注：并非所有的模板字段均被定义，版本的最后更新与定义或字段名称的最后更新相关。

编号	英文名称	中文名称	说明
贷款层级文件（Loan Setup File）			
1	Transaction ID	交易 ID	为证券池制定的名称
2	Group ID	集团 ID	证券化过程中为每一家贷款机构制定的字母—数字式代码。集团 ID 可能不适用于所有交易
3	Loan ID	贷款 ID	主服务商为池中每笔贷款制定的标识号码
4	Prospectus Loan ID	说明书贷款 ID	在说明书补充附录里面为每项资产制定的标识号码
5	Original Note Amount	原始票据金额	发起时的贷款金额。对于分离组合贷款/票据，此金额是分离组合贷款/票据的原始票据金额
6	Original Term Of Loan	原始贷款期限	贷款发起日到贷款到期日的月份数
7	Original Amortization Term	原始摊销期限	于发起日决定的，通过定期支付撤销抵押贷款所需的月份数
8	Original Note Rate	原始票据利率	截至发起日前，以此利率计算票据利息
9	Original Payment Rate	原始支付利率	截至发起日前，计算定期支付的利率
10	First Loan Payment Due Date	第一贷款支付到期日	按照贷款文件，借款人必须支付第一笔抵押贷款全部利息或本金的日期
11	Grace Days Allowed	宽限期	抵押贷款到期后银行对推迟偿还的行为不要求逾期费用的天数，不包括处罚与拖欠利息
12	Interest Only (Y/N)	只付息（Y/N）	如果这一贷款是只需支付计划利息的抵押贷款，Y/N 分别表示是暂时性的还是直至持有到期

（续表）

编号	英文名称	中文名称	说明
13	Balloon（Y/N）	气球式（Y/N）	如果贷款文件注明这笔贷款需要在到期日一次性归还全部累计本金，该指标 = Y；如果无须一次性归还，该指标 = N；如果相关信息没有说明，该指标为空
14	Interest Rate Type	利率类型	代码显示借款者需要归还的贷款中证券化部分的计息类型
15	Interest Accrual Method	利息应计方法	代码显示用于计算利息的公约天数
16	Interest in Arrears（Y/N）	利息拖欠（Y/N）	指示定期付款的利息部分是在之前还是随后的时期到期。Y = 利息在之前的会计期间汇集；N = 利息不是在之前的会计期间汇集
17	Payment Type	支付类型	代码显示贷款支付的类型或方法
18	Prepayment Lock-out End Date	预付锁定期截止日	银行允许提前还款的有效日期
19	Yield Maintenance End Date	收益留存截止日	收益留存的提前还款罚金不再有效的日期
20	Prepayment Premium End Date	预付款溢价截止日	提前还款溢价不再生效的有效日期
21	Prepayment Terms Description	预付款条款描述	对每笔贷款提前还款条款的描述，包括锁定期间、废止期间、收益留存期间、提前还款溢价期间和开放/不处罚期间等信息
22	ARM Index	ARM 指数	用于描述基于可调整利率指数的代码，如果贷款不是一个可调整利率抵押贷款，则该字段为空

（续表）

编号	英文名称	中文名称	说明
23	First Rate Adjustment Date	第一利率调整日	第一次利率调整生效（贷款后续贡献/证券化）的日期。如果适用的话，短时间后进行第一次完整付款
24	First Payment Adjustment Date	第一支付调整日	第一个调整到常规付款额（贷款后续贡献/证券化）生效的日期
25	ARM Margin	ARM 边际利润	在可调整利率抵押贷款的指数上加上一个利差，来反映以其为基础资产的证券化票据的利率。如果贷款不是一个可调整利率抵押贷款，则该字段为空
26	Lifetime Rate Cap	终身利率上限	在可调整利率抵押贷款的生命周期中应计的最高利率。如果贷款不是一个可调整利率抵押贷款，则该字段为空
27	Lifetime Rate Floor	终身利率下限	在可调整利率抵押贷款的生命周期中应计的最低利率。如果贷款不是一个可调整利率抵押贷款，则该字段为空
28	Periodic Rate Increase Limit	定期利率上行限制	从贷款某一生命周期到下一周期中其利率可增加的最大值。如果贷款不是一个可调整利率抵押贷款，则该字段为空
29	Periodic Rate Decrease Limit	定期利率下行限制	从贷款某一生命周期到下一周期中其利率可减少的最大值。如果贷款不是一个可调整利率抵押贷款，则该字段为空
30	Periodic Pay Adjustment Max - %	定期支付调整最大幅度	从贷款某一生命周期到下一周期其支付金额可增减的最大百分比值。如果贷款不是一个可调整利率抵押贷款，则该字段为空

（续表）

编号	英文名称	中文名称	说明
31	Periodic Pay Adjustment Max - $	定期支付调整最大金额	在任意可调整期，贷款本金或利息量可增减的最大美元数额。如果贷款不是一个可调整利率抵押贷款，则该字段为空
32	Payment Frequency	支付频率	表示抵押贷款所需支付的频率
33	Rate Reset Frequency	利率重置频率	表示周期性抵押贷款利率调整的频率
34	Pay Reset Frequency	支付重置频率	表示周期性抵押贷款付款额将会调整的频率
35	Rounding Code	四舍五入代码	用来决定贷款指数与周期性抵押贷款利率的利润加总后采用的四舍五入法，显示四舍五入代码图标。如果贷款不是一个可调整利率抵押贷款，则该字段为空
36	Rounding Increment	四舍五入增量	在计算周期性抵押贷款率时，使用四舍五入法决定的指数的增量百分比。如果贷款不是一个可调整利率抵押贷款，则该字段为空
37	Index Look Back In Days	指标回顾天数	利率调整有效期之前的天数，利率调整有效期被用于决定合适的指数利率。如果贷款不是一个可调整利率抵押贷款，则该字段为空
38	Negative Amortization Allowed (Y/N)	获准负摊销（Y/N）	如果每月实际支付无法达到原摊销额，该指标表示是否允许负摊销额（利息归还不足）被加到未偿清本金中

（续表）

编号	英文名称	中文名称	说明
39	Max Neg Allowed（% Of Orig Bal）	获准负摊销最大值（原始贷款余额百分比）	可以作为负摊销添加到原来的贷款余额中的所占月的最大比例
40	Remaining Term At Contribution	交易截止日剩余期限	从交易截止日期到贷款计划到期日或当前的高度摊销日期的月份数
41	Remaining Amort Term At Contribution	交易截止日剩余摊销期限	从交易截止日期到贷款计划完全清算，即本息完全偿付日之间的剩余月份数
42	Maturity Date At Contribution	交易截止到期日	根据每个贷款文件的截止日期所安排的最后付款日期
43	Scheduled Principal Balance At Contribution	交易截止日计划本金余额	在交易结束日时抵押贷款预期本金的余额，会在最后的招股说明书中披露。对于分期贷款或票据而言，这一数额是交易截止日的预期期初贷款或票据余额
44	Note Rate At Contribution	交易截止日票据利率	用于计算在交易截止日贷款利率的年度总利率
45	Servicer And Trustee Fee Rate	服务商和受托人费率	加总所有支付给服务商以及受托人的年化费率（不应包含贷款定期更新文件中字段 L13 到 L17 代表的费率或贷款设立文件中字段 S47 到 S51 代表的费率，以避免重复计数）
46	Fee Rate/Strip Rate 1 ~ 5	费率 1 ~ 5	用以减少毛汇款率以得到有效净利率的特定年化费率（不应当包括贷款定期更新文件中字段 L12 代表的费用或贷款设立文件中字段 S46 代表的费用，以避免重复计数）

（续表）

编号	英文名称	中文名称	说明
47	Net Rate at Contribution	交易截止日净利率	交易截止日票据利率少于字段S46到S51的累计年度费率的差额
48	Periodic P&I Payment At Contribution	交易截止日定期本金与利息支付	交易截止日已生效的贷款本金和利息总额。这一数值应等于初始决定日的预计本金总额（L24）和预计利息总额（L23）之和
49	Number of Properties at Contribution	交易截止日地产数量	交易截止日作为抵押担保的地产数量
50	Property Name	地产名称	作为抵押担保的地产名称。如果地产被清偿，则打印“清偿”；对于贷款水平报告，如果多地产，则打印“多种”；对于替代地产，用新地产名填写
51	Property Address	地产地址	作为抵押担保的地产地址。如果地产被清偿，则该字段为空；对于贷款水平报告，如果多项地产位于相同的城市，则打印该城市，否则打印“多种”；如果缺少信息，打印“不完整”；对于替代地产，用新地产信息填写
52	Property City	地产所在城市	作为抵押担保的地产所在城市。如果地产被清偿，则该字段为空；对于贷款水平报告，如果多项地产位于相同的城市，则打印该城市，否则打印“多种”；如果缺少信息，打印“不完整”；对于替代地产，用新地产信息填写

（续表）

编号	英文名称	中文名称	说明
53	Property State	地产所在州	用双字符缩写编码代表作为抵押担保的地产所在州。如果地产被清偿，则该字段为空；对于贷款水平报告，如果多项地产在相同的州，则打印州的双字符缩写编码，否则打印“XX”；如果缺少信息，打印“ZZ”；对于替代地产，用新的州编码填写
54	Property Zip Code	地产邮编	用作抵押担保的地产邮政编码。如果地产被清偿，则该字段为空；对于贷款水平报告，如果多项地产具有相同的邮编，则打印该邮编，否则打印“多种”；如果缺少信息，打印“不完整”；对于替代地产，用新的邮政编码填写
55	Property County	地产所在县	作为抵押的地产所在县。如果地产被清偿，则该字段为空；对于贷款水平报告，如果多项地产具有相同的县，则打印该县，否则打印“多种”；如果缺少信息，打印“不完整”；对于替代地产，用新地产信息填写
56	Property Type	地产类型	分配给地产的编码来自基于地产如何被使用所编的地产类型说明。如果地产被清偿，填写“SE”；对于贷款水平报告，如果是多地产类型，打印“XX”；如果缺少信息，打印“ZZ”；对于替代地产，用新的地产类型填写

（续表）

编号	英文名称	中文名称	说明
57	Net Rentable Square Feet At Contribution	封包日可租用平方英尺数净值	当地产被放入抵押池用作抵押品时的净出租平方英尺面积
58	Number of Units/Beds/Rooms at Contribution	封包日单元/床位/房间数量	当地产被放入抵押池用作抵押品时的单元/床位/房间数量
59	Year Built	竣工年份	地产竣工的年份。对于多项地产，如果年份均相同，则打印该年份，其他情况不填
60	NOI at Contribution	交易截止日 NOI	净营业收入等于承销总收入减去承销营业费用。如果数据丢失或已经收到/合并，用 DSCR 标识符说明规则填写
61	DSCR（NOI）at Contribution	交易截止日 DSCR（NOI）	承销净营业收入对偿债金额的比率，该比率在最终版说明书中展示或由发行人或存款人在交易截止日提供。如果存在多项地产，用 DSCR 标识符说明规则填写
62	Valuation Amount at Contribution	估值金额	截至估值日对地产的估值金额。对于贷款设立文件，如果存在多项地产，则加总其价值；如果丢失某些数据，则不填
63	Valuation Date at Contribution	估值日	估值金额被确定的日期。对于贷款设立文件，如果存在多项地产且丢失了某些数据或日期不尽相同，则不填
64	Physical Occupancy at Contribution	交易截止日的实地占用率	截至交易截止日由租客占用的可出租空间百分比。这一数值应来自租金账或其他显示占用情况的文件。如果存在多项地产，则根据平方英尺或单元数值，以加权平均值填写

（续表）

编号	英文名称	中文名称	说明
65	Revenue at Contribution	交易截止日收益	根据最终说明书或者在交易截止日由存款人提供的，所有由地产或担保贷款的地产产生的收入总额。这一数值是计算市场利率下的最大租金收入，扣除了反映空置率、信用损失和其他减值调整后得来的数值。收益包括其他收入，如停车或者洗衣费用，这些费用是根据反映实际占用或使用情况的历史征收情况计算得来的。如果数据丢失或已经收到/合并，用 DSCR 标识符说明规则填写
66	Operating Expenses at Contribution	交易截止日营业费用	因地产或担保贷款的地产的正常商业运营而引起的费用总和。这一数值是根据最终说明书得来的或者在交易截止日由发行人或存款人提供。该费用主要包括员工工资、使用与维修、营销、保险和房地产税收，但不包括资本支出、租客改善和租赁佣金。它还包括前一年的费用、占有率改变或其他主要改变的调整。如果日期丢失或已经收到/合并，用 DSCR 标识符说明规则填写
67	Contribution Financials As Of Date	财务截止日	地产承销营业报表日。如果可用，则运用最新的期末财务日期，其他情况应采用交易截止日。如果存在多项地产且均相同，则打印该日期；如果数据丢失，则不填
68	Recourse（Y/N）	追索权（Y/N）	如果借款人违约，从担保人或承兑人处追索支付的权利

（续表）

编号	英文名称	中文名称	说明
69	EMPTY FIELD [fka Ground Lease (Y/S/N)]	空白区域［土地租赁(Y/S/N)］	
70	Cross – Collateralized Loan Grouping	抵押贷款总分类	
71	Collection of Escrow（Y/N）	向第三方进行征收（Y/N）	根据抵押贷款中申请税收与保险支付的条款，主服务商为借款人账户收取支付款
72	Collection of Other Reserves (Y/N)	向其他储备账户进行征收（Y/N)	根据抵押贷款中申请评估、租客改善、租赁佣金以及与抵押地产相关的条款，主服务商为借款人账户收取支付款
73	Lien Position at Contribution	留置权	留置权是一项置于地产之上的，以确保债务可被偿付的追索权。留置权是一项只能在交易截止日前使用的权利。第一留置权首先被支付，第二留置权第二个被支付，以此类推
74	Current Hyper Amortizing Date	当前超级摊销日	当前预计偿付日期，在该日期后，本金和利息可能会加速摊销，并且/或者抵押人的利息费用会大幅上涨。这对于抵押人来说，是激励他们在该日期前偿付本金金额的好方法。除非贷款被修改或新日期被指定，否则从设立开始后该日期将保持不变。如果不适用（例如，在废止的情况下），则该字段为空

（续表）

编号	英文名称	中文名称	说明
75	Defeasance Option Start Date	废止期权起始日	废止期权可用的日期。如果抵押人选择偿付本金金额，则承押人可能选择通过购买与贷款计划现金流相等的证券来替代抵押人贷款现金流。这种行为抑制了抵押人提前偿付贷款的想法。仅在满足贷款文件的条件下，才可以废止
76	EMPTY FIELD (fka Defeasance Option End Date)	空白区域（废止期权截止日）	
77	Last Setup Change Date	设置最终变更日期	对特定贷款设立贷款文件信息最后一次变更的日期
78	NCF at Contribution	交易截止日净现金流	净现金流是用有效总收入减去营业费用总额和资本支出总额，并在未偿债之前得到的数额。这一数额在每一份最终说明书中出现或由发行人或存款人在交易截止日之前提供。如果数据丢失或已经收到/合并，用 DSCR 标识符说明规则填写
79	DSCR (NCF) at Contribution	偿债备付率（净现金流）	偿债备付率是由净现金流除以规定的偿债支付金额得来的。DSCR 1.0 代表了地产可以产生刚够偿债的现金流。一个较高的 DSCR 意味着地产可以产生多于所需的现金流以覆盖偿债支付金额，因此代表了较低的违约风险。DSCR 越高，风险就越容易被转移。如果是多项地产，用 DSCR 标识符说明规则填写

（续表）

编号	英文名称	中文名称	说明
80	DSCR Indicator at Contribution	DSCR 标识符	用以解释在存在多项地产时，DSCR 如何计算的代码。特定代码适用
81	Loan Contributor to Securitization	贷款对证券化比率	
82	Credit Tenant Lease（Y/N）	信用租客租赁（Y/N）	如果资产被带有信用租客的地产所担保，则标识符为 Y。价值基础是租赁支付的预期值，而非担保贷款的房地产的内在价值
83	Financial Information Submission Penalties	财务信息提交处罚	用以表示对借款人无法提交贷款文件规定的财务信息（利润表、资产负债表、租金账等）而进行处罚的代码
84	Additional Financing Indicator	附加融资标识符	显示额外融资/夹层债是否存在的代码
85	Loan Structure	贷款类型	显示贷款结构，包括抵押贷款成分优先级的代码。代码在证券化过程中和贷款紧密相关
贷款需定期更新文件（Loan Periodic Update File）			
1	Transaction ID	交易 ID	为证券池制定的名称
2	Group ID	集团 ID	证券化过程中为每一家贷款机构制定的字母—数字式代码。集团 ID 可能不适用于所有交易
3	Loan ID	贷款 ID	主服务商为池中每笔贷款制定的标识号码
4	Prospectus Loan ID	说明书贷款 ID	在说明书补充附录里面为每项资产制定的标识号码

（续表）

编号	英文名称	中文名称	说明
5	Distribution Date	分配日	服务协议中定义的在特定时期内将资金分配给证券持有者的日期
6	Current Beginning Scheduled Balance	当前期初计划余额	截至报告期开始时，通常是在决策日之前，贷款的计划或规定本金余额（在服务协议中有定义）。该余额应等于上一报告期的当期期末计划余额
7	Current Ending Scheduled Balance	当前期末计划余额	报告期结束时，贷款的计划或规定本金余额（在服务协议中有定义）。在报告期内，实现的损失也将影响该余额。对于分离票据/贷款，应该包括相关信托的余额；对于全部或部分清偿，余额应反映清偿前，贷款条款所规定的未清偿和清偿部分之间适当的分配
8	Paid Through Date	付款截止日	截至决策日之前贷款的计划本金和利息被偿付的日期
9	Current Index Rate	当前指数利率	用以决定当前毛利率的指数。如果贷款为非可调整利率抵押贷款，则该字段为空
10	Current Note Rate	当前票据利率	用以计算当前期间计划利息额的年化毛利率。对于分离组合贷款/票据，此毛利率可用于计算包含在相关信托中的分离组合贷款/票据的计划利息额
11	Maturity Date	到期日	每份贷款文件规定下的最终计划支付到期日。这一日期和超级摊销贷款的预计偿还日期不同。如果贷款已被废止且贷款协议规定或服务商同意在到期日之前的预付款和该废止相关，那么这个日期就代表了信托可期待全额偿付的日期

（续表）

编号	英文名称	中文名称	说明
12	Servicer and Trustee Fee Rate	服务商和受托人费率	加总所有支付给服务商以及受托人的年化费率（不应当包括贷款定期更新文件中字段 L13 到 L17 代表的费率或贷款设立文件中字段 S47 到 S51 代表的费率，以避免重复计数）
13	Fee Rate/Strip Rate 1 ~ 5	费率 1 ~ 5	用以减少毛汇款率以得到有效净利率的特定年化费率（不应当包括贷款定期更新文件中字段 L12 代表的费用或贷款设立文件中字段 S46 代表的费用，以避免重复计数）
14	Net Rate	净利率	
15	Next Index Rate	下一指标率	对于可调整利率贷款，指标利率将被用以决定在下一计划支付时期内有效的毛利率。如果贷款为非可调整利率抵押贷款，或者该利率在当前报告期不可用，则该字段为空
16	Next Note Rate	下一票据利率	用以决定下一计划利息支付金额的年化毛利率。如果贷款为非可调整利率抵押贷款，或者该利率在当前报告期不可用，则该字段为空
17	Next Rate Adjustment Date	下一利率调整日	对于可调整利率的贷款，下一次票据利率计划变更的日期。如果该贷款为非可调整利率抵押贷款，则该字段为空
18	Next Payment Adjustment Date	下一支付调整日	对于可调整利率贷款，计划本金或利息金额在下一次计划调整的日期。如果贷款为非可调整利率抵押贷款，则该字段为空

（续表）

编号	英文名称	中文名称	说明
19	Scheduled Interest Amount	计划利息金额	在当前分配期间根据信托期初计划本金余额以及本月应计利息金额计算的计划支付给信托的利息总额。这一数值可能与在相关支付日由借款人计划支付的利息金额不同。如果贷款被认为不可回收，则此处填0
20	Scheduled Principal Amount	计划本金金额	当前分配期准备支付给信托的本金金额，它代表了一种规律性的计划本金支付。该数值由计划到期本金与利息总额减去计划利息金额得来。该金额可能与在相关支付日准备支付给借款人的计划本金金额有所不同。如果贷款被认为不可回收，则此处填0
21	Total Scheduled P&I Due	计划到期本金与利息总额	当期分配日所在月份的贷款应付本金和利息，此数值应等于字段L23 和 L24 数值的加总
22	Negative Amortization/Deferred Interest Capitalized Amount	负摊销/递延利息资本化金额	在当前报告期内，任何代表负摊销或递延利息的并可被本金余额资本化的金额。负摊销发生在当期应计利息超过计划本金与利息支付的时候。超出的应计利息被增加至贷款的本金余额中。递延利息发生在当期应计利息金额超过当期应支付的利息金额时，并且此金额可被本金余额资本化。此字段应填写对本金余额有影响但对征收无影响的金额
23	Unscheduled Principal Collections	未计划本金征收	在当前分配日传递给证券持有者的本金预付及其他未计划贷款本金支付。未计划金额可能包括但不限于：（全部或部分）直接预付款、折价支付和/或来自清算、征用和保险结算的其他收益

（续表）

编号	英文名称	中文名称	说明
24	Other Principal Adjustments	其他本金调整	任何其他可导致贷款本金余额在当期减少或增加的现金金额，且此金额并非本金征收也非计划本金金额
25	Liquidation/Prepayment Date	清算/预付日	未计划本金支付或清算收益获得的有效日期
26	Prepayment Premium/Yield Maintenance（YM）Received	预付溢价	根据贷款文件，在回收期内收到来自借款人的金额，该金额可使借款人在到期日或预计偿付日之前还清贷款
27	Prepayment Interest Excess（Shortfall）	预付利息盈余（短缺）	相关报告期内，扣除由服务商在服务协议中抵消的金额后，针对预付款征收的利息与应付给证券持有人的计划利息之间的差额。如果在相关报告期内，扣除了服务商抵消金额后征收的利息仍小于对证券持有人应计的计划利息，那么就会产生短缺（报告中以负值显示）；如果扣除服务商抵消金额后征收利息大于证券持有人应计的计划利息，则会产生盈余（报告中以正值表示）
28	Liquidation/Prepayment Code	清算/预付代码	在回收期内为未计划本金支付或取得的清算收益所指定的代码
29	Most Recent Net ASER Amount	最新净 ASER 值	截至决策日之前，由于评估使得当月本金和/或利息预付款减少的金额。这应当包括 ASER 复原值（ASER 为所收到的支付总额）。该数值应是前一报告期和当前报告期累计 ASER 金额的变化值，因此当 ASER 复原值超过当前ASER减少值时，该数值可能为负

（续表）

编号	英文名称	中文名称	说明
30	EMPTY FIELD (fka Most Recent ASER Date)	空白区域（最新 ASER 日期）	
31	Cumulative ASER Amount	累计 ASER 值	截至决策日之前，由于评估使得本金和/或利息预付款减少的累计金额。这应当包括ASER复原值。该数值应是前一报告期的累计ASER值加上当前报告期的最新净 ASER 值
32	Actual Balance	实际余额	截至决策日的贷款实际未偿余额。此数值代表了与借款人抵押贷款票据相关的法定剩余未偿本金余额。对于部分废止，该余额应当根据贷款文件条款的规定反映出未废止贷款和废止贷款之间合理的余额分摊
33	Total P&I Advance Outstanding	未偿本金与利息预付款总额	每个服务协议中规定的在决策日之前由服务商预付的未偿本金和利息总额（或在分配日之前计划预付的总额）。该数值应当包括报告在特殊服务商未偿本金与利息预付款总额（D9）中的预付款金额
34	Total T&I Advance Outstanding	未偿税收与保险付款总额	每个服务协议中规定的在决策日之前由服务商预付的未偿税收与保险总额。该数值应当包括报告在特殊服务商未偿税收与保险预付款总额（D10）中的预付款金额

（续表）

编号	英文名称	中文名称	说明
35	Other Expense Advance Outstanding	其他未偿费用预付	截至决策之日前由服务商预付的其他未偿费用或杂项总额。这一数值不包括本金与利息或税收与保险预付款。这一数值应当包括报告在特殊服务商其他未偿费用预付款（D11）中的预付款金额
36	Payment Status of Loan (fka Status of Loan)	贷款支付状况	参见贷款支付状态说明。代码应根据优先级顺序填写（最优先的列示在首位）
37	In Bankruptcy (Y/N)	破产（Y/N）	借款人破产状态：如果借款人在走破产或重组诉讼程序，填写 Y，否则填写 N。如果填写 Y，则要填写破产日期（L44、D16）；如果填写 N，则此字段留白；若借款人摆脱了破产，则将 Y 改为 N，并删除破产日期
38	Foreclosure Start Date	止赎起始日	止赎程序发起的日期，或作为替代程序的代赎契发起的日期。如果存在多项地产，就用首个地产开始止赎的首日；如果该行为从未发起，则此字段报告为空白；如果发起行为被撤销，则放弃或终止
39	REO Date	REO 日期	押品地产标题（或者有效控制权以及处置能力的有效替代形式）获得的日期。对于贷款级别报告，如果多项地产有相同的日期，则打印该日期，否则打印最早的日期

（续表）

编号	英文名称	中文名称	说明
40	Bankruptcy Date	破产日期	借款人破产入档日期，如果破产标识（L41、D13）= N，则该字段为空
41	Net Proceeds Received on Liquidation	清算所获得的净收益	在服务协议中，用以决定信托实现损失的清算所获净收益
42	Liquidation Expense	清算费用收益	用以计算清算费用金额的清算收益
43	Realized Loss to Trust	信托实现损失	对于清算，贷款级别的计算是净收益（除去清算费用后）与服务商已实现损失模板上的当前期初计划余额（L6）之间的差额
44	Date of Last Modification	最终修改日	最新修改/暂缓施行生效的日期。如果未发生修改/暂缓施行，则该字段为空
45	Modification Code	修改代码	贷款修改类型
46	Modified Note Rate	修改票据利率	贷款被修改所用的最新初始利率
47	Modified Payment Amount	修改支付金额	针对已修改贷款的最新原始本金与利息和/或仅利息支付金额
48	Preceding Fiscal Year Revenue	上一财年收入	最新财年年末报告的规范化、年化总收入。如果存在多项地产并且相关数据可比，则将基础地产的总收入加总。如果存在多项地产且可比数据并不适用于所有地产或者合并了，则用 DSCR 标识符说明规则填写

（续表）

编号	英文名称	中文名称	说明
49	Preceding Fiscal Year Operating Expenses	上一财年营业费用	最新财年年末报告的规范化、年化总营业费用，应包括房地产税、保险、管理、使用和维修费用，不包括资本支出、租户改善或租赁佣金。如果存在多项地产并且相关数据可比，则将基础地产的营业费用进行加总；如果存在多项地产且可比数据并不适用于所有地产或者合并了，则用 DSCR 标识符说明规则填写
50	Preceding Fiscal Year NOI	上一财年 NOI	最新财年年末报告的规范化、年化总收益减去总营业费用的数值且未除去资本项目的偿债金额。如果存在多项抵偿且数据并不适用于所有地产或者合并了，则用 DSCR 标识符说明规则填写
51	Preceding Fiscal Year Debt Svc Amount	上一财年偿债额	最新财年年末报告的计划或实际支付金额。支付包括贷款文件要求的计划或实际的本金和/或利息金额。用当前分摊百分比（P20）来获得每项地产的分摊金额。如果存在多项地产，则将价值加总；如果存在多项地产且可比数据丢失或合并了，则用 DSCR 标识符说明规则填写
52	Preceding Fiscal Year DSCR (NOI)	上一财年 DSCR (NOI)	最新财年年末报告的 NOI 对偿债金额的比率。如果存在多项地产，则要计算基础地产的 DSCR；如果存在多项地产且可比数据并不适用于所有地产或合并了，则用 DSCR 标识符说明规则填写

（续表）

编号	英文名称	中文名称	说明
53	Preceding Fiscal Year Physical Occupancy	上一财年实地占用	截至最新财年年末的营业报表显示的已占用可出租空间百分比。该数值需来自租金账和其他显示占用情况的文件，且在大多数情况下需停留在最新财年年末财务报表报告的45天以内。如果存在多项地产，则根据平方英尺或单元的加权平均值填写
54	Preceding Fiscal Year Financial As Of Date	上一财年财务截止日期	最新纸质版财年年末报表的终止日期（从借款人处获得的年化利润表的终止日期应当被报告）。如果存在多项地产且该日期均相同，则填写该日期
55	Second Preceding Fiscal Year Revenue	前两财年收入	规范化、年化的收益总额适用于上一财年的年终报表后的第一个连续年份。如果存在多项地产且相关数据是可比的，数值为基础地产的总收入。如果存在多项地产且数据并不适用于所有地产或合并了，则用DSCR标识符说明规则填写
56	Second Preceding Fiscal Year Operating Expenses	前两财年营业费用	对于在之前的财政年度结束的、连续年度的第一年的报表，总营业费用要规范化并按可适用性年度化，包括房地产税、保险、管理费、公用事业及修理和维护费用，排除了资本支出、租户改进和租赁佣金

（续表）

编号	英文名称	中文名称	说明
57	Second Preceding Fiscal Year NOI	前两财年 NOI	在之前财政年度结束的、资本项目和债务服务之前连续第一年结束前的报表，总收入减营业费用总额要规范化，按适用性年度化。如果存在多项资产且相关数据是可比的，数值为基础资产的总 NOI；如果存在多项地产且可比数据并不适用于所有地产或者合并了，则用 DSCR 标识符说明规则填写
58	Second Preceding Fiscal Year Debt Service Amount	前两财年偿债额	由服务商报告的、在之前财政年度结束的、第一个连续支付年度的总计划或实际支付。支付额包括贷款协议所规定的计划或实际支付本金或利息。计算使用当前分配比例以得到每一属性的分配金额。如果为多项地产，用加总值
59	Second Preceding Fiscal Year DSCR（NOI）	前两财年 DSCR（NOI）	由服务商报告的、在之前财政年度结束的、第一个连续支付年度的净营业收入的比率
60	Second Preceding Fiscal Year Physical Occupancy	前两财年实地占用	在之前的财政年度结束之前的、第一个连续年度，出租空间占据的比例
61	Second Preceding Fiscal Year Financial As Of Date	前两财年财务截止日期	之前财政年度结束前的、在第一个连续年度的有关报表结束日期硬拷贝运营报表结束日期

（续表）

编号	英文名称	中文名称	说明
62	Most Recent Revenue	最新收入	由服务商报告的最近营运报表的总收入。如果存在多项地产且相关数据是可比的（相同的财务指标及财务开始和结束日期），数值为基础资产的总收入；如果存在多项地产且可比数据并不适用于所有地产或者合并了，则用 DSCR 标识符说明规则填写
63	Most Recent Operating Expenses	最新营业费用	由服务商报告的最近营运报表的总营运费用，包括房地产税、保险、管理费、公用事业及修理和维护费用，排除了资本支出、租户改进和租赁佣金。如果存在多项地产且相关是数据可比的（相同的财务指标及财务开始和结束日期），数值为基础资产的总营运费用；如果存在多项地产且可比数据并不适用于所有地产或者合并了，则用 DSCR 标识符说明规则填写
64	Most Recent NOI	最新 NOI	由服务商报告的每个最近营运报表在资本项目和债务服务之前的总收入减总营运费用。如果存在多项地产且相关数据是可比的（相同的财务指标及财务开始和结束日期），数值为基础资产的总 NOI；如果存在多项地产且可比数据并不适用于所有地产或者合并了，则用 DSCR 标识符说明规则填写

（续表）

编号	英文名称	中文名称	说明
65	Most Recent Debt Service Amount	最新偿债额	由服务商报告的覆盖相同月份的总计划或实际支付。支付额包括贷款协议所规定的计划或实际支付本金或利息。计算使用当前分配比例以得到每一属性的分配金额
66	Most Recent DSCR（NOI）	最新 DSCR（NOI）	由服务商报告的最近净营运收入比债务服务比率。如果存在多项地产且相关数据是可比的（相同的财务指标和财务开始及结束日期），计算基础资产的 DSCR；如果存在多项地产且可比数据并不适用于所有地产或者合并了，则用 DSCR 标识符说明规则填写
67	Most Recent Physical Occupancy	最新实地占用	最新的可用出租空间占用百分比，应该来源于与说明占用的最新文件一致的文档。如果没有地产，填写 0；如果有多项地产，填写时基于平方英尺或单位的加权平均；如果有任何缺失，贷款水平处不填
68	Most Recent Financial As of Start Date	最新财务起始日期	最近一个会计年度的第一天，在前一个会计年度报表之后硬拷贝经营报表（应报告借款人年化经营报表的起始日和终止日）。如果显示多项地产且起始日和终止日相同，则打印终止日；如果缺少任何一项，则不填

（续表）

编号	英文名称	中文名称	说明
69	Most Recent Financial As of End Date	最新财务截止日期	最近一个会计年度的第一天，在前一个会计年度报表之后硬拷贝经营报表（应报告借款人年化经营报表的起始日和终止日）。如果显示多项地产且起始日和终止日相同，则打印终止日；如果缺少任何一项，则不填
70	Most Recent Valuation Date	最新估值日	做出最近估值意见的日期。如果显示多项地产且所有日期相同，则打印该日期；如果缺少任何一项，则不填
71	Most Recent Value	最新价值	所有地产最近的估值意见中，可能包括评估、业务流程外包，或内部估计的项目。如果显示多项地产且所有日期相同，则打印该日期；如果缺少任何一项，则空白；如果未能显示，则不填
72	Workout Strategy	回收策略	
73	Most Recent Special Servicer Transfer Date	最新特殊服务商调任日期	正常贷款转变为特殊服务贷款的日期，即特殊服务商收到主服务商信件或邮件的日期。注意：如果贷款发生多次上述转让，应该为特殊服务商收到邮件的最终日期
74	Most Recent Master Servicer Return Date	最新主服务商收益日期	贷款变为修正抵押贷款的日期。此日期是特殊服务商向主服务商回信或邮件的日期。注意：如果贷款有多项转让，这一日期将是主服务商从特殊服务商处收到回信的最终日期

（续表）

编号	英文名称	中文名称	说明
75	Date Asset Expected to Be Resolved or Foreclosed	预计资产处置或止赎日期	特殊服务商预期处置的估计日期。如果存在多项地产，打印附属地产的最新日期；如果止赎，则打印止赎的预计日期
76	EMPTY FIELD (fka Year Renovated)	空白区域（翻修年）	地产中主要改造或新建工程完工的那年
77	Current Hyper Amortizing Date	当前超级摊销日	当前预计偿付日期，在此日期后，本金和利息可能会加速摊销，并且/或者抵押人的利息费用会大幅上涨。这对于抵押人来说，是激励他们在此日期前偿付本金金额的好方法。除非贷款被修改或新日期被指定，否则从设立开始后日期将保持不变。如果不适用(例如，在废止的情况下)，此字段为空
78	Most Recent Financial Indicator	最新财务标识符	用以描述报告的最新财务数据所在期间的代码，并描述最新财务信息是否已被规范化和年化。如果存在多项地产，拥有相同起始和截止日期的财务报表都拥有相同的标识符，则打印该值；如果丢失了一些数值，或它们不尽相同，此字段为空
79	Last Setup Change Date	最终设置变更日期	对于特定贷款的贷款设立文件信息最后一次变更的分配日期
80	Last Loan Contribution Date	最终贷款贡献日	贷款进入证券化过程的日期。如果资产是原始交易押品的一部分，则该日期是交易截止日

（续表）

编号	英文名称	中文名称	说明
81	Last Property/Collateral Contribution Date	最终地产/押品贡献日	对这一证券化过程产生贡献的最终地产所属日期。对于多项地产，提交其附属地产所属的最后日期。如果地产是原始交易抵押品的一部分，则反映交易关闭/证券化日期。如果地产被废止或替换，则反映废止或替换的生效日期
82	Number of Properties	地产数量	当前作为贷款抵押品的地产数量。这个数字不应包括失效抵押品的数量，因而如果抵押品全部失效，这一字段显示为0
83	Preceding Fiscal Year DSCR Indicator	上一财年 DSCR 标识符	用于描述如何通过服务商所提供的上年度会计报表计算 DSCR 标识符的代码
84	Second Preceding Fiscal Year DSCR Indicator	前两财年 DSCR 标识符	用于描述如何通过服务商所提供的上年度前的第一个连续会计年度财务报表计算 DSCR 标识符的代码
85	Most Recent DSCR Indicator	最新 DSCR 标识符	用于描述如何通过服务商所提供的上一个会计年度报表之后的最新运营报表计算 DSCR 标识符的代码
86	NOI/NCF Indicator	NOI/NCF 标识符	表示计算净营业收入或净现金流量的代码。如果多项地产的该值相同，则显示相关值；如果缺少任何一项或值是不一样的，则此字段为空
87	Date of Assumption	假设日	新的借款人执行最新假设的日期（如果未假设，显示为空）。这一日期应保持数字属性，直到未来发生改变或新情况出现

（续表）

编号	英文名称	中文名称	说明
88	Preceding Fiscal Year NCF	上一财年 NCF	利用最近一年的会计报表，在债务服务之前，以总收入减去营业成本和，并进行资本项目规范化和适用性年化。如果存在多项地产且相关数据是可比的，则直接加总所有基础地产的净现金流；如果存在多项地产但可比数据无法对所有地产可用或者如果接收/合并，则使用 DSCR 标识符说明规则填写
89	Preceding Fiscal Year DSCR (NCF)	上一财年 DSCR (NCF)	由服务商提供的根据最近一年财务报表计算出的针对债务服务的净现金流比率。如果存在多项地产且相关数据是可比的，则直接计算所有基础资产的 DSCR 数据；如果存在多项地产但可比数据并非对所有地产可用或者合并了，则使用 DSCR 标识符说明填写
90	Second Preceding Fiscal Year NCF	前两财年 NCF	利用上年度会计报表前第一个连续年度末的报表，在债务服务之前，以总收入减去营业成本和，并进行资本项目规范化和适用性年化。如果存在多项地产且相关数据是可比的，则直接加总所有基础地产的净现金流；如果存在多项地产但可比数据无法对所有地产可用或者接收/合并了，则使用 DSCR 标识符说明规则填写

（续表）

编号	英文名称	中文名称	说明
91	Second Preceding Fiscal Year DSCR（NCF）	前两财年 DSCR（NCF）	由服务商提供的上年度会计报表前第一个连续年度末的报表计算出的针对债务服务的净现金流比率。如果存在多项地产且相关数据是可比的，则直接计算所有基础资产的 DSCR 数据；如果存在多项地产但可比数据并非对所有地产可用或者合并了，则使用 DSCR 标识符说明规则填写
92	Most Recent NCF	最新 NCF	利用上一个会计年度报表之后的最新运营报表，在债务服务之前，以总收入减去营业成本之和，并进行资本项目规范化和适用性年化。如果存在多项地产且相关数据是可比的（具有相同的财务指标及财务开始和结束日期），则直接加总所有基础地产的净现金流；如果存在多项地产但可比数据无法对所有地产可用或者接收/合并了，则使用 DSCR 标识符说明规则填写
93	Most Recent DSCR（NCF）	最新 DSCR（NCF）	由服务商提供的上一个会计年度报表之后的最新运营报表计算出的针对债务服务的净现金流比率。如果存在多项地产且相关数据是可比的（具有相同的财务指标及财务开始和结束日期），则直接计算所有基础资产的 DSCR 数据；如果存在多项地产但可比数据并非对所有地产可用或者合并了，则使用 DSCR 标识符说明规则填写

（续表）

编号	英文名称	中文名称	说明
94	Defeasance Status	废止状况	表示贷款是否存在失效或已经失效的代码。如果贷款完全废止，财产状况用最小值“3”填写、属性类型用“SE”填写，属性名称用“废止”填写
95	ARA (Appraisal Reduction Amount)	ARA（评估减少额）	评估减少量——通常在服务协议中定义
96	ARA Date	ARA 日期	计算 ARA 时每月相应的决策日。每一服务协议中 ARA 的计算频率（每年、每月或接到最新评估时）都应与 ARA 日期改变的时间相关联
97	EMPTY FIELD (fka Credit Tenant Lease)	空白区域（信用租客租赁）	如果资产被带有信用租客的地产所担保，则标识符为 Y。价值基础是租赁支付的预期值而非担保贷款的房地产的内在价值
98	Other Interest Adjustment	其他利息调整	其他利息调整的协同字段，目的是为了显示对相关回收期的未计划利息调整
99	Cumulative Accrued Unpaid Advance Interest	累计应计未偿预付款利息	截至决策日的未偿预付款利息
100	Total Reserve Balance	储备余额总计	截至决策日尚未支付的贷款级储备总额。如果存在对其他储备的回收，那么该数据应该被填写

（续表）

编号	英文名称	中文名称	说明
101	Date Added to Servicer Watchlist	添加至服务商观察名单的日期	将贷款置于服务商观察名单的最新决策日。如果贷款并在服务商观察名单中或者从服务商观察名单中除去，那么此字段应空白；如果一项贷款重新回到服务商观察名单中，那么请输入新的决策日
102	Special Servicing Fee Amount plus Adjustments	特殊服务费金额加调整	在当前报告期内，所有支付的特殊服务商费用
103	Reimbursed Interest on Advances	对预付款的利息偿还	根据服务协议在当前期间内支付给服务商的预付款利息。此数值会影响当期对信托的现金流
104	Workout Fee Amount	回收费金额	用以计算适用于回收费用贷款的回收费用，有时又被称作本金回收费用或修正贷款费用。该费用仅适用于从特殊服务商归还给主服务商的贷款
105	Liquidation Fee Amount	清算费金额	针对每一项清算的特殊服务贷款协议计算得到的清算费用
106	Non Recoverability Determined	不可回收性决定	关于主服务商/特殊服务商是否停止相关抵押贷款（本金、利息和/或服务）预付的标识符（Y/N）
107	Closing Date of Original Document Permitted Extension	文件获准的原始展期截止日	贷款文件获准的到期日展期有效日
108	Total Loan Amount at Origination	发起时贷款总额	所有分离组合贷款/票据发起时的贷款总额

（续表）

编号	英文名称	中文名称	说明
109	Current Lockbox Status (fka Empty Field)	当前锁箱状态（空白区域）	参见当前锁箱状态说明。填写贷款定期更新文件中列示的所有池内贷款
110	Liquidation Sales Price	清算出售价格	清算时获得的收益，例如销售收入、保险收入、其他收入和经纪人费用及销售成本之前的暂记余额
111	Amounts Due Servicers and Trustee	服务商和受托人到期金额	
112	Amounts Held Back for Future Payment	退还金额用以在未来支付	
113	Accrued Interest	应计利息	
114	Additional Trust Fund Expense	附加信托基金费用	
115	Current Period Adjustment to Loan-Principal	当前对贷款的定期调整——本金	应等于当前期间的附加收益减去附加费用，这是由于对可分摊给本金的清算收益金额进行了调整。正值代表附加收益，负值代表对信托的收益减少
116	Date of Current Period Adjustment to Loan	当期贷款调整日期	在原始实现损失发生后，附加收益或费用收到后的分配日期
117	Cumulative Adjustments to Loan	累计贷款调整	在计算信托原始实现损失之后的累计附加收益和累计附加费用，正数表示附加收益

（续表）

编号	英文名称	中文名称	说明
118	Reimbursement of Advances to Servicer-Current Month	向服务商偿还预付款——当前月份	当月向服务商支付资金相关的不可收回预付款或贷款造成的信托短缺金额。这会导致信托的现金流减少
119	Reimbursement of Advances to Servicer-Left to Reimburse Servicer	向服务商进行预付款偿还——留给支付服务商	因支付不可回收类预付款和修改而产生的应付给服务商的款项
120	Other (Shortfalls) /Refunds (fka Other Shortfalls/Refunds)	其他（短缺）/偿还	仅在贷款定期更新文件中报告的任何短缺（以负值报告）或退款（以正值报告）
121	Deferred Interest-Cumulative	递延利息——累计	在当期应计利息大于当期应支付的利息金额时产生递延利息，所以对超额的应计利息产生的支付要求就被递延至下一时期。这一字段应填写当期和前期扣除征收的递延利息之后的累计递延利息金额
122	Deferred Interest Collected	征收的递延利息	在当前报告期中征收的递延利息金额
123	Reason for SS Transfer	特殊服务商调任原因	显示特殊服务商调任原因的代码。参见特殊服务商调任原因说明
124	Reimbursement of Advances to Servicer-Cumulative (Not Yet Reimbursed To The Trust)	向服务商进行预付款偿还——累计（未向信托进行偿还）	服务商从池内本金征收或利息征收中复原的累计预付款金额

（续表）

编号	英文名称	中文名称	说明
125	Non Cash Principal Adjustment	非现金本金调整	任何能引起贷款本金余额在当期下降或上升的非现金金额，并且此金额并不是非计划本金征收，其他本金调整，也不是计划本金金额。它包括冲销和修改。对于修改，请参见 PSA 中的定义。负值应在余额中报告为上升，正值应在余额中报告为下降
126	Modification Execution Date	修改执行日	有特殊服务商执行修改的最新日期。如果无修改，则此字段留白。更详细地说，修改包括对现有贷款文件的实质性更改，不包括假设
127	Modification Booking Date	修改预订日	在服务系统中预订的最近修改日期，所有更新的信息都将被报告。如果无修改，则此字段留白。更详细地说，修改将包括对现有贷款文件的实质性更改，不包括假设
128	Current Period Adjustment to Loan-Other	当前对贷款的定期调整——利息	应等于当前期间的附加收益减去附加费用，但并非由于对可分摊给本金的清算收益金额做出了调整。正值代表附加收益，负值代表对信托的收益减少。服务商决定将收到的附加收益分摊至本金并不能决定是否应在债券级别上做出调整，这应当由适应性服务文件决定

（续表）

编号	英文名称	中文名称	说明
129	Master Servicer	主服务商	负责征收抵押贷款支付金额，并负责证券化、征收汇款以及向受托人和证券管理者报告数据，以便于数据可传送至证券持有者的实体。该实体还通过积极管理作为债券持有者投资证券的抵押贷款和押品来保护 CMBS 证券持有者的利益
130	Special Servicer	特殊服务商	负责分析、处置违约贷款问题的实体。特殊服务商在债务拖欠、回收、止赎和不动产清算后对征收款项进行操作。特殊服务商字段需填写所有的贷款，以包含该项贷款制定的特殊服务商
房地产层级文件（Property File）			
1	Transaction ID	交易 ID	为证券池制定的名称
2	Loan ID	贷款 ID	主服务商为池中每笔贷款制定的标识号码
3	Prospectus Loan ID	说明书贷款 ID	在说明书补充附录里面为每项资产制定的标识号码
4	Property ID	地产 ID	用双字符缩写编码代表作为抵押担保的地产所在州。如果地产被清偿，那么字段为空。对于贷款水平报告，如果多地产在相同的州，则打印州的双字符缩写编码，否则打印“XX”；如果缺少信息，打印“ZZ”。对于替代地产，用新的州编码填写

（续表）

编号	英文名称	中文名称	说明
5	Distribution Date	分配日	服务协议中定义的在特定时期内将资金分配给证券持有者的日期
6	Cross – Collateralized Loan Grouping	抵押贷款总分类	
7	Property Name	地产名称	作为抵押担保的资产名称
8	Property Address	地产地址	作为抵押担保的地产地址。如果地产被清偿了，则此字段为空。对于贷款水平报告，如果多项地产具有相同的城市，则打印该城市，否则打印“多种”；如果缺少信息，打印“不完整”；对于替代地产，用新地产信息填写
9	Property City	地产所在城市	作为抵押担保的地产所在城市。如果地产被清偿了，则此字段为空。对于贷款水平报告，如果多项地产具有相同的城市，则打印该城市，否则打印“多种”；如果缺少信息，打印“不完整”；对于替代地产，用新地产信息填写
10	Property State	地产所在州	用双字符缩写编码代表作为抵押担保的地产所在州。如果地产被清偿，则该字段为空；对于贷款水平报告，如果多项地产在相同的州，则打印州的双字符缩写编码，否则打印“XX”；如果缺少信息，打印“ZZ”；对于替代地产，用新的州编码填写

（续表）

编号	英文名称	中文名称	说明
11	Property Zip Code	地产邮编	用作抵押担保的地产邮政编码。如果地产被清偿，则该字段为空；对于贷款水平报告，如果多项地产具有相同的邮编，则打印该邮编，否则打印“多种”；如果缺少信息，打印“不完整”；对于替代地产，用新的邮政编码填写
12	Property County	地产所在县	作为抵押的地产所在县。如果地产被清偿，则该字段为空；对于贷款水平报告，如果多项地产具有相同的县，则打印该县，否则打印“多种”；如果缺少信息，打印“不完整”；对于替代地产，用新地产信息填写
13	Property Type	地产类型	分配给地产的编码来自基于地产如何被使用所编的地产类型说明。如果地产被清偿，填写“SE”；对于贷款水平报告，如果是多地产类型，打印“XX”；如果缺少信息，打印“ZZ”；对于替代地产，用新的地产类型填写
14	Year Built	竣工年份	地产竣工的年份。对于多项地产，如果年份均相同，则打印该年份，其他情况不填
15	Year Last Renovated	最终翻修年份	地产中主要改造或新建工程完工的那年
16	Current Net Rentable Square Feet (fka Net Square Feet at Contribution)	当前可租用平方英尺净值	当前房地产的出租平方英尺净面积

（续表）

编号	英文名称	中文名称	说明
17	Current Number of Units/Beds/Rooms (Number of Units/Beds/Rooms at Contribution)	当前单元/床位/房间数量	自确定日期开始的地产当前单位/床/房间数量
18	Property Status	地产名称	
19	Allocated Percentage of Loan at Contribution	贡献日贷款分摊百分比	
20	Current Allocated Percentage	当前分摊百分比	
21	Current Allocated Ending Scheduled Loan Amount	当前分摊期末计划贷款金额	通过将当前地产分配百分比应用到抵押贷款的当前未清偿计划本金余额获得
22	Ground Lease (Y/N/S)	土地租赁（Y/N/S）	这种租赁通常是长期净租赁，借款人的权利和义务持续到租赁期满
23	EMPTY FIELD (fka Other Escrow/Reserve Balances)	空白区域（其他第三方/留存余额）	
24	Most Recent Valuation Date	最新估值日	做出最近估值意见的日期。如果显示多项地产且所有日期相同，则打印该日期；如果缺少任何一项，则空白；如果未能显示，则空白

（续表）

编号	英文名称	中文名称	说明
25	Most Recent Value	最新价值	所有地产最近的估值意见中，可能包括评估，业务流程外包，或内部估计的项目
26	Date Asset Expected to be Resolved or Foreclosed	预计资产处置或止赎日期	特殊服务商预期处置的估计日期。如果存在多项地产，打印附属地产的最新日期；如果止赎，则打印止赎的预计日期
27	Foreclosure Start Date	止赎起始日	止赎程序发起的日期，或作为替代程序的代赎契发起的日期。如果存在多项地产，就用首个地产开始止赎的首日；如果该行为从未发起，则此字段报告为空白；或者如果发起行为被撤销，则放弃或终止
28	REO Date	REO 日期	押品地产标题（或者有效控制权以及处置能力的有效替代形式）获得的日期。对于贷款级别报告，如果多项地产有相同的日期，则打印该日期，否则打印最早的日期
29	Most Recent Physical Occupancy	最新的出租率	最近的可用出租空间占用百分比。应该来源于与说明占用的最新文件一致的文档。如果没有地产，输入 0；如果有多项地产，填写时基于平方英尺或单位的加权平均；如果有任何缺失，贷款水平处不填
30	Most Recent Occupancy As Of Date	最新占用截止日	最近收到的租册的生效日期

（续表）

编号	英文名称	中文名称	说明
31	Date Lease Roll-over Review	租赁期回顾	最近租册的生效日期来自由 P42 得到的字段 P32 和由字段 P88 得到的字段 P86。展期评审应至少每 12 个月完成一次。如果没有适用的日期，则该字段为空
32	Pct. Sq. Feet expiring 1 – 12 months	到期日在 1 ~ 12 个月的平方英尺百分比	1 ~ 12 个月到期的，租期展期评审中所示的租金百分比。1 ~ 12 个月应该包括逐月租金
33	Pct. Sq. Feet expiring 13 – 24 months	到期日在 13 ~ 24 个月的平方英尺百分比	13 ~ 24 个月到期的，租期展期评审中所示的租金百分比
34	Pct. Sq. Feet expiring 25 – 36 months	到期日在 25 ~ 36 个月的平方英尺百分比	25 ~ 36 个月到期的，租期展期评审中所示的租金百分比
35	Pct. Sq. Feet expiring 37 – 48 months	到期日在 37 ~ 48 个月的平方英尺百分比	37 ~ 48 个月到期的，租期展期评审中所示的租金百分比
36	Pct. Sq. Feet expiring 49 + months	到期日在 49 个月以上的平方英尺百分比	49 个月以上到期的，租期展期评审中所示的租金百分比
37	Largest Tenant	大租客	在地产级别，基于最近的年度租赁展期评审，租用了最大平方英尺的租户名称
38	Square Feet of Largest Tenant	最大租客租赁的平方英尺数	字段 P37 最大租客租赁的总平方英尺，基于最新的年度租赁展期评审

（续表）

编号	英文名称	中文名称	说明
39	Second Largest Tenant	第二大租客	在地产级别，基于最近的年度租赁展期评审，租用了第二大平方英尺的租户名称
40	Square Feet of Second (2nd) Largest Tenant	第二大租客租赁的平方英尺数	P39 的第二大租客租赁的总平方英尺，基于最新的年度租赁展期评审
41	Third Largest Tenant	第三大租客	在地产级别，基于最近的年度租赁展期评审，租用了第三大平方英尺的租户名称
42	Square Feet of Third (3rd) Largest Tenant	第三大租客租赁的平方英尺数	P41 的第三大租客租赁的总平方英尺，基于最新的年度租赁展期评审
43	Fiscal Year End Month	财年期末月份	地产营运报表所示的借款人的财政年度结束月份
44	Contribution Financials As Of Date	财务截止日	地产承销营业报表日。如果可用，则用最新的期末财务日期，其他情况应采用交易截止日。如果存在多项地产且均相同，则打印该日期；如果数据丢失，则为空
45	Revenue at Contribution	交易截止日收益/有效总收入	根据最终说明书或者在交易截止日由存款人提供的，所有由地产或担保贷款的地产产生的收入总额。这一数值是经过计算市场利率下的最大租金收入，扣除了空置率、信用损失和其他减值调整后得来的数值

（续表）

编号	英文名称	中文名称	说明
46	Operating Expenses at Contribution	交易截止日营业费用	所有因地产或担保贷款的地产的正常商业运营而引起的费用总和。这一数值是根据最终说明书得来的或者在交易截止日由发行人或存款人提供的。这样的费用主要包括员工工资、使用与维修、营销、保险和房地产税收费用，但不包括资本支出、租客改善和租赁佣金
47	NOI at Contribution	交易截止日 NOI	净营业收入等于承销总收入减去承销营业费用，而这一数值的计算发生在抵押贷款支付以及最终说明书中或发行人/存款人在交易截止日前提供的资本项目被考虑之前。如果数据丢失或全部接收/合并，用 DSCR 标识符说明规则填写
48	DSCR （NOI） at Contribution	交易截止日 DSCR（NOI）	承销净营业收入对偿债金额的比率，该比率在最终版说明书中展示或由发行人或存款人在交易截止日提供。如果存在多项地产，则用 DSCR 标识符说明规则填写
49	Valuation Amount at Contribution	估值金额	截至估值日对地产的估值金额。对于贷款设立文件，如果是多项地产，则加总其价值；如果丢失某些数据，则为空
50	Valuation Date at Contribution	估值日	估值金额被确定的日期。对于贷款设立文件，如果是多项地产且丢失了某些数据或日期不尽相同，则为空

（续表）

编号	英文名称	中文名称	说明
51	Physical Occupancy at Contribution	出租率	截至交易截止日由租客占用的可出租空间百分比。这一数值应来自租金账或其他显示占用情况的文件。如果是多项资产，则根据平方英尺或单元数值，以加权平均值填写；如果数据丢失，则在贷款级别为空
52	Date of Last Inspection	最终检查日	最近物理点检查日期。这个日期应该是在数据文件中保留，直到有一个未来改变/发生。如果清偿，则为空
53	Preceding Fiscal Year Financial As Of Date	上一财年财务截止日期	最新纸质版财年年末报表的终止日期（从借款人处获得的年化利润表的终止日期应当被报告）。如若存在多项地产且均相同，则打印该日期；如果丢失某些数据，则为空
54	Preceding Fiscal Year Revenue	上一财年收入	最新财年年末报告的规范化、年化总收入。如果存在多项地产且相关数据是可比的，则将基础地产的总收入加总；如果存在多项地产且可比数据并不适用于所有地产或者合并了，则用 DSCR 标识符说明规则填写
55	Preceding Fiscal Year Operating Expenses	上一财年营业费用	最新财年年末报告的规范化、年化总营业费用，应包括房地产税、保险、管理、使用和维修费用，不包括资本支出、租户改善或租赁佣金。如果存在多项地产且相关数据是可比的，则将基础地产的营业费用进行加总；如果存在多项地产且可比数据并不适用于所有地产或者合并了，则用 DSCR 标识符说明规则填写

（续表）

编号	英文名称	中文名称	说明
56	Preceding Fiscal Year NOI	上一财年 NOI	最新财年年末报告的规范化、年化总收益减去总营业费用的数值且未除去资本项目的偿债金额。如果存在多项抵偿且数据并不适用于所有地产或者合并了，则用 DSCR 标识符说明规则填写
57	Preceding Fiscal Year Debt Service Amount	上一财年偿债额	最新财年年末报告的计划或实际支付金额，支付包括贷款文件要求的计划或实际的本金和/或利息金额。用当前分摊百分比来获得每项地产的分摊金额。如果是多项地产，则将价值加总；如果某些数据丢失或合并了，则用 DSCR 标识符说明规则填写
58	Preceding Fiscal Year DSCR (NOI)	上一财年 DSCR (NOI)	最新财年年末报告的 NOI 对偿债金额的比率。如果存在多项地产，则要计算基础地产的 DSCR；如果存在多项地产且可比数据并不适用于所有地产或合并了，则用 DSCR 标识符说明规则填写
59	Preceding Fiscal Year Physical Occupancy	上一财年实地占用	截至最新财年年末的营业报表显示的已占用可出租空间百分比。该数值需来自租金账和其他显示占用情况的文件且在大多数情况下需停留在最新财年年末财务报表报告的 45 天以内。如果存在多项地产，则根据平方英尺或单元的加权平均值填写；如果丢失了某些数据，则贷款级别处为空

（续表）

编号	英文名称	中文名称	说明
60	Second Preceding Fiscal Year Financial As Of Date	前两财年财务截止日期	之前财政年度结束前的，在第一个连续年度的有关报表结束日期硬拷贝运营报表结束日期。注意：应该报告被用作年化的借款者营运报表结束日期。
61	Second Preceding Fiscal Year Revenue	前两财年收入	规范化、年化的收益总额适用于上一财年的年终报表后的第一个连续年份。如果存在多项地产且相关数据是可比的，数值为基础地产的总收入；如果存在多项地产且可比数据并不适用于所有地产或合并了，则用 DSCR 标识符说明规则填写
62	Second Preceding Fiscal Year Operating Expenses	前两财年营业费用	对于在之前的财政年度结束的、连续年度的第一年的报表，总营业费用要规范化并按可适用性年度化，包括房地产税、保险、管理、公用事业修理和维护费用，不包括资本支出、租户改进费用和租赁佣金
63	Second Preceding Fiscal Year NOI	前两财年 NOI	在之前财政年度结束的、资本项目和债务服务之前连续第一年结束前的报表，总收入减营业费用的总额要规范化，按适用性年度化
64	Second Preceding Fiscal Year Debt Service Amount	前两财年偿债额	由服务商报告的、在之前财政年度结束的、第一个连续支付年度的总计划或实际支付。支付额包括贷款协议所规定的计划或实际支付本金或利息

（续表）

编号	英文名称	中文名称	说明
65	Second Preceding Fiscal Year DSCR (NOI)	前两财年 DSCR (NOI)	由服务商报告的、在之前财政年度结束时的、第一个连续支付年度的净营业收入的比率。如果存在多项地产且相关数据是可比的，计算基础资产的 DSCR；如果存在多项地产且可比数据并不适用于所有地产或者合并了，则用 DSCR 标识符说明规则填写
66	Second Preceding Fiscal Year Physical Occupancy	前两财年实地占用	在之前的财政年度结束之前的、第一个连续年度，出租空间占据的比例
67	Property/Collateral Contribution Date	地产类型	资产被用作证券化的日期。如果这项资产是原始交易抵押的一部分，则填交易关闭/证券化日期；如果地产被清偿或替换了，那么该日期应该反映清偿或替换生效日期
68	Most Recent Revenue	最新收入	由服务商报告的最近营运报表的总收入。如果存在多项地产且相关数据是可比的（相同的财务指标和财务开始及结束日期），则填写基础资产的总收益；如果存在多项地产且可比数据并不适用于所有地产或者合并了，则用 DSCR 标识符说明规则填写
69	Most Recent Operating Expenses	最新营业费用	由服务商报告的最近营运报表的总营运费用，包括房地产税、保险、管理、公用事业修理和维护费用，不包括资本支出、租户改进费用和租赁佣金。如果存在多项资产且相关数据是可比的（相同的财务指标及财务开始和结束日期），则填写基础资产的总营运费用；如果存在多项资产且可比数据并不适用于所有地产或合并了，则用 DSCR 标识符说明规则填写

（续表）

编号	英文名称	中文名称	说明
70	Most Recent NOI	最新 NOI	由服务商报告的每个最近营运报表在资本项目和债务服务之前的总收入减总营运费用。如果存在多项地产且相关数据是可比的（相同的财务指标及财务开始和结束日期），计算基础资产的总 NOI；如果存在多项地产且可比数据并不适用于所有地产或者合并了，则用 DSCR 标识符说明规则填写
71	Most Recent Debt Service Amount	最新偿债额	由服务商报告的覆盖相同月份的总计划或实际支付，支付额包括贷款协议所规定的计划或实际支付本金或利息。计算使用当前分配比例以得到每一属性的分配金额。如果多项地产有相同期限（相同的财务指标及财务开始和结束日期），计算加总值；如果数据有任何缺失或合并了，则用 DSCR 标识符说明规则填写
72	Most Recent DSCR（NOI）	最新 DSCR（NOI）	由服务商报告的最近净营运收入比债务服务比率。如果存在多项地产且相关数据是可比的（相同的财务指标及财务开始和结束日期），计算基础资产的 DSCR；如果存在多项地产且可比数据并不适用于所有地产或者合并了，则用 DSCR 标识符说明规则填写
73	Most Recent Financial As Of Start Date	最新财务起始日期	最近一个会计年度的第一天，在前一个会计年度报表之后硬拷贝经营报表（注意，应报告借款人年化经营报表的起始日和终止日）。如果显示多项地产和所有相同的起始日和终止日，则打印终止日；如果缺少任何一项，则空白

（续表）

编号	英文名称	中文名称	说明
74	Most Recent Financial As Of End Date	最新财务截止日期	最近一个会计年度的第一天，在前一个会计年度报表之后硬拷贝经营报表（注意，应报告借款人年化经营报表的起始日和终止日）。如果显示多项地产和所有相同的起始日和终止日，则打印终止日；如果缺少任何一项，则空白
75	Most Recent Financial Indicator	最新财务标识符	用以描述报告的最新财务数据所在期间的代码，并描述最新财务信息是否已被规范化和年化
76	NCF at Contribution	交易截止日净现金流	净现金流是用有效总收入减去营业费用总额和资本支出总额，并在未偿债之前得到的数额。这一数额在每一份最终说明书中出现或由发行人或存款人在交易截止日之前提供。如果数据丢失或合并了，则使用 DSCR 标识符说明规则填写
77	DSCR （NCF） at Contribution	DSCR（NCF）	偿债备付率是由净现金流除以规定的偿债支付金额得来的。DSCR 1.0 代表了地产可以产生刚够偿债的现金流。一个较高的 DSCR 意味着地产可以产生多于所需的现金流以覆盖偿债支付金额，因此代表了较低的违约风险。DSCR 越高，风险就越容易被转移。如果是多处地产，则用 DSCR 标识符规则填写

（续表）

编号	英文名称	中文名称	说明
78	Preceding Fiscal Year NCF	上一财年 NCF	利用最近一年的会计报表，在债务服务之前，以总收入减去营业成本之和，并进行资本项目规范化和适用性年化。如果存在多项地产且相关数据是可比的，则直接加总所有基础地产的净现金流；如果存在多项地产但可比数据无法对所有地产适用或者接收/合并了，则使用 DSCR 标识符说明规则填写
79	Preceding Fiscal Year DSCR (NCF)	上一财年 DSCR (NCF)	由服务商提供的最近一年财务报表中计算出的针对债务服务的净现金流比率。如果存在多项地产且相关数据是可比的，则直接计算所有基础资产的 DSCR；如果存在多项地产但可比数据并非对所有地产可用或者合并了，则使用 DSCR 标识符说明规则填写
80	Second Preceding Fiscal Year NCF	前两财年 NCF	利用上年度会计报表前第一个连续年度末的报表，在债务服务之前，以总收入减去营业成本之和，并进行资本项目规范化和适用性年化。如果存在多项地产且相关数据可比，则直接加总所有基础地产的净现金流；如果存在多项地产但可比数据无法对所有地产适用或者接收/合并了，则使用 DSCR 标识符说明规则填写

（续表）

编号	英文名称	中文名称	说明
81	Second Preceding Fiscal Year DSCR (NCF)	前两财年 DSCR (NCF)	由服务商提供的上年度会计报表前第一个连续年度末的报表计算出的针对债务服务的净现金流比率。如果存在多项地产且相关数据是可比的，则直接计算所有基础资产的 DSCR；如果存在多项地产但可比数据并非对所有地产适用或者合并了，则使用 DSCR 标识符说明规则填写
82	Most Recent NCF	最新 NCF	利用上一个会计年度报表之后的最新运营报表，在债务服务之前，以总收入减去营业成本之和，并进行资本项目规范化和适用性年化。如果存在多项地产且相关数据可比（具有相同的财务指标及财务开始和结束日期），则直接加总所有基础地产的净现金流；如果存在多项地产但可比数据无法对所有地产可用或者接收/合并了，则使用 DSCR 标识符说明规则填写
83	Most Recent DSCR (NCF)	最新 DSCR (NCF)	由服务商提供的上一个会计年度报表之后的最新运营报表计算出的针对债务服务的净现金流比率。如果存在多项地产且相关数据是可比的（具有相同的财务指标及财务开始和结束日期），则直接计算所有基础资产的 DSCR；如果存在多项地产但可比数据并非对所有地产可用或者合并了，则使用 DSCR 标识符说明规则填写

（续表）

编号	英文名称	中文名称	说明
84	NOI/NCF Indicator	NOI/NCF 标识符	表示计算净营业收入或净现金流量的代码
85	Deferred Maintenance Flag（Y/N）	迟延维修标志（Y/N）	表明了最近的检查是否显示了该资产存在主要延迟维修。服务商应当以最大的努力来确定延迟维修是否是主要的。如果存在主要延迟维修且尚未被修复，填 Y，否则填 N；如果主要延迟维修存在并在之后被修复了，Y 应该改回成 N
86	Date of Lease Expiration of Largest Tenant	最大租客租约到期日	租赁期限到期日，为 P37 与 P38 可比字段
87	Date of Lease Expiration of Second（2nd）Largest Tenant	第二大租客租约到期日	租赁期限到期日，为 P39 与 P40 可比字段
88	Date of Lease Expiration of Third（3rd）Largest Tenant	第三大租客租约到期日	租赁期限到期日，为 P41 与 P42 可比字段
89	Property Condition	地产地址	代码用来解释基于最近检查结果的地产状况。代码依据 CREFC 标准资产检验报告结果。如果清偿，则不填
90	Most Recent Valuation Source	最新估值来源	用以确定最新地产估值来源的代码。如果有多项地产且均相同，则打印其类型；如果丢失其中的一些，则为空；如果被废止，则为空

（续表）

编号	英文名称	中文名称	说明
91	Credit Tenant Lease（Y/N）	信用租客租赁（Y/N）	如果资产被带有信用租客的地产所担保，则标识符为 Y
92	Fourth Largest Tenant	第四大租客	在地产级别，基于最近的年度租赁展期评审，租用了第四大平方英尺的租户名称
93	Square Feet of Fourth（4th）Largest Tenant	第四大租客租用平方英尺数	第四大租客租用的总平方英尺，基于最新的年度租赁展期评审
94	Fifth Largest Tenant	第五大租客	基于最近年度租赁滚动审查租赁房产面积前五的租户名称
95	Square Feet of Fifth（5th）Largest Tenant	第五大租客租用平方英尺数	第五大租客的总租用平方英尺数据，基于最新年度租赁滚动审查
96	Date of Lease Expiration of Fourth（4th）Largest Tenant	第四大租客租约到期日	租赁期限到期日，P92 与 P93 可比字段
97	Date of Lease Expiration of Fifth（5th）Largest Tenant	第五大租客租约到期日	租赁期限到期日，P94 与 P95 可比字段
财务文件（Financial File）			
收入（Income）			
1	Gross Potential Rent	潜在租金总额	
2	Less：Vacancy/Collection Loss	减：空置/征收损失	

（续表）

编号	英文名称	中文名称	说明
3	Base Rent	基础租金	
4	Expense Reimbursement	费用支出	
5	Percentage Rent	百分比租金	
6	Room Revenue	房间收益	
7	Food & Beverage Revenues	食品与饮料收益	
8	Telephone Revenue	通信收入	
9	Other Departmental Revenue	其他部门收益	
10	Private Pay	私人支付	
11	Medicare/Medicaid	医疗保险/医疗补助	
12	Nursing/Medical Income	护理/医疗收入	
13	Meals Income	用餐收入	
14	Laundry/Vending Income	洗衣与贩卖收入	
15	Parking Income	泊车收入	
16	Other Income	其他收入	
支出（Expenses）REO——期末计划余额			
1	Room (Department)	房间（部门）	
2	Food & Beverage (Departmental)	食品与饮料（部门）	
3	Telephone Expenses (Departmental)	通信费用（部门）	

（续表）

编号	英文名称	中文名称	说明
4	Other Dept. Expenses	其他部门费用	
5	Real Estate Taxes	不动产税收	
6	Property Insurance	地产保险	
7	Utilities	使用	
8	Repairs and Maintenance	维护	
9	Janitorial	门卫	
10	Franchise Fee	特许经营费用	
11	Management Fees	管理费用	
12	Payroll & Benefits	工资单与福利	
13	Advertising & Marketing	广告与营销	
14	Professional Fees	专业费用	
15	General and Administrative	一般管理费用	
16	Room Expense-Housekeeping	房间费用——家政开支	
17	Meal expense	餐费	
18	Other Expenses	其他费用	
19	Ground Rent	土地租金	
留存（resrv&capex）计算 WAC			
1	Leasing Commissions	租赁佣金	
2	Tenant Improvements	租客改善	

（续表）

编号	英文名称	中文名称	说明
3	Capital Expenditures	资本支出	
4	Extraordinary Capital Expenditures	特殊资本支出	
仅限债券层级——分配状况报表（Bond Level Only-Reflects Distribution Statements）			
1	Transaction ID	交易 ID	为证券池制定的名称
2	Distribution Date	分配日	服务协议中定义的在特定时期内将资金分配给证券持有者的日期
3	Record Date	记录日期	
4	Class Name/Class ID	级别名称/级别 ID	在 PSA 或契约中定义的某一级别债券的名称
5	Cusip	统一安全鉴定程序委员会	在发行时为某一级别债券制定的唯一标识符
6	Original Note Amount（fka Original Balance）	原始票据金额	发起时的贷款金额。对于分离组合贷款/票据，此金额是分离组合贷款/票据的原始票据金额
7	Notional Flag	名义标志	该标志说明了某一级别的债券余额是否仅为计算利息而存在，而非为本金的分配而存在
8	Bond Beginning Balance	债券期初余额	本金分摊/损失实现之前某一级别债券的余额
9	Scheduled Principal Amount（fka Scheduled Principal）	计划本金金额（计划本金）	当前分配期准备支付给信托的本金金额，它代表了一种规律性的计划本金支付。该数值由计划到期本金与利息总额减去计划利息金额得来。该金额可能与在相关支付日准备支付给借款人的计划本金金额有所不同。如果贷款被视为不可回收的，则此处填 0

（续表）

编号	英文名称	中文名称	说明
10	Unscheduled Principal Collections (fka Unscheduled Principal)	未计划本金征收（未计划本金）	在当前分配日传递给证券持有者的本金预付及其他未计划贷款本金支付。未计划金额可能包括但不限于：（全部或部分）直接预付款，折价支付和/或来自清算、征用和保险结算的其他收益
11	Total Principal Distribution	本金分配总计	期间内支付给一个债券级的本金总额
12	Negative Amortization/Deferred Interest Capitalized Amount (fka Neg Am/Deferred Interest Amount)	负摊销/递延利息资本化金额	在当前报告期内，任何代表负摊销或递延利息的并可被本金余额资本化的金额。负摊销发生在当期应计利息超过计划本金与利息支付的时候。超出的应计利息被增加至贷款的本金余额中。递延利息发生在当期应计利息金额超过当期应支付的利息金额时，并且此金额可被本金余额资本化。该字段应填写对本金余额有影响但对征收无影响的金额
13	Realized Loss (Gain) to Trust [fka Realized Loss (Gain)]	信托实现的损失（收益）（当前已实现损失）	在未进行本金支付的前提下，一个级别债券的本金余额减少/增加量
14	Aggregate Realized Loss on Loans (fka Cumulative Realized Losses)	累计贷款实现损失	自从信托参与后，由主服务商所报告的贷款池累计实现损失和调整量
15	Bond Ending Balance	债券期末余额	一定时期内，对本金和/或已实现损失进行分摊后的债券余额

（续表）

编号	英文名称	中文名称	说明
16	Current Index Rate	当前指数利率	用以决定当前毛利率的指数。如果贷款为非可调利率抵押贷款，则此处为空
17	Remittance Rate/Pass Through Rate	汇款率/通过率	期间内用以计算某级别债券计划利息的年化利率
18	Interest Accrual Method (fka Accrual Method)	利息应计方法	代码显示用于计算利息的公约天数
19	Accrual Days	应计天数	某债券的应计利息天数
20	Accrued I nterest (fka Interest Accrued)	应计利息	
21	Prepayment Penalty/Premium Allocation	预付罚金/保费分摊	一定时期内支付给某级别债券的预付保费
22	Yield Maintenance Allocation	收益率留存分摊	一定时期内某级别债券的收益率留存分摊额
23	Other Interest Distribution	其他利息分配	一定时期内分配给某级别债券的其他利息金额
24	Prepayment I nterest Excess (Shortfall) (fka Prepayment Interest Shortfall)	预付利息盈余（短缺）	相关报告期内，扣除由服务商在服务协议中抵消的金额后，针对预付款征收的利息与应付给证券持有人的计划利息之间的差额。如果在相关报告期内，扣除了服务商抵消金额后征收的利息仍小于对证券持有人应计的计划计息，那么就会产生短缺（报告中以负值显示）。合计金额应代表对信托的印象并应在利息短缺对账单中予以报告。如果扣除服务商抵消金额后征收利息大于证券持有人应计的计划利息，则会产生盈余（报告中以正值表示）

（续表）

编号	英文名称	中文名称	说明
25	Not Used	未使用	
26	Interest Shortfall/(Excess)	利息短缺（盈余）	一定时期内分摊给某一级别债券的利息短缺/盈余，这不包括对未付短缺（金额）的应计利息
27	Total Interest Distribution	利息分配总计	一定时期内对某一级别债券的利息支付总额
28	Not Used	未使用	
29	Cumulative Prepayment Penalty/Premium Allocation	累计预付罚金/保费分摊	自从信托加入后对某一级别债券支付的累计预付保费
30	Cumulative Yield Maintenance Allocation	累计收益率留存分摊	自信托加入后支付给某一级别债券的累计收益率留存金额
31	Beginning Unpaid Interest Balance	期初未偿利息余额	累计应计利息金额，但还未在分配日之前支付给某一级别的债券
32	Ending Unpaid Interest Balance	期末未偿利息余额	累计应计利息金额，但还未在基金分配后支付给某一级别的债券。如果在债券瀑布式结构中需要，还应包括未偿短缺金额的应计利息
33	Rating Agency 1-Original Rating	评级机构 1——首次评级	在评级机构 1 代码字段 B45 中展示的评级机构对某一级别债券的首次评级
34	Rating Agency 1-Most Recent Rating	评级机构 1——最新评级	在评级机构 1 代码字段的评级分配，相关日期由评级机构发送 B45
35	Rating Agency 1-Date Transmitted from Rating Agency	评级机构 1——评级机构传递日期	在评级机构 1 代码字段 B45 中展示的，由评级机构提交最新评级的日期

（续表）

编号	英文名称	中文名称	说明
36	Rating Agency 2-Original Rating	评级机构 2——首次评级	在评级机构 2 代码字段 B46 中展示的评级机构对某一级别债券的首次评级
37	Rating Agency 2-Most Recent Rating	评级机构 2——最新评级	在评级机构 2 代码字段的评级分配，相关日期由评级机构发送 B46
38	Rating Agency 2-Date Transmitted from Rating Agency	评级机构 2——由评级机构传递的日期	在评级机构 2 代码字段 B46 中展示的，由评级机构提交最新评级的日期
39	Rating Agency 3-Original Rating	评级机构 3——首次评级	在评级机构 3 代码字段 B47 中展示的评级机构对某一级别债券的首次评级
40	Rating Agency 3-Most Recent Rating	评级机构 3——最新评级	在评级机构 3 代码字段的评级分配，相关日期由评级机构发送 B47
41	Rating Agency 3-Date Transmitted from Rating Agency	评级机构 3——由评级机构传递的日期	在评级机构 3 代码字段 B47 中展示的，由评级机构提交最新评级的日期
42	Rating Agency 4-Original Rating	评级机构 4——首次评级	在评级机构 4 代码字段 B48 中展示的评级机构对某一级别债券的首次评级
43	Rating Agency 4-Most Recent Rating	评级机构 4——最新评级	在评级机构 4 代码字段的评级分配，相关日期由评级机构发送 B48
44	Rating Agency 4-Date Transmitted from Rating Agency	评级机构 4——由评级机构传递的日期	在评级机构 4 代码字段 B48 中展示的，由评级机构提交最新评级的日期

（续表）

编号	英文名称	中文名称	说明
45	Rating Agency 1 Code	评级机构 1 代码	与数据字段 B33、B34、B35 相关的代表评级机构的代码
46	Rating Agency 2 Code	评级机构 2 代码	与数据字段 B36、B37、B38 相关的代表评级机构的代码
47	Rating Agency 3 Code	评级机构 3 代码	与数据字段 B39、B40、B41 相关的代表评级机构的代码
48	Rating Agency 4 Code	评级机构 4 代码	与数据字段 B42、B43、B44 相关的代表评级机构的代码
49	Trustee	受托人	存款人为了证券持有人利益将所有的信托资产过户给该实体。在这种情况下，受托人遵守 PSA 条款的规定，为证券持有人的利益服务。从截止日开始，代表了信托利益的受托人，被认为是与贷款及证券持有人利益相关的其他所有信托资产的拥有者
50	Certificate Administrator	证券管理者	负责正常类债券计算、为投资者制作分配日报表的实体。这通常是证券登记者或支付代理商。参见证券管理者说明
特殊服务商贷款文件（Special Servicer Loan File）			
1	Transaction ID	交易 ID	为证券池制定的名称
2	Group ID	集团 ID	证券化过程中为每一家贷款机构制定的字母—数字式代码。集团 ID 可能不适用于所有交易
3	Loan ID	贷款 ID	主服务商为池中每笔贷款制定的标识号码

（续表）

编号	英文名称	中文名称	说明
4	Prospectus Loan ID	说明书贷款 ID	在说明书补充附录里面为每项资产制定的标识号码
5	Distribution Date	分配日	服务协议中定义的在特定时期内将资金分配给证券持有者的日期
6	Maturity Date	到期日	每份贷款文件规定下的最终计划支付到期日。这一日期和超级摊销贷款的预计偿还日期不同。如果贷款已被废止且贷款协议规定或服务商同意在到期日之前的预付款和该废止相关，那么这个日期就代表了信托可期待全额偿付的日期。借款人可能有权在贷款文件规定的最终计划支付日之前对废止贷款进行提前支付
7	Liquidation/ Prepayment Date	清算/预付日	未计划本金支付或清算收益获得的有效日期
8	Liquidation/ Prepayment Code	清算/预付代码	在回收期内为未计划本金支付或取得的清算收益所指定的代码
9	SS Total P&I Advance Outstanding	特殊服务商 P&I 预付款总计（未偿）	截至决策日时应付给特殊服务商的未偿债务预付款。该数值应包含在主服务商向信托报告的未偿本金与利息预付款总计 L37 中
10	SS Total T&I Advance Outstanding	特殊服务商（SS）未偿税收与保险预付款总计	截至决策日应付给特殊服务商的未偿税收与保险预付款。该数值应包含在主服务商向信托报告的未偿税收与保险预付款总额 L38 中

（续表）

编号	英文名称	中文名称	说明
11	SS Other Expense Advance Outstanding	特殊服务商（SS）其他未偿预付费用	截至决策日应付给特殊服务商的其他未偿预付费用。该数值应包含在主服务商向信托报告的其他未偿预付费用 L39 中
12	EMPTY FIELD (fka Status of Loan)	空白区域（贷款状态）	
13	In Bankruptcy (Y/N)	破产（Y/N）	借款人破产状态：如果借款人在走破产或重组诉讼程序，填写 Y，否则填写 N。如果是 Y，则要填写破产日期（L44，D16）；如果是 N，则该字段为空。若借款人摆脱了破产，则将 Y 改为 N 并删除破产日期
14	Foreclosure Start Date	止赎起始日	止赎程序发起的日期，或作为替代程序的代赎契发起的日期。如果存在多项地产，就用首个地产开始止赎的首日；如果该行为从未发起，则该字段为空；如果发起行为被撤销，则放弃或终止
15	REO Date	REO 日期	押品地产标题（或者有效控制权以及处置能力的有效替代形式）获得的日期。对于贷款级别报告，如果多项地产有相同的日期，则打印该日期，否则打印最早的日期
16	Bankruptcy Date	破产日期	借款人破产入档日期
17	Net Proceeds Received on Liquidation	清算所获得的净收益	在服务协议中，用以决定信托实现损失的清算所获净收益

（续表）

编号	英文名称	中文名称	说明
18	Liquidation Expense	清算费用收益	用以计算清算费用金额的清算收益
19	Realized Loss to Trust	信托实现损失	对于清算，贷款级别计算的是净收益（除去清算费用后）与服务商已实现损失模板上的当前期初计划余额 L6 之间的差额
20	Date of Last Modification	最终修改日	最新修改/暂缓施行生效的日期。如果未发生修改/暂缓施行，则该字段为空
21	Modification Code	修改代码	贷款修改类型
22	Modified Note Rate	修改票据利率	贷款被修改所用的最新初始利率
23	Modified Payment Amount	修改支付金额	针对已修改贷款的最新原始本金与利息和/或仅支付利息金额
24	Most Recent Valuation Date	最新估值日	最近估值意见的日期。如果显示多项地产和所有相同该日期，则打印该日期；如果缺少任何一项，则空白；如果未能显示，则空白
25	Most Recent Valuation Source	最新估值来源	用以确定最新地产估值来源的代码。如果有多项地产且均相同，则打印其类型；如果丢失其中的一些，则为空；如果被废止，则为空
26	Most Recent Value	最新价值	所有地产最近的估值意见中，可能包括评估，业务流程外包，或内部估计的项目。在获得一个新的价值之前，这个值应该是同样的价值贡献。如果在计算之前或之后获得了另外一个价值，这个值可能与 ARA/ASER 计算无关。如果显示多项地产和所有相同日期，则打印该日期

（续表）

编号	英文名称	中文名称	说明
27	ARA (Appraisal Reduction Amount)	ARA（评估减少额）	评估减少量——通常在服务协议中定义
28	ARA Date	ARA 日期	计算 ARA 时每月相应的决策日。每一服务协议中 ARA 的计算频率（每年、每月或接到最新评估时）都应与 ARA 日期改变的时间相关联
29	Workout Strategy	回收策略	能最好地描述解决贷款所采取措施的代码分解，显示回收策略
30	Most Recent Special Servicer Transfer Date	最新特殊服务商调任日期	正常贷款转变为“特殊服务贷款的日期”，即特殊服务商收到主服务商信件或邮件的日期。注意：如果贷款发生多次上述转让，应该为特殊服务商收到邮件的最终日期
31	Date Asset Expected to be Resolved or Foreclosed	预计资产处置或止赎日期	特殊服务商预期处置的估计日期。如果存在多项地产，打印附属地产的最新日期。如果止赎，则打印止赎的预计日期
32	Date of Assumption	假设日	新的借款人执行最新假设的日期（如果未假设，显示为空）。这一日期应保持数字属性，直到未来发生改变或新情况出现
33	SS Cumulative Accrued Unpaid Advance Interest	特殊服务商累计应计未偿预付款利息	在当前报告期末应付给特殊服务商的未偿预付款利息。这一数值应包含在主服务商向信托报告的累计应计未偿利息中
34	Closing Date of Original Document Permitted Extension (fka Ext per docs or Servicer)	文件获准的原始展期截止日	贷款文件获准的到期日展期有效日

（续表）

编号	英文名称	中文名称	说明
35	Balance When Sent to Special Servicer	转移至特殊服务商时的余额	当抵押贷款转移至特殊服务商时，当前报告期期末计划余额
36	Balance at Effective Date of Modification	有效修改日余额	在修改有效期内的当前期末计划余额。如果修改被追溯，则使用相关报告期内的当前期末计划余额
37	Old Note Rate	旧票据利率	在修正票据利率之前生效的票据利率
38	Number of Months for Rate Change	利率变更月数	在当前修改日之后，贷款拥有修正利率的月份数。这应是第一利率改变后的足月数并将保持不变
39	Old P&I	旧 P&I	在修改支付金额之前立即生效的本金与利息
40	Old Maturity Date	旧到期日	修改之前的到期日
41	Total Months for Change of Modification	变更修改月数总计	从修改生效之日起直到贷款到期或贷款条款还原至原始条款日期之间的月份数
42	EMPTY FIELD [fka Estimated Future Interest Loss to Trust $ (Rate Reduction)]	空白区域［对信托利息损失的未来估算（利率下降）］	
43	Liquidation Sales Price	清算出售价格	清算时获得的收益，例如销售收入、保险收入、其他收入和经纪人费用及销售成本之前的储备/暂记余额
44	EMPTY FIELD (fka Liquidation Date Loss)	空白区域（清算损失日）	

（续表）

编号	英文名称	中文名称	说明
45	Cumulative Adjustments to Loan	累计贷款调整	在计算信托原始实现损失之后的累计附加收益和累计附加费用。正数表示附加收益。这一累计总额报告为当期贷款调整——本金加当期贷款调整
46	EMPTY FIELD (fka Date Minor Adjustment)	空白区域（最小调整日）	
47	Comments 1-DLSR or REO	评论 1——DLSR 或 REO	描述当前贷款状况的服务商或特殊服务商评论（评论字段以 255 个字符为上限，该字段用在债务拖欠贷款状况报告或地产拥有状况报告中，并且前六个评论字段相互联系
48	Comments 2	评论 2	评论字段以 255 个字符为上限
49	Comments 3	评论 3	评论字段以 255 个字符为上限
50	Comments 4	评论 4	评论字段以 255 个字符为上限
51	Comments 5	评论 5	评论字段以 255 个字符为上限
52	Comments 6	评论 6	评论字段以 255 个字符为上限
53	Comments 7-HLMFCLR	评论 7——HLMFCLR	描述改正或修改贷款行为的服务商或特殊服务商评论
54	EMPTY FIELD (fka Receiver Date)	空白区域（收款人日期）	
55	Special Servicing Fee Rate	特殊服务费率	经常以小数格式出现
56	Special Servicing Fee No Days in Year	一年中特殊服务费计费天数	在当前报告期用以计算特殊服务费的计费天数（每年）

（续表）

编号	英文名称	中文名称	说明
57	Special Servicing Fee No Days in Month	一月中特殊服务费计费天数	在当前报告期用以计算特殊服务费的计费天数（每月）
58	Special Servicing Fee Amount plus Adjustments	特殊服务费金额加调整	在当前报告期内，所有支付的特殊服务商费用（基点与其他回收）
59	EMPTY FIELD (fka Workout Fee Principal Collected)	空白区域（征收的回收费用本金）	
60	EMPTY FIELD (fka Workout Fee Interest Collected)	空白区域（征收的回收费用利息）	
61	EMPTY FIELD (fka Workout Fee YM/Prepayment Penalty Collected)	空白区域（征收的回收费用 YM/预付款罚金）	
62	EMPTY FIELD (fka Workout Fee Other Amounts Collected)	空白区域（征收的其他回收费用金额）	
63	EMPTY FIELD (fka Workout Fee Net Amounts)	空白区域（征收的净回收费用金额）	
64	Workout Fee Rate	回收费率	

（续表）

编号	英文名称	中文名称	说明
65	Workout Fee Amount	回收费金额	有时又称作本金回收费用或修正贷款费用。该费用仅适用于从特殊服务商归还给主服务商的贷款
66	EMPTY FIELD (fka Liquidation Fee Principal Collected)	空白区域（征收的清算费用本金）	
67	EMPTY FIELD (fka Liquidation Fee Interest Collected)	空白区域（征收的清算费用利息）	
68	EMPTY FIELD (fka Liquidation Fee Yield Maintenance/Prepayment Penalty Collected)	空白区域（征收的清算费用 YM/预付款罚金）	
69	EMPTY FIELD (fka Liquidation Fee Expenses Collected)	空白区域（征收的清算费用支出）	
70	Liquidation Fee Proceeds	清算费用收益	用以计算清算费用金额的清算收益
71	Liquidation Fee Rate	清算费率	用以计算清算费用金额且表示为清算费用收益百分比的费率
72	Liquidation Fee Amount	清算费金额	针对每一项清算的特殊服务贷款协议计算得到的清算费用

（续表）

编号	英文名称	中文名称	说明
73	Most Recent Master Servicer Return Date	最新主服务商收益日期	贷款变为修正抵押贷款的日期。此日期是特殊服务商向主服务商回信或发送邮件的日期。注意：如果贷款有多项转让，这一日期将是主服务商从特殊服务商处得到回信的最终日期
74	Amounts Due Servicers and Trustee	服务商和受托人到期金额	应为在服务商提供的已实现损失模板中第（1）a 到第（1）l 的和
75	Amounts Held Back for Future Payment	退还金额用以在未来支付	应为在服务商提供的已实现损失模板中第（2）a 到第（2）b 的和
76	Accrued Interest	应计利息	应为在服务商提供的已实现损失模板中第（3）a 到第（3）e 的和
77	Additional Trust Fund Expense	附加信托基金费用	应为在服务商提供的已实现损失模板中第（4）a 到第（4）g 的和
78	Current Period Adjustment to Loan-Principal	当前对贷款的定期调整——本金	应等于当前期间的附加收益减去附加费用，这是由于对可分摊给本金的清算收益金额进行了调整。正值代表附加收益，负值代表对信托的收益减少。服务商决定将收到的附加收益分摊至本金并不能决定是否应在债券级别上做出调整，这应当由适应性服务文件决定
79	Date of Current Period Adjustment to Loan	当期贷款调整日期	在实现损失发生后，附加收益或费用收到后的分配日期

（续表）

编号	英文名称	中文名称	说明
80	Other (Shortfalls)/Refunds	其他（短缺）/偿还	仅在贷款定期更新文件中报告的短缺（以负值报告）或退款（以正值报告）
81	Current Period Adjustment to Loan-Other	当前对贷款的定期调整——利息	应等于当前期间的附加收益减去附加费用，但并非由于对可分摊给本金的清算收益金额做出了调整。正值代表附加收益，负值代表对信托的收益减少。服务商决定将收到的附加收益分摊至本金并不能决定是否应在债券级别上做出调整，这应当由适应性服务文件决定
82	Modification Execution Date	修改执行日	有特殊服务商执行修改的最新日期。如果无修改，则该字段为空。更详细地说，修改将包括对现有贷款文件的实质性更改，不包括假设
抵押品层级贷款定期更新文件概述（Collateral Level Summary-Summarizes CREFC Loan Periodic Update File）			
1	Transaction ID	交易 ID	为证券池制定的名称
2	Group ID	集团 ID	证券化过程中为每一家贷款机构制定的字母—数字式代码。集团 ID 可能不适用于所有交易
3	Distribution Date	分配日	服务协议中定义的在特定时期内将资金分配给证券持有者的日期
4	Original Loan Count	原始贷款计数	
5	Ending current period loan count	期末当前时期贷款计数	

（续表）

编号	英文名称	中文名称	说明
6	Current Ending Scheduled Balance (fka Ending current period collateral balance)	当前期末计划余额（期末当前期押品余额）	
7	1 month Delinquent-number	债务拖欠 1 个月——数量	
8	1 Month Delinquent-Ending Scheduled Balance (fka 1 month Delinquent-scheduled balance)	债务拖欠 1 个月——期末计划余额	
9	2 months Delinquent-number	债务拖欠 2 个月——数量	
10	2 Months Delinquent-Ending Scheduled Balance (fka 2 months Delinquent-scheduled balance)	债务拖欠 2 个月——期末计划余额	
11	3 months Delinquent-number	债务拖欠 3 个月——数量	
12	3 Months Delinquent-Ending Scheduled Balance (fka 3 months Delinquent-scheduled balance)	债务拖欠 3 个月——期末计划余额	

（续表）

编号	英文名称	中文名称	说明
13	Foreclosure-number	止赎——数量	
14	Foreclosure-Ending Scheduled Balance（fka Foreclosure-scheduled balance）	止赎——期末计划余额	
15	REO-number	REO——数量	
16	REO-Ending Scheduled Balance（fka REO-scheduled balance）	REO——期末计划余额	
17	Specially serviced-number	特殊服务——数量	
18	Specially Serviced-Ending Scheduled Balance（fka Specially serviced-scheduled balance）	特殊服务——期末计划余额	
19	In Bankruptcy-number	破产——数量	
20	In Bankruptcy-Ending Scheduled Balance（fka In Bankruptcy-scheduled balance）	破产——期末计划余额	
21	Prepaid Loans-number	预付贷款——数量	

（续表）

编号	英文名称	中文名称	说明
22	Prepaid Loans-principal	预付贷款——金额	
23	Unscheduled Principal Collections/Other Principal Adjustments (fka Total unscheduled principal)	未计划本金征收	在当前分配日传递给证券持有者的本金预付及其他未计划贷款本金支付。未计划金额可能包括但不限于：（全部或部分）直接预付款、折价支付和/或来自清算、征用和保险结算的其他收益
24	Total Penalty for the period	当期罚金总额	
25	Realized Loss (Gain) to Trust [fka Current realized losses (gains)]	信托实现的损失（收益）	在未进行本金支付的前提下，一个级别债券的本金余额减少/增加量
26	Aggregage Realized Loss on Loans (fka Cumulative realized losses)	累计贷款实现损失	由主服务商所报告的贷款池累计实现损失和调整量
27	Most Recent Net ASER Amount (fka Appraisal Reduction Amount)	最新净 ASER 值	截至决策日之前，由于评估使得当月本金和/或利息预付款减少的金额。这应当包括ASER恢复值（所收到的支付总额应属于ASER）。该数值应是前一报告期和当前报告期累计ASER金额的变化值，因此当 ASER 恢复值超过当前 ASER 减少值时，该数值可能为负

（续表）

编号	英文名称	中文名称	说明
28	Cumulative ASER Amount (fka Cumulative Appraisal Reduction)	累计 ASER 值	截至决策日之前，由于评估使得本金和/或利息预付款减少的累计金额。这应当包括ASER恢复值（所收到的支付总额应属于ASER）。该数值应是前一报告期的累计 ASER 值加上当前报告期的最新净 ASER 值
29	Total P&I Advance Outstanding	未偿本金与利息预付款总额	每个服务协议中规定的在决策日之前由服务商预付的未偿本金和利息总额（或在分配日之前计划预付的总额）。该数值应当包括报告在特殊服务商未偿本金与利息预付款总额中的预付款金额
30	Total T&I Advance Outstanding	未偿税收与保险付款总额	每个服务协议中规定的在决策日之前由服务商预付的未偿税收与保险总额。该数值应当包括报告在特殊服务商未偿税收与保险预付款总额中的预付款金额
31	Other Expense Advance Outstanding	其他未偿费用预付	截至决策之日前由服务商预付的其他未偿费用或杂项总额。这一数值不包括本金与利息或税收与保险预付款。该数值应当包括报告在特殊服务商其他未偿费用预付款中的预付款金额
32	Reserve Balances	留存余额	
33	LOC Balances	LOC 余额	
34	Amortization WAM	摊销 WAM	
35	Maturity WAM	到期 WAM	
36	Calculated WAC	计算 WAC	

（续表）

编号	英文名称	中文名称	说明
37	Matured Performing Loan-Number	到期正常类贷款——数量	
38	Matured Performing Loan-Ending Scheduled Balance (fka Matured Performing Loan-Scheduled Balance)	到期正常类贷款——期末计划余额	
39	Matured Non-Performing-Number	到期不良贷款——数量	
40	Matured Non-Performing Loan-Ending Scheduled Balance (fka Matured Non-Performing-Scheduled Balance)	到期不良贷款——期末计划余额	

附录二　欧洲中央银行 CMBS 信息披露模板

（续表）

字段编号	优先级	分类标签	字段名称	数据类型	字段定义或标准
CMBS 一般信息					
BC1	强制性	静态	交易池标识符	文本 / 数字	每个交易池独有的标识字符串
BC2	强制性	静态	分配日期	日期	债券本金、利息支付的日期
BC3	强制性	静态	记录日期	日期	债券被持有记录的日期
BC4	强制性	静态	债券级别名称	文本 / 数字	CMBS 指定名称的一部分（通常是字母/数字）
BC5	强制性	静态	库斯普代码（144A 条例）	文本 / 数字	统一安全识别程序委员会根据 144A 条例制定的标准或由交易所以及其他实体建立的证券代码，分配给每个票据类别或部分的安全识别码。如果没有库斯普代码，则为无数据，输入 ND
BC6	强制性	静态	国际证券标识码	文本 / 数字	根据国际标准组织（ISIN）制定的标准或由交易所以及其他实体建立的证券代码，分配给每个票据类别或部分的安全识别码。如果没有国际证券标识码，则为无数据，输入 ND

（续表）

字段编号	优先级	分类标签	字段名称	数据类型	字段定义或标准
BC7	强制性	静态	共同代码（144A 条例）	文本 / 数字	由世达国际结算系统（CEDEL）和欧洲银行票据交换所（Euroclear）共同为每个票据类别或应付账款类别制定的 9 位数识别码。如果没有共同代码，则为无数据，输入 ND
BC8	强制性	静态	国际证券标识码（监管 S 条例）	文本 / 数字	根据国际标准组织依据监管 S 条例制定的标准，或由交易所以及其他实体建立的证券代码，分配给每个票据类别或应付账款类别的安全识别码。如果没有国际证券标识码，为无数据，输入 ND
BC9	强制性	静态	共同代码（监管 S 条例）	文本 / 数字	根据统一安全委员会依据监管 S 条例制定的标准，或由交易所以及其他实体建立的证券代码，分配给每个票据类别或部分的安全识别码。如果没有共同代码，则为无数据，输入 ND
BC10	强制性	静态	债券发行日	日期	债券发行日期
BC11	强制性	静态	法定到期日	日期	注明特定类别或部分必须偿还，否则就违约的日期
BC12	强制性	静态	货币	列表	表示票据类别或付款的货币类型
BC13	强制性	静态	初始本金余额	数字	发行时特定票据类别或特定级别债券的初始本金余额
BC14～BC18			空白区域		

（续表）

字段编号	优先级	分类标签	字段名称	数据类型	字段定义或标准
CMBS 主体信息					
BC19	强制性	静态	名义标志	Y/N	付款形式为 IO 的类别记录为“Y”；为非 IO 的类别记录为“N”
BC20	强制性	静态	期初本金余额	数字	本期开始时票据类或应付款类未偿还的本金余额
BC21	强制性	静态	预期偿还的本金	数字	期间按计划支付到票据类别或特定级别债券的本金
BC22	强制性	动态	非预期偿还本金	数字	期间未按计划支付到票据类别或特定级别债券的本金
BC23	强制性	动态	总预期分配	数字	期间支付给票据类或特定级别债券的总本金（预期和非预期）
BC24	强制性	静态	摊销类型	列表	定期支付票据类或应付账款类的摊销方法： 完全摊销（1） 到期摊销（2） 纯利息到期摊销（3） 只按照利息摊销（硬/软）（4） 只按照利息到期摊销（5） 纯本金券（6） 年金（7） 线性摊销（8） 现金流归集（9）

（续表）

字段编号	优先级	分类标签	字段名称	数据类型	字段定义或标准
BC24	强制性	静态	摊销类型	列表	触发（10） 超额摊销（11） 其他（12） 无数据（ND）
BC25	强制性	静态	利息持续期间	数字	利息期限，以月为单位。如果不是 IO，则输入 ND
BC26	强制性	动态	资本化利息	数字	利息计入各类账户包括负摊销
BC27	强制性	动态	主要损失	数字	报告期内的本金总损失
BC28	强制性	动态	累计主要损失	数字	整个期间累计的损失
BC29	强制性	动态	期末本金余额	数字	本期末票据类或特定级别债券的未偿还本金余额
BC30	强制性	动态	付款说明因子	数字	主体在报告期内以票据或应付账款原始（初始）余额的 x 分之一（0 <x <1）支付，最多为小数点后 12 位
BC31	强制性	动态	结束注释因子	数字	在本报告支付期之后，作为票据或部分原始（初始）余额的一部分，最多为小数点后 12 位
BC32	强制性	动态	下一次支付日期	日期	票据类与特定级别债券下一次支付与分配的日期
BC33 ~ BC37			空白区域		

（续表）

字段编号	优先级	分类标签	字段名称	数据类型	字段定义或标准
CMBS 利息详情					
BC38	强制性	静态	指数利率类型	列表	发行文件中定义的基准参考利率指数适用于特定票据类或应付账款类 目前利率指数： 1 个月伦敦银行间同业拆借利率（1） 1 个月欧元银行间同业拆借利率（2 ） 3 个月伦敦银行间同业拆借利率（3） 3 个月欧元银行间同业拆借利率（4） 6 个月伦敦银行间同业拆借利率（5） 6 个月欧元银行间同业拆借利率（6） 12 个月伦敦银行间同业拆借利率（7） 12 个月欧元银行间同业拆借利率（8） 英国央行基准利率（9） 欧洲央行基准利率（10） 标准可变利率（11） 固定利率（12） 其他（13） 无数据（ND）

（续表）

字段编号	优先级	分类标签	字段名称	数据类型	字段定义或标准
BC39	强制性	动态	目前利率指数	数字	在应计期间适用于特定票据类或应付账款类的指数利率的当前值，最小为小数点后 5 位
BC40	选择性	动态	相关保证金	数字	CMBS（仅与浮动利率票据相关）当前累计期间的参考利率溢价/保证金
BC41	强制性	静态	应计方法	列表	定期计算票据类或应付账款类的应计方法： 30 / 360（1） 实际天数/365（2） 实际天数/360（3） 实际天数/该年的实际天数（4） 实际天数/366（5） 其他（6） 无数据（ND）
BC42	强制性	动态	当前应计天数	数字	适用于计算当期汇兑利息的天数
BC43	强制性	动态	累计利息	数字	应计利息金额
BC44	选择性	静态	加息/降息天数	日期	利率上升或下降的天数，若无上升/下降则输入 ND
BC45	选择性	静态	加息或降息公式	文本 / 数字	加息或降息适用步骤的细节

（续表）

字段编号	优先级	分类标签	字段名称	数据类型	字段定义或标准
BC46	强制性	静态	可用资金限额	Y/N	票据类是否受益于可用资金上限机制
BC47	选择性	动态	预付罚款分配	数字	分配到此类别的预付罚款数量
BC48	选择性	动态	累计预付罚款分配	数字	分配到此类别的预付罚款总额
BC49	选择性	动态	收益维持分配	数字	分配到此类别收益维持的罚款金额
BC50	选择性	动态	累计收益维持分配	数字	一段期间分配到此类别收益维持的罚款总额
BC51	选择性	动态	提前还款利息差额	数字	某类别对提前还款利息的调整
BC52	强制性	动态	评级降低数目	数字	目前此类评级降低的数目
BC53	强制性	动态	累计评级降低	数字	评级降低累计
BC54	强制性	动态	其他利益分配	数字	其他具体利益添加项
BC55	强制性	动态	活期利息差额	数字	在报告期内该类票据的利息差额
BC56	强制性	动态	累计利息差额	数字	在某段时期内累计利息差额
BC57	强制性	动态	总利息分配	数字	总利息支付
BC58	强制性	动态	最初未付未付的利息余额	数字	最初阶段未付的利息差额
BC59	强制性	动态	短期未付利息	数字	任意应付利息在当期递延，下一期支付

（续表）

字段编号	优先级	分类标签	字段名称	数据类型	字段定义或标准
BC60	强制性	动态	长期未付利息	数字	任意应付利息当期递延至到期付款日前
BC61	选择性	动态	结束时未付利息余额	数字	当期最后阶段未付的利息差额
BC62	强制性	动态	可用资金上限触发机制	Y/N	可用资金上限是否被触发，是输入 Y，否输入 N
BC63	强制性	动态	下个时期的指数利率	数字	下个时期的指数利率值，若无数据则输入 ND
BC64	强制性	动态	下个指数利率的日期	日期	下个时期指数利率重置的日期，若无数据则输入 ND
BC65 ~ BC69			空白区域		
CMBS 评级详情					
BC70	强制性	静态	惠誉——原始评级	文本 / 数字	原始的惠誉评级，若惠誉未评级则输入 ND
BC71	强制性	动态	惠誉——最新评级	文本 / 数字	当前的惠誉评级，若惠誉未评级则输入 ND
BC72	强制性	动态	惠誉——评级机构最新评级的日期	日期	惠誉重申评级的最新日期，若惠誉未评级则输入 ND
BC73	强制性	静态	穆迪——原始评级	文本 / 数字	原始的穆迪评级，若穆迪未评级则输入 ND
BC74	强制性	动态	穆迪——最新评级	文本 / 数字	当前的穆迪评级，若穆迪未评级则输入 ND

（续表）

字段编号	优先级	分类标签	字段名称	数据类型	字段定义或标准
BC75	强制性	动态	穆迪——评级机构最新评级的日期	日期	穆迪重申评级的最新日期，若穆迪未评级则输入ND
BC76	强制性	静态	标普——原始评级	文本 / 数字	原始的标普评级，若标普未评级则输入ND
BC77	强制性	动态	标普——最新评级	文本 / 数字	当前的标普评级，若标普未评级则输入ND
BC78	强制性	动态	标普——评级机构最新评级的日期	日期	标普重申评级的最新日期，若穆迪未评级则输入ND
BC79	强制性	静态	多美年——原始评级	文本 / 数字	原始的多美年评级，若多美年未评级则输入ND
BC80	强制性	动态	多美年——最新评级	文本 / 数字	当前的多美年评级，若多美年未评级则输入ND
BC81	强制性	动态	多美年——评级机构最新评级的日期	日期	多美年重申评级的最新日期，若多美年未评级则输入ND
BC82 ~ BC85			空白区域		

（续表）

字段编号	优先级	分类标签	字段名称	数据类型	字段定义或标准
CMBS 资金流动详情					
BC86	强制性	动态	流动性工具——期初余额	数字	流动性工具的期初余额，若无数据则输入 ND
BC87	强制性	动态	流动性工具的调整	数字	任何对流动性工具的调整，若无数据则输入 ND
BC88	强制性	动态	流动性工具的减少	数字	流动性工具数量的减少，若无可利用数据则输入 ND
BC89	强制性	动态	流动性工具的偿还	数字	流动性工具的偿还数量，若无可利用数据则输入 ND
BC90	强制性	动态	流动性工具期末账户	数字	期末余额，若无可利用数据则输入 ND
BC91	强制性	动态	当期流动性工具	列表	当期流动性工具种类
BC92			空白区域		

（续表）

字段编号	优先级	分类标签	字段名称	数据类型	字段定义和标准
CMBS 抵押品详情					
PC1	强制性	静态	地产标识符	文本/数字	地产的唯一标识符。如果是多项地产（如一整个街区的公寓楼），这将是识别它们整体特点的唯一标识符
PC2	强制性	动态	地产交叉担保贷款分组	文本/数字	输入相关发行循环贷款标识符。如果一项地产在交易或池内担保了若干贷款，用逗号将其 ID 分开；若无适用数据则输入 ND
PC3	强制性	静态	地产名称	文本/数字	地产名称作为证券服务于贷款。如果是多项地产（如一整个街区的公寓楼），这将是识别它们整体特点的唯一标识符
PC4	强制性	静态	地产地址	文本/数字	地产地址作为证券服务于贷款
PC5	强制性	静态	地产所在城市	文本	地产坐落的城市或城镇。若数据丢失则输入 ND
PC6	选择性	静态	地产区域	列表	根据统计区域单位命名法，用区域代码格式对地产所在区域进行描述
PC7	强制性	静态	地产邮编	文本/数字	主要地产邮编。前 2 ~ 4 个字母必须小写

（续表）

字段编号	优先级	分类标签	字段名称	数据类型	字段定义和标准
PC8	强制性	静态	地产所在国	列表	地产坐落的国家
PC9	强制性	静态	地产类型代码	列表	地产类型： 大篷车公园（1） 汽车公园（2） 医疗保健（3） 酒店（4） 工业（5） 土地（6） 休闲（7） 混合租户（8） 混合用途（9） 办公楼（10） 酒吧（11） 零售（12） 自助存储仓库（13） 仓库（14） 综合（15） 其他（16） 无数据（ND）

（续表）

字段编号	优先级	分类标签	字段名称	数据类型	字段定义和标准
PC10	强制性	静态	竣工年份	日期	在报告中或发行文件中提及的地产竣工年份。若无数据输入 ND
PC11	强制性	动态	上次翻修年份	日期	每篇估值报告或发行文件中，地产上次翻修的年份。若无数据输入 ND
PC12	强制性	动态	在证券化日的净平方米数	数字	在最近的估值报告中作为证券服务于贷款的地产，其以平方米计量的总净可租赁区域。对于多项地产，将区域面积进行加总。若数据不可用输入 ND
PC13	强制性	动态	经证实的室内楼面面积	Y/N	评估者确认的净室内楼面面积。若无数据输入 ND
PC14	强制性	静态	单元/床位/房间数	数字	
PC15	强制性	动态	地产状态	列表	最近的地产贷款状态： 止赎中（1） REO（2） 被废止（3） 部分解除（4） 解除（5） 与证券化日期相同（6） 在特殊服务中（7） 其他（8） 无数据（ND）

（续表）

字段编号	优先级	分类标签	字段名称	数据类型	字段定义和标准
PC16	选择性	动态	地产品质	列表	每一贷款服务商的地产条件，依据近期的地产检验或评估报告： 杰出（1） 良好（2） 一般（3） 较差（4） 其他（5） 无数据（ND）
PC17	选择性	动态	最新地产尽职调查日	日期	最后一次实地调查日。若无数据输入 ND
PC18	选择性	动态	实施最新地产尽调参与方	文本	实施最后一次地产调查的参与方名称。若无数据输入 ND
PC19	强制性	静态	房产证格式	列表	房产证明的相关格式，仅限于土地租赁，借款人一般拥有一幢建筑或依照租赁合同的规定建造房屋。这种租赁经常是长期净租赁。借款人权利和义务通常持续至租赁期满或因违约终止 租赁权（1） 自由保有（2） 混合型（3） 其他（4） 无数据（ND）

（续表）

字段编号	优先级	分类标签	字段名称	数据类型	字段定义和标准
PC20	强制性	静态	地产租赁权到期日	日期	最早的租赁权益到期日。若数据不适用输入 ND
PC21	强制性	动态	应付地租	数字	如果地产是租赁地产，提供目前每年的应付地租给出租者。若数据不适用输入 ND
PC22	强制性	动态	最近估值日	日期	最后一次地产估值日。若数据不适用输入 ND。
PC23	强制性	动态	最近估值	数字	对地产最近一次的估值。若无数据输入 ND
PC24	选择性	动态	最近估值来源	文本	进行最近一次地产估值的评估公司名称。若无数据输入 ND
PC25	选择性	静态	分配给地产的总储备余额	数字	在贷款支付日的地产储备账户总余额。若无数据输入 ND
PC26	强制性	动态	最近估值基础	列表	最近估值基础： 开放市场（1） 空置占有（2） 其他（3） 无数据（ND）
PC27	选择性	动态	下一计划估值日	日期	下一计划估值日期。若数据不适用输入 ND
PC28	强制性	动态	地租货币	列表	支付地租的货币种类。若无应付地租输入 ND

（续表）

字段编号	优先级	分类标签	字段名称	数据类型	字段定义和标准
PC29	强制性	动态	最近估值货币	列表	最近估值所使用货币种类。若无数据输入 ND
PC30	选择性	动态	总储备余额货币	列表	分配给地产的总储备余额账户的货币。若无储备余额输入 ND
PC31 ~ PC35			空白区域		
CMBS 证券化日期详情					
PC36	强制性	静态	地产证券化日期	日期	记录地产证券化的日期。如果该地产被替代，输入替代日期；如果该地产是原始交易的一部分，输入证券化日期
PC37	强制性	静态	证券化日时贷款分配百分比	数字	在证券化日贷款分配于地产的百分比，当且仅当多于一项地产担保贷款时，这一数字可能在贷款协议中有所设定
PC38	强制性	静态	证券化日的财务日期	日期	在发行通告中所用信息的财务截至日。若是多项地产或信息丢失输入 ND
PC39	选择性	静态	证券化日的地产收益	数字	在发行通告中描述的来自所有方面的地产承销总收益。若信息丢失输入 ND

（续表）

字段编号	优先级	分类标签	字段名称	数据类型	字段定义和标准
PC40	选择性	静态	证券化日的营业费用	数字	发行通告中描述地产的承销营业费用总支出。这可能包括地产税、保险、管理、使用、维修和给予房东的直接成本等，资本支出和租赁佣金被排除在外。如果存在多项地产，要计算基础地产的总营业费用；若数据不可用输入ND
PC41	强制性	动态	证券化日的净营业收入	数字	在证券化日用收益减去营业费用。若数据丢失输入ND
PC42	选择性	静态	证券化日的资本支出	数字	如果在发行通告中有所规定，那就是证券化日的资本费用（与维修费用相反）。若数据丢失输入ND
PC43	选择性	静态	证券化日的净现金流	数字	在证券化日用净营业收入减资本支出。若数据丢失输入ND
PC44	选择性	静态	证券化日的DSCR（NOI）	数字	证券化日的DSCR。若数据丢失输入ND
PC45	强制性	静态	证券化日的估值	数字	在证券化日对担保贷款的地产进行估值，这已在发行通告里面有所描述。若数据丢失输入ND
PC46	强制性	静态	证券化日的评估者名称	文本	证券化日时进行地产估值的估值公司名称。若数据丢失输入ND

（续表）

字段编号	优先级	分类标签	字段名称	数据类型	字段定义和标准
PC47	强制性	动态	证券化日的估值日	日期	在发行通告中披露估值的日期。若数据丢失输入 ND
PC48	强制性	动态	证券化日的空置所有权价值	数字	证券化日空置所有权的价值情况。若数据不可用输入 ND
PC49	强制性	动态	商业区域	数字	以平方米计量的总净地产商业租赁区域，以贷款证券的形式服务于最近的估值报告。若无商业区域输入 ND
PC50	强制性	动态	住宅区域	数字	以平方米计量的总净地产住宅租赁区域，以贷款证券的形式服务于最近的估值报告。若无住宅区域输入 ND
PC51	强制性	动态	财务货币	列表	贷款货币面值
PC52 ~ PC55			空白区域		
地产最新 YTD 财务详情					
PC56	强制性	动态	目前贷款分配百分比	数字	在贷款支付日，归于地产的贷款分配百分比。如果有多余一项地产对贷款进行担保，那么百分比相加应等于 100%。这可能会在贷款协议中设定。若无数据输入 ND
PC57	强制性	动态	当前已分配完毕的贷款金额	数字	在贷款未偿实际余额上运用目前的分配百分比

（续表）

字段编号	优先级	分类标签	字段名称	数据类型	字段定义和标准
PC58	强制性	动态	最近财务信息的开始日期	日期	在最近的财务营业报表中运用的财务起始日期（如每月、每季、每年或后续的 12 个月）。若数据丢失输入 ND
PC59	强制性	动态	最近财务信息的截至日期	日期	在最近的财务营业报表中运用的财务截至日期（如每月、每季、每年或后续的 12 个月）。若数据丢失输入 ND
PC60	强制性	动态	用以报告财务信息的月份	文本/数字	输入每年财务信息截止的月份（最近的、前一个和前两个月份）
PC61	选择性	动态	净营业收入/净现金流指标	列表	运用 CREFC——欧洲标准进行计算（1） 运用发行人载体文件中的定义进行计算（2） 运用贷款承销方法进行计算（3） 无数据（ND）
PC62	强制性	动态	最近财务指标	列表	该字段用以描述反映最近财务数据的时段： 实际 12 个月（1） 常规 12 个月（2） 实际日期年（3） 常规日期年（4） 其他（5） 无数据（ND）

（续表）

字段编号	优先级	分类标签	字段名称	数据类型	字段定义和标准
PC63	强制性	动态	最近收益	数字	所有地产在最近财务报表期间（每月、每季、每年到日或后续的 12 个月）的总收益。对于多项地产，将收益加总；若数据丢失输入 ND
PC64	强制性	动态	最近营业费用	数字	所有地产在最近财务报表期间（每月、每季、每年到日或后续的 12 个月）的营业费用。这可能包括地产税、保险、管理、使用、维修和对房东的直接成本，资本支出和租赁佣金被排除在外。如果存在多项地产，将基础地产的营业费用进行加总；若数据丢失输入 ND
PC65	强制性	动态	最近净营业收入	数字	总收益减去总营业费用，时间段涉及最近的财务营业报表。若数据丢失输入 ND
PC66	强制性	动态	最近资本支出	数字	总资本支出（与维修相对的），时间段涉及最近的财务营业报表（每月、每季、每年到日或后续的 12 个月）。若数据丢失输入 ND
PC67	强制性	动态	最近净现金流量	数字	总净营业收入减资本费用，时间段涉及最近的财务营业报表。若数据丢失输入 ND

（续表）

字段编号	优先级	分类标签	字段名称	数据类型	字段定义和标准
PC68	强制性	动态	最近债务服务数量	数字	对到期本金和利息的计划总支付，时间段涉及最近的财务营业报表（每月、每季、每年到日或后续的 12 个月）
PC69	强制性	动态	最新 DSCR（NOI）	数字	根据 NOI 计算 DSCR，时间段涉及最近的财务营业报表（每月、每季、每年到日或后续的 12 个月）。若数据丢失输入 ND
PC70	强制性	动态	每年合同租金收入	数字	每年合同租金收入来自最新的借款人租用计划
PC71 ~ PC75			空白区域		
CMBS 地产入住率详情					
PC76	强制性	动态	占用日期	日期	记录最近租赁计划或取得租金目的日期（对于酒店和医疗地产，运用财务报表报告期间的平均占用率）。若数据丢失输入 ND
PC77	强制性	动态	证券化日的出租率	数字	在证券化期间实际占用的可租用空间百分比。数据来源应该是租金账目或表明占用率与财政年度信息相一致的其他文件。如果是多项地产，用加权平均法计算：当前分配百分比乘以每项地产的占用率；若数据丢失输入 ND

（续表）

字段编号	优先级	分类标签	字段名称	数据类型	字段定义和标准
PC78	强制性	动态	最近的出租率	数字	最近实际占用的可租用空间百分比（即租客实际占用并未空置）。数据来源应该是租金账目或表明占用率与财政年度信息相一致的其他文件。若数据丢失输入 ND
PC79	选择性	动态	最近的经济占用比率	数字	最近的附带租赁合同的可租用空间百分比（租客可能并未自己占用却付了租金）。数据来源应该是租金账目或表明占用率与财政年度信息相一致的其他文件。若数据丢失输入 ND
PC80	强制性	动态	是否可由租客信息寻找可用租客	Y/N	租客信息是否在租户基础上可用。若数据不可用输入 ND
PC81	选择性	动态	租客数量	数字	是指租客（户）的数量而非租赁数量。所以如果相同的公司在相同的地产上有超过一项租赁，那只计一个租客。若数据不可用输入 ND
PC82	选择性	动态	目前单元日期	日期	最近更新单元数量的日期。若数据丢失或信息不可用输入 ND

（续表）

字段编号	优先级	分类标签	字段名称	数据类型	字段定义和标准
PC83	选择性	动态	目前的单元	数字	对于地产类型来说，多住户家庭解体，输入留待出售的单元数量。若数据不可用输入 ND
PC84	强制性	动态	加权平均租赁期	数字	这几年中加权平均租赁期。若数据不可用输入 ND
PC85	强制性	动态	加权平均租赁期	数字	首度退租之后的加权平均租赁期。若数据不可用输入 ND
PC86 ~ PC90			空白区域		
CMBS 前三大租客详情					
PC91	强制性	动态	1 ~ 12 个月内期满收入的百分比	数字	
PC92	强制性	动态	13 ~ 24 个月内期满收入的百分比	数字	
PC93	强制性	动态	25 ~ 36 个月内期满收入的百分比	数字	
PC94	强制性	动态	37 ~ 48 个月内期满收入的百分比	数字	

（续表）

字段编号	优先级	分类标签	字段名称	数据类型	字段定义和标准
PC95	强制性	动态	49 个月以上期满收入的百分比	数字	
PC96	强制性	动态	最大租客收入（净）	文本/数字	当前最大租客的净租金。若数据不可用输入 ND
PC97	强制性	动态	最大租客租赁期满日期	日期	当前最大租客的租赁期满日。若数据不可用输入 ND
PC98	强制性	动态	最大租客应付租金	数字	当前最大租客应付租金。若数据不可用输入 ND
PC99	强制性	动态	第二大租客收入（净）	文本/数字	当前第二大租客的净租金。若数据不可用输入 ND
PC100	强制性	动态	第二大租客租赁期满日	日期	当前第二大租客的租赁期满日。若数据不可用输入 ND
PC101	强制性	动态	第二大租客应付租金	数字	当前第二大租客应付租金。若数据不可用输入 ND
PC102	强制性	动态	第三大租客收入（净）	文本/数字	当前第三大租客的净租金。若数据不可用输入 ND
PC103	强制性	动态	第三大租客租赁期满日	日期	当前第三大租客的租赁期满日。若数据不可用输入 ND
PC104	强制性	动态	第三大租客应付租金	数字	当前第三大租客应付租金。若数据不可用输入 ND

（续表）

字段编号	优先级	分类标签	字段名称	数据类型	字段定义和标准
PC105	选择性	动态	最大租客评级	文本/数字	发行日最大租客评级。若数据不可用输入 ND
PC106	强制性	动态	租金货币	列表	租金货币面额
PC107～PC110			空白区域		
CMBS 止赎详情					
PC111	强制性	动态	资产预计被处置或止赎的日期	日期	特殊服务商预计处置的日期。如果是多项地产，输入关联地产的最新日期；如果止赎，输入止赎日期；如果地产被占有，输入预计出售日期；如果未止赎，输入 ND
PC112	强制性	动态	所有权诉讼开始日期	日期	止赎诉讼的日期或对借款人施加强制实施程序的日期。如果未止赎，输入 ND
PC113	强制性	动态	破产管理日期	日期	押品地产所有权（或者作为替代形式的有效控制权和处置能力）获得的日期。如果未止赎，输入 ND
PC114～PC118			空白区域		

附录三 澳大利亚储备银行对商业抵押贷款支持证券的报告要求

序号	英文名称	中文名称	说明
交易			
1	Report Date	报告日期	数据报告日期应当与发行后报告的回收期的最后一天相一致
2	Collateral Date	报告日期	截止日期的数据应该与发行后报告的托收期的最后一天相一致
3	Collection Period Begin Date	贷款偿还开始日期	就目前付款日期，服务商收集的由借款人偿还的本金与贷款的第一天
4	Collection Period End Date	贷款偿还结束日期	就目前付款日期，服务商收集的由借款人偿还的本金与贷款的最后一天
5	Next Report Date	下一报告日期	
6	Master Trust Name or SPV	主信托名称	交易主信托的全称
7	Series Trust Name or Series	系列信托名称	交易系列信托的全称
8	Data Location	数据模板位置	完整数据模板的公开地址
9	Governing Law	抵押贷款适用性法规	司法权的法规适用于抵押贷款池
10	Trust Settlement Date	信托结算日期	

（续表）

序号	英文名称	中文名称	说明
11	Senior Fees and Expenses	高级费用和费用总额	不能推迟的高级费用和费用（不包括票据持有人付款）的合并数字，以每个应计期间的总美元表示
12	Asset Substitution Process	资产替换流程	描述资产替换的流程，包括合格标准。如果交易中不存在替换机制，则在此数据字段内输入 N/A
13	Cash Receipts Pending Distribution-Frequency	现金收入未决分配——频率	由服务商将现金汇给信托征收账户的频率： 1—每天 2—每第二个工作日 3—每周 4—每两周 5—每月 6—每季 7—每半年 8—每年 9—一次 10—其他
14	Revolving Period Close Date	周转截止日	周转期截止日，在周转期内，从商业抵押贷款中获得的现金流可能被用于收购其他商业抵押贷款。如果交易中不存在周转期，则在此数据字段内输入 N/A
15	Pre-Funding Close Date	预融资截止日	预融资期截止日，在预融资期内，从投资者处累积的资金被用于在将来购置商业抵押贷款。如果交易中不存在预融资机制，则在此数据字段内输入 N/A

（续表）

序号	英文名称	中文名称	说明
16	Asset Substitution Close Date	资产替换截止日	在适用的情况下，指明任何资产替换可能发生时期的截止日。如果交易内不存在替换机制，则在此数据字段内输入 N/A
赞助商			
1	Name	赞助商全称	通过出售或转让其发起或收购的商业抵押贷款来组织交易的实体的法定全称
2	ABN	商务号码	通过出售或转让其发起或收购的商业抵押贷款来组织交易的实体的商务号码
3	Jurisdiction	司法管辖权	
4	ID	身份标识	
5	ID Descriptor	身份描述符	
触发机制			
1	Trigger Name	触发机制名称	
2	Trigger Description	触发机制描述	
3	Trigger State	触发机制状态	
角色			
1	Role Name	角色	
2	Name	角色名称	
3	ABN	角色商务号码	
4	Jurisdiction	司法管辖权	
5	ID	角色身份标识	

（续表）

序号	英文名称	中文名称	说明
6	ID Descriptor	身份描述符	
7	Key Role Fee Currency	关键角色费用使用货币	
8	Key Role Fee	关键角色费用	
发起人			
1	Name	发起人全称	创建商业抵押贷款，并将其囊括在交易的抵押贷款池中的实体的法定全称
2	ABN	商务号码	创建商业抵押贷款，并将其囊括在交易的抵押贷款池中的实体的商务号码
3	Jurisdiction	司法管辖权	
4	ID	身份标识	
5	ID Descriptor	身份描述符	
6	Loan Currency Nomination	贷款货币面值	兑换单位，其中押品数据在国际标准化组织发布的货币代码（ISO 4217 代码）中被特别说明
7	Settlement Date Loans Originated	发起贷款的结算日	
8	Loans Originated	发起贷款	
LMI 供应商			
1	Name	供应商全称	交易中任何抵押贷款承保人的法定全称。如果不存在抵押贷款承保人，则在此数据字段内输入 N/A
2	ABN	商务号码	交易中任何抵押贷款承保人的商务号码。如果不存在抵押贷款承保人，则在此数据字段内输入 N/A

（续表）

序号	英文名称	中文名称	说明
3	Jurisdiction	司法管辖权	
4	ID	身份标识	
5	ID Descriptor	身份描述符	
6	Loan Currency	贷款货币	
7	Settlement Date Loans Insured	担保贷款结算日	
8	Loans Insured	担保贷款	
9	Settlement Date Loans Insured TPC	担保贷款结算日 TPC	
10	Loans Insured TPC	担保贷款 TPC	
11	LMI Claims Outstanding	LMI 未决赔款	
12	Timely Payment Claims Outstanding	未决赔款的及时支付	
服务商			
1	Servicing Role	服务角色	
2	Name	服务商全称	负责在替换服务商时接管服务商职责的实体的法定全称。如果不存在备份服务商，则在此数据字段内输入 N/A
3	ABN	商务号码	负责在替换服务商时接管服务商职责的实体的商务号码。如果不存在备份服务商，则在此数据字段内输入 N/A
4	Jurisdiction	司法管辖权	
5	ID	身份标识	
6	ID Descriptor	身份描述符	

（续表）

序号	英文名称	中文名称	说明
7	Servicing Fee Currency	服务费用 使用货币	
8	Servicing Fee	服务费	
账户供应商			
1	Name of Account	账户名称	
2	Type of Account	账户类型	
3	Name	名称	
4	ABN	商务号码	
5	Jurisdiction	司法管辖权	
6	ID	身份标识	
7	ID Descriptor	身份描述符	
8	Account Currency	账户货币	
9	Account Fee	账户费用	
10	Target Balance	目标余额	
11	Beginning Balance	期初余额	
12	Ending Balance	期末余额	
署名权			
1	Name of Account	账户名称	
2	Name	名称	
3	ABN	商务号码	
4	Jurisdiction	司法管辖权	
5	ID	身份标识	
6	ID Descriptor	身份描述符	
权力拥有者			
1	Type of Authority	权力类型	
2	Name	权力名称	

（续表）

序号	英文名称	中文名称	说明
3	ABN	商务号码	
4	Jurisdiction	司法管辖权	
5	ID	身份标识	
6	ID Descriptor	身份描述符	
流动性供给者			
1	Name of Liquidity Facility	流动性工具名称	
2	Type of Liquidity Facility	流动性工具类型	
3	Name	流动性供给者全称	为交易提供流动性便利的实体的法定全称
4	ABN	商务号码	为交易提供流动性便利的实体的商务号码
5	Jurisdiction	司法管辖权	
6	ID	身份标识	
7	ID Descriptor	身份描述符	
8	Facility Currency	工具货币	
9	Facility Fee	工具费用	
10	Initial Amount Available	初始可用金额	CT 027 / 28 中列出的每个流动性提供者的流动性设施的累计名义规模——在信托成立时商定。对于多个流动性设施，按照 CT 027 / 28 中列出的提供商的顺序列出金额，将这些金额用“;”隔开

（续表）

序号	英文名称	中文名称	说明
11	Beginning Amount Available	期初可用金额	期初应计每个流动性设施存款的资金余额。对于多个流动性设施，按 CT 089 中列出的相同顺序用“;”划分金额
12	Reimbursements	偿付	
13	Draws	披露额	
14	Reduction	减少	
15	Ending Amount Available	期末可用金额	
16	Beginning Amount Drawn	期初披露金额	
17	Ending Amount Drawn	期末披露金额	
信用增级供应商			
1	Name of Credit Enhancement	增信名称	任何形式的不可撤销和无条件的外部信用增强（如信用证、担保或单线保险）。如果交易没有任何外部信用增强，则在此数据字段内输入 N / A
2	Type of Credit Enhancement	增信类型	
3	ABN	商务号码	
4	Jurisdiction	司法管辖权	
5	ID	身份标识	
6	ID Descriptor	身份描述符	
7	Credit Enhancement Currency	增信货币	

（续表）

序号	英文名称	中文名称	说明
8	Credit Enhancement Fee	增信费用	
9	Initial Credit Enhancement Amount	初始增信金额	
10	Beginning Amount Available	期初可用金额	
11	Restorations	恢复	
12	Draws	披露额	
13	Reduction	减少	
14	Ending Amount Available	期末可用金额	
15	Beginning Amount Drawn	期初恢复金额	
16	Ending Amount Drawn	期末恢复金额	
掉期或对冲供给者			
1	Name of Swap or Hedge	掉期或对冲名称	
2	Type of Swap or Hedge	掉期或对冲类型	对其他对冲供应商提供给受托人的衍生产品进行描述。如果不存在其他对冲供应商，则在此数据字段内输入 N/A
3	ABN	商务号码	
4	Jurisdiction	司法管辖权	
5	ID	身份标识	
6	ID Descriptor	身份描述符	
7	Notional Principal Amount	票面本金金额	

（续表）

序号	英文名称	中文名称	说明
8	Pay Leg Currency	支付货币	
9	Pay Leg Reference Index	支付参考指数	
10	Pay Leg Reference Index Value	支付参考指数值	
11	Pay Leg Margin or Rate	支付保证金或利息	
12	Pay Leg Amount	支付金额	
13	Receive Leg Currency	接受货币	
14	Receive Leg Reference Index	接受参考指数	
15	Receive Leg Reference Index Value	接受参考指数值	
16	Receive Leg Margin or Rate	接受保证金或利息	
17	Receive Leg Amount	接受金额	
18	Exchange Rate	汇率	
19	Swap or Hedge Fee Currency	掉期或对冲费用货币	
20	Swap or Hedge Fee	掉期或对冲费用	
资产池汇总			
1	Loan Currency	贷款货币	交易单位，附带数据由 ISO 指定的货币代码报告（ISO 4217 代码）
2	Threshold Index	临界指标	
3	Threshold Margin	临界利润	
4	Original Pool Balance	原始池余额	

（续表）

序号	英文名称	中文名称	说明
5	Beginning Pool Balance	期初池余额	
6	Principal Collections	本金归集	
7	Redraws	重述	在整个偿还期间内，借款人明显的计划改动
8	Interest Collections	利息归集	
9	Warranty Repurchases	担保回购	
10	Outward Substitution Principal Amount	外部替代本金数额	在整个偿还期间内，通过循环与替代技术将当前抵押贷款账户从信托账户中替代出去
11	Pre-Funding Provision Principal Amount	预融资条款本金数额	
12	Revolving Provision Principal Amount	周转条款本金数额	
13	Inward Substitution Principal Amount	内部替代本金数额	在整个偿还期间内，通过循环与替代技术将当前抵押贷款账户替代到信托账户里面
14	Charge-Offs Net of Recoveries	复原冲销净值	
15	Restorations	恢复	
16	Ending Pool Balance	期末池余额	
17	Original Loan Count	原始贷款数量	
18	Beginning Loan Count	期初贷款数量	
19	Loans Repaid	偿付贷款	

（续表）

序号	英文名称	中文名称	说明
20	Warranty Repurchase Loan Count	担保贷款回购数量	
21	Outward Substitution Loan Count	外部替代贷款数量	
22	Pre-Funding Provision Loan Count	预融资条款贷款数量	
23	Revolving Provision Loan Count	周转条款贷款数量	
24	Inward Substitution Loan Count	内部替代贷款数量	
25	Ending Loan Count	期末贷款数量	
26	Original Average Loan Balance	原始平均贷款余额	
27	Original Weighted Average Interest Rate	原始加权平均利率	
28	Original Weighted Average Remaining Term	原始加权剩余条款	
29	Original Weighted Average Seasoning	原始加权平均时效处理	
30	Original Weighted Average LTV / LVR	原始加权平均LTV / LVR	
31	Initial CPR	最初 CPR	抵押贷款资金池预估的固定提前偿还率（CPR），用百分数表示
32	Ramp Period	延长期间	
33	Terminal CPR	最终 CPR	

（续表）

序号	英文名称	中文名称	说明
34	Current Average Loan Balance	当前平均贷款余额	
35	Weighted Average Interest Rate	加权平均利率	
36	Weighted Average Remaining Term	加权平均剩余期限	报告日时，所有信托贷款根据账户余额对其剩余期限进行加权平均
37	Weighted Average Seasoning	加权平均时效处理	报告日时，所有信托贷款根据贷款余额对贷款时效进行加权平均。表示为月数
38	Weighted Average LTV / LVR	加权平均 LTV / LVR	报告日时，所有信托贷款根据目前的余额对贷款当前价值进行加权平均
39	Aggregate Minimum Payments	累计最低支付额	
分层			
1	Tranche Name	层级名称	为某一级别 CMBS 指定的标识符（典型的是字母或数字），它展示了发行文件，又称级别中定义的相同权利、优先权和特点
2	ISIN	国际证券识别代码	
3	Austraclear Series ID	澳大利亚清算公司系列身份标识符	由澳大利亚清算公司指定的唯一证券（系列）标识符。如果该证券没有澳大利亚清算公司标识符，则输入 N/A
4	Tranche Currency	层级货币	公布于国际标准组织的货币代码中明确标识的证券货币面值
5	Governing Law	适用法律	

（续表）

序号	英文名称	中文名称	说明
6	Offer Type	出价类型	发行方式的描述，与司法管辖权相关。它取决于掌管投资者地域以及证券发行时投资者类型的法规
7	Issue Date	发行日	某一级别证券首次发行的日期
8	Legal Maturity Date	法定到期日	某特定证券必须全额偿还，以便不违约的日期
9	Expected Final Maturity Date	预计最终到期日	每一类证券预估支付最后本金的日期
10	Accrual Begin Date	计息开始日	计算证券息票应计息的起始日期，与此报告中覆盖的期间相关
11	Accrual End Date	计息截止日	计算证券息票应计息的截止日期，与此报告中覆盖的期间相关
12	Accrual Period	计息期间	在应计期内包含应计起始日和应计截止日的自然天数，与此报告中覆盖的期间相关
13	Distribution Date	分配日	
14	Record Date	结算日	票据持有人注册的日期，由受托人根据其付款来决定
15	Determination Date	决策日	票据持有人支付的日期，由信托经理根据给定的付款日期计算
16	Original Principall Face Amount	原始本金面值	某类特定的 CMBS 在发行时的总原始本金余额
17	Current Principal Face Amount	当前本金面值	证券发行的美元总额
18	Original Estimated Weighted Average Life	原始预计加权平均寿命	于发行之日起，在证券未结清的状态下根据其原始的总余额，1 美元本金的预计加权平均年数。运用了发行人（非评级机构）的基本假设

（续表）

序号	英文名称	中文名称	说明
19	Current Weighted Average Life	当前加权平均寿命	每一类证券目前预估的加权平均年数。运用了发行人（非评级机构）的基本假设
20	Coupon Reference Index	息票参考指标	在适用于特定证券类别的发行文件中定义的基准参考息票指数的名称： 1—银行票据掉期利率 2—伦敦银行间同业拆借利率 3—欧元银行间同业拆借利率 4—其他（指定） 如果没有此证券的基准参考息票指标，输入 N/A
21	Coupon Margin	息票利润	特定类别当前应计期间的息票参考利率，只有浮动利率票据需要，用基点表示。如果该证券没有基准参考息票指标，输入 N / A
22	Coupon Rate	票面率	该证券的票面利率，用于计算每个特定类别证券计息期间的利息，以百分数表示
23	Coupon Payment Reference	息票支付参考	息票的支付是“投资”还是“规定”金额，选择下述之一： 1—投资 2—规定
24	Coupon Basis	息票基础	
25	Stepup Margin	利率的上调幅度	某类债券的票面利率增量变动，用基点表示。如果交易中没有升水（或类似）的情况，输入 N/A

（续表）

序号	英文名称	中文名称	说明
26	Stepup Rate	上调后的利率	
27	Stepup Date	上调日	应付息票日期将增加。如果交易中没有延长（或类似）的情况，输入 N/A
28	Redemption Price	赎回价格	发行人从投资者处回购每种证券的价格，以指定金额或投资金额的百分比表示。如果交易没有此功能，输入 N / A
29	Coupon Reference Index Value	息票参考指标价值	目前可用的参考利率运用到某类特定证券的应计期间，以百分数表示。如果此证券没有息票参考指标，输入 N/A
30	Current Coupon Rate	当前票面率	当前该证券的票面利率，用于计算每个特定类别证券计息期间的利息，以百分数表示
31	Original Subordination	原始从属关系	支持每一级别证券的原始从属程度（表示为发行票据的百分比）
32	Current Subordination	当前从属关系	支持每一级别证券的当前从属程度（表示为未偿票据的百分比）
33	Beginning Invested Amount	期初投资金额	紧接着本金支付日期后的某类特定的 CMBS 的总投资金额
34	Beginning Stated Amount	期初规定金额	前期本金支付日后的某类特定的 CMBS 的总本金金额
35	Beginning Cumulative Charge Offs	期初累计冲销	

（续表）

序号	英文名称	中文名称	说明
36	Beginning Cumulative Coupon Shortfall	期初累计息票短缺	
37	Beginning Cumulative Principal Shortfall	期初累计本金短缺	
38	Scheduled Coupon	计划息票	某类票据的息票支付日到期时的预定息票总额
39	Coupon Distribution	息票分配	在当前息票支付日时，某类CMBS支付的利息总额
40	Coupon Shortfall Makeup	息票短缺弥补	
41	Coupon Shortfall	息票短缺	某特定类别的票据在当前应计期间的总预计息票和总息票付款之间的差额
42	Scheduled Principal	计划本金	在本金支付日某类CMBS定期支付的本金总额，在票据报价文件里面的预计摊销时间表中明确规定
43	Principal Distribution	本金分配	目前本金支付日某类CMBS支付的本金总额
44	Principal Shortfall Makeup	本金短缺弥补	
45	Principal Shortfall	本金短缺	某特定类别的票据，在当前应计期间，预计的总本金与实际支付的总本金之间的差额
46	Allocated Charge Offs	分配的冲销额	

（续表）

序号	英文名称	中文名称	说明
47	Charge Off Restorations	冲销额复原	
48	Ending Invested Amount	期末投资金额	本金支付日后的某类特定的 CMBS 的总本金余额（不包括冲销和报销）
49	Ending Stated Amount	期末规定金额	本金支付日后的某类特定的 CMBS 的总本金余额，扣除冲销加上报销
50	Ending Cumulative ChargeOffs	期末累计冲销额	
51	Ending Cumulative Coupon Shortfall	期末累计息票短缺	某特定类别的票据，在当前应计利息期间和之前所有的应计利息期间，预计的息票总金额和实际支付利息总额之间的累计差额
52	Ending Cumulative Principal Shortfall	期末累计本金短缺	某特定类别的票据，在当前应计期间，计划总本金与实际支付的总本金之间的累计差额
清算系统			
1	Tranche Name	层级名称	为某一级别 CMBS 指定的标识符（典型的是字母或数字），它展示了发行文件，又称级别中定义的相同权利、优先权和特点
2	Clearing System Name	结算系统名称	每一级别票据可录入的清算/结算系统的名称。如果证券不能录入该清算/结算系统，输入 N/A

（续表）

序号	英文名称	中文名称	说明
交易所			
1	Tranche Name	层级名称	为某一级别 CMBS 指定的标识符（典型的是字母或数字），它展示了发行文件，又称级别中定义的相同权利、优先权和特点
2	Exchange Name	交易所名称	证券打算上市或交易的交易所或规定市场的法定全称。如果该证券不打算上市或不打算在交易所上市，输入 N/A
评级			
1	Tranche Name	层级名称	为某一级别 CMBS 指定的标识符（典型的是字母或数字），它展示了发行文件，又称级别中定义的相同权利、优先权和特点
2	Name	评级机构名称	指出所有能对证券进行评级的信用评级机构： 1—惠誉 2—穆迪 3—标普 4—其他（说明） 如果证券未被评级机构评级，输入 N/A
3	ABN	商务号码	
4	Jurisdiction	司法管辖权	
5	ID	身份标识	
6	ID Descriptor	身份描述符	

（续表）

序号	英文名称	中文名称	说明
7	Original Rating	原始评级	每一信用评级机构为证券指定的原始公开评级。如果证券未被评级机构评级，输入 N/A
8	Current Rating	当前评级	由信用评级机构为证券指定的当前公开评级。如果证券未被评级机构评级，输入 N/A
贷款层级			
1	Loan ID	贷款身份标识	由服务商指定的唯一抵押贷款标识符。对于由相同地产担保的每项分离组合贷款必须有一个共同的集团贷款身份标识
2	Group Loan ID	集团贷款身份标识	由服务商指定的抵押贷款合同标识符。此标识符对于所有被相同地产担保的池中分离组合贷款都是常见的
3	Servicer Name	服务商名称	
4	Servicer ABN	服务商商务号码	
5	Servicer ID	服务商身份标识	
6	Originator Name	发起人名称	
7	Originator ABN	发起人商务号码	
8	Originator ID	发起人身份标识	
9	Seller Name	卖方名称	

（续表）

序号	英文名称	中文名称	说明
10	Seller ABN	卖方商务号码	
11	Seller ID	卖方身份标识	
12	Loan Origination Channel	贷款发起渠道	贷款的发起渠道： 1—非经纪人 2—经纪人
13	Loan Securitised Date	贷款证券化日期	账户进入证券化池的日期
14	Arrears Methodology	拖欠方法	
15	Redraw Feature	重述特色	
16	Offset Account	抵消金额	
17	Scheduled Payment Policy	计划支付政策	为回应抵押贷款参考利率的变化，借款人计划支付的变化： 1—本金固定而计划支付金额改变 2—计划支付固定而本金金额改变 3—其他
18	Loan Repayment Type	贷款偿还类型	在报告日贷款的偿还特点，描述了贷款的摊销概况（随着时间抵押贷款本金也相应减少）： 1—本金与利息 2—仅偿还利息期紧随一次性偿还 3—仅偿还利息期紧随本金与利息摊销 4—信贷额度——仅付利息 5—信贷额度——摊销 6—其他

（续表）

序号	英文名称	中文名称	说明
19	Payment Frequency	支付频率	贷款支付频率： 1—每天 2—每第二个交易日 3—每周 4—每两周 5—每月 6—每季 7—每半年 8—每年 9——次性 10—其他
20	Interest Rate Type	利率类型	利率类型： 1—由贷款人在贷款期限内自主设定的可变利率贷款 2—附带可转换成浮动利率贷款违约期货的固定利率贷款 3—整个期限内保持固定期限的贷款 4—附带未来定期重置的固定利率贷款 5—永久性以其他利率或利率指数（除了利率上下限）为基准的浮动利率贷款 6—暂时性以其他利率或利率指数为基准的浮动利率贷款 7—其他
21	Loan Currency	贷款货币	
22	Origination Date	发起日	
23	Original Property Value	原始地产价值	发起日对贷款进行担保的地产的估值。对于多项地产，报告累计估值
24	Original Property Valuation Type	原始地产估值类型	

（续表）

序号	英文名称	中文名称	说明
25	Original LTV	原始 LTV	批准贷款金额与所有用于贷款证券化地产的原始地产价值总和之比
26	Most Recent Approval Amount	最新批准金额	某类债券的票面利率增量变动，用基点表示。如果交易中没有升水（或类似）的情况，输入 N/A
27	Most Recent Property Value	最新地产价值	
28	Most Recent Property Valuation Type	最新地产估值类型	
29	Most Recent Property Valuation Date	最新地产估值日	
30	Maturity Date	到期日	贷款须全额偿还的日期
31	Refinance Option	再融资期权	贷款为借款人提供期权以便他们对贷款进行再融资或展期
32	Loan Term	贷款条款	贷款从结算日起到法定到期日止的月份数
33	Syndicated Loan	辛迪加贷款	贷款是辛迪加贷款的一部分
34	Date of Syndication	辛迪加日	如果贷款被联合为辛迪加，那么输入辛迪加日；如果贷款并非辛迪加贷款的一部分，输入 N/A
35	Type of Syndication	辛迪加类型	该贷款属于何种类型辛迪加的一部分： 1—承销 2—代销协议 3—双边 4—俱乐部 5—其他 如果贷款不属于辛迪加的一部分，输入 N/A

（续表）

序号	英文名称	中文名称	说明
36	Interest Margin	当前利率利润	当前利率利润以基点计量。如果贷款利率不以任何一个特定的利率为基准，输入 N/A
37	Interest Rate	当前利率	当前利率用年化百分比表示
38	Interest Rate Reset Interval	利率重置间隔	对利率进行调整时的月份间隔
39	Interest Only Expiry Date	仅支付利息类型的贷款到期日	未摊销贷款转换成摊销贷款的日期
40	Current Rate Expiry Date	当前利率到期日	
41	Current Balance	当前余额	在报告日的未偿贷款金额。当前贷款余额是指报告日计入贷款余额的未偿金额、未付到期本金、利息、罚金利息和其他费用及成本的总和
42	Scheduled Balance	计划余额	贷款的预计本金余额，假设借款人在每次到期时都能支付最低金额款项（即贷款无拖欠或提前）
43	Available Redraw	可用重述	无须经过进一步批准、信用评估、地产估值等，通过贷款的重述特色而重述到的可用金额。如果不存在贷款的重述特色，输入 N/A
44	Variable Loan Amount	可变贷款数额	当前保留额度，如果这一额度与计划余额不同，则它可由借款人通过可变贷款取得；如果它和计划余额相同，输入计划余额

（续表）

序号	英文名称	中文名称	说明
45	Offset Account Balance	抵消账户余额	贷款的抵消账户余额。如果贷款无抵消账户，输入 N/A
46	Reference Index Value	参考指标价值	
47	Current Interest Rate	当前利率	当前利率用年化百分比表示
48	Loan Guarantee	贷款担保	描述贷款是否被担保
49	Loan Insurance Provider Name	贷款保险供给者名称	
50	Loan Insurance Provider ABN	贷款保险供给者商务号码	
51	Loan Insurance Provider ID	贷款保险供给者身份标识	
52	Loan Insurance Policy	贷款保险政策	描述贷款是否有任何形式的贷款人保险： 1—直接保险政策 2—集团（池）保险政策 3—1 与 2 的结合 4—无保险政策覆盖
53	Borrower ID	借款人身份标识	由服务商为借款人指定的唯一标识符。个人详细信息，如姓名、地址，生日不得包括在内。如果有超过一个借款人，那么请将主要借款人放在首位，同时列明其他借款人身份标识并用逗号隔开
54	Country of Residence	居住国	主要借款人所在位置： 1. 澳大利亚 2. 海外 3. 制定国家（如果发行人/发起人记录了借款人所在国家，那么强烈建议在此栏中对其进行披露）

（续表）

序号	英文名称	中文名称	说明
55	Employment Type	雇用类型	如果地产目的是借款人占用，那么借款人的雇用状态选择下述之一： 1. 现收现付制雇员 2. 个体经营人员 3. 其他 如果地产目的并非借款人占用，输入 N/A
56	Legal Entity Type	法律实体类型	说明了主要借款人的法律实体类型，选择下述之一： 1. 个人 2. 企业 3. 非企业型商业 4. 合伙制 5. 房地产投资信托（投资基金，例如 REITs 或未上市地产投资信托） 6. 养老基金 7. 其他
57	Borrower Industry	借款人行业	借款人的行业分类选择下述之一： 1. 农、林、渔业 2. 矿业 3. 制造业 4. 电、气、水及废弃物处理服务业 5. 建筑业 6. 批发贸易业 7. 零售贸易业 8. 住宿及食品服务业 9. 运输、邮政及仓储业 10. 信息传媒及通信业 11. 金融及保险服务业 12. 租赁、雇佣及房地产服务业 13. 专业及科学技术服务业

（续表）

序号	英文名称	中文名称	说明
57	Borrower Industry	借款人行业	14. 行政及支持性服务业 15. 公共管理及安保业 16. 教育与培训业 17. 医疗及社会性救助业 18. 艺术与娱乐服务业 19. 其他
58	Administration or Insolvency Flag	行政管理或资不抵债标记	描述贷款的借款人是否在贷款结算日前十年就受到过行政管理或有过资不抵债
59	Last Credit Discharge Date	最终信用免除日	最近违约、资不抵债或贷款的借款人行政管理免除日。如果贷款的借款人无违约、资不抵债或行政管理记录，输入 N/A
60	Number of Debtors	借方数量	贷款的借款人数量
61	Credit Score Provider	信用评分供给者	借款人信用评分提供者（如果外部和内部评分均可用，请提供外部评分提供者）
62	Credit Score	信用评分	主要借款人信用评分（如果外部和内部评分均可用，那么请提供外部评分提供者）
63	Debt Service Coverage Ratio Methodology	债务服务备付率方法	描述债务服务能力的矩阵。如果债务服务矩阵不用于评估贷款，输入 N/A
64	Debt Service Coverage Ratio	债务服务备付率	
65	Primary Borrower Methodology	主要借款人方法	

（续表）

序号	英文名称	中文名称	说明
66	Headline Profit or Income	标题性利润或收入	用以承销/评估贷款的每年标题性利润（对个人而言，收入）。如果贷款属多个借款人贷款，那么需要报告累计标题性利润（或收入）
67	Financials Verification	财务状况检验	对借款人的财务状况进行检验。选择下述之一： 1. 内部检验（由贷款银行实施）； 2. 第三方检验（如信贷机构）； 3. 未检验 4. 其他
68	Loan Documentation Type	贷款归档类型	贷款人就借款人申请贷款时做的查证，选择下述之一： 1—全面归档 2—少量归档 3—无归档
69	Loan Purpose	贷款目的	借款人获得贷款的首要原因，选择下述之一： 1—购买已存在建筑 2—建造融资 3—批量融资（无特殊目的） 4—工厂设备的购置 5—除建筑外的土地购置 6—再融资 7—其他
70	Property Purpose	地产目的	用以担保贷款的每项地产的目的： 1. 投资 2. 借款人占用 3. 其他

（续表）

序号	英文名称	中文名称	说明
71	Property Type	地产类型	地产类型： 1. 写字楼 2. 零售物业 3. 工业厂房 4. 住宅与土地（不包括房屋贷款） 5. 旅游与休闲 6. 其他
72	Net lettable area (NLA)	净租用面积	对贷款进行担保的地产净租用面积。如果存在多项对贷款进行担保的地产，将地产市场价值按降序排列并用“;”隔开
73	Occupancy rate	居住率	描述最近的居住率是多少，以百分比形式表示。如果存在多项对贷款进行担保的地产，将地产市场价值按降序排列并用“;”隔开
74	Weighted average lease expiry profile	加权平均租赁到期概要	用年表示的最近加权平均租赁到期概要。如果存在多项对贷款进行担保的地产，将地产市场价值按降序排列并用“;”隔开
75	Property Grade or Condition	地产等级或条件	为某一级别 CMBS 指定的标识符（典型的是字母或数字），它展示了发行文件，又称级别中定义的相同权利、优先权和特点
76	NABERS Energy Rating	NABERS 能量评级	如果对贷款进行担保的地产具有 NABERS 能量评级，那么请说明当前评级。仅为整个建筑/地产输入 NABERS 星级数字评级。如果整个建筑/地产并无 NABERS 评级或仅对租客房产有评级，输入 N/A

（续表）

序号	英文名称	中文名称	说明
77	Building Energy Efficiency Certificate (BEEC)	建筑能量有效性证书	描述对贷款进行担保的地产是否具有建筑能量有效性证书
78	Lien	留置权	地产清算优先权： 1. 第一留置权 2. 第二留置权 3. 第三留置权 4. 其他
79	Main Security Methodology	主要证券方法	
80	Property Postcode	地产邮编	为贷款人利益服务的抵押贷款每项基础地产的邮政编码。如果地产所在地不是澳大利亚，输入N/A
81	Property Country	地产所在国	地产所在的国家
82	ABS Statistical Area	ABS统计区域	对每项地产的ABS统计区域。如果地产所在地不是澳大利亚，输入N/A
83	Restructuring Arrangement	重组安排	描述贷款是否已经被重组
84	Account Status	账户状态	当前账户状态： 1. 正常 2. 拖欠 3. 违约 4. 止赎 5. 赎回 6. 由卖方重购

（续表）

序号	英文名称	中文名称	说明
85	Days In Arrears	拖欠天数	根据计划余额拖欠方法计算得来的贷款拖欠天数。拖欠天数应当在报告日结束时计算和报告
86	Amount in Arrears	拖欠金额	贷款到期的本金、利息及费用
87	Days Since Last Scheduled Payment	自上一计划支付日至今天数	自上次全额计划偿还日至今的自然日天数（或者超出计划偿还的支付），无论偿还是否错失
88	Cumulative Missed Payments	累计未付金额	自上次全额计划偿还齐所有错失支付的累计美元价值
89	Default Balance	违约余额	如果账户状态是违约，那么要特别说明在违约状态下的本金支付余额（即只有贷款的本金部分违约）
90	Foreclosure Proceeds	止赎收益	
91	Date of Foreclosure	止赎日	出售止赎地产的日期。如果存在多项地产，记录最近一次出售地产的出售日期
92	Loss on Sale	出售损失	贷款人出售止赎地产而收到的累计总金额可能比所欠贷款的金额要少
93	Current LTV	当前贷款价值比	当前余额与所有用于贷款证券化地产的价值总和之比
94	Scheduled LTV	计划贷款价值比	计划月与用于贷款证券化地产的价值总和之比
95	Remaining Term	剩余期间	贷款由报告日起到法定到期日止的月份数

（续表）

序号	英文名称	中文名称	说明
96	Seasoning	时效处理	贷款由结算日起到报告日止的月份数
97	Scheduled Minimum Payment	计划最小支付	
98	Annual Gross Rental Income	年化总租金收入	
99	Annual Gross Operating Expense	年化总营业费用	
100	Annual Capital Expenditure	年化资本支出	
101	Interest Coverage Ratio	利息备付率	
102	Covenant	契约	
103	Recourse Loan	追索权贷款	
104	Hard Lockout End Date	停摆截止日	
105	Yield Maintenance End Date	收益率留存截止日	
106	Defeasance End Date	废止截止日	

作者简介

艾仁智，经济学博士，美国伊利诺伊州大学访问学者。2005 年进入评级行业，现任中国保险资产管理业协会专家委员、中国证券业协会信用评级委员会委员、中央财经大学金融创新研究中心常务副主任、北京国际金融学会理事、联合信用博士后工作站博士后专家导师。2005 年以来带领团队长期从事各类信用债的评级业务并进行相关研究，在国家主权评级、金融机构及债项评级、地方政府及城投债评级、结构化产品评级等方面，具有丰富的业务实践经验。

许余洁，中国人民大学数量经济学博士。现任联合信用评级有限公司研究总监、西南财经大学特聘研究员、对外经贸大学金融学院和商学院校外导师、中国资产证券化研究院首席研究员。2013 年 7 月至 2016 年 3 月供职于证监会研究中心（2015 年改称为中证金融研究院）和公司债券监管部。《中国资产证券化操作手册》《PPP 与资产证券化》等书主要作者之一，参与翻译了《区块链：技术驱动金融》和《商业区块链》等书。近年来，在《人民日报》《金融法苑》《中国金融》《工业技术经济》《中国经济报告》《中国证券报》等报刊上发表文章 40 余篇。

曹　枞，2015 年 3 月毕业于日本国立长崎大学经济学研究科，金融学博士。现为联合信用评级有限公司、北京大学光华管理学院共同培养博士后，主要从事资产证券化产品评级业务及商业物业证券化产品评级方法的相关研究。

邓博文，西南财经大学中国金融研究中心金融学博士。目前供职于联合信用评级有限公司研发部，是联合信用评级有限公司、对外经济贸易大学联合培养博士后，主要研究领域为信用评级和资产证券化，曾在《国际金融研究》《特区经济》等期刊发表论文数篇。在从事信用评级研究工作之前，在大陆希望集团、四川德胜集团从事投资工作，参与了数个项目的投资并购和管理工作，具有较为丰富的投资经验。

高鑫磊，浙江大学硕士。现任联合信用评级有限公司结构融资部评级副总监，在信用评级行业拥有三年以上的工作经验，先后主持或参与了数单公司债评级项目、数十单资产证券化评级项目，其中资产证券化评级项目包括“陕西交通集团车辆通行费资产支持专项计划”、“扬州保障房信托受益权资产支持专项计划”、“天风—中航红星爱琴海商业物业信托受益权资产支持专项计划”和“高和招商—金茂凯晨资产支持专项管理计划”。

石志平，高和资本合伙人，拥有多年房地产金融投资经验。曾任东亚银行（中国）有限公司总行投行部总经理和安邦保险集团股份有限公司集团投资中心投资总监。领导和推动了国内第一单交易所 CMBS 的落地。

毛跃晖，高和资本资本市场部董事总经理，拥有多年银行从业经验，先后任职于建设银行、广发银行以及东亚银行。对房地产行业融资、风险管理、授信管理等有着丰富的工作经验。在东亚银行工作期间，对信贷资产证券化业务进行研究和创新，参与了国内首单备案 CMBS 产品的设计和研发。任职高和资本以来，操刀落地国内首单交易所标准 CMBS“高和招商—金茂凯晨资产支持专项管理计划”，参与了不依赖强主体增信的商业物业信托型 ABN“世贸天阶 2017 年第一期资产支持票据”等多项商业物业资产证券化产品创新。

李慧忠，硕士和博士都师从著名经济学家赵晓教授。现任高和资本高级副总裁，2010 年作为创始团队成员加入高和资本至今，现牵头负责募资及金融市场部以及高和旗下互联网资管平台“牛办”。2016 年牵头完成国内首单单套资产私募 REITs 的金融产品设计及发行。

刘　蔚，毕业于新加坡国立大学，北京大学光华管理学院 EMBA。现任上海证券交易所债券业务中心副总监、上海千人计划专家、特许金融分析师，先后负责上海证券交易所债券市场的多项产品创新和国际化工作。在加入上海证券交易所之前，曾在我国香港和新加坡任职于高盛、瑞银、汇丰等国际投行，拥有丰富的固定收益与衍生品领域工作经验。

贺锐骁，上海外国语大学经济学学士、上海交通大学高级金融学院 MBA。特许金融分析师、中国资产证券化研究院专家研究员。现就职于上海证券交易所债券业务中心，负责企业资产证券化产品创新及项目挂牌审查工作，参与制定了企业资产证券化业务及不动产证券化相关规则。曾就职于国际投行摩根士丹利。

宁春玲，厦门大学法学院法学硕士。现任上海证券交易所债券业务中心助理经理，主要从事上海证券交易所资产证券化项目挂牌审议工作及业务规则起草工作。在加入上海证券交易所之前，曾就职于德勤会计师事务所。

徐承志，上海财经大学博士研究生、中国政法大学及英国爱丁堡大学硕士。现任职于上海证券交易所债券业务中心，为 PPP 项目资产证券化工作组成员，曾就职于中国证券登记结算公司、中国证监会，主要从事资产证券化、债券、绿色金融、国际交流等工作。

杨广水，对外经济贸易大学法学学士和法学硕士。现为奋迅律师事务所合伙人、中国执业律师。主要执业领域包括资产证券化等结构化融资、企业境内外股权和债券发行及上市、企业并购与重组等。深耕房地产企业融资领域多年，在房地产企业资产证券化、发债、重组、上市等领域积累了丰富的实战经验。

朴文一，北京大学法学学士、经济学学士和法学硕士。现为奋迅律师事务所顾问、中国执业律师。主要执业领域包括资产证券化等结构化融资及各类债券发行。在企业资产证券化领域拥有丰富的项目经验，熟悉各类基础资产，在 CMBS、物业租金、物业费、购房尾款、保障房、水电热等基础设施、高速公路车辆通行费、融资租赁、企业应收账款及信托受益权等资产的证券化项目上均有成功操作案例。

许　苇，毕业于中国政法大学，2008 年加入中伦律师事务所，现为中伦律师事务所合伙人。在资产证券化领域从事信托和资产证券化实务近十年，为多个国内证券化项目提供法律服务，是国内资产证券化领域的资深专家。主办的证券化项目涉及的基础资产范围涵盖类 REITs、CMBS 等形式的不动产、高速公路收费收益、电费收益、融资租赁、不良资产、对公贷款、信用卡、住房抵押贷款、汽车贷款、非金债权等。凭借在证券化领域拥有的丰富执业经验，被聘为银登中心备案审核委员会的专家委员。